Zeigen
Herausgegeben von
Robert Schmidt, Wiebke-Marie Stock
und Jörg Volbers

Zeigen
Dimensionen einer Grundtätigkeit

Herausgegeben von
Robert Schmidt, Wiebke-Marie Stock
und Jörg Volbers

Erste Auflage 2011
© Velbrück Wissenschaft, Weilerswist 2011
www.velbrueck-wissenschaft.de
Druck: Hubert & Co, Göttingen
Printed in Germany
ISBN 978-3-942393-22-5

Bibliografische Information der Deutschen Nationalbibliothek
Die Deutsche Nationalbibliothek verzeichnet diese Publikation in der
Deutschen Nationalbibliografie; detaillierte bibliografische Daten
sind im Internet über http://dnb.ddb.de abrufbar.

Dieses Buch ist im Verlag Humanities Online
(www.humanities-online.de) als E-Book erhältlich.

Inhalt

Vorwort 7

Wiebke-Marie Stock/Jörg Volbers
Einleitung 9

KÖRPER ZEIGEN

Gunter Gebauer
Die Hand 15

Gabriele Brandstetter
Animal locomotion. Tierbilder und Verkörperung
im modernen Tanz 32

Thomas Alkemeyer
Bewegen und Mitbewegen. Zeigen und Sich-Zeigen-Lassen
als soziale Körperpraxis 44

Charles Suaud
Zwischen Praxis und Reflexivität. Der Körper als Organ
gesellschaftlicher Veränderung 73

Stefan Hirschauer
Sei ein Mann! Implizites Zeigen und praktisches Wissen 89

BILDER ZEIGEN

Wiebke-Marie Stock
Ikonische Differenzen. Motive bildlichen Zeigens 105

Georges Didi-Huberman
Neu zeigen, schneiden, erkennen
(REMONTRER, REMONTER, RECONNAÎTRE) 129

Gertrud Koch
Im Zuge der Bewegung: *La bête humaine (Zola, Renoir)* 143

Britta Schinzel
Wissenskonstruktion durch Zeigen. Zur Erzeugung
visueller Evidenz und medizinischer Erkenntnis mittels
bildgebender Verfahren 153

Fabian Goppelsröder
Bild ohne Rahmen. Was sich zeigt, wenn man nichts
mehr sieht 179

WISSEN ZEIGEN

Jörg Volbers
Diesseits von Sagen und Zeigen.
Eine praxistheoretische Kritik des Unsagbaren 197

Holm Tetens
Die Unsichtbarkeit des Gehirns 221

Henrike Moll
Über die Entwicklung eines Verstehens von Wahrnehmung
und Perspektivität 230

Petra Gehring
Lesen als Denken ohne Subjekt 247

Jacques Bouveresse
Die Glut des Glaubens und das Licht der Vernunft 266

Zu den Autorinnen und Autoren 288

Vorwort

Die meisten Beiträge des vorliegenden Bandes gehen auf eine Konferenz zurück, die unter dem Titel »Wissen – Erkennen – Zeigen« im Oktober 2009 an der Freien Universität Berlin stattgefunden hat. Ihr Anlass war der 65. Geburtstag von Gunter Gebauer, mit dessen Forschungsansätzen sich die Tagung auseinandersetzte. Da in den Vorträgen und Diskussionen das Konzept des ›Zeigens‹ sektionsübergreifend in den Vordergrund rückte, haben wir uns entschieden, diesen Begriff ins Zentrum dieses Bandes zu stellen und eine Vertiefung der Möglichkeiten, die dieses Konzept bietet, zu suchen.

Danken möchten wir dem Sonderforschungsbereich 447 »Kulturen des Performativen« für die finanzielle Unterstützung der Tagung und der Veröffentlichung. An Saskia Welde und Jurij Diaz Miranda geht ein herzlicher Dank für die Fertigstellung des Manuskripts. Dem Verlag Velbrück Wissenschaft und insbesondere Friedhelm Herborth danken wir für die kooperative Aufnahme des Bandes in das Verlagsprogramm.

Berlin, im März 2011　　　　　　　　　　　　Wiebke-Marie Stock
　　　　　　　　　　　　　　　　　　　　　　　Robert Schmidt
　　　　　　　　　　　　　　　　　　　　　　　Jörg Volbers

Wiebke-Marie Stock/Jörg Volbers
Einleitung

»Denn, wenn du sie anschaust, wirst du zwar nicht etwas sehen, was *allen* gemeinsam wäre, aber du wirst Ähnlichkeiten, Verwandtschaften, sehen, und zwar eine ganze Reihe. Wie gesagt: denk nicht, sondern schau!«
(Wittgenstein)

Das Thema ›Zeigen‹ taucht seit einigen Jahren in den unterschiedlichsten Publikationen und Debattenbeiträgen auf.[1] So wird in den Bildwissenschaften von der ikonischen »Macht des Zeigens« (Boehm) gesprochen; die kulturelle Anthropologie Tomasellos lässt das soziale Leben mit der Zeigegeste beginnen; in der Wissenschaftsforschung werden die spezifischen Beiträge visueller Kommunikation bei der Erkenntnisgewinnung diskutiert.[2] Tritt man einen Schritt zurück, werden längere Traditionslinien sichtbar. Die Phänomenologie setzt methodisch bei dem an, was sich – wie Heidegger es formuliert – von sich selbst her zeigt.[3] Soziologen wie Bourdieu und Goffman analysieren den Körper als »Display« (als *Anzeige*) und Medium sozialer Distinktionen und Machtverhältnisse.[4] Sowohl die Semiotik als auch Wittgenstein legen

1 Vgl. insbesondere Heike Gfrereis/Marcel Lepper (Hg.), *Deixis. Vom Denken mit dem Zeigefinger*, Göttingen: Wallstein 2007; Gottfried Boehm/Sebastian Egenhofer/Christian Spies (Hg.), *Zeigen. Die Rhetorik des Sichtbaren*, München: Fink 2010; Karen van den Berg/ Hans Ulrich Gumbrecht (Hg.), *Politik des Zeigens*, München: Fink 2010.
2 Vgl. u.a. Gottfried Boehm, *Wie Bilder Sinn erzeugen. Die Macht des Zeigens*, Berlin: Berlin University Press 2007; Michael Tomasello, *Die kulturelle Entwicklung des menschlichen Denkens. Zur Evolution der Kognition*. Darmstadt: Wissenschaftliche Buchgesellschaft 2003; Karen Knorr-Cetina, »Viskurse der Physik. Konsensbildung und visuelle Darstellung«, in: Bettina Heintz/Arnold O. Benz (Hg.), *Mit dem Auge denken. Strategien der Sichtbarmachung in wissenschaftlichen und virtuellen Welten*, Zürich [u.a.]: Ed. Voldemeer 2001, 305-320; Lorraine Daston/Peter Galison, *Objektivität*, Frankfurt am Main: Suhrkamp 2007.
3 Vgl. Martin Heidegger, *Sein und Zeit*, 15. Aufl. Tübingen: Niemeyer, 1979, insb. §7.
4 Pierre Bourdieu, *Die feinen Unterschiede. Kritik der gesellschaftlichen Urteilskraft*, Frankfurt am Main: Suhrkamp 1982; Erving Goffman, *Wir alle spielen Theater. Die Selbstdarstellung im Alltag*, München: Piper 1969; Michel Foucault, *Überwachen und Strafen*, Frankfurt am Main: Suhrkamp 1994.

großen Wert auf die Feststellung, dass sich Bedeutung immer auch sinnlich-materiell manifestieren, d. h. zeigen, muss; die pragmatisch orientierte Sprachphilosophie hebt die Deixis als eine ebenso unverzichtbare wie eigenständige Dimension der Sprache hervor.[5]

Es besteht kein Zweifel: Der Begriff des ›Zeigens‹ wird in einer Vielzahl von Themengebieten, Diskursen und Theorien gebraucht und eröffnet somit der interdisziplinären Forschung ein breites Feld, auf dem sich z. B. Entwicklungspsychologie und Philosophie oder Sprach- und Kunstwissenschaft austauschen können. Dies dokumentiert auch der vorliegende Band, der unter dem Titel des Zeigens Beiträge aus so unterschiedlichen Disziplinen wie Kunstgeschichte, Soziologie, Entwicklungspsychologie, Informatik, Philosophie, Tanz- und Filmwissenschaft versammelt.

Doch was rechtfertigt hier den Gebrauch desselben Wortes? Zweifellos handelt es sich bei ›Zeigen‹ um einen Oberbegriff, unter dem sich verschiedene Disziplinen gut zum interdisziplinären Gespräch versammeln können. Dies wird schon durch seine thematische Nähe zu etablierteren Schlüsselbegriffen wie ›Wahrnehmung‹, ›Erfahrung‹ oder auch ›Intentionalität‹ garantiert. Das Wort evoziert eine große Fülle alltagssprachlicher Verwendungsweisen, die von »jemandem etwas zeigen« bis hin zu »was zu zeigen war« reichen. Gerade diese Vielfalt weckt aber auch Zweifel. Zum einen stellt sich die Frage, ob hier vielleicht nur alter Wein in neue Schläuche gegossen wird: Bringt der Diskurs des Zeigens wirklich neue Einsichten, anstatt altbekannte Fragen und Probleme umzuformulieren? Zum anderen liegt der Verdacht nahe, dass es sich bei den verschiedenen Verwendungen des Wortes um bloße Äquivokationen handelt. Betrachtet man im Einzelnen, wie der Begriff des Zeigens in den verschiedenen Kontexten gebraucht wird, so ist nicht – oder jedenfalls nicht auf den ersten Blick – zu erkennen, inwiefern hier von *einem* ›Zeigen‹ die Rede sein kann. Dazu sind die Bedeutungsvarianten – die von *sichtbar machen* bis hin zum *bezeichnen* reichen – zu groß.

Der vorliegende Band folgt der These, dass diese scheinbare Not im Grunde eine Tugend ist. Gerade die Vielschichtigkeit und Vieldeutigkeit des Wortes weisen auf seine Verwurzelung im alltäglichen, lebendigen Sprachgebrauch hin. Wie schwer das Wort in seiner Vielfalt auch definitorisch einzugrenzen sein mag, in den jeweiligen Kontexten »greift« es offenbar und findet dort eine sinnvolle Verwendung. Daher wäre es

---

5 Ludwig Wittgenstein, *Tractatus logico-philosophicus / Logisch-philosophische Abhandlung*, Frankfurt am Main: Suhrkamp, 1963; Karl Bühler, *Sprachtheorie. Die Darstellungsfunktion der Sprache*, 3. Aufl., Stuttgart: Lucius und Lucius 1999; Charles S. Peirce, *Schriften zum Pragmatismus und Pragmatizismus*, hg. v. Karl-Otto Apel, Frankfurt am Main: Suhrkamp 1991.

EINLEITUNG

eine künstliche Verknappung, auf einer eindeutigen, klar abgrenzbaren Wortdefinition zu beharren. Eine Festlegung auf eine Bedeutung erhebt nämlich den Sprachgebrauch einer Disziplin zum Maßstab für alle anderen und widerspricht damit deren eigenem Sprachgebrauch. Damit würde nicht nur unplausibel, warum der Begriff überhaupt auf so vielfältige Weise – in Alltagssprache und wissenschaftlichen Diskursen – Verwendung gefunden hat. Vor allem verbaute dies den Zugang zu der Frage, was möglicherweise den Zusammenhang der unterschiedlichen Thematisierungen des ›Zeigens‹ stiftet.

Einem Grundgedanken Wittgensteins folgend, sollte daher nicht nach der *einen* Bedeutung hinter dem vielfältigen Wortgebrauch gesucht werden. Vielmehr sollten diese Sprachspiele selbst als diskursive »Urphänomene«[6] gesehen werden. Durch diese Perspektivenumkehr wird die Vielfalt der Bedeutungen – jenes »komplizierte Netz von Ähnlichkeiten, die einander übergreifen und kreuzen«[7] – überhaupt erst zu einem Terrain, das zu neuen Erkundungen und Entdeckungen einlädt. Die Verflechtungen und Kreuzungen, die der Begriff des ›Zeigens‹ bildet, konstituieren einen Gegenstand, den es zu analysieren gilt, nachdem er sich bereits – als »Phänomen« – diskursiv *gezeigt* hat. In diesem Sinne ist Wittgensteins Diktum zu verstehen: »Denk nicht, sondern schau!«[8]

Die Einsicht in die »Familienähnlichkeiten« der Kontexte, in denen das Wort ›Zeigen‹ produktiv ist, entlastet freilich nicht von einer leitenden Frageperspektive. Hier haben sich die Herausgeber an dem Grundgedanken orientiert, dass das ›Zeigen‹ – wie auch immer es konkret verstanden wird – eine Tätigkeit ist, ein Vollzug. Zentral für das Verständnis dieser spezifischen Tätigkeit des ›Zeigens‹ ist offenbar ihr Bezug zum ›Sagen‹. Augenfällig ist das im Diskurs der Bildwissenschaften, der explizit eine Rehabilitierung des bildlichen Zeigens gegenüber dem Sprechen anstrebt.[9] Doch auch andere Thematisierungen leben vom Kontrast zwischen Sagen und Zeigen – etwa wenn die Zeigegeste entwicklungspsychologisch als Brücke zur Sprache dient, oder wenn das habituelle Distinktionsverhalten, das die Zugehörigkeit zu sozialen Schichten verrät, als eine primär vorreflexive, eigensinnige »Logik der Praxis« diskutiert wird. Paradigmatisch ist hier auch Heidegger, der mit der Einführung des Begriffs des Phänomens als das »Sichzeigende, das Offenbare« die philosophische Lehrmeinung verwirft, Wahrheit sei ein Urteilsprädikat und damit nur sprachlich zugänglich.[10]

6 Wittgenstein, *Tractatus logico-philosophicus*, § 654.
7 Ebd., § 66.
8 Ebd.
9 Vgl. z. B. Boehm, *Wie Bilder Sinn erzeugen*; Boehm/Egenhofer/Spies, *Zeigen*.
10 Heidegger, *Sein und Zeit*, 33.

Das ›Zeigen‹ wird vor allem dann thematisch interessant, wenn es als eine *Alternative* zum Sprechen behandelt wird – mit der verbindenden Gemeinsamkeit, dass in beiden Vorgängen *etwas* mitgeteilt (oder präsentiert) wird. Das Zeigen transportiert, mit anderen Worten, einen *Gehalt*. In diesem Sinne wird das Zeigen in diesem Band als eine performative Tätigkeit befragt: Auch wenn jeweils im Einzelnen zu bestimmen ist, wie das Zeigen in den jeweiligen Kontexten funktioniert und in welchen Bedeutungen das Wort genau auftritt – die thematische Einheit wird durch die Feststellung gestiftet, dass es sich jeweils um eine Tätigkeit handelt, bei der entweder etwas *gezeigt wird* oder etwas *sich zeigt*. Was wird gezeigt, und wie funktioniert dieses ›Zeigen‹ in Abgrenzung zu – und in Kombination mit – anderen Arten des Aufweisens, etwa der verbalen Kommunikation oder der sprachlichen Darstellung? Ist es immer sinnvoll, dem ›Zeigen‹ ein Eigengewicht zu geben und es – mal mehr, mal weniger stark – vom ›Sagen‹ abzugrenzen? Diese Fragen, so die Überzeugung der Herausgeber, lassen sich nicht pauschal und definitiv für alle Kontexte beantworten, sondern erfordern eine nähere Erkundung der Zusammenhänge und Unterschiede, die der Wortfamilie des ›Zeigens‹ ihren Zusammenhalt verleihen.

Die in diesem Band versammelten sechzehn Beiträge sind in drei Abschnitte gegliedert. Sie widmen sich dem Thema »Zeigen« unter besonderer Berücksichtigung des KÖRPERS, der BILDER und des WISSENS. Die Sektionstitel lassen es dabei bewusst offen, ob etwas gezeigt wird oder etwas (sich) zeigt.

Im ersten Teil KÖRPER ZEIGEN rückt der Körper in den Mittelpunkt. An ihm ist der Doppelaspekt der Tätigkeit des Zeigens gut zu erkennen: Die hinweisende Geste ist zum einen die zeigende Aktivität *par excellence*, durch die sich die Aufmerksamkeit auf einen von dieser Geste selbst unterschiedenen Gegenstand richtet; sie ist ein Verweis. Der Körper weist jedoch nicht nur auf etwas hin; er ist auch selbst ein Bedeutungsträger, ein Ensemble von Zeichen, Gesten und Haltungen, auf das andere Akteure reagieren. In diesem Abschnitt geht es daher zum einen um das mimetische und welterschließende Vermögen der Hand (Gebauer), zum anderen um den zeigenden Körper als Medium sozialer Praktiken (Alkemeyer, Suaud, Hirschauer) und ästhetischer Aufführungen (Brandstetter).

Der zweite Teil BILDER ZEIGEN thematisiert die Zeigkraft des Bildes. Auch hier liegt die Überlagerung und Mehrdeutigkeit des Zeigens unmittelbar nahe: Bilder werden gezeigt (in Museen beispielsweise), oft zeigen sie etwas (z. B. ein Haus), und sie zeigen auch immer *sich*, wenn sie *etwas* zeigen. Die Beiträge dieses Teils beschäftigen sich grundsätzlich mit der Rede vom Zeigen und Sichzeigen der Bilder (Stock, Goppelsröder), thematisieren die Arten und Weisen des Zeigens mit bewegten und unbewegten Bildern (Didi-Huberman, Koch) und richten die Aufmerksamkeit auf Bilder in der Wissenschaft (Schinzel).

Der dritte Teil WISSEN ZEIGEN diskutiert, welche Funktion das Zeigen in Erkenntnisprozessen in und neben der Sprache hat. In welchem Verhältnis stehen die Praktiken und Tätigkeiten, in denen Erkenntnisse oder Gegenstände wahrnehmbar werden, zu dem, was wir diskursiv darüber auszusagen vermögen? Dieser Ausrichtung entsprechend finden sich in diesem Abschnitt Überlegungen zu den potenziellen Grenzen der Praxis des Zeigens (Volbers, Tetens). Sie werden ergänzt durch die Analyse der Fähigkeit des Lesens, etwas zu zeigen (Gehring), und eine Studie über die Rolle des Zeigens in der Entwicklung von Perspektiven im Kindesalter (Moll). Abschließend wird das Verhältnis von Sagen und Zeigen am Fall der These erörtert, gelebte Religion sei nur als Evidenzerfahrung zugänglich, die sich nicht sprachlich ausdrücken lässt (Bouveresse).

Literatur

Boehm, Gottfried/Egenhofer, Sebastian/Spies, Christian (Hg.), *Zeigen. Die Rhetorik des Sichtbaren*, München: Fink 2010.
Boehm, Gottfried, *Wie Bilder Sinn erzeugen. Die Macht des Zeigens*, Berlin: Berlin University Press 2007.
Bourdieu, Pierre, *Die feinen Unterschiede. Kritik der gesellschaftlichen Urteilskraft*. Frankfurt am Main: Suhrkamp 1982.
Bühler, Karl, *Sprachtheorie. Die Darstellungsfunktion der Sprache*, 3. Aufl., Stuttgart: Lucius und Lucius 1999.
Daston, Lorraine/Galison, Peter, *Objektivität*, Frankfurt am Main: Suhrkamp 2007.
Foucault, Michel, *Überwachen und Strafen*. Frankfurt am Main: Suhrkamp 1994.
Gfrereis, Heike/Lepper, Marcel (Hg.), *Deixis. Vom Denken mit dem Zeigefinger*, Göttingen: Wallstein 2007.
Goffman, Erving, *Wir alle spielen Theater. Die Selbstdarstellung im Alltag*, München: Piper 1969.
Heidegger, Martin, *Sein und Zeit*, 15. Aufl. Tübingen: Niemeyer 1979.
Knorr-Cetina, Karen, »Viskurse der Physik. Konsensbildung und visuelle Darstellung«, in: Bettina Heintz/Arnold O. Benz (Hg.), *Mit dem Auge denken. Strategien der Sichtbarmachung in wissenschaftlichen und virtuellen Welten*, Zürich [u. a.]: Ed. Voldemeer 2001, 305-320.
Peirce, Charles S., *Schriften zum Pragmatismus und Pragmatizismus*, hg. v. Karl-Otto Apel, Frankfurt am Main: Suhrkamp 1991.
Tomasello, Michael, *Die kulturelle Entwicklung des menschlichen Denkens. Zur Evolution der Kognition*. Darmstadt: Wissenschaftliche Buch-

gesellschaft 2003.
van den Berg, Karen/Gumbrecht, Hans Ulrich (Hg.), *Politik des Zeigens*, München: Fink 2010.
Wittgenstein, Ludwig, *Philosophische Untersuchungen*, Frankfurt am Main: Suhrkamp 1971.
Wittgenstein, Ludwig, *Tractatus logico-philosophicus/Logisch-philosophische Abhandlung*, Frankfurt am Main: Suhrkamp 1963.

Gunter Gebauer
Die Hand

In der antiken Philosophie gilt die Hand als Schöpfer der besonderen Natur der Menschen. Mit ihrer Hilfe kultiviert und pflanzt der Mensch, er macht die Erde fruchtbar – sie erzeugt in der gegebenen Natur eine *zweite* Natur (Cicero). Zu den Werken, die sie erschafft, gehört auch sie selbst – die Hand macht sich durch ihre eigene Arbeit zu dem Organ des menschlichen Körpers, das die vielfältigsten Funktionen erfüllen kann. Wie Aristoteles bemerkt, ist sie nicht nur *ein* Organ, sondern viele: Sie ist das erste Werkzeug, das alle weiteren Werkzeuge herstellt.

In ihrem Gebrauch erwirbt sie höchste Plastizität. Sie kann auf unterschiedlichste Objekte angewendet werden – auf Dinge, auf den eigenen Körper und auf sich selbst. Ihre Plastizität entfaltet sie in zwei Richtungen. Sie ist zum einen fähig, sich eng an die Umwelt anzupassen, durch Berührung, Streicheln, Ergreifen. Den Dingen vermag sie zum anderen eine Gestalt zu geben, indem sie diese formt und verändert.[1] Sie kann so gebraucht werden, dass sie verschiedenste Gestalten aus der Umwelt in sich aufnimmt oder den Umweltdingen eine neue Gestalt gibt. Durch den Handgebrauch kann die Welt verinnerlicht oder von neuem erzeugt werden, als eine von den Händen gemachte Welt.[2]

Mit seinem Handgebrauch, mit Handlungen des Berührens, Greifens, Schlagens, Formens etc., baut sich der Mensch eine Welt aus der Hand auf, eine manipulierte und von ihm gestaltete Welt. Ohne Bezug auf Gegenstände, auf die sich ihre Tätigkeit richtet, kann die Hand keine Funktion erfüllen. In ihrem Gebrauch greift sie auf die Dingwelt zu.[3] Auch das Zeigen ist von seiner Herkunft her eng mit anderen Tätigkeiten der Hand verbunden, mit dem Berühren, Greifen, Erfassen, und wie bei diesen werden äußere Eindrücke verinnerlicht. Im Zusammenspiel

---

1 Die gestalterische Fähigkeit der Hände steht im Zentrum der kunstphilosophischen Schriften und Bemerkungen über die Hand; vgl. insbesondere Henri Focillon, *Vie des formes, suivi de Eloge de la main*, 5. Aufl., Paris: PUF 1993.
2 Verinnerlichung der Welt und die Welt neu machen sind zwei Weisen der Mimesis; vgl. Gunter Gebauer/Christoph Wulf: *Mimesis. Kultur – Kunst – Gesellschaft*, Reinbek: Rowohlt 1992.
3 Die meisten Ausdrücke mit »Hand« in der deutschen Sprache haben diese Bedeutung. Darauf macht Hans Schemann aufmerksam in seiner umfassenden anthropologisch orientierten semantischen Analyse des Wortes »Hand« und seiner vielfältigen Formen in Zusammensetzungen, Abwandlungen, Variationen etc.

dieser Handlungsarten entsteht beim Menschen die Geste; sie unterscheidet sich fundamental vom Greifen der Tiere: Die Zeigegeste ist eine sprachmäßige Handlung des Körpers *vor* dem Erwerb der Sprache. Sie bereitet der Sprache den Boden und ist zugleich eng mit den anderen Arten des Handgebrauchs verwandt. Die Besonderheit des Zeigens beginnt mit der Einzigartigkeit der menschlichen Hand und ihres Gebrauchs; sie ist kein isoliertes Faktum, sondern Teil eines umfangreichen Repertoires von Gebräuchen der Hand.[4]

1. Merkmale der Hand

Noch bevor das Denken einsetzt, öffnet sich in der ontogenetischen Entwicklung die Hand in ihrem Gebrauch gegenüber der Welt. Ihre ersten, noch unkoordinierten Bewegungen greifen auf Dinge in ihrer Umgebung zu. Sie schlagen eine erste Brücke zwischen dem eigenen Körper des Kindes und der umgebenden Welt. Ebenso wie sie Gegenstände explorieren, richten sie sich auf die Hand zurück. In ihrem Gebrauch erwirbt sie motorische Bewegungsschemata in beide Richtungen: die berührende Anpassung und die mimetische Gestaltung. Sie ist *das* Organ der Bezugnahme zu Dingen, zu den anderen Menschen und zu sich selbst; dies mit einer im Laufe der Entwicklung des Individuums zunehmenden Vielfältigkeit und Komplexität. Ihre Fähigkeit zu einem höchst differenzierten Gebrauch bildet sie in einer Entwicklung heraus, bei der mehrere Stufen unterschieden werden können:[5]

Beim Neugeborenen findet man die einfachste Form des Gebrauchs, bei der die fünf Finger und die Handfläche eine gemeinsame, ungeschie-

---

4 Michael Tomasello unterscheidet zwei »Grundformen« des Zeigens, eine »deiktische« und eine »ikonische« Art des Zeigens. Das deiktische Zeigen hat die Funktion, »die Aufmerksamkeit eines Empfängers räumlich auf etwas in der unmittelbaren Wahrnehmungsumgebung zu lenken«. Die Aufgabe des ikonischen Zeigens ist, »die Einbildungskraft eines Empfängers auf etwas zu lenken, das sich normalerweise nicht in der unmittelbaren Wahrnehmungsumgebung befindet, indem eine Handlung, eine Beziehung oder ein Gegenstand durch ein bestimmtes Verhalten simuliert wird.« (Michael Tomasello, *Die Ursprünge menschlicher Kommunikation*, Frankfurt am Main: Suhrkamp 2009, 72; siehe auch 74 und 77). Diesen beiden von Tomasello dargestellten Arten des Zeigens entsprechen – von kleineren Unterschieden abgesehen – im Wesentlichen die in diesem Aufsatz (Abschnitt 7) entwickelten Formen des »instrumentellen« und »mimetischen Zeigens«.

5 Die folgende Differenzierung entwickelt Jean-Hubert Levame in: »Mainobjet et main-image«, in: *Eurasie. Cahiers de la Société des Etudes euroasiatiques* 4, Paris 1993, 9-18.

dene Funktionseinheit bilden (s. Abb. 1).[6] In diesem Stadium gibt es weder eine Differenzierung der Finger noch ein Zusammenwirken der beiden Hände. Mit einem solchen Gebrauch können Dinge berührt und festgehalten, die Oberfläche und Form von Gegenständen abgetastet und eigene Bewegungsschemata herausgebildet werden. In Körperbildern werden sowohl die Hand als auch ihre Gebrauchsweisen repräsentiert. Diese Bilder erfüllen eine wichtige Funktion insbesondere dafür, daß der inkorporierte Gegenstand Hand (die Hand als Bild) entstehen kann. Sie erhalten im Laufe der Entwicklung immer mehr Eigenständigkeit gegenüber der Umgebung und den Bewegungen.

Abb. 1

Mit dem zweiten Entwicklungsschritt beginnt der Daumen sich selbständig gegenüber den Fingern zu bewegen (s. Abb. 2). Das Individuum kann nun Gegenstände fest in der Hand halten. Im Handbild entsteht ein Zwischenraum zwischen Daumen und Fingern, ein erster künstlich geschaffener räumlicher Unterschied, der später als ein Maß verwendet wird. Auf der dritten Stufe erhält der Zeigefinger seine eigene Beweglichkeit; mit diesem Stadium beginnen die individuellen Bewegungen, das Zusammenspiel und die Feinkoordination der Finger (s. Abb. 3). Von dieser Stufe an wird die Verwendung von Werkzeugen möglich. Zwischen den beiden sensiblen und beweglichen Flächen von Daumen und Zeigefinger können Gegenstände erspürt werden.

Abb. 2   Abb. 3

Die Eigenständigkeit der anderen Finger, die auf der vierten und fünften Stufe erworben wird, ist die Folge einer Schulung der Hand (s. Abb. 4 und 5). Dieser Gebrauch hat bereits so etwas wie einen intellektuellen Aspekt; er lässt sich beispielsweise beim Schreibmaschinenschreiben und Klavierspielen beobachten.

6 Diese und die folgenden Abbildungen sind dem Aufsatz von Jean-Hubert Levame entnommen.

Abb. 4

Abb. 5

Die Erziehung der Finger, die zu einer wirklichen Dressur werden kann, steigert die Strukturierungsmöglichkeiten der Hand in einem erheblichen Ausmaß. Sie erhöht die motorischen und sinnlichen Fähigkeiten der einzelnen Finger und führt zu äußerst komplexen instrumentellen, gestischen und ästhetischen Leistungen (s. Abb. 6). Aufgrund ihrer Artikulationsfähigkeit beginnt die Hand, Raum und Zeit einzuteilen. Die raum-zeitliche Strukturierung tritt insbesondere am Zählen hervor, im Nacheinander der einzelnen Fingerbewegungen, die in einem zeitlichen Ablauf jeweils eine Zahl markieren. Dabei wird nicht nur die einzelne Zahl gezeigt oder genannt, sondern es wird eine Weiterbewegung von Zahl zu Zahl vollzogen. Diese Fähigkeit wird voll entfaltet, wenn alle Finger ihre Eigenständigkeit erlangt haben. Die Hand wird dann das feine Instrument der Gliederung, Strukturierung und Artikulation, die nicht mehr nur gleichförmig, sondern auch nach allen möglichen selbst gesetzten und gefundenen Regeln vorgenommen werden.

Abb. 6

2. Berühren

Die Vermittlung zwischen den Dingen, den anderen und dem Körper des Handelnden lässt beide Seiten nicht unverändert. Ebenso wie die manipulierten Gegenstände mit einem spezifischen »Antwortverhalten«[7] reagieren, wird die Weise, wie sie vom Handgebrauch manipuliert werden, vom Individuum in motorische Schemata integriert und in Bilder oder Modelle übernommen. Bei den von der Hand hervorgerufenen Veränderungen denkt man als erstes an die Bearbeitung von Gegenständen. Aber dies ist nur ein kleiner Ausschnitt aus dem breiten

---

7 Arnold Gehlen, *Der Mensch. Seine Natur und seine Stellung in der Welt*, 12. Aufl., Wiesbaden: Aula 1978, 170.

Spektrum ihres Kontakts mit der Gegenstandswelt. In der ersten Phase berührt das Kind Objekte seiner Umgebung, ergreift sie und hält sie fest. Im dabei hergestellten taktilen Kontakt wird die Beziehung des Menschen zu den Gegenständen verändert: Lange bevor das Kind seine Zeigegesten ausprägt, vollzieht es beim Greifen erste rudimentäre Akte eines Hin-Deutens auf den ergriffenen Gegenstand: es deutet ihn als ein Objekt-für-die Hand. Deuten ist hier ein erstes Erfassen der Umgebung; sie ist eine praktische Ausdeutung der Welt, die anfangs nicht mehr ist als ein motorisches Schema. In der Interaktion mit anderen Menschen, die sich an der Berührung und am Ergreifen beteiligen (durch Zuschauen oder gemeinsames Handeln), beginnt der Handgebrauch primitive Bedeutungen zu bilden;[8] er hat einen proto-semantischen Aspekt.

Im Akt des Berührens stellt sich für den Handelnden die *Gewissheit*[9] her, dass das berührte Objekt ebenso gewiss ist wie sein Körper, wie seine Hand, die es berührt. Er ist eine Art Existenzschöpfung: Den berührten Gegenstand *gibt* es, insofern seine Berührung und sein Antwortverhalten vom Handelnden inkorporiert, in seine Schemata übernommen wird. In diesem Akt ist eine *konstruktive* Aktivität involviert; in sie geht sowohl die materielle Beschaffenheit der Hand als auch das Antwortverhalten der Dinge ein. Der Handgebrauch hat einen objektiven und einen subjektiven Aspekt – Berührung und Ergreifen heben den Gegenstand nicht nur hervor, sondern lösen ihn auch aus seinem Kontext heraus und zeigen ihn als einen spezifischen. Die subjektive Seite daran ist, dass das Individuum den Gegenstand verinnerlicht;[10] er wird in die motorischen Schemata aufgenommen und auf diese Weise verdoppelt: als äußerer Gegenstand und als Nacherzeugung des Körpers, die im Subjekt verankert wird. Für das Subjekt gibt es den Gegenstand, insofern seine Behandlung und sein Antwortverhalten in seinen Körper übernommen worden ist.[11] Die Eigenschaften des Objekts sind an den Vollzug des Berührens gebunden; sie besitzen eine rudimentäre, primitive Zeigefunktion. Allerdings entstehen sie nur im Kontakt der Hand mit dem Gegenstand und nur im Körper des Handelnden. Das Hin-Deuten ist noch keine Zeigegeste für andere; sie ist ein solipsisti-

---

8 Bedeutung wird hier in dem einfachen Sinn verstanden, den Wittgenstein ihm gibt: als der Gebrauch eines Objekts in einem gemeinsamen Handeln, im »Sprachspiel«.
9 Vgl. Ludwig Wittgenstein, *Über Gewißheit*, in: *Werkausgabe*, Bd. VIII, Frankfurt am Main: Suhrkamp 1984, z.B. § 247f., § 250, § 369.
10 Vgl. A. Gehlen: »die Bewegung muß, um bewußt und einsetzbar zu werden, sensorisch *zurückempfunden* werden« (Gehlen, *Der Mensch*, 134).
11 Gehlen spricht in diesem Zusammenhang von der »›Sachlichkeit‹ des Verhaltens, d.h. das Sicheinlassen auf die im Umgang entwickelten Eigenschaften der Dinge selbst« (Gehlen, *Der Mensch*, 156f.).

scher Akt. Es fehlt hier noch ganz der Mitteilungsaspekt, der das Zeigen kennzeichnet.

3. Ordnungen der Hand

Mit Hilfe des Handgebrauchs wird die vorgefundene Welt strukturiert; über sie wird eine aus körperlichen Handlungen erzeugte Ordnung gelegt. Als *erste* Ordnung ist die *räumliche Gliederung* zu nennen, wie sie in Markierungen von Positionen und Abständen in einem Handlungsraum hervortritt. Die Strukturierung wird durch Spuren und Inschriften der Hand erzeugt, die in den Raum hineingreifen. Der Handgebrauch kooperiert dabei mit dem Gesichtssinn: Das Tasten verbindet sich mit dem Sehen; beide können einander ersetzen. Die Strukturierung des Raums ist in eins ertasteter und gesehener Raum. In der Kooperation beider Sinne »*übernimmt*« »die Sehwahrnehmung [...] die Erfahrungen der Tastwahrnehmung«.[12] Die Sehgegenstände werden mit den Erfahrungen, die im Handgebrauch mit ihnen gemacht wurden, »aufgeladen«. In diesem Prozess wird die Hand, wie Gehlen annimmt, von den Aufgaben der Tastwahrnehmung freigestellt; »die gesamte Kontrolle der Welt und unserer Handlungen wird in erster Linie von der Sehwahrnehmung übernommen oder abgelöst«.[13]

Auch auf späteren Entwicklungsstufen ist das Sehen darauf angewiesen, dass der Tastsinn die Wahrnehmungen der Augen bestätigt, also die Gewissheit des Wahrgenommenen versichert, und dass die Hände zusätzliche Informationen über Form, Gestalt und Beschaffenheit von Gegenständen liefern. Eine ihrer wichtigsten Leistungen besteht darin, dass sie mit ihren hin-deutenden und formenden Handlungen neue Möglichkeiten der Welt erzeugen.

Der Gebrauch der sprachlichen Benennungen nutzt diese protosemantischen Konstruktionen der Hände für seine Zwecke. Worte und Gegenstände sind nach E. Canettis Annahme »Ausfluß und Ergebnis

---

[12] Gehlen, *Der Mensch*, 188. Dieser Gedanke wird lange vor ihm von Herder entwickelt. Siehe insbesondere den Aufsatz über Plastik: »wir glauben zu fühlen, wo wir nur sehen: wir fühlen auf eine Art wirklich, wenn wir sehen...«. »Was ist in solchen Fällen das Gesicht? Eine verkürzte Formel des Gefühls... Wir sehen, als ob wir fühlen, und wir fühlen, als ob wir sehen.« (Johann Gottfried Herder, »Die Plastik von 1770«, in: ders., *Werke*, Bd. II, München/Wien 1987, 410.) Über die Beschäftigungen, die das Auge des Beobachters bei der Bildsäule nimmt, sagt Herder: »...sie laufen alle dahinaus, sich an die Stelle des Gefühls zu setzen, zu sehen, als ob man tastete« (ebd., 415).

[13] Gehlen, *Der Mensch*, 188.

eines einzigen einheitlichen Erlebnisses, eben der *Darstellung durch die Hände*«.[14] Dieser Zusammenhang tritt einerseits im Nachahmen durch die Hände hervor, andererseits in zeichnerischen und malerischen Gesten. Zeichnen und Malen nach einem Vorbild ist Vergewisserung einer *anderen* Welt – die künstlerische Geste setzt die Gewissheit, dass es diese Welt gibt und vom Maler in *seiner* Darstellung sichtbar gemacht wird.

Mit diesen letzten Überlegungen haben wir schon die Strukturierung der Zeit einbezogen, insofern im gestischen Gestalten der Welt die Bewegungszeit als Ablauf, Reihenfolge, Geschwindigkeit, Rhythmus gegliedert wird. Dabei kann die Integration des Raums in ein zeitliches Schema besonders wichtig werden, beispielsweise bei der Pantomime oder in der gestischen Malerei. Zwei Prozesse sind hierbei zu beobachten: Die Handtätigkeit erwirbt auf der einen Seite einen mehr und mehr darstellerischen Charakter. Die von ihr hervorgebrachten Gestalten und Bewegungen repräsentieren etwas, was die Hand selbst nicht ist, sondern der Gegenstandswelt außerhalb ihrer selbst angehört. Auf der anderen Seite ist die Hand bei ihrer darstellerischen Tätigkeit von allen Zwecken befreit und einem »wirklichen Eigenleben«[15] überlassen. Aus den freien Handbewegungen entstehen ornamentale Formen, rhythmische Muster, aber auch Zärtlichkeitsgesten. »Das Eigenleben der Hände, in diesem ursprünglichsten Sinne, hat sich im Gestikulieren noch im reinsten erhalten«.[16]

Aus der freien Zeit- und Raumgestaltung geht auch das Zählen hervor. Es beginnt mit willkürlichen ersten Schritten; dann aber werden die Gestaltungsprinzipien als feste, unveränderbare Regel gesetzt und mit unnachgiebiger Strenge eingehalten. Ob man beim Zählen mit der ganzen Hand oder mit einem Finger, von links oder von rechts beginnt, welche Finger man in welcher Reihenfolge verwendet, welche Bezeichnungen gewählt werden – alles dies beruht zwar auf Konventionen, aber ist absolut nicht verhandelbar.[17] Jeder muss dabei vorgehen wie alle anderen. Zählen ist ebenso stark gesellschaftlich reguliert wie Messen oder Benennen. Nicht nur die Bewegungen und die Zahlwörter stehen fest, es wird auch die Bewegungsrhythmik und Geschwindigkeit kontrolliert. Man darf weder zu schnell noch zu langsam zählen, man muss einen bestimmten Bewegungsfluss erzeugen und ihn mit einem gleichförmigen Stimmeinsatz begleiten. Aus diesen Konstruktionsleistungen entsteht

---

14 Elias Canetti, *Masse und Macht*, Bd. I, 2. Aufl., München: Hanser 1976, 241.
15 Ebd., 235.
16 Ebd., 241.
17 Vgl. Georges Ifrah, *Universalgeschichte der Zahlen*, Frankfurt am Main/New York: Campus 1986, insbesondere 36-60.

eine erste Welt der Zahlen, eine rekursiv aufgebaute Ordnung, die nicht mehr der Bewegung angehört, sondern eine gedachte ideale Ordnung darstellt. Eine Idealisierung wird auch von der Raumordnung erzeugt, mit deren Hilfe Ganzheiten nach gedanklichen Prinzipien untergliedert werden. Räumliche und zeitliche Ordnungen lösen sich in dem Maße vom Gebrauch der Hand ab, wie sie nach eigenen logischen Prinzipien aufgebaut werden. Die ideale Welt der Zahlen hat die körperlichen Elemente aufgegeben, die in den frühen Zählgesten noch präsent sind.

4. Verinnerlichung und Subjektivierung

Auf eine entscheidend wichtige Konstruktion, die aus dem Handgebrauch entsteht, hat wiederum Gehlen aufmerksam gemacht.[18] Sie setzt bei der Propriozeption ein, also bei dem Sinn, der Menschen in die Lage versetzt, ihren eigenen Körper zu spüren. So fühlt man seine Körperhaltungen, die Neigungen des Kopfes, die Position der Arme, die Stellung der Beine etc. Bei der Selbstberührung mit der Hand kommt es zu einer doppelten Wahrnehmung: Man sieht die Hand, wie sie einen Körperteil berührt, und spürt zugleich die Berührung als einen von außen kommenden Druck. Es entsteht so eine differenzierte Seh- und Tasterfahrung. Einerseits wird die Handlung visuell wahrgenommen als ein unabhängig vom Subjekt erkennbares Ereignis, das auch andere Personen, die diese Tastempfindungen nicht haben, sehen können. Auf der anderen Seite wird sie vom Subjekt propriozeptiv erfahren. Die anderen Personen sind ebenfalls zu Selbsterfahrungen der gleichen Art fähig.

Die hier gewählte Beschreibungsform zerlegt die koordinierte Seh- und Tasterfahrung nach einem dualistischen Schema in äußere und innere Wahrnehmung. Das Entscheidende an der Selbstberührung ist aber, dass man Gesehenes und Gespürtes als eine *identische* Erfahrung ansieht. Es handelt sich nicht um zwei getrennte Empfindungen, sondern um eine differenzierte Sinneserfahrung. Sehen und Spüren sind in der Propriozeption zwei Seiten *desselben* Ereignisses. Wenn man die Augen schließt, erfährt man nur das Spüren. Wenn man einen tauben Körperteil hat, kann man die Berührung nur sehen. Am defizienten Fall wird die Zweiseitigkeit der Identität der Seh-Tast-Erfahrung deutlich: Das Gespürte ist zugleich das Nicht-Gesehene und das Gesehene das Nicht-Gespürte.

Wie funktioniert die Beziehung zwischen Sehen und Fühlen? Wenn die Hand allein, ohne Unterstützung des Gesichtssinns gebraucht wird, achtet das Individuum auf die Tastempfindungen und ergänzt das mögliche Sehbild. Ebenso umgekehrt: Wenn das berührte Glied nicht mit

---

18 Gehlen, *Der Mensch*, 134 ff.

einer Tastempfindung auf die Berührung antwortet (weil es entweder taub oder umwickelt ist), fügt das Subjekt erinnerte Tasterfahrungen hinzu. Die Hand-Auge-Koordination, die diese Ergänzungen hervorbringt, setzt sich aus einer persönlichen, an den Standpunkt der Person gebundenen Erfahrung und einem beobachtbaren Seheindruck zusammen. Es entsteht also ein Gegensatz von subjektiver und objektiver Wahrnehmung. Die Tatsache, dass man propriozeptive Erfahrungen in analoger Weise ersetzen kann wie die Seheindrücke, ist ein Hinweis auf die enge Zusammengehörigkeit von Seh- und Tastsinn, auf ihr gemeinsames Funktionieren und ihre gegenseitige Abhängigkeit, die auch die Umkehrbarkeit der Beziehung von beiden impliziert.

Bisher bin ich ausschließlich auf die handelnde Person eingegangen. Ihre persönlichen Erfahrungen und Empfindungen, die über den äußeren Aspekt eine gesellschaftliche Formung erhalten (und keineswegs privat sind, sondern von Anfang an gesellschaftlich geformt), können auf andere Personen übertragen werden.[19] Bei diesem Vorgang ist die Fähigkeit der Ergänzung des Sehaspekts durch gespeicherte und abrufbare (propriozeptive) Tastempfindungen von entscheidender Bedeutung. Sie ist keine intellektuelle Leistung, sondern eine am eigenen Körper durch Selbstberührung erfahrene und eingeübte Fähigkeit. Wie man sich selbst berühren, sich dabei zusehen und die Berührung empfinden kann, so kann man analog bei anderen Personen die Sehwahrnehmung um die Tastempfindung ergänzen.

Der Handgebrauch erfüllt in seiner Korporation mit dem Gesichtssinn eine Vermittlungsfunktion: Er bildet eine Brücke zwischen eigenen und fremden Empfindungen. Allerdings darf man nicht annehmen, dass es dabei zu einer Übertragung von Empfindungen vom eigenen auf den fremden Fall kommt. Vielmehr handelt es sich um eine Öffnung gegenüber den Gefühlen anderer Personen aufgrund eines Ergänzens von deren Wahrnehmung. Möglich wird diese jedoch nur unter der Bedingung, dass diese zu propriozeptiven Erfahrungen fähig sind und mit diesen umzugehen gelernt haben.

Wir gelangen zu einem eigenartigen Zwischenergebnis: Der Handgebrauch führt in Koordination mit dem Gesichtssinn einerseits zu den am weitesten objektivierten Praktiken des Zählens mit der Konstruktion einer *idealen* Zahlenfolge und auf der anderen Seite zum Aufbau von *subjektiven* Empfindungswelten. Beide Leistungen werden üblicherweise der Sprache zugeschrieben. Wir haben jedoch gesehen, dass die

---

19 Vgl. Henri Matisse: »Meine Strichzeichnung ist die direkte und reinste Übersetzung meiner Emotion« (zitiert nach Hsiung, Ping-Ming, »La main du maître. Sur la peinture et la calligraphie chinoise«, in: Christophe Carraud (Hrsg.): *La Main*. Orléans : Institut d'arts visuels d'Orléans 1996, 185.)

Funktion, die wohl als die grundlegendste der Sprache gilt, die Zeigefunktion, die auch für den Aufbau von objektiven und subjektiven Welten wesentlich ist, im Handgebrauch nicht nur vorbereitet wird, sondern hier schon voll funktionsfähig ist. Die Entstehung und der Funktionszusammenhang des Zeigens, ausgehend vom Hin-Deuten, müssen in einem Bereich *unterhalb der Sprache* angesetzt werden, in jenem der mimetischen Welterzeugung durch den Handgebrauch.

5. Symbolische Welten und soziale Ordnung

An der gesellschaftlichen Verwendung der Hände setzt eine ganze Zivilisationstechnologie an. Kein Körperteil wird so gelehrig gemacht wie die Hand für den Werkzeuggebrauch, für Spiele, Malerei, Musik, für das Schreiben, Zählen, Hindeuten, für häusliche Arbeiten und soziale Gestiken. Am Handgebrauch zeigt sich der zivilisatorische Stand einer Person. Die Vielzahl der Sozialtechniken, die hohen Ansprüche an das Verhalten, die Feinheit der Regulierungen, die starke Befrachtung mit Symbolik, die variable Artikulation und die Ritualisierung – alles dies macht die Hände zu außerordentlich durchregulierten Körperteilen. Die meisten dieser Leistungen gehen den entwickelten Sprachformen ontogenetisch vorher und bereiten diese vor. Selbst sozial erzeugt, wirkt die Hand wesentlich daran mit, der sozialen Welt eine Ordnung zu geben. Die ordentliche Hand wird selbst ordnend. Die großen Orientierungen der Gesellschaft, ihre fundamentalen Einteilungen werden im Handgebrauch vorbereitet.

Dieser Gedanke wird zum ersten Mal in der frühen Arbeit von Robert Hertz entwickelt.[20] Ausgangspunkt seiner Überlegungen ist die Tatsache der *Zwei*händigkeit des Menschen. Wenn man nur von »*der* Hand« spricht, übergeht man die Tatsache, dass die beiden Hände nicht in gleicher Weise benutzt werden. Die Differenzierung zwischen rechter und linker Hand und die damit einhergehende ungleiche Verwendung ist nach Hertz über alle Kulturen verbreitet. Mit Hilfe des Handgebrauchs wird das soziale Universum in eine rechte und eine linke Hälfte aufgeteilt und entsprechend der Werte, die rechts und links zuerteilt werden, klassifiziert. Mit der rechten Hand wird gegrüßt, gegessen, gesegnet; sie ist die reine Hand; einzig mit ihr dürfen bestimmte rituelle Akte vollzogen werden: Sie ist die gute Hand. Alle Gegensätze zu diesen Leistungen, Bewertungen und Eigenschaften werden der linken Hand zugeschrieben: Was die rechte darf, wird der linken versagt. Dafür hat

---

20 Robert Hertz: »La prééminence de la main droite. Etude sur la polarité religieuse«, in: ders., *Sociologie religieuse et folklore*, 2. Aufl., Paris: PUF 1970 (zuerst 1928).

diese wiederum Aufgaben zu erfüllen, die die rechte Hand unterlassen muss. Über den Körper wird eine regelrechte Geometrie gelegt, die die Funktionen, symbolischen Deutungen und Bewertungen anordnet. Der Gebrauch beider Hände wird einem Schema der Opposition, der spiegelsymmetrischen Entgegensetzung unterworfen, das zur Einteilung der praktischen Funktionen, symbolischen Gesten und moralischen Bewertungen dient. Vom Körper, von seiner Einteilung aus – in eine geschickte, reine und sozial akzeptierte Hand und ihr Gegenteil – wird eine dualistische Ordnung über die Person und das ganze soziale Universum ausgebreitet.

Mit der Einteilung von rechts und links wird ein Mechanismus der Einschließung und Ausschließung etabliert. Er entscheidet, auf welche Seite ein Mensch oder eine Gruppe gehört, ob auf die Seite des Heiligen, Reinen, Geraden, Angesehenen oder auf die andere Seite des Unreinen, des Profanen, Ungeraden, der von gesellschaftlichem Einfluss Ausgeschlossenen. Von ihr werden die binären Differenzierungen der großen Weltordnungen vorbereitet, insbesondere die Einteilung der Menschen nach männlich und weiblich, die wiederum mit einer Struktur von Symbolen und Werten überzogen wird. Im Unterschied zu jener des Zählens und Messens ist diese Gliederung des Raums keine ideale; sie ist eine mimetische Welterzeugung nach dem Vorbild der guten und der schlechten Hand. Aus dem unterschiedlichen Gebrauch der beiden Hände wird eine Urteilsstruktur hervorgebracht, die über Zugehörigkeit und Nichtzugehörigkeit, über Annahme und Ablehnung, über rein und unrein, gut und schlecht entscheidet. Nach dem Modell der körperlichen Lateralität von rechts und links bauen traditionelle Gesellschaften die symbolische und ethische Darstellung ihrer Sozialordnung auf: Die Schneidungen des sozialen Raums werden als Anordnungen rechts und links einer gedachten Trennungslinie angeordnet.

6. Sprachspiele des Zeigens

Vom Gebrauch der Hand wird eine Art und Weise des Ordnens erzeugt, die ein gemeinsames Spiel der Handelnden hervorbringt. Auf der *ersten* Stufe ist der Handgebrauch ein praktisches Umgehen des Subjekts mit Gegenständen der Welt. Aus dem Explorieren der biologisch gegebenen Möglichkeiten entstehen durch Übung zunehmend zielgerichtete Handlungen, die auf die Umwelt zugreifen, taktile Erfahrungen des Berührens, Greifens und Hin-Deutens; sie werden mit der visuellen Wahrnehmung koordiniert. Auf der *zweiten* Stufe kommt es in der Interaktion mit anderen Menschen zu gemeinsamen Gebräuchen der behandelten Objekte. Auf der Grundlage der biologisch *vor*strukturierten Ordnungen der Hand werden von den Teilnehmern systematische *sozi-*

ale Gebräuche entwickelt, die man mit Wittgenstein als »*Sprachspiele*« bezeichnen kann: ein geregeltes Zusammenspiel in einem konstruktiven Handeln, das sich eine gemeinsam geteilte Verständlichkeit schafft – eine Proto-Semantik.[21]

Während die Sprachspiele vor einem Hintergrund von Regeln, Konventionen und unausgesprochenen Vorverständnissen[22] funktionieren, sind auf der *ersten* Stufe die Strukturierung von Hand und Handlung aus ihrem Gebrauch entstanden. Die Gewissheit der Welt, das Hin-Deuten auf Gegenstände und ihre Formung sind Hervorbringungen des Subjekts in seiner Handlungspraxis; sie haben noch keinen entwickelten kooperativen Aspekt. Selbst wenn die Tätigkeiten auf der *ersten* Stufe nicht ohne soziale Einflüsse und Prägungen zu denken sind, spielen hier Regeln und ein gemeinschaftlicher Hintergrund keine nennenswerte Rolle. Anders ist es auf der *zweiten* Stufe, auf der das Kind ein Handlungspartner anderer Menschen, ein Mitspieler in Sprachspielen ist und mit Hilfe seines Hintergrunds versteht, worum es im jeweiligen Spiel geht, welche Rolle und welche Anforderungen es darin zu erfüllen hat.[23]

Die Hand besitzt die Fähigkeit, etwas anderes als sie selbst darzustellen; sie findet oder erfindet einfache, aber sehr wirkungsvolle Darstellungsmöglichkeiten. So ist das Zugreifen ein praktischer Akt des Festhaltens, des In-den-Besitz-Bringens; es *zeigt* in praktischen Akten die Macht des Greifenden über das Ergriffene. Es stellt das Verfügen-Können über das, was sie ergriffen hat, dar. Im Akt des Greifens – so lässt sich diese Handlung interpretieren – führt die Hand das Verhältnis von Macht und Unterordnung vor, wie ein miniaturhaftes Theaterstück des Alltagslebens, mit einem Bühnenraum, einer Rollenverteilung und einer Handlungsstruktur. Das Schauspiel erzeugt seine Bedeutung un-

21 »Es ist von der allergrößten Bedeutung, daß mit der beginnenden Sprache das Antriebsleben des Menschen in *demselben* System sich äußert und selbst faßlich wird, das auch die Bewältigung der objektiven Welt führend an sich nimmt. Es ist der Weg, auf dem, wie Herder sagt, ›alle Zustände der Seele sprachmäßig werden‹ (nicht: sind).« (Gehlen, *Der Mensch*, 202).

22 Gehlen spricht von »Umgangsqualitäten«, die die »Sehdinge« »zeigen, die sie beweisen würden, wenn wir mit ihnen hantieren: ihr Eigengewicht, ihre Schwere, Härte, Weichheit, Materialstruktur, Nässe, Trockenheit usw.« (Ebd., 170).

23 Nach den Befunden und Überlegungen von Michael Tomasello sind Menschen die einzige Spezies, die zu »geteilter Intentionalität« fähig sind, auf deren Grundlage sich die »kooperative Struktur menschlicher Kommunikation« entwickelt, die eine »Manifestation der extremen Form der Kooperativität des Menschen« darstellt (Tomasello: *Die Ursprünge menschlicher Kommunikation*, 254 f.).

ter der Voraussetzung, dass eine (oder mehrere) andere Personen ihm zusehen. Es zeigt dem Zuschauer die Verfügung über die ergriffenen Gegenstände und ihre Beschaffenheit; und es *beweist* die Wirksamkeit des Subjekts. Das Sprachspiel des Zeigens lässt die Zuschauer sehen, was der Zeigende sieht.[24]

Etwas anders lässt sich das Berühren beschreiben; hierbei verfügt das Individuum nicht über den Gegenstand; es lässt ihn, wie er ist. Eine Berührung geschieht mit einer Handbewegung, die vom eigenen Körper ausgeht, mit dem Gegenstand auf seiner Oberfläche in Kontakt tritt und wieder zum Körper zurückkommt. Es ist ein Heraustreten des Subjekts aus sich, eine Öffnung gegenüber dem Objekt, eine Verinnerlichung der bei der Berührung gespürten Eigenschaft und eine Schließung des Vorgangs. Metaphorisch gesprochen, legt die Bewegung des Berührens eine Spur vom Subjekt zum Objekt und zurück, die im Gedächtnis aufbewahrt wird. Der Berührung entspricht ein verinnerlichter Weg, auf dem das Objekt gefunden werden kann.

In der Kooperation von Hand und Auge erhält die Spur eine andere Funktion. Eine Richtung vom Subjekt zum Objekt und zurück ist sie auch hier, allerdings nicht als Weg, sondern als Blick. Vom Auge des Subjekts fällt der Sehstrahl auf das angeblickte Objekt. Von Theorien zur Rezeption der Architektur,[25] Kunst[26] und des Films wird die ästhetische Wahrnehmung in Analogie zur Berührung durch die Hand beschrieben. W. Benjamin fordert von der Kunst seiner Zeit, insbesondere vom Kino, dass sie die kontemplative Haltung überwindet und sich der »*Anleitung der taktilen Rezeption*« anvertraut; diese geschieht nicht »auf dem Wege der Aufmerksamkeit«, sondern beruht auf Gebrauch und Gewöhnung.[27] Dass auch das Objekt auf das sehende Subjekt zurückblickt, ist eine These von J. Lacan: »Das Bild ist sicher in meinem Auge. Aber ich, ich bin im Tableau. – Was Licht ist, blickt mich an…«.[28]

---

24 Vgl. den Aufsatz von Henrike Moll in diesem Band, der die entwicklungspsychologischen Stadien rekonstruiert, die dieses Sehen-Lassen des Gesehenen durchläuft.

25 Siehe Heinrich Wölfflin, *Prolegomena zu einer Psychologie der Architektur*, mit einem Nachwort von Jasper Cepl, Berlin: Gebr. Mann 1999 (zuerst 1886).

26 Diese Betrachtung geht insbesondere zurück auf Alois Riegl, *Spätrömische Kunstindustrie*, Wien: Verlag der Kaiserlich-Königlichen Hof- und Staatsdruckerei 1901.

27 Walter Benjamin, *Das Kunstwerk im Zeitalter seiner technischen Reproduzierbarkeit*, mit einem Kommentar von Detlev Schöttker, Frankfurt am Main: Suhrkamp 2007, 46.

28 Jacques Lacan, »Linie und Licht«, in: Gottfried Boehm (Hg.), *Was ist*

7. Zeigen

In der Vorgeschichte des Zeigens sind die Akte des Ergreifens und Berührens enthalten; allerdings wird das Hin-Deuten, das auf der ersten Stufe ein Behandeln des Gegenstands und ein Spurenlegen ist, in den Rahmen eines Sprachspiels gestellt. Zu dessen Voraussetzungen gehören viele Erfahrungen, die im Handgebrauch mit dem gezeigten Gegenstand (oder vielen anderen Dingen, die diesem ähnlich sind) zuvor gemacht worden sind. Der Ort und die Eigenschaften des gezeigten Gegenstands sind in früheren Gebrauchsweisen bereits erkundet und in die motorischen Schemata übernommen worden. Auf diese Weise hat das Objekt im Gebrauch der Hand eine bestimmte Regelmäßigkeit erhalten: Der Handgebrauch selbst ist zu einem Instrument geworden, mit dem das Objekt aufgesucht und behandelt werden kann. So kann beispielsweise ein Löffel vom Kind ergriffen und zum Essen verwendet werden. Wenn es ihn aus der Entfernung sieht, *zeigt* er seine Gebrauchsweisen *an*; das Kind kann sie ihm ansehen. Es gibt hier also ein doppeltes Zeigen: ein *Anzeigen,* mit dem der Gegenstand seine Eigenschaften erkennen lässt; und von Seiten des Kindes ein *Zeigen in Richtung* auf das wahrgenommene Objekt. Man kann diese beiden Weisen des Zeigens als »*instrumentelles Zeigen*« bezeichnen. Bei der Zeigegeste, mit der das Kind auf einen Gegenstand hinweist, ohne es in Besitz nehmen zu wollen, ist der Bezug auf das Ergreifen verschwunden – es ist ein Zeigen, das von der Bedürfnislage des Subjekts abstrahiert.[29]

Eine *zweite* Art des Zeigens ist *mimetischer* Art. Seine Vorgeschichte ist die nachahmende taktile Aktivität, bei der man mit den Fingern den Konturen, Oberflächen, Kanten, Reliefs von Gegenständen entlangfährt: Man er-fährt die Form des explorierten Gegenstands. Die dabei erfahrenen Bewegungslinien werden vom Subjekt interiorisiert; sie bestehen unabhängig vom Gegenstand weiter und können bei einer anderen Gelegenheit von neuem erzeugt werden: als gestische oder zeichnerische Darstellung. Wenn man in Japan die Form einer Teeschale würdigen will, hält man sie in der einen Hand, die Finger der anderen bewegt man mit vorsichtigen Drehungen entlang des Randes, dann fährt man mit der Handfläche über ihre Außenseite. Auf diese Weise bildet man die Form mit den eigenen Händen nach und löst sie von ihrem Vorbild ab. Im Noch-einmal-Machen der Schale mit der Hand des

ein Bild?, München: Fink 1995, 65. Von Georges Didi-Huberman wird dieser Gedanke in der Anspielung seines Buchtitels aufgenommen: »Ce que nous voyons, ce qui nous regarde«.

29 Gehlen nennt diese uninteressierte Haltung »kommunikativ« und »begierdefrei« (Gehlen, *Der Mensch*, 132).

Bewunderers entsteht eine von ihm hergestellte selbständige Form, die die ursprüngliche Gestalt *zeigend vorführt*. Selbst die einfache Wiederholung kann also als produktiv aufgefasst werden; sie erzeugt ein Spiel mit dem Gegebenen in einem anderen Medium.

Im *mimetischen Zeigen* werden Formen aus dem Gebrauch der Hände erzeugt. Im Beispiel der Teeschale gibt es die Gestalt bereits als ein Artefakt. Mimetisch ist jedoch auch das freie Formen, bei dem die Hand ihre motorischen Schemata am jeweiligen Material exploriert und erweitert. Die dabei gewonnenen Gestalten und Linien zeigen ihre erworbenen und sich weiterentwickelnden Möglichkeiten der Formgebung. Freies Gestalten der Hände beginnt bei diesen selbst, wenn sie aus sich ein Werkzeug machen, wie eine Schöpfkelle, einen Griff oder eine Zange; es veräußerlicht seine Rhythmik in Einkerbungen und Ritzungen, die mäanderartige Muster bilden,[30] oder es zeigt die Zerstreutheit und Ungeduld des Subjekts beim Telefonieren in Form von Kritzeleien.[31]

Im Spiel der Hände entsteht ein *doppelter Gebrauch*: einmal als Wiederaufnahme vorgefundener Elemente in einem anderen als dem ursprünglichen Medium; zum anderen als neuer Einsatz von erworbenen Bewegungsschemata. Die gegebene Welt mimetisch noch einmal zu machen, diesmal in einer anderen Weise als in ihrer ursprünglichen Gegebenheit, ist eine Leistung des Spiels allgemein. Die »Handspiele« gehören zu den ersten und wichtigsten Spielen im Leben des Menschen. Von der Hand wird ein direkter Weltbezug, eine feine Artikulation und ein unmittelbarer Austausch zwischen objektiven und subjektiven Aspekten des In-der-Welt-Seins ermöglicht. Im doppelten Gebrauch wird die vorgefundene Welt *als symbolische* neu erzeugt. Sie bleibt zwar unauflöslich an den Vollzug des praktischen Handelns gebunden, aber sie geht über das handelnde Subjekt hinaus – als eine gesellschaftlich gemachte Welt, in der die Anderen präsent sind.

In der praktischen Verwendung der Hand wird eine Systematik ausgebildet; sie entsteht aus mehreren Schritten: aus dem Ergreifen, der Berührung und dem Hin-Deuten, dem Antwortverhalten der Gegenstände, der Gewissheit des Handelnden und den Strukturierungen der Welt. Im Kontext der Sprachspiele mit ihrem Hintergrund geben sie dem Zeigen und Ordnen – damit auch dem Denken – eine grundlegende Struktur. Auf höheren Stufen des Denkens kann diese korrigiert werden. Aber

---

30 Die ersten freien Zeichnungen der Menschheit sind rhythmische Linien, die in Knochen eingeritzt wurden; vgl. André Leroi-Gourhan, *Hand und Wort. Die Evolution von Technik, Sprache und Kunst*, Frankfurt am Main: Suhrkamp 1988 (frz. 1964/1965).
31 Von Künstlern der Gegenwart wird ein solches freies Spiel der Hand als zeichnerische Form exploriert; vgl. z.B. Alfonso Hüppi, *Zeichnungen*, Galerie Raymond Bollag, Zürich 1990.

die Tatsache des Körpergebrauchs und die daraus hergebrachte Gewissheit kann nicht mehr zurückgenommen werden. Sie sind notwendige Bedingungen von Erkenntnis und Sprache. Die Umwelt nimmt durch das handelnde Subjekt in der Weise Gestalt an, wie seine Hände mit ihr umgehen. Es ist kein Zufall, dass Wittgenstein in den *Philosophischen Untersuchungen* seine Annahme, die Bedeutung von Wörtern stelle sich in ihrem Gebrauch her, insbesondere an Beispielen des Handgebrauchs exemplifiziert: am Zeigen, Zugreifen, Herreichen, Hinweisen. In vielen Fällen ist der Wortgebrauch eine Art »Greifen« zu Namen für Dinge. Auf den höheren Entwicklungsebenen werden, wie eine Erweiterungen des natürlichen Körpers, neue Wortbedeutungen in den ›Sprachkörper‹ hineingenommen: »Eine Bedeutung eines Wortes ist eine Art seiner Verwendung. – Denn sie ist das, was wir erlernen, wenn das Wort zuerst unserer Sprache einverleibt wird.«[32] Lange bevor ein Kind sprachliche Ausdrücke für Gegenstände seiner Umgebung erwirbt, hat es in seinen primitiven Sprachspielen seine Umgebung symbolisch geordnet und auf diese Weise von ihr Besitz ergriffen.

Literatur

Benjamin, Walter, *Das Kunstwerk im Zeitalter seiner technischen Reproduzierbarkeit*, mit einem Kommentar von Detlev Schöttker, Frankfurt am Main: Suhrkamp 2007.
Bourdieu, Pierre, *Le sens pratique*, Paris: Minuit 1980.
Canetti, Elias, *Masse und Macht*, Bd. I, 2. Aufl., München: Hanser 1976.
Didi-Huberman, Georges, *Ce que nous voyons, ce qui nous regarde*, Paris: Minuit 1992 (dt.: *Was wir sehen blickt uns an*, München: Fink 1992).
Focillon, Henri, *Vie des formes, suivi de Eloge de la main*, 5. Aufl., Paris: PUF 1993.
Gebauer, Gunter/Christoph Wulf, *Mimesis. Kultur – Kunst – Gesellschaft*, Reinbek: Rowohlt 1992.
Gehlen, Arnold, *Der Mensch. Seine Natur und seine Stellung in der Welt*, 12. Aufl., Wiesbaden: Aula 1978.
Herder, Johann Gottfried, »Die Plastik von 1770«, in: ders., *Werke*, Bd. II, München/Wien 1987.
Hertz, Robert, »La prééminence de la main droite. Etude sur la polarité religieuse«, in: ders., *Sociologie religieuse et folklore*, 2. Aufl., Paris: PUF 1970 (zuerst 1928).
Hsiung, Ping-Ming, »La main du maître. Sur la peinture et la calligraphie chinoise«, in: Christophe Carraud (Hg.): *La Main*. Orléans: Institut d'arts visuels d'Orléans 1996

---

32 Ludwig Wittgenstein, *Über Gewißheit*, § 61.

Hüppi, Alfonso, *Zeichnungen*, Galerie Raymond Bollag, Zürich 1990.
Ifrah, Georges, *Universalgeschichte der Zahlen*, Frankfurt am Main/New York: Campus 1986.
Lacan, Jacques, »Linie und Licht«, in: Gottfried Boehm (Hg.), *Was ist ein Bild?*, München: Fink 1995, 60-89.
Leroi-Gourhan, André, *Hand und Wort. Die Evolution von Technik, Sprache und Kunst*, Frankfurt am Main: Suhrkamp 1988 (frz. 1964/1965).
Levame, Jean-Hubert, »Main-objet et main-image«, in: *Eurasie. Cahiers de la Société des Etudes euro-asiatiques* 4, Paris 1993, 9-18.
Riegl, Alois, *Spätrömische Kunstindustrie*, Wien: Verlag der Kaiserlich-Königlichen Hof- und Staatsdruckerei 1901.
Schemann, Hans, *Die »Hand« in der Sprache. Zur anthropologischen Begründung der Ideomatik*, masch. Ms. o. J.
Tomasello, Michael, *Die Ursprünge menschlicher Kommunikation*, Frankfurt am Main: Suhrkamp 2009.
Wittgenstein, Ludwig, *Philosophische Untersuchungen*, in: *Werkausgabe*, Bd. I, Frankfurt am Main: Suhrkamp 1984.
Wittgenstein, Ludwig, *Über Gewißheit*, in: *Werkausgabe*, Bd. VIII, Frankfurt am Main: Suhrkamp 1984.
Wölfflin, Heinrich, *Prolegomena zu einer Psychologie der Architektur*, mit einem Nachwort von Jasper Cepl, Berlin: Gebr. Mann 1999 (zuerst 1886).

Gabriele Brandstetter
Animal locomotion
Tierbilder und Verkörperung im modernen Tanz

Seit alters ist das Tier ein Thema und ein Modell für Bewegungen im Tanz. Welches Bild des Menschen spiegelt sich in Tierdarstellungen? Welche Fragen von humaner Identität und Krise werden darin sichtbar? Sind es die Tierkörper, die zum Material und zum Symbol werden für die ethischen, politischen und ästhetischen Fragen einer Beherrschbarkeit der Natur?

Die Erkundung der Grenze zwischen Mensch und Tier ist eines der großen »Kultur-Natur«-Themen: in Mythen und Sagen, in den frühesten Zeugnissen von Ritual und Kunst, in der Geschichte des Wissens. In der Bibel ist die Beziehung noch klar: Adam im Paradies, als Ebenbild Gottes, gibt den Tieren ihren Namen. In dieser Weise herrscht er über sie in der Benennung. Doch schon Thomas von Aquins Kommentar zu dieser Bibelstelle macht deutlich, dass dieser Benennungsakt ein Schritt zur experimentellen Selbsterkenntnis des Menschen sei: In der Namengebung spiegelt sich der erste Mensch, denn im Paradies bedurfte er der Tiere nicht um der Nahrung willen, sondern um sich Erfahrungswissen über seine Natur anzueignen. Die Hierarchie scheint seither zweifelsfrei: Der homo sapiens, als »animal significans«, unterscheidet sich vom Tier durch sein Vermögen der Sprache, seinen aufrechten Gang, den Gebrauch der Hände und den Umgang mit Instrumenten und Medien – der Mensch als »Prothesengott« (Sigmund Freud). Philosophie und Naturwissenschaft untersuchen die Grenze und die Verwandtschaft zwischen Mensch und Tier, um dem spezifisch Humanen auf die Spur zu kommen. Hegel zufolge ist der Mensch das Tier, das eben weiß, dass es Tier ist, und folglich die Sphäre des Tierischen zu transzendieren vermag.[1] Mit dieser Denkfigur bezeichnet die Philosophie des Idealismus die Selbstreflexivität des Menschen und sein Wissen um die eigene Endlichkeit. Demgegenüber interessieren sich Wissenschaft und Kunst für die Erscheinungsformen des Verhältnisses von Tier und Mensch: einerseits für das Menschliche im Tier – in den zahllosen anthropomorphen Bildern und Mythen über die Menschähnlichkeit von Tieren und die Hybride von Tier-Mensch-Gestalten; und andererseits für das Tierische im Menschen – und die damit einhergehende Erschütterung des menschlichen Hochmuts nicht erst seit Darwin. Verhaltensforschung und Genbiologie gleichermaßen minimieren seither die Kluft

---

1 Georg Wilhelm Friedrich Hegel, *Phänomenologie des Geistes*, hg. v. Eva Moldenhauer/K. M. Michel, Frankfurt am Main: Suhrkamp 1970, 415.

zwischen Mensch und Tier in der evolutionären Geschichte: 99 Prozent des Genoms zwischen Mensch und Affen (Schimpansen) sind identisch. »Der Affe in uns. Warum wir sind, wie wir sind«, so betitelte der Verhaltenswissenschaftler Frans de Waal kürzlich[2] die Ergebnisse seiner Primatenforschung. – Die in letzter Zeit aktuelle Debatte zum Tier und den Grenzen des Menschlichen speist sich aus einer wissenstheoretischen ebenso wie aus einer politisch-ethischen kritischen Perspektive. Der Philosoph Giorgio Agamben[3] sieht darin eine grundlegende metaphysisch-politische Operation, durch die allein so etwas wie ein »Mensch« bestimmt und hergestellt werden kann in diesem Diskurs, denn der entscheidende Konflikt in unserer westlichen Kultur sei derjenige zwischen »Animalität und Humanität«: ein Konflikt, der mittels biopolitischer Strategien die Verwaltung und Ausbeutung von Leben steuert. In seiner Auseinandersetzung mit Heidegger, Walter Benjamin und Michel Foucault fragt Agamben nach dem »Humanen« angesichts der Zäsur zwischen Mensch und Tier, zwischen Körper und Seele und logos in der Tradition des abendländischen Denkens:

> »Was ist der Mensch, wenn er stets der Ort – und zugleich das Ergebnis – von unablässigen Teilungen und Zäsuren ist? Diese Teilungen zu untersuchen, sich zu fragen, auf welche Weise der Mensch – im Menschen – vom Nichtmenschen und das Animalische vom Humanen abgetrennt worden sind, drängt mich mehr, als zu den großen Fragen, den sogenannten menschlichen Werten und Menschrechten, Stellung zu beziehen.«[4]

Demgegenüber nimmt die wissenschafts*geschichtliche* Forschung eine umgekehrte Perspektive ein. Die Grenze zwischen Mensch und Tier wird hier nicht im Zeichen des Hochmuts und der Gewalt des Menschen über das Tier betrachtet, sondern in der anthropologischen Perspektive auf den »homo sapiens« als »Mängelwesen« (Arnold Gehlen), das durch Kultur- und Medientechniken ausgleicht, was ihm die Natur versagt hat. So blickt die Wissenschaft durch die Augen des Tieres auf den Menschen – auf die humanen Defizite (wobei auch dies eine Form des Anthropozentrismus darstellt, freilich mit umgekehrten Vorzeichen). Das Tier, so Benjamin Bühler und Stefan Rieger,[5] wird damit zu einer Figuration des Wissens und der Wissenschaft. Eine »Forschungs«-Figur.

---

2 Frans de Waal, *Der Affe in uns. Warum wir sind, wie wir sind*, München: Hanser 2006.
3 Vgl. Giorgio Agamben, *Das Offene. Der Mensch und das Tier*. Übersetzt von Davide Gioriata, Frankfurt am Main: Suhrkamp 2002.
4 Ebd., 26.
5 Vgl. Benjamin Bühler/Stefan Rieger, *Vom Übertier. Ein Bestiarium des Wissens*, Frankfurt am Main: Suhrkamp 2006.

Ist das Tier nicht auch eine »Forschungs«-Figur im Tanz? Eine Gestalt, die ein anderes Wissen, eine andere Erfahrung des Körpers, der Bewegung verheißt? Eine Übergangs-Figur, die für Verwandlung und Selbst-Transzendierung des Menschlichen steht?

Um die höchst diversen Formen der Tierdarstellung im Tanz etwas zu systematisieren, die zahlreichen Fragen zu bündeln, will ich im folgenden grob drei unterschiedliche Bereiche des Verhältnisses Tier-Mensch im Tanz unterscheiden:
1. Tiertänze und die Beziehung von Ritual und (Tier-)Nachahmung.
2. Eine Poetik des Tanzes durch eine Verwandlung im Zeichen des Tieres.
3. Biopolitik des Animalischen als Tanz/Performance.

Wofür steht das Tier im Tanz? Anders als in der Literatur und in der bildenden Kunst, in der Fabel, der Allegorie oder der Satire, in der das Tier als Einkleidung menschlicher Eigenschaften (und häufig: als moralischer Spiegel) auftritt, besteht die Arbeit mit der »Ähnlichkeit« beziehungsweise der Angleichung von Mensch und Tier kaum in solcher Anthropomorphie. Denn nicht die Sprache, nicht die Klugheit des menschenähnlich gedachten Tiers, des »schlauen Füchsleins« etwa, steht im Zentrum tänzerisch-choreographischer Inszenierungen. Die Spannung der Grenze von Mensch und Tier zeigt sich vielmehr über die Figuration von Körper und Gestaltwandel, Bewegungsspezifik und Raumgestaltung. Wenn die Frage nach der Hierarchie von Mensch und Tier und der Beherrschung des Animalischen immer auch ein Resultat von Diskurs-Strategien und von Logozentrismus ist, so scheint es, dass die *körperliche* Reflexion des »animal« und der »animal locomotion«[6] im Tanz zugleich auch die Chance impliziert, die Flüchtigkeit, Verletzlichkeit, die Lebendigkeit des »Anderen« in den tänzerischen Ausdruck einzubeziehen.

Tiertänze: Ritual und Mimesis

Die Zäsur zwischen Mensch und Tier verläuft *durch* den Menschen, sie durchzieht sein Inneres. Dieses Wissen begleitet die Beziehung zum Tier seit alters. Die ältesten Tierdarstellungen, in den Höhlenmalereien des Paläolithikums, verweisen darauf: Die Hybride, die Phantome des Tier-Menschen zeigen jenes animalische Gesicht als eine Maske, in die der Mensch schlüpft und in der er sich selbst darstellt. Aus den Forschungen

---

6 Der Begriff »animal locomotion« bezieht hier – wenngleich nicht in extensiver Analyse – den Bezug von Tanz und kinematischen Medien als Wahrnehmungsdispositiv – mit ein. Vgl. Eadweard Muybridge sowie Friedrich Kittler, *Grammophon. Film. Typewriter*, Berlin: Brinkmann & Bose 1986.

von Paläographen und Anthropologen wissen wir jedoch wenig über die Rituale der Tiertänze in den nomadischen Jäger-Kulturen. Berichte von kultischen Handlungen und Tiertanz-Ritualen beziehen sich häufig auf schamanistische und totemistische Kulte. Der »Jagdzauber« zielt darauf, Macht über jene Tierarten zu gewinnen, die als Beute dienen: Fische, Büffel, Bären, Schildkröten, deren Geister durch Maske und Mimikry in der rituellen Tanzbewegung beschworen und – im Vorgriff auf die Jagd – symbolisch bezwungen werden. Und gleichermaßen, die Beschwörung der Geister der erlegten Tiere *nach* der Jagd – eine Versöhnung durch den Tanz in einem magischen Abwehrzauber, der die Rache der getöteten Kreatur abwenden soll: Das wäre eine im Tanz, in der Nachahmung und Aneignung der Tiernatur zelebrierte »Unschuldskomödie«, wie der Altertumsforscher Walter Burkert dieses tiertänzerische Beschwichtigungsritual genannt hat. Die Beschreibungen der Anthropologen vermögen uns vielleicht eine Ahnung dieser Kulte zu vermitteln, doch die Sicht ist immer schon von Bedeutungszuschreibungen getrübt, die leicht über die großen Wissenslücken hinwegtäuschen.

Festzuhalten ist deshalb vielleicht ein Paradox dieser Tiertänze: Um der *Kultur* willen dissimuliert der Tänzer – in der Maske, in der Gebärde eines Tieres – sein Menschsein, indem er sich selbst als »animal« vorstellt. Und gerade darin, in diesem Tierwerden, stabilisiert er sein (Über-)Leben als Mensch. Etwas von dieser Paradoxie steckt auch noch in jenen Choreographien der Moderne, die im Zeichen der soeben als Disziplin etablierten Anthropologie und ihrer Entdeckung von Ursprungs- und Übergangs-Riten stehen. Waslaw Nijinskys »Le Sacre du printemps« (1913) inszeniert in der Darstellung eines Fruchtbarkeits-Rituals aus einem sagenhaften »heidnischen« Slawentum eine solche Opfer-Zeremonie. Das (weibliche) Menschenopfer wird – in der mythologisch »erfundenen« Ausstattung von Nicholas Roerich – von einem Kreis-Tanz der Ältesten umringt, die in Bärenfellen einen Tiertanz ausführen. Nicht wenige der zahllosen »Sacre«-Versionen beziehen sich – zitierend, oft auch kritisch – auf diese schamanistische Inszenierung einer rituellen Beschwörung der Natur. Beispielsweise Marie Chouinard, die in ihrer »Sacre«-Version eine magische Atmosphäre der Hybridität von Mensch und Natur inszeniert – mit dem Auftritt von Tier-Mensch-Chimären mit bizarren Geweih-Masken. Martin Stiefermann, politisch engagierter, choreographiert den »Sacre«-Mythos als eine Geschichte der politischen Gewalt – von Täter und Opfer in einer Machtgeschichte des »homo sacer«. Man kann sich fragen, ob nicht die Mode der »Tiertänze« in den Ballsälen des frühen 20. Jahrhunderts ein koloniales Erbe dieser Herrschaftsgeschichte überträgt, indem sie das »Andere« unterwirft und beherrscht – und zugleich in einer tänzerischen Form assimiliert und quasi rituell beschwichtigt: Unter so sprechenden Namen wie Turkey Trot, Fish Tail, Kangoroo Dip, Grizzly Bear und – als einziger bis heute erhaltener Gesellschaftstanz – *Foxtrott* eroberten diese Paartänze afroamerikanischer Herkunft die Tanz-Etablissements der »roaring twenties«. Hervorstechendes Merkmal dieser »Wackel-Tänze« waren Körperteil-Isolationen – Becken, Po, Schultern, schlenkernde Arme und Beine – mit pantomimischen Elementen der jeweiligen, Namen-gebenden Tiere. Doch nicht die Tiere gaben die Körpermasken für die neue Bewegungsdynamik. Sie waren vielmehr die Statthalter für die andere, die kolonial beherrschte Natur des Menschen: die unterjochte Natur der schwarzen Bevölkerung und die mimetisch parodistische Aneignung eben dieser verworfenen »animalischen« Mensch-Natur in den sogenannten »Niggertänzen«[7]: eine Groteske, in der die westliche weiße Bevölkerung die Befreiung von »Bewegungshemmungen« genießt – und dabei in den Spiegel blickt: Die Grenze zwischen Mensch und Tier verläuft *im* Menschen. Deutlich wird in dieser Verschiebung des begehrten und verteufelten »Animalischen«: Menschen haben einander stets angetan, was sie Tieren angetan haben.

Poetik des Tanzes im Zeichen des Schwans

Betrachtet man den westlichen Bühnentanz des 19. Jahrhunderts, insbesondere des Balletts, so kann man sich fragen, welche Tiere für die Darstellung bevorzugt werden – und welche davon ausgeschlossen sind. Anders als in der Literatur und in der bildenden Kunst, die von Affen und Hunden, Eseln und Rindern bevölkert sind, erscheinen diese Tiere nicht gerade als die Lieblinge des Balletts. Nicht der Spiegel der Menschenähnlichkeit (der Affe) und nicht die Welt der Haus- und Nutztiere sind attraktiv für den klassischen Tanz. Eine Vermutung, weshalb das so ist, könnte lauten: Nicht die Domestizierung, die *Zähmung des Wilden* als Kultureffekt am Tier kann interessant sein für eine Tanzform (wie das Ballett), die sich gerade dadurch definiert, dass sie die Natur des Menschen »zähmt«, sie einer harten Disziplinierung unterwirft und den Körper artifiziell in ein präzises und preciöses Instrument des Tanzes umbildet. Und dennoch ist es – verwunderlich genug – das Tier, in dessen Zeichen die Poetik des Balletts im 19. Jahrhundert steht. Es sind freilich Tiere, die als nicht-Bezähmte das Unvorhersehbare, das *Freie* von Bewegung repräsentieren und die eine Sphäre bevölkern, die dem erdgebundenen Menschen verschlossen ist: den Luftraum. So sind es die Luftgeister – Sylphiden und Papillons – und die Vögel, die den Traum vom Fliegen und Schweben verkörpern; in Märchenmotiven,

---

7 Ich verweise hier nur kursorisch auf die Geschichte des Exotismus und Primitivismus, die Rezeption des »Black Dance« in Europa – und die ambivalente Bewertung beispielsweise von Josephine Baker.

wie »Schwanensee«, »Der Feuervogel«, und später in Technikutopien, von ikarischen Flugexperimenten bis zu den futuristischen Mensch-Maschine-Hybriden, etwa in Fedele Azaris »Aerodanza«.[8] Der Inbegriff einer romantischen Poesie der graziösen Bewegung ist der Schwan. Ohnehin ist der Schwan seit der Antike ein Bild für den Sänger, den Dichter; und der »Schwanengesang« ist, dem Mythos zufolge, das letzte elegische Lied vor dem Tod. Zum Kult wurde die Schwanenfigur mit der Beziehung von Richard Wagner und Ludwig II.: das majestätische Tier als Königs-Emblem von Hohenschwangau und Neuschwanstein, die Schwanenritter-Sage des »Lohengrin« als Identifikationsfigur. Erst in diesem Kontext wird deutlich, dass das Tschaikowski-Petipa-Märchenballett »Schwanensee« in einer dichten symbolisch geladenen Kunstszene seine Wirkung fand. Aus der Tradition des Tanzes im 19. Jahrhundert kommt noch hinzu: Die Ästhetik des »weißen Aktes« fand in den Schwanen-Ornamenten einen Höhepunkt. Und die strenge Codierung des klar geometrisierten Ballettvokabulars erfuhr in jenen Elementen, die in weichen Armbewegungen, Kopf- und Schulterneigungen das Tier symbolisch nachahmen, eine Verwandlung und Flexibilisierung. Dennoch erscheint es als ein Paradox, dass eben jene Ästhetik des Balletts, die Eleganz, Grazie und die Schwerelosigkeit des (menschlichen) Körpers feiert, die Autonomie ihres Bewegungsideals in und durch die Verkörperung eines Tieres inszeniert. So, als zeige sich in der bezwungenen *menschlichen* Natur das Andere, das Göttliche des Tieres. Michel Fokines Solo »Der sterbende Schwan«, das er für Anna Pawlowa schuf, verdichtet alle diese Züge des Schwanenmythos.[9] Das kurze Stück, zur Musik von Saint-Saens aus dem »Karneval der Tiere«, besteht überwiegend aus kleinen Pas de bourrées auf Spitze, einem Gleiten der Ballerina im Schwanenkostüm über die Bühne, Innehalten, Übertragungen von Flügel- und Halsbewegungen des Tieres, bis zum Niedersinken in der Schlussphase des Sterbens: spektakulär un-virtuos, elegisch-poetisch. Doch besteht die Assimilation, die An-Ähnlichung an den Schwan wirklich in Bewegungs-Nachahmungen, wie das Spiel der Arme – interpretiert als Flügel-Bewegungen – zu suggerieren scheint?

---

8 So lautet der Titel des Flugtheaters von Fedele Azari; vgl. dazu und zu Marinettis »Danse de l'Aviateur«, Gabriele Brandstetter, *Tanz-Lektüren. Körperbilder und Raumfiguren der Avantgarde*, Frankfurt am Main: Fischer 1995, 392-407.

9 Wobei hier zu erwähnen ist, dass »lebed« = Schwan im Russischen weiblich ist. Das markiert zusätzlich die gender-Politik in der Ästhetik des Balletts des 19. Jahrhunderts.

Mimesis

Gunter Gebauer und Christoph Wulf haben in ihrer wichtigen Studie zu Mimesis deutlich gemacht, dass ein Mimesis-Begriff, der damit überwiegend »Nachahmung« verbindet, zu kurz greift.[10] Damit wäre in erster Linie die »Simia«-Seite erfasst, was im Wort »nachäffen« anklingt. Und längst weiß man, dass gerade auch das »Nachahmen« von Primaten im Gebrauch z.B. von Werkzeugen, weit über eine bloße Imitation hinausgeht. Gebauer und Wulf heben demgegenüber hervor, dass Mimesis nicht nur nachahmen, sondern auch »sich ähnlich machen«, zur Darstellung bringen, »ausdrücken« und »vor-ahmen« bedeutet. Und schließlich, dass Mimesis nicht nur in Kunst und Ästhetik eine Rolle spielt, sondern alle Bereiche des menschlichen Handelns, Vorstellens, Sprechens und Denkens berührt.

Bereits Aristoteles hat Mimesis anthropologisch definiert: als ein Vermögen, das der Mensch mit anderen teilt (z.B. dem Tier), das ihn aber auch von Kindheit an von anderen Lebewesen unterscheidet, und zwar dadurch, »dass er in *besonderem* Maße zur Nachahmung befähigt ist und seine ersten Kenntnisse durch Nachahmung (Mimesis) erwirbt – als auch durch die Freude, die jedermann an Nachahmungen hat.«[11]

Pawlowas »Schwan« ist nicht eine Nachahmung des Tieres. Es ist eine Mimesis zweiten Grades: eine Bezugnahme zur tänzerischen Schwanen-Ästhetik im klassischen Ballett des 19. Jahrhunderts, eine Replik, eine *poetische Verdichtung* des großen Bühnenstücks von Tschaikowsky/Petipa in ein *Solo*; Anna Pawlowas »sterbender Schwan« ist – am Ende einer Tanz-Ära, und zu Beginn eines neuen ästhetischen Paradigmas (1909, vor 100 Jahren, mit den »Ballets Russes«) – eine Nach-Ahmung (der Ballettästhetik) und eine Vor-Ahmung: Denn der Bruch der Moderne hat sich in dieses Solo-Stück eingetragen – in der Körperspaltung zwischen klassischem Ballett, in der Beinarbeit auf Spitze, und beginnendem Ausdruckstanz in den expressiven Gebärden des Oberkörpers. Ein Bruch, der im Bild des gleitenden Schwans noch einmal versöhnt scheint (und nicht das Fliegen, sondern das »Gleiten« wird wenig später zum wichtigen Thema des »Bewegungsflusses« im modernen Tanz).

Ein zweites Beispiel, das ich hier vorstellen möchte, scheint ebenfalls einen tänzerischen Bezug zu ›Vögeln‹ herzustellen – wenngleich die Ästhetik eine völlig andere ist: Merce Cunninghams »Beach Birds«, eine

---

10 Vgl. Gunter Gebauer/Christoph Wulf, *Mimesis. Kultur – Kunst – Gesellschaft*, Reinbek: Rowohlt 1992.

11 Aristoteles, *Poetik*, hg. v. Manfred Fuhrmann, Stuttgart: Reclam 1987, 11.

Choreographie, die Cunningham mit 11 Tänzern in Zürich 1991 zum ersten Mal zeigte.[12] Kurz darauf hat Cunningham eine leicht veränderte Filmversion dieses Stücks unter Leitung von Elliot Caplan (»Beach Birds for Camera«) produziert[13] – auf diese Version beziehe ich mich hier. Die Musik stammt von John Cage (Titel: »FOUR«).

Die Tänzer, gekleidet in Unisex-Ganzkörpertrikots, die auf der Höhe der Arme geteilt sind (obere Partie schwarz, untere Partie weiß), sind in verschiedenen Blickrichtungen im Raum verteilt. Aus leicht schwingenden Bewegungen der ausgestreckten Arme und gleichzeitigen demi-pliés kristallisieren sich diverse und komplexere Raum-Beziehungen heraus, in neuen Schritten und Arm-Kombinationen, abwechselnd individuell und gruppenweise unisono, bis zu Drehungen und kleinen Sprüngen. Dabei werden die Hände, die in schwarzen Handschuhen stecken, nie entspannt; sie bewahren die Führung des Armes und assoziieren das Bild von »Spitzen eines Flügels«.

Es gibt keine Narration: die Entscheidungen über die Bewegungsformen und -richtungen werden durch aleatorische Prozeduren getroffen. Nicht ein »Bedeuten«, Ausdruck oder Erzählung entspricht Cunninghams choreographischem Programm, sondern – so sein bekanntes Statement – »When I dance, it means: this is what I am doing. A thing is just that thing.«[14] Dennoch stellt sich für den Betrachter ein visueller und kinästhetischer Eindruck her, der diesen formalistischen bzw. minimalistischen choreographischen Ansatz in Bilder übersetzt. Gerade weil weder die Musik noch eine narrative Struktur die Bewegungen koordinieren, stellt sich der Eindruck eines sich selbst steuernden Bewegungs-Systems ein: nach dem Modell des Schwarms.[15] John Cage äußerte über Merce Cunninghams Choreographie, sie fordere »die Fähigkeit kinästhetischer Wahrnehmung. Das ist die Fähigkeit, die wir anwenden, wenn wir bei der Betrachtung eines Vogelschwarms durch Identifikation selbst hochfliegen, gleiten und schweben.«[16]

12 Vgl. David Vaughan, *Merce Cunningham. Fifty Years*, New York: Aperture 1997, 258.
13 Ebd., 302.
14 Merce Cunningham, »The impermanent Art« (1955), in: Richard Kostelanetz (Hg.), *Esthetics Contemporary*, Buffalo: Prometheus Books 1989, 310.
15 Zum Verhältnis von Schwarm-Phänomenen und Tanz vgl. Gabriele Brandstetter, »Schwarm und Schwärmer. Übertragungen in/als Choreographie«, in: dies./Bettina Brandl-Risi/Kai van Eikels (Hg.), *Schwarm (E)motion. Bewegung zwischen Affekt und Masse*, Freiburg [Breisgau]: Rombach 2007, 65-91.
16 Vgl. Richard Kostelanetz, *American Imaginations. Charles Yves, Gertrude Stein, John Cage, Merce Cunningham, Robert Wilson*, Berlin: Merve 1983, 110.

Wo sind die Ähnlichkeiten von Tier und Mensch? Und wo werden die Grenzen klarer Unterscheidungen verwischt? Diese Fragen bedürften einer detaillierten Untersuchung der Choreographie von »Beach Birds«: ihrer Raum-Konstellation und jener Posen, die – in einer Figur-Grund-Kippstruktur – die Ähnlichkeiten zum Vogel-Bild auslösen. Mit Walter Benjamin könnte man eben diese Figuration – zwischen Mimesis und Abstraktion – als Tier-*Ornament* verstehen: »Das Ornament steht dem Tanz nahe. Es stellt einen Lehrgang zur Erzeugung von Ähnlichkeit dar.«[17] Geht es hier also um die Herstellung von Ähnlichkeit? Um einen Modus von Abbildung im Sinne von Mimesis? Oder stellt sich ein solches Verhältnis von Vorbild und Abbild erst nachträglich her, im Auge des Betrachters und seiner Zuschreibungen?

William Forsythe hat über diese Fragen, inwiefern der Zuschauer die Bewegungen der Choreographien zu Bildern macht und sie Vorbildern an-ähnelt – eine kleine Anekdote erzählt. Eines Abends sei nach einer Vorstellung ein begeisterter Zuschauer auf ihn zugekommen, der ihm versicherte, er habe nun verstanden, worum es in diesem Stück/Choreographie gehe; und auf den erwartungsvollen Blick Forsythes hin sagte er verschwörerisch: »Möwen!« Forsythes Kommentar zu dieser Deutung: »Selbstverständlich habe ich genickt!«

In Cunninghams »Beach Birds« stellt sich eine solche »Ähnlichkeit« her – und zugleich *nicht* her. »Möwen«? Das Bild ist brüchig – schon der Begriff »Beach Bird« ist *nicht* ein Oberbegriff für »Dove« oder Strandläufer…, und: ist das Trikot (hell/dunkel) nicht ebenso oder eher ein Farbverweis auf eine Elster? Oder auf das Medium »Film« (schwarz/weiß)? Es scheint, dass hier die bewegten Bilder eher auf der Suche nach einem Vorbild der »animal locomotion« sind, denn umgekehrt. Die Beziehung zu einem Vogelbild ist sprachlich, optisch, gestisch – durch den Titel – *suggeriert*; die Spannung der Choreographie jedoch entsteht aus einer strukturellen *Differenz* zu dieser Suggestion. Die Bewegung und die Bewegungs*beziehungen* der Tänzer unterlaufen eine Eindeutigkeit im Sinn von Ähnlichkeit und sie streichen so den Titel bzw. die Erwartung von »Tier« und »Tanz« durch; sie verlagern die Entscheidung und Interpretation in den Raum der ästhetischen Erfahrung. Die konstellative Seite der Choreographie und ihre Relation zum Betrachter könnte man deshalb mit Walter Benjamins Gedanken des »Aufblitzens« einer (unsinnlichen) Ähnlichkeit verstehen.[18]

17 Und Benjamin fügt hinzu, dass man hierzu Wilhelm Worringers »Abstraktion und Einfühlung« heranziehen müsse. Vgl. Walter Benjamin, *Gesammelte Schriften*, Frankfurt am Main 1974ff., Bd. II, 3, 957-958, hier: 957.
18 Vgl. Ders., »Lehre vom Ähnlichen«, in: ders.: *Gesammelte Schriften*, Bd. II, hg. v. Rolf Tiedemann/Hermann Schweppenhäuser, Frankfurt am Main: Suhrkamp 1980, 204-210, hier: 206.

Nicht »Ausdruck« (im Sinne von Mimesis), sondern ein »Zeigen«, in dem immer ein »Sich-Zeigen« in einem körperlich-gestisch-materialem Sinn[19] mitschwingt, steht im Zentrum von Cunninghams bewegungsästhetischem Konzept. Denn es ist nicht nur ein Tierbild, das hier erscheint und wieder verschwindet, sondern auch ein Tanzbild. Es stellt sich die Erinnerung/oder Ähnlichkeit zu Matisses Gemälde »Der Tanz« her.

Biopolitik des Animalischen

Im Übergang ins 21. Jahrhundert stellt sich die Frage nach der Grenze zwischen Mensch und Tier erneut und verschärft unter veränderten ökonomischen, technologischen, medialen Bedingungen. Längst sind Arbeits-Nutztiere und Arbeiter-Menschen durch Maschinen ersetzt. In *virtueller* Gestalt tritt das Tier nunmehr auf, in »fantasy«, in Werbung, Filmen, verniedlicht, anthropomorph oder als groteskes Hybrid – Miss Piggy oder Spiderman. Nicht als Symbol eines Körper-Begehrens, sondern als Symptom einer politischen Situation erscheint das Tier. Der Mensch sei dasjenige Tier, das sich selbst als menschlich erkennen muss, um es zu sein, so schreibt G. Agamben. Das spezifisch Humane ist (auch) das Inhumane; und der Einsatz von jenen Strategien, die Agamben mit Foucault als Biopolitik bezeichnet, verbirgt zumeist, welche Ausschließungen der Mensch betreibt, indem er die Grenze von Humanem und Animalischem als Effekt einer »anthropologischen Maschine« (G. Agamben) setzt und versetzt.[20] Performances im Tanz nehmen diese prekären Fragen unter die Lupe. Nicht mehr eine Nachahmung, eine Poesie der Transzendierung des Menschlichen prägt die Auseinandersetzung mit dem Tier; sondern vielmehr die Begegnung mit der konkreten Materialität des Körpers. Und die Idee von Hybriden, Cyborg-Figurationen aus Mensch-Animal und elektronischer Maschine. Jan Fabre beispielsweise setzte sich immer wieder mit jenen Grenzen von Mensch und Tier auseinander, die *im* performativen Rahmen diesen zugleich sprengen: Tiere auf der Bühne, nicht als Dressurakte. Im Gegenteil, die zwanzig Katzen, die in »Fälschung wie sie ist, unverfälscht« mit Els Deceukelier die Bühne teilen, erscheinen als das vollkommene Andere von Inszenierbarkeit – »tierisch« in der Freiheit der unvorhersehbaren Bewegung, dem Schreien der Katzen – in der Rahmen-überschreitenden Körperlichkeit: ins »Offene«. Sidi Larbi Cherkaoui hat sein erstes Solo, das Wim Vandekeybus für ihn choreographierte, mit »it« überschrieben. Ein Drittes, seine Andersheit wird schon mit dem Pronomen be-

---

19 Vgl. Gottfried Boehm, *Wie Bilder Sinn erzeugen. Die Macht des Zeigens*, Berlin: Berlin University Press 2007.
20 Vgl. Agamben, *Das Offene*, 47.

nannt. Während der Premiere in Avignon war es ein Esel, der mit dem Tänzer die Bühne besetzte. Später wurde daraus eine Video-Projektion; die mediale Hybridisierung verlagert die Grenzen; nicht der Tierkörper, sondern das Video als mediale Konstruktion des Verhältnisses Tier-Mensch steuert das Verhältnis zum Anderen.

Die Stimme spricht den Text einer Kurzgeschichte von Paul Bowles, »The Circular Valley«: sie öffnet einen Zwischenraum zwischen Tier-Video und Menschen-Körper, eine mediale Verfremdung – bis hin zum tierischen Gelächter am Schluss: eine sadonische Counterposition zur Tier-Mensch-Geschichte.

Es erhebt sich die Frage, ob wir – im Verhältnis Menschenkultur und Tiernatur – mittlerweile auf der anderen Seite der eingangs erwähnten Schöpfungsgeschichte angekommen sind: an einem Punkt der »Ent-Schöpfung«. Nicht mehr das Verhältnis des Menschen zum Tier ist dann das Erkundungsfeld von Wissenschaftlern und Künstlern, sondern die unlösbaren, Lebens- und Arten-bedrohenden Strategien biopolitischer Macht. »Wenn also im Zentrum des Offenen die Unerschließbarkeit des Tieres steht, so müssen wir uns fragen: Was passiert mit dieser Beziehung, wie kann der Mensch das Tier sein lassen, wenn die Welt gerade durch dessen Aufhebung offen bleibt?« Mit dieser Formulierung Agambens[21] lässt sich fragen: Wo bleibt hier ein Terrain für den Tanz? Gerade hier, so scheint mir, sind Künstler, die mit Körper und Bewegung arbeiten, in ihrem kritischen Engagement herausgefordert. Ein Beispiel ist etwa Meg Stuarts Choreographie »Do Animals Cry?« (2009)[22]. Ein Stück, das im Programmheft mit den Sätzen kommentiert ist: »Weine, falls du möchtest: jetzt ist Familienzeit! Das Haus ist verschlossen, geöffnet für fast alle: Hunde müssen draußen bleiben.«[23] Das pastellrosa Minihaus, eine »Hundehütte« und die an einen »Biberbau« erinnernde, aus Ästen geflochtene Installation (Bühnenbild von Doris Dziersk) boten die räumlichen Assoziationen, die Choreographie mit ihren Szenen der Verfehlung, der gestörten und extrem aufgeladenen emotionalen Beziehungen auf familiäre Konstellationen zu beziehen, die wie in einem Tierkäfig ausgestellt sind. Weinen oder Schreien? Auch hier in einer Skala von unentscheidbaren Verstrickungen ist die Frage nach den Grenzen des Humanen gestellt. Wie in William Forsythes jüngeren Choreographien, in denen er den menschlichen Schöpfungsoptimismus zum Thema subversiven Einspruchs macht: etwa in »Decreation«, im zweiten Teil von »Three Atmospheric Studies«, in »Heterotopia« und »De-

21 Ebd., 100.
22 Deutsche Erstaufführung am 17. November 2009, Volksbühne Berlin, Choreographie: Meg Stuart/Damaged Goods.
23 Zitat Programmheft der Aufführung an der Volksbühne Berlin, November 2009.

fenders«. Hier sind nicht mehr allein die Körperbewegungen, sondern medial verstärkte, verfremdete Stimm- und Sprach-Laute in der Unentscheidbarkeit von Menschlichem und Tierischem eingesetzt. Es geht hier nicht mehr um Nachahmung. Die Unähnlichkeit wird zum Thema. Eine Formulierung wie »der Schrei der gequälten Kreatur« wäre für diese extremen Laut-Körper dennoch viel zu pathetisch. Es geht hier um eine insistierende Ethik in der Herausforderung, ob sich das »Humane« in unserer Welt nicht allein – und wider den menschlichen Beherrschungszwang – über das Andere, das Verletzte, Verworfene, Unbeherrschbare zu zeigen vermöchte. »Decreation«. Ent-Schöpfung: Der Mensch muss sich, um menschlich zu sein, als Nicht-Mensch erkennen.

Literatur

Agamben, Giorgio, *Das Offene. Der Mensch und das Tier*, Frankfurt am Main: Suhrkamp 2002.
Aristoteles, *Poetik*, hg. v. Manfred Fuhrmann, Stuttgart: Reclam 1987.
Benjamin, Walter, *Gesammelte Schriften*, Frankfurt am Main 1974 ff.
Benjamin, Walter, »Lehre vom Ähnlichen«, in: ders.: *Gesammelte Schriften*, Bd. II, Frankfurt am Main: Suhrkamp 1980, 204-210.
Boehm, Gottfried, *Wie Bilder Sinn erzeugen. Die Macht des Zeigens*, Berlin: Berlin University Press 2007.
Brandstetter, Gabriele, *Tanz-Lektüren. Körperbilder und Raumfiguren der Avantgarde*, Frankfurt am Main: Fischer 1995.
Brandstetter, Gabriele, »Schwarm und Schwärmer. Übertragungen in/als Choreographie«, in: dies./Bettina Brandl-Risi/Kai van Eikels (Hg.), *Schwarm(E)motion. Bewegung zwischen Affekt und Masse*, Freiburg [Breisgau]: Rombach 2007, 65-91.
Bühler, Benjamin/Rieger, Stefan, *Vom Übertier. Ein Bestiarium des Wissens*, Frankfurt am Main: Suhrkamp 2006.
Cunningham, Merce, »The impermanent Art« (1955), in: Richard Kostelanetz (Hg.), *Esthetics Contemporary*, Buffalo: Prometheus Books 1989.
Gebauer, Gunter/Wulf, Christoph, *Mimesis. Kultur – Kunst – Gesellschaft*, Reinbek: Rowohlt 1992.
Hegel, Georg Wilhelm Friedrich, *Phänomenologie des Geistes*, hg. v. Eva Moldenhauer/K.M. Michel, Frankfurt am Main: Suhrkamp 1970.
Kittler, Friedrich, *Grammophon. Film. Typewriter*, Berlin: Brinkmann & Bose 1986.
Kostelanetz, Richard, *American Imaginations. Charles Yves, Gertrude Stein, John Cage, Merce Cunningham, Robert Wilson*, Berlin: Merve 1983.
Vaughan, David, *Merce Cunningham. Fifty Years*, New York: Aperture 1997.
de Waal, Frans, *Der Affe in uns. Warum wir sind, wie wir sind*, München: Hanser 2006.

Thomas Alkemeyer
Bewegen und Mitbewegen
Zeigen und Sich-Zeigen-Lassen als soziale Körperpraxis[1]

1. Zeigen als soziale Praktik

Der Begriff des Zeigens bezieht sich auf eine ganze Bandbreite von Phänomenen. Sie reichen über das Zeigen mit dem Finger über das imitierende Vormachen einer Tätigkeit bis hin zum Aufweisen von etwas. Im Englischen wird entsprechend zwischen *pointing*, *showing*, *revealing* oder auch *demonstrating* unterschieden. Einige dieser Zeige-Formen können ganz ohne Sprache auskommen, wie das hinweisende Zeigen mit dem Zeigefinger (pointing), andere treten sprachlich auf, wie das Aufweisen (revealing), das beispielsweise im Darstellen von Theorie möglich ist. Die theoretische Darstellung ›zeigt‹ dann, wie eine Theorie zu verstehen ist.[2]

Unabhängig davon jedoch, ob das Zeigen mit Wörtern oder Körperbewegungen erfolgt: dasjenige, worauf verwiesen wird, entzieht sich sprachlicher Mitteilbarkeit. Akt und Begriff des Zeigens reagieren damit auf das Problem, wie sprachlich nicht vollständig Artikulierbares, zum Beispiel die Art und Weise, wie etwas gemacht wird (*knowing how*, praktisches Wissen), vermittelt bzw. weitergegeben werden kann. Ohne die Annahme, dass es »innerhalb eines gemeinsamen raumzeitlichen Rahmens für den Zeigenden und für den, dem gezeigt wird«, sich sprachlicher Artikulation entziehende Gegenstände gibt, die »fraglos wahrnehmbar sind«, können, schreibt entsprechend Hans Ulrich Gumbrecht, weder der Akt noch der Begriff des Zeigens auskommen.[3] Würde der Zeigende an der Gewissheit seines Körpers, mit dem er zeigt, oder an der Existenz dessen, worauf er zeigt, zweifeln, wäre sein Zeigen völlig unverständlich.[4]

[1] In diesen Beitrag gehen einige Überlegungen aus meinem Beitrag »Bewegen und Mitbewegen. Praktisches Wissen und Zeigen im Sport«, in: Karen van den Berg/Hans Ulrich Gumbrecht (Hg.), *Politik des Zeigens*, München: Wilhelm Fink 2010, 91-107, ein. Sie werden hier jedoch vollkommen neu formuliert und unter einem anderen Blickwinkel weitergeführt.

[2] Vgl. Hilge Landweer, »Zeigen, Sich-zeigen und Sehen-lassen. Evolutionstheoretische Untersuchungen zu geteilter Intentionalität in phänomenologischer Sicht«, in: van den Berg/Gumbrecht, *Politik des Zeigens*, 29-58, hier: 29.

[3] Hans Ulrich Gumbrecht, »Mise au Point«, in: van den Berg/Gumbrecht, *Politik des Zeigens*, 195-202, 196.

[4] Vgl. auch Gunter Gebauers Ausführungen über Gewissheit bei Wittgen-

Zeigen stellt etwas, das als Rest oder Überschüssigkeit nicht vollständig in Sprache zu integrieren ist, in »den Raum einer Offenbarkeit«[5]. Es kann so zu einem Erkennen führen, das nicht in der Form einer propositionalen Beschreibung verfasst ist, sondern als »vergegenwärtigende Bekanntschaft«[6] mit einem Gegenstand vorkommt. Indem es sprachlich nicht Artikulierbarem einen Platz in der Gegenwart zuweise, der man sich nur schwer entziehen könne, so dass es zu einer Antwort bzw. Stellungnahme herausfordere, sowie aufgrund des autoritären Gefälles, das es beinhalte, wird das Zeigen in einer machttheoretischen Perspektive gern als ein apodiktischer, autoritärer oder affirmativer Akt verstanden. Es gilt dann als das »Gegenteil einer diskursiven Kommunikationssituation«[7].

Allerdings scheint diese Sichtweise zu einfach. Bereits das schlichte Beispiel eines hinweisenden Zeigens mit dem Zeigefinger, mit dem eine Person die Aufmerksamkeit einer anderen Person auf einen Punkt oder Aspekt der sie umgebenden Welt lenken möchte, macht demgegenüber deutlich, dass Zeigen eine mehrstellige soziale Praktik ist, in die verschiedene Entitäten als Ko-Akteure verwickelt werden. Indem nie etwas als solches gezeigt, sondern stets für jemanden gezeigt wird, gehören mindestens drei Positionen zu dieser Praktik, die im Vollzug des Zeigens miteinander in Beziehung treten: eine Position, von der aus gezeigt wird; etwas, worauf gezeigt wird; schließlich die Position dessen, dem gezeigt wird. Beschreibungen des Zeigens, die auf strikten Gegenüberstellungen von Subjekt und Objekt, von Aktivität und Passivität, von oben und unten, beruhen, verfehlen diese figurative Konstellation des Zeigens, in der alle drei Positionen vor einem bestimmten, sozial konstituierten Verstehenshintergrund, der im Akt des Zeigens mitproduziert und aktualisiert wird,[8] unauflöslich miteinander verschränkt sind. Zeigen setzt sowohl das Zusammenspiel von dem, der zeigt, mit demjenigen, dem gezeigt wird, als auch eine Interaktion mit dem, worauf gezeigt wird, voraus. Es läuft leer, wenn es nicht in der Lage ist, die Aufmerksamkeit oder das Interesse eines ›Adressaten‹ zu erreichen, wenn es keine Frage, kein Problem beantwortet. Performativ gelungen ist es nur dann, wenn der, dem etwas gezeigt wird, des Gezeigten erst durch den Akt des

---

stein: Gunter Gebauer, *Wittgensteins anthropologisches Denken*, München: Beck 2009, 160ff.

5 Dieter Mersch, »Politik des Erinnerns und die Geste des Zeigens«, in: van den Berg/Gumbrecht, *Politik des Zeigens*, 120.

6 Landweer, »Zeigen, Sich-zeigen und Sehen-lassen«, 29.

7 van den Berg/Gumbrecht, *Politik des Zeigens*, 91.

8 Vgl. Gunter Gebauer, »Die Konstruktion der Gesellschaft aus dem Geist? Searle vs. Bourdieu«, in: *Kölner Zeitschrift für Soziologie und Sozialpsychologie* 52 (2000), 428-449.

Zeigens gewahr wird[9] – was auch bedeuten kann, dass er einen Gegenstand aufgrund des Zeigens unter einer neuen, für ihn überraschenden Perspektive sieht. Jedes Zeigen ist mithin auf ein »entgegenkommendes Verstehen«[10] angewiesen – und zwar in zweifacher Hinsicht: Zum einen muss der, dem gezeigt wird, verstehen, dass überhaupt etwas gezeigt wird, das heißt, das Zeigen muss als Zeigen verstanden werden. Und zum anderen muss der Inhalt des Gezeigten erfasst werden[11] – und zwar nicht unbedingt im Sinne einer Kognition, sondern auch als ein implizites, praktisches Verstehen.

Ebenso spielt das, worauf gezeigt wird, in der Praktik des Zeigens durchaus einen aktiven Part. Es ist kein bloß passives Objekt, sondern von ihm geht insofern eine zumindest minimale Aktivität aus, als es den Zeigenden zum Zeigen anstößt: Ein Individuum wird zum Zeigenden, es rückt dadurch in der Praktik des Zeigens in die Position des zeigenden Subjekts ein, dass sich ihm in der Welt etwas zeigt, das er für wert hält, es auch anderen zu zeigen. Es hebt sich für ihn aus der Kontinuität des Hintergrunds gleichsam heraus und drängt sich ihm so eindringlich auf, dass es ihn veranlasst, auch andere darauf aufmerksam zu machen.[12] Sein »aufweisendes Sehenlassen«[13] bringt es dann auch für sie vergegenwärtigend zur Geltung.

Durch die zeigende Vergegenwärtigung verliert etwas zuvor in der Alltäglichkeit Verborgenes seine Selbstverständlichkeit und tritt dem, dem gezeigt wird, zumindest für einen kurzen Moment gegenüber: Zeigen ist stets mit einer Distanzierung verbunden, die etwas, das zuvor so nahe und vertraut war, dass man es übersehen hatte, entfernt und in der Entfernung sichtbar macht. Sichtbarmachen durch Zeigen kann in diesem Sinne als eine »archäologische Arbeit« verstanden werden, in deren Vollzug »historisch geronnene Selbstverständlichkeiten in unserer

9 Vgl. Landweer, »Zeigen, Sich-zeigen und Sehen-lassen«, 31.
10 Norbert Ricken, »Zeigen und Anerkennen. Überlegungen zur Form pädagogischen Handelns«, in: Kathrin Berdelmann/Thomas Fuhr (Hg.), *Operative Pädagogik. Grundlegung – Anschlüsse – Diskussion*, Paderborn: Schöningh 2009, 119.
11 Dies setzt, wie Michael Tomasello gezeigt hat, Lernprozesse voraus. Kinder verwenden Zeigegesten ab einem Alter von ca. einem Jahr in kommunikativer Absicht als Zeigegesten: Michael Tomasello, *Die Ursprünge der menschlichen Kommunikation*, Frankfurt am Main: Suhrkamp 2009, 123.
12 Ich beziehe mich hier auf die phänomenologisch geprägten Perspektiven von Figal und Landweer auf das Zeigen: Günter Figal, »Zeigen und Sichzeigen«, in: Heike Gfrereis/Marcel Lepper (Hg.), *Deixis – Vom Denken mit dem Zeigefinger*, Göttingen: Wallstein 2007, 196-207; Landweer, »Zeigen, Sich-zeigen und Sehen-lassen«.
13 Figal, »Zeigen und Sichzeigen«, 200.

alltäglichen Sicht der Dinge Schicht für Schicht« [14] abgetragen werden. Ein Aspekt oder eine Dimension, die im gezeigten Gegenstand bereits unscheinbar enthalten war, wird durch die »archäologische Arbeit« des Zeigens herausgehoben und zur Erscheinung gebracht. Zeigen ist in dieser Sicht ein Explizieren im phänomenologischen Sinn, das heißt kein Erklären, sondern ein Ausfalten von etwas bereits in Gegenstände oder Situationen Eingefaltetem; es tritt durch das Zeigen aus den Kulissen auf die offene Bühne.

Dieses zeigende Ausfalten von etwas bereits Vorhandenem erfolgt stets unter einem bestimmten Blickwinkel. Es ist bezogen auf einen funktionellen Kontext sowie übergeordnete kulturelle Sinn- und Bedeutungshorizonte, die in einer praxistheoretischen Perspektive – im Sinne von Wittgensteins Sprachspielkonzeption – als praktische Zusammenhänge konzeptualisiert werden. Ein Beispiel für einen funktionellen Kontext wäre eine Situation, in der ich ein Buch aus dem obersten Regal eines Bücherschranks holen möchte, es jedoch ohne Hilfsmittel nicht erreichen kann. In diesem Kontext zeigt sich mir beispielsweise ein Stuhl als geeignetes Instrument zum Erreichen dieses Ziels.[15] Gleichzeitig ist der Stuhl aber auch ein in kulturelle Narrative bzw. Sinnstrukturen eingewobenes Artefakt.[16] In dieser Hinsicht besitzt er für mich eine andere Bedeutung und andere Affordanzen (im Sinne seiner sofort wahrnehmbaren Gebrauchsmöglichkeiten)[17] als für jemanden, der aus einem anderen Kulturkreis stammt. Er zeigt sich mir beispielsweise als ein Büro- im Kontrast zu einem Küchenstuhl, verfügt als solcher für mich über einen bestimmten ›Bedeutungshof‹ an Assoziationen, Vorstellungen und Gefühlen und ist vor diesem Hintergrund mit der Vorstellung eines ganz bestimmten, nämlich einer Bürotätigkeit angemessenen, Sitzens verknüpft.

Situationsbezogene funktionelle Kontexte und übergeordnete kulturelle Rahmungen stellen Wahrnehmungen, Erwartungen und Körperverhalten mithin auf besondere Weise ein. Sie wirken wie Filter, welche die Aufmerksamkeit auf einzelne Punkte der Umgebung oder Aspekte von Situationen lenken. Und sie legen spezifische Blickweisen und Empfindlichkeiten nahe, mittels derer Personen, Körper, Dinge und Si-

14 Landweer, »Zeigen, Sich-zeigen und Sehen-lassen«, 50.
15 Dieser funktionelle Kontext kann wiederum eingebettet sein in einen funktionellen Kontext höherer Ordnung, bspw. die berufliche Existenz als Bibliothekar, etc.
16 Zu dieser Unterscheidung zwischen funktionellen Kontexten und kulturellen »frames of reference« vgl. James M. M. Good, »The Affordances for Social Psychology of the Ecological Approach to Social Knowing«, in: *Theory & Psychology* 17 (2007), 277.
17 Vgl. James J. Gibson, *The Ecological Approach to Visual Perception*, Boston [MA]: Houghton Mifflin 1979.

tuationen wahrgenommen, ›abgetastet‹ und beobachtet, das heißt konstruiert, werden.[18] Diese Sensitivitäten, Aufmerksamkeiten und körperlich-mentalen Erwartungshaltungen werden durch aktive Teilnahme an den jeweils üblichen ›Sprachspielen‹ erlernt. Und sie benötigen die Räume dieser Spiele, um sich entfalten können. In Abhängigkeit von ihren praktischen wie normativen Anforderungen, ihren expliziten wie impliziten Regeln, lässt Zeigen etwas *als etwas* sehen.

In Zeige-Akten positionieren sich also nicht nur die beteiligten Personen, vielmehr bestimmt das Zeigen auch das Gezeigte, indem es dieses auf eine kontextbezogene Weise selektiert, vom Hintergrund abhebt, von anderem unterscheidet und ihm dadurch eine besondere Bedeutung in einer Welt zuweist. Wenn etwas erfolgreich gezeigt wird, zeigt es sich auf der Basis einer situativ geteilten Aufmerksamkeit (»shared awareness«[19]) als etwas, das diese Bedeutung hat.[20]

2. Die Bedeutung des Zeigens für die stumme Weitergabe praktischen Wissens

Da Zeigen unter je besonderem Blickwinkeln Sprachexternes zur Geltung bringt, spielt es in jenen Praxisfeldern und Institutionen eine prominente Rolle, deren Wissensformen, Verhaltensmuster und Kooperationsweisen reflexiv kaum zugänglich und deshalb auch nicht vollständig verbalisierbar sind, und/oder in denen es vorrangig darum geht, ästhetische Erfahrungen und sinnliche Erkenntnisse zu vermitteln, wie in Sport und Tanz oder in Museen und Ausstellungen. Als ein spezifisches »kulturelles Regime«[21] der Kommunikation ist das Zeigen zwar immer und überall in unserem Leben wirksam, jedoch hat zumindest die ›westliche Kultur‹ mit ihrer historisch entstandenen Vorliebe für explizites Wissen, Sprache und Semantik bislang kein wirkliches Begriffsrepertoire für dieses »Regime« entwickelt. Wir alle kennen die reale Möglichkeit sowie vielfältige Situationen eines nicht-sprachvermittelten Zeigens, Lernens und Koordinierens, jedoch sind – wie Gumbrecht schreibt – »alle Versuche zur Erklärung dieser Möglichkeit bisher allzu spekulativ geblieben«.[22]

18 Ein Beispiel sind die von Michel Foucault aufgewiesenen Prägungen des ›klinischen Blicks‹ eines Arztes oder Wissenschaftlers, der die Oberflächen von Körpern mustert und zu durchdringen versucht, um ein spezifisch therapeutisches Wissen anzuhäufen: Michel Foucault, *Die Geburt der Klinik. Eine Archäologie des ärztlichen Blicks*, München: Beck 1973.
19 Good, »Affordances for Social Psychology«, 273.
20 Vgl. auch Figal, »Zeigen und Sichzeigen«, 205.
21 Gumbrecht, »Mise au Point«, 201.
22 Nicht zufällig ziehe, so fährt Gumbrecht fort, dieser Phänomenbereich

Vor diesem Hintergrund sind Praxisfelder wie der Sport, in denen das Verhalten zwischen mehreren Akteuren ohne Umweg über das Bewusstsein koordiniert wird und Verhaltensweisen, einschließlich einer für die Teilnahme am jeweiligen Spiel unabdingbaren Kompetenz praktischer Beherrschung, in stummer Kommunikation von »Leib zu Leib«[23] weitergegeben werden, von großer theoretischer Relevanz für das Verständnis dieses Phänomenbereichs, wie bereits Pierre Bourdieu hervorgehoben hat.[24] Jeder Sporttrainer, aber auch jeder Athlet, weiß, wie schwierig es ist, das für ein kompetentes Mitspielen erforderliche praktische Wissen – Körpertechniken, Einstellungen, Weisen des Sehens und Verstehens – zu thematisieren, didaktisch aufzubereiten und zu vermitteln. Für das Erlernen dieses Wissens sind verbale Instruktionen und Lehrbücher nur eingeschränkt hilfreich. Die Sprache kämpft mit der Darstellung physischer Tätigkeiten – und scheitert überwiegend daran. Lehrbücher zeichnen ein normatives Bild der Bewegungen, das die Praxis reguliert. Aber die von einer Sportart gestellten praktischen Anforderungen lassen sich in Lehrbüchern nicht abbilden. Zwischen der modellhaften Lehrbuchdarstellung einer Bewegung und ihrem praktischen Vollzug existiert eine prinzipielle Kluft;[25] die Alltagserfahrung kennt diese Kluft als Unterschied zwischen Theorie und Praxis. Häufig kann ein Trainer oder eine andere Person, die – eventuell nur temporär – die Position des Lehrenden einnimmt, nichts anderes sagen als: »Schau her und mach es wie ich!«.[26] Die meisten sprachlichen oder auch bildlichen Bewegungsanleitungen sind nur demjenigen verständlich, der das Beschriebene bzw. Abgebildete, oder zumindest ähnliche Bewegungen, bereits einmal ausprobiert hat. Auch bei gründlicher theoretischer Vorbildung muss jede sportliche Bewegung als eine praktische Tätigkeit erlernt werden. Erst im Tun erwerben Praktiker eine Mitspielkompetenz, in die kognitive und körperliche Dimensionen gleichermaßen eingehen. Sie erlaubt es, situative Unwägbarkeiten und lokale Konstellationen augenblicklich zu erkennen, sich auf sie einzustellen und adäquat auf sie zu reagieren.

Analysen sportlicher Praktiken, einschließlich des ›Anzapfens‹ des praktischen Wissens von Trainern, Sportpädagogen und Athleten, kön-

    deshalb »Thesen aus der Spiegelforschung geradezu magnetisch an«: ebd., 200.
23 Pierre Bourdieu, »Programm für eine Soziologie des Sports«, in: ders., *Rede und Antwort*, Frankfurt am Main: Suhrkamp 1992, 205.
24 Vgl. ebd., 193-207 sowie ders., *Meditationen. Zur Kritik der scholastischen Vernunft*, Frankfurt am Main: Suhrkamp 2001, 185.
25 Vgl. George D. Girton, »Kung Fu. Toward a praxiological hermeneutic of the martial arts«, in: Harold Garfinkel (Hg.), *Ethnomethodological studies of work*. London/New York: Routledge 1986, 60-93.
26 Bourdieu, »Programm für eine Soziologie des Sports«, 205.

nen deshalb zu tieferen Einsichten in das Verhältnis von Theorie und Praxis sowie die Weitergabe stummer Kompetenzen praktischer Durchführung jenseits von Sprache und Bewusstsein führen. Sie eignen sich damit als Bausteine für eine kulturwissenschaftliche Theorie der Praxis, welche die stummen, körperlich-leiblichen Dimensionen des Lernens, der Verhaltenskoordination und der Subjektbildung angemessen berücksichtigt. In den Praktiken des Sports treten die normalerweise im Selbstverständlichen verborgenen und sprachlicher Symbolisierung sich sperrenden Züge des Sozialen so rein hervor, wie in kaum einem anderen Praxisfeld. Die allgemeine Relevanz dieser Dimensionen kann deshalb an diesem besonderen Gegenstand ausnehmend gut herausgearbeitet werden – ohne dabei freilich die Besonderheit dieses Gegenstandes aus den Augen zu verlieren.[27]

3. Das Zeigen der Praxis

In seinen – an den späten, zumindest indirekt durch das materialistische Denken von Marx und Gramsci inspirierten Wittgenstein anschließenden[28] – Überlegungen hat Gunter Gebauer auf den prinzipiell öffentlichen Charakter[29] eines zum Mitspielen befähigenden praktischen Wissens hingewiesen. Die in einem sozialen Spiel vollzogenen Könnensbewegungen sind in dieser Sicht keine Repräsentationen von Wissen, sondern das Wissen steckt *in* den Bewegungen und den Spielfigurationen, deren Teil sie sind: Gekonnte Bewegungen und Spielzüge *sind* verkörpertes Wissen. Sie beinhalten dieses Wissen als stumme Kompetenz praktischer Beherrschung und sind zugleich eine Aufführung

27 Theoretische und empirische Grundlagen meiner folgenden Überlegungen sind aktuelle praxistheoretische Debatten, eigene Beobachtungen, Erfahrungsberichte und Expertengespräche. Eigene Beobachtungen konnte ich vor längerer Zeit (Mitte der 1990er Jahre) unter anderem im Rahmen eines von Gunter Gebauer geleiteten Forschungsprojekts an der Freien Universität Berlin über »Die soziale Produktion von Spitzensportlern« im Turnen machen. Besonders zu erwähnen ist darüber hinaus ein ausführliches Expertengespräch mit Bernd Volger, einem überaus erfahrenen Kollegen aus der »Theorie und Praxis der Sportarten« (so der Name eines Arbeitsbereichs am Institut für Sportwissenschaft der Universität Oldenburg), das mir einige wichtige Einsichten in die Zeige-Praktiken von Sportdidaktikern gewährt hat.
28 Vgl. Gebauer, *Wittgensteins anthropologisches Denken*, 139 ff.
29 Für eine präzisierende Unterscheidung von Öffentlichkeit, Beobachtbarkeit und Sichtbarkeit vgl. jüngst Robert Schmidt/Jörg Volbers, »Öffentlichkeit als methodologisches Prinzip. Zur Tragweite einer praxistheoretischen Grundannahme«, in: *Zeitschrift für Soziologie* 1 (2011), 3-20.

dieses Wissens; als *performed knowledge* kommt es an den Bewegungen zum Vorschein.[30] Seine Präsenz in den Bewegungen macht es möglich, es durch Zusehen und Nachmachen, »also dadurch, daß man die Reaktionen der anderen beobachtet, und durch Beteiligung an ihrem Spiel«,[31] zu erlernen.

Ähnliche Überlegungen zur Öffentlichkeit situierten Wissens finden sich in ethnomethodologischen Zugängen,[32] in neueren praxistheoretischen Ansätzen,[33] aber auch schon in älteren gestalttheoretischen, sozialpsychologischen und sozialökologischen Denkrichtungen.[34] Über alle Unterschiede hinweg verbinden sich diese heterogenen Zugänge zu Wissen und Bedeutung durch die gemeinsame Stoßrichtung gegen mentalistische Konzepte zu einer Art Theorienbündel: Wissen und Bedeutung haben in der diesen Ansätzen gemeinsamen analytischen Perspektive nicht den Status rein hypothetischer, unbeobachtbarer, in subjektive Bewusstseine eingeschlossener Phänomene, sondern von Sachverhalten, die über die Wahrnehmung und das Nachmachen situierten (Bewegungs-)Verhaltens prinzipiell ›direkt‹ zugänglich sind und – in analytischer Perspektive – beobachtbar gemacht werden können.[35]

30 Vgl. Stefan Hirschauer, »Körper macht Wissen. Für eine Somatisierung des Wissensbegriffs«, in: Angelika Wetterer (Hg.), *Geschlechterwissen und soziale Praxis. Theoretische Zugänge – Empirische Erträge*, Königstein [Ts.]: Ulrike Helmer 2008, 82-95.
31 Gebauer, *Wittgensteins anthropologisches Denken*, 18.
32 Vgl. z.B. Jörg R. Bergmann, »Studies of Work«, in: Felix Rauner (Hg.), *Handbuch der Berufsbildungsforschung*. Bielefeld: Bertelsmann 2005, 639-646.
33 Vgl. bspw. Hirschauer, »Körper macht Wissen«, 82-95; Robert Schmidt, »Stumme Weitergabe. Zur Praxeologie sozialisatorischer Vermittlungsprozesse«, in: *Zeitschrift für Soziologie der Erziehung und Sozialisation* 2 (2008), 121-136.
34 Zu letzteren vgl. den vorzüglichen Überblick bei Good, »Affordances for Social Psychology«, 265-295.
35 Die Betonung, dass in Bewegungen eingefaltetes Wissen beobachtbar *gemacht* werden muss, ist deshalb wichtig, weil es eben nicht – wie es die ethnomethodologische Rede von der Oberflächlichkeit des Sozialen suggeriert – offen zutage liegt, sondern dem Geschehen mittels passender theoretisch-analytischer Sehhilfen und methodischer Züge mühsam abgerungen werden muss: durch bewusste soziale und räumliche Positionierungen des Forschers bzw. der Forscherin im Feld, durch repetitive Beobachtungen und (thematische, zeitliche, räumliche oder personale) Fokussierungen, durch Perspektivenwechsel und das Einholen zusätzlicher, durch Beobachtung nicht zu erhaltender Informationen, etc. Vgl. Thomas Scheffer, »Das Beobachten als sozialwissenschaftliche Methode – Von den Grenzen der Beobachtbarkeit und ihrer methodischen Bear-

Für einen Lernenden stellt sich dabei allerdings das Problem, eine Auswahl aus den sichtbaren Verhaltensweisen und Bewegungsformen treffen zu müssen. Er steht vor der Aufgabe, diejenigen Merkmale aus einem für ihn noch mehr oder weniger unartikulierten Strom von Bewegungen zu selektieren und zu identifizieren, die nötig sind, um die in einem Spiel sich stellenden Anforderungen und Erwartungen angemessen und (an)erkennbar zu beantworten. Das heißt, er muss sich erschließen, welche Verhaltensmerkmale nachzuahmen und in eigene Bewegungen umzusetzen sind.[36] Auch diese Befähigung zum Erschließen adäquater Bewegungen und Spielzüge wird nach und nach durch die praktische Teilnahme am Spiel erworben, beispielsweise durch Ausprobieren, bis die richtige Bewegung und der richtige Spielzug gefunden sind. Das Entdecken richtiger bzw. als legitim anerkannter Bewegungen ist mithin in die Kollektivität der Praxis eingebunden: Der Lernende wird in einer impliziten und kollektiven Pädagogik[37] durch alle am Spiel beteiligten (Ko-)Akteure in das Spiel eingeführt.

Zu dieser Pädagogik gehört das gesamte materielle und sensorische (atmosphärische) Umfeld des Übens, Trainierens und Mitspielens: die von Raumstrukturen und Dingen (wie Sport- und Spielgeräten) ausgehenden Anforderungen; sportarttypische Gerüche und Geräusche; die Verteilung der Körper und ihre Synchronisation in Raum und Zeit; die Anweisungen der Trainer; nicht zuletzt die sportartbezüglichen Aufmerksamkeiten, die sich die Mitspieler gegenseitig entgegenbringen. Permanent nehmen sie im Vollzug einer Praktik aufeinander Bezug. Sie unterscheiden dabei – durch explizite Zurechtweisungen, aber auch durch kleine, unscheinbare Gesten – zwischen regelhaften und regelwidrigen, zwischen kompetenten und inkompetenten Aktionen und sanktionieren jene Handlungen, die aus der gemeinsamen »sozialen Motorik«[38] herausfallen. Es wird also *in actu* durch fortlaufende, in die Praxis eingebundene Kritiken, Korrekturen und Sanktionen ein geteiltes

beitung«, in: Doris Schaeffer/Gabriele Müller-Mundt (Hg.), *Qualitative Forschung in den Gesundheits- und Pflegewissenschaften*, Bern: Huber 2002, 351-374.

36 Vgl. Gebauer, *Wittgensteins anthropologisches Denken*, 87.

37 Vgl. Loïc Wacquant, *Leben für den Ring*, Konstanz: UVK 2003, 103 ff.

38 Gunter Gebauer, *Poetik des Fußballs*, Frankfurt am Main/New York: Campus 2006, 122. Unterschiedliche ›Schulen‹ und Trainingsmethoden bringen ihre charakteristischen, durch eigene Stilmerkmale sich auszeichnenden sozialen Motoriken hervor, wie beispielsweise Wolfgang Schöllhorn in seinen trainingswissenschaftlichen Untersuchungen zu nationalen Bewegungsstilen von Speerwerfern empirisch zeigen konnte. Für geübte Beobachter sind diese stilistischen Unterschiede deutlich erkennbar. Vgl. Wolfgang Schöllhorn, »Trainingswissenschaft und -lehre – Individualität – ein vernachlässigter Partner?«, in: *Leistungssport* 29 (1999), 4-12.

praktisches Verständnis darüber hergestellt, was eine richtige Vollzugsform der Praktik ist und was nicht. Die kollektive Praktik übergreift alle individuellen Aktionen und fordert die Teilnehmer dazu auf, individuelle Handlungen als Fußballspielen, Boxen, Rudern, etc. hervorzubringen: Sie eignet sich die Spieler an, bringt ihnen im Verlauf dieser Aneignung »fortlaufend praktisches *knowing how* bei und macht sie auf diesem Weg zu kompetenten [....] Mitspielern«[39]: Die Praktik selbst zeigt ihren Akteuren, was Fußballspielen, Rudern oder Boxen ist, wie es geht und wo die Grenzen dessen liegen, was als Fußballspielen, Rudern oder Boxen (gerade noch) akzeptiert wird.

In diesem Sinn entfaltet sie ihre Autorität dadurch, dass sie Nebenwege korrigiert und Abwege ausschließt: Es handelt sich um eine Macht ohne Zentrum. Diese Macht wird nicht autoritär von oben nach unten ausgeübt, sondern entfaltet sich zwischen den Mitspielern; es ist eine wechselseitig aufeinander ausgeübte, emergente Macht, eingebunden in die praktische Beantwortung im Spielgeschehen situativ auftretender Anforderungen.

4. Formung und Aneignung von »Umgangskörpern«

Mit dem Hinweis auf die Aneignung der Spieler durch das Spiel ist allerdings nur eine Richtung markiert. In der anderen Richtung eignen sich die Lernenden die sich ihnen im Zuge ihres Hineinwachsens in das Spiel allmählich als salient und relevant herausschälenden Verhaltensmerkmale mit ihren Bewegungen an. Sie geben den identifizierten Verhaltensmodellen auf diese Weise eine eigene, individuelle Gestalt und beeinflussen so ihrerseits das Spiel. In diesem Wechselspiel von Aneignungen werden die Wahrnehmungs- und Handlungsfähigkeiten der Lernenden nach und nach spieladäquat ›eingestellt‹.

In Auseinandersetzung mit dem anthropologischen Denken Ludwig Wittgensteins hat Gunter Gebauer diese Ausbildung spieladäquater Körpertechniken und Bewegungen, die überwiegend ohne explizites Lernen durch bloße Teilnahme am Spiel erfolgt, als Formung eines »Umgangskörpers« bezeichnet.[40] Damit sind Körper gemeint, deren Verhalten in die Form eines Spiels gebracht ist. Spieladäquat geformte Umgangskörper sind so ›eingestellt‹, dass sie nur diejenigen ihrer vielfältigen Möglichkeiten einsetzen, »die vom jeweiligen Sprachspiel verlangt werden«[41]. Als ins Spiel eingepasste Körper bilden sie »die Basis gegenseitiger Verständlichkeit«[42]: Sie sind im Sinne des Spiels geregelt,

39 Schmidt, »Stumme Weitergabe«, 131.
40 Gebauer, *Wittgensteins anthropologisches Denken*, 95 ff.
41 Ebd., 98.
42 Ebd., 97.

berechenbar und vernünftig, das heißt, sie verfügen über spielbezogene »sprachmäßige Züge«[43], die ihre Verständlichkeit für alle am Spiel beteiligten Personen garantieren. Indem das wahrnehmbare Körperverhalten in die Form eines bestimmten Spiels gebracht wird, werden – so eine weitere Implikation dieses Ansatzes – zugleich spieladäquate Weisen des Wahrnehmens und Verstehens, des Fühlens und Spürens (z. B. von Schmerz) ausgeprägt. Im Rekurs auf die phänomenologische Unterscheidung zwischen Körper und Leib[44] ließe sich diese Dimension der Ausbildung spielspezifischer Aufmerksamkeiten, Wahrnehmungs- und Spürfähigkeiten mit dem Begriff ›Umgangsleib‹ bezeichnen. Nur für einen sozialisierten Umgangsleib ist ein Spielgeschehen unmittelbar ›lesbar‹. Nur für ihn tauchen für das eigene Handeln relevante Punkte, Dimensionen oder Aspekte der ins Spiel verwobenen Raum- und Zeitstrukturen, Dinge (z. B. Sportgeräte) und Körper als erkennbare soziale Formen aus dem Ereignisfluss auf; nur ihm zeigen sich deren mögliche »Umgangsqualitäten« (Arnold Gehlen), Gebrauchsweisen und Affordanzen, einschließlich der Handlungspotenziale von Spielsituationen. Die den Umgangsleib auszeichnenden Empfänglich- und Empfindlichkeiten sorgen für eine Ausrichtung der Achtsamkeit auf das, worum es in einem Spiel geht, also dessen Intentionalität.[45] Raumordnungen, Dinge und Situationen

43 Ebd., 99.
44 Gilt der Körper in dieser Perspektive als instrumentell und/oder expressiv einsetzbare Größe, so wird mit dem Leibbegriff die subjektive Wahrnehmung und Erfahrung in den Blick gebracht. Gefühle, Empfindungen und leibliche Regungen bleiben in vielen körpersoziologischen Untersuchungen unberücksichtigt. Sie spielen jedoch eine bedeutende Rolle für die Praxis der Individuen in unterschiedlichen Sozialbereichen. Deshalb wird in einigen Ansätzen versucht, die körpersoziologische Diskussion um phänomenologische Perspektiven zu ergänzen. Ihr Ziel ist es, den Körper als diskursiv konstituiert und sozial geformt zu beschreiben und zugleich die mit dieser sozialen Konstituiertheit einhergehenden leiblichen Wahrnehmungen und Erfahrungen zu berücksichtigen (vgl. Robert Gugutzer, *Soziologie des Körpers*, Bielefeld: transcript 2004, 146 ff.). Um auf die doppelte Gegebenheit des Gegenstandes wie auf seine Einheit gleichermaßen zu verweisen, hat Ulle Jäger (*Der Körper, der Leib und die Soziologie. Entwurf einer Theorie der Inkorporierung*, Königstein [Ts.]: Ulrike Helmer 2004, 107 ff.) im Anschluss an Gesa Lindemann (*Das paradoxe Geschlecht. Transsexualität im Spannungsfeld von Körper, Leib und Gefühl*, Frankfurt am Main: Fischer 1993) den Begriff »körperlicher Leib« geprägt.
45 Intentionalität ist in praxistheoretischer Perspektive keine innere Eigenschaft von Personen, sondern entfaltet sich zwischen ›Angebot‹ und Erwartung. Ein Teil der Erwartung ist die auf die Anforderungen eines

haben für ihn den Charakter von Appellen, auf die der Umgangskörper mit entsprechenden Körpertechniken und Bewegungen reagiert.[46] Der Umgangsleib dehnt sich durch seine im Lernen sozial konstituierten Spürfähigkeiten gleichsam über die materiellen Grenzen des Körpers aus: Er greift in die Umgebung aus, bezieht diese in seinen – mit einem Begriff Wittgensteins – »Muskelgefühlsraum«[47] ein, nimmt ihre Anforderungen in sich auf und erzeugt – zwar nicht immer, aber doch verblüffend häufig – angemessene Antworten.

Dies gelingt ihm, weil er nicht nur die Umgangsqualitäten der Dinge und Körper in der Umgebung, sondern auch Situationspotenziale zu erfassen in der Lage ist.[48] Der sozialisierte Leib bringt mithin Vorstellungen, Empfindungen und Aktionen hervor, die auf Zukünftiges bezogen sind. So schildert beispielsweise der Soziologe Loïc Wacquant in seiner (auto-)ethnographischen Studie der eigenen Boxerwerdung, wie er in seinen ersten Sparringskämpfen nur überraschend scheinbar isolierte Fäuste aus dem Nichts auftauchen sah, während er später aus jeder Körperhaltung des Gegners zu ›lesen‹ gelernt hat: Der werdende Boxer entwickelt allmählich die praktische Fähigkeit, achtsam zu sein für jene unscheinbaren, für das Boxen jedoch außerordentlich bedeutsamen Bewegungen und Zuckungen des Gesichts, der Gliedmaßen und der Muskeln, die Rückschlüsse auf die eigentlichen Absichten des Gegners zulassen, um bereits im Ansatz jedes Schlages das darin Eingeschlos-

Spiels gerichtete Haltung und Muskelspannung eines Mitspielers, vgl. Gebauer, *Wittgensteins anthropologisches Denken*, 67 ff.

46 Wie der Soziologe James Ostrow (*Social Sensitivity. An Analysis of Experience and Habit*, Albany: State University of New York Press 1990, 10) ausgeführt hat, besteht die Voraussetzung dafür, Erkenntnisobjekte und ›Reize‹, auf die sich das Verhalten richten kann, überhaupt unterscheiden zu können, in einer »fundamental[en], nicht-reflexive[n] Vertrautheit einer Person mit der Welt [...] Weder vorprogrammierte ›Responses‹ noch Routineverhalten: Die Gewohnheit ist die verkörperte *Sensibilität* für eine sinnlich erfahrbare Welt, und in dieser Hinsicht sorgt sie für ein Feld von erfahrbaren Verhaltensmöglichkeiten«, zit. nach: Loïc Wacquant, »Auf dem Weg zu einer Sozialpraxeologie. Struktur und Logik der Soziologie Pierre Bourdieus«, in: Pierre Bourdieu/ders., *Reflexive Anthropologie*, Frankfurt am Main: Suhrkamp 1996, 42, Fn. 35.

47 Wittgenstein, *Philosophische Bemerkungen*, §73; zit. nach Gebauer, *Wittgensteins anthropologisches Denken*, 64.

48 Die Idee, dass Situationen bestimmte Potenziale enthalten, die es zu entdecken und auszunutzen gilt, stammt von dem französischen Philosophen François Jullien. Sie gehört danach zu einem östlichen (chinesischen) Denken der Regulierung, das Jullien in seinen Arbeiten mit einem westlichen Denken der Modellbildung kontrastiert, vgl. z.B. François Jullien, *Über die Wirksamkeit*, Berlin: Merve 1999.

sene, den zukünftigen Schlag oder auch die Täuschung zu erschließen.[49] Der trainierte »körperliche Leib«[50] ist dafür disponiert, dem Spielgeschehen für die eigenen Reaktionen Relevantes zu entnehmen, Handlungspotenziale und Schwierigkeiten zu antizipieren und seine Bewegungen darauf vorzubereiten. Er sorgt, in den Worten Gebauers, für eine »Erledigungsbereitschaft des Subjekts«, die auf die »Anforderungen der Welt« gerichtet ist.[51] Dies schließt die Fähigkeit ein, aus einzeln wahrgenommenen Bewegungen und Eindrücken durch Ergänzung von etwas, das in diesen Einzelheiten in gewissem Sinn bereits enthalten ist, ein Gesamtbild zu erschließen, also aus dem Wahrgenommenen *mögliche* Akte und Situationen zu erzeugen.[52] Ein solcherart sozialisierter Leib kann sich den Appellen, die für ihn in einem sozialen Spiel von der Umgebung und situativen Konstellationen ausgehen, schwerlich entziehen, weil er unwillkürlich ihre Antwortqualitäten und Potenziale vorwegnimmt; es ist insofern einer Art Zwang zum Reagieren – zum Mitbewegen – ausgesetzt.

Der Umgangsleib erschließt das Spiel deshalb wie intuitiv, weil seine Wahrnehmungsfähigkeiten aus der Einverleibung der Anforderungsstrukturen des Spiels selbst resultieren. Im Anschluss an John Searle hat Gebauer dieses in Lern- und Trainingsprozessen entstehende Zusammenstimmen zwischen den einverleibten Wahrnehmungs- und Erkenntnisstrukturen des Subjekts und den in einem Spiel sich stellenden Anforderungen als »funktionelle Äquivalenz« bezeichnet.[53] Von Pierre Bourdieu wird Ähnliches mit den Konzepten eines »ontologischen Einverständnisses« oder einer »begriffslose(n) Kohäsion« von Habitus und Feld (Habitus und Habitat) formuliert.[54] Mit dem Begriff »Sinn für das Spiel«[55] kennzeichnet Bourdieu die spezifische »Sensitivität des Habitus«[56] für ein in Spielsituationen gefordertes oder mögliches Handeln. Darüber hinaus macht er mit dem Begriff »praktischer Sinn« darauf aufmerksam, dass der Habitus neben seinen rezeptiven Empfangsqualitäten auch produktive Seiten besitzt: Er ist ein empfindlich auf eine Praxis reagierendes Produktionssystem, das durch den aktiven Part,

---

49 Vgl. Wacquant, *Leben für den Ring*.
50 Zu diesem Begriff vgl. Anm. 44.
51 Gebauer, *Wittgensteins anthropologisches Denken*, 72.
52 Gebauer (ebd., 121 f.) führt dies in Auseinandersetzung mit den Arbeiten des französischen Wahrnehmungstheoretikers Alain Berthoz aus.
53 Ebd., insbesondere das Kapitel 5 »Das Zusammenspiel von Regeln und Habitus«, 124 ff.
54 Bourdieu/Wacquant, *Reflexive Anthropologie*, 161.
55 Pierre Bourdieu, *Sozialer Sinn. Kritik der theoretischen Vernunft*, Frankfurt am Main: Suhrkamp 1987.
56 Gebauer, *Wittgensteins anthropologisches Denken*, 147.

den es spielt, seinerseits gestaltend auf die sozialen Prozesse und Spiele einwirkt, denen es seine Entstehung verdankt.[57]

5. Zeigen im Sport[57a]

In aller Regel werden Akteure durch praktische Teilnahme mit den sozialen Spielen ihrer Kultur vertraut: Sie machen sich zu Subjekten dieser Spiele, indem sie deren Regeln und Intentionalität in sich hineinnehmen und auf diese abgestimmten Dispositionen ausbilden. An diesen (Selbst-)Bildungsprozessen sind stets Räume, Dinge, Artefakte (inklusive der Sprache) und andere Mitspieler beteiligt. Letztere stehen unter anderem als Verhaltensmodelle bereit oder greifen im Vollzug des Spiels durch ein in dieses eingelassene Zeigen korrigierend und sanktionierend ein. Diese Form des Zeigens zielt nicht explizit, sondern nur implizit und *mitgängig* auf Lernen ab.

Für das Vertrautwerden mit den Welten des Sports sind darüber hinaus spezielle, der Teilnahme an Spielen und Wettkämpfen vorausgehende bzw. von ihnen abgetrennte Übungs- und Trainingsformen entscheidend, in denen *ausdrücklich* gelernt werden soll. Diese Formen bemächtigen sich gewissermaßen des Lernens, um es zu beschleunigen, zu kontrollieren und – nicht zuletzt – zu begrenzen. Sie formen Spielräume eines expliziten, pädagogisch-didaktischen Zeigens, das in aller Regel von lehrenden Experten übernommen wird. Dies sind zumeist Sportpädagogen oder Trainer, können aber auch erfahrene andere Sportler sein. Das explizite pädagogische Zeigen ist von einem klaren Machtgefälle gekennzeichnet: Die eine Seite stellt Aufgaben, inszeniert Übungsformen und macht vor, die andere Seite soll die Aufgaben bewältigen, die Übungen absolvieren und nachmachen.

Damit gelernt wird, muss diese klare »pädagogische Differenz«[58] zwischen den Operationen des Lehrens einerseits und denen des Lernens andererseits jedoch überbrückt werden: Beide Seiten müssen »aufeinander abgestimmt, in Kontakt gebracht und zeitlich, thematisch und sozial koordiniert werden«[59]: Es muss operativ eine Einheit in der Differenz gefunden werden – bei prinzipieller Gefahr des Misslingens.

Eine unabdingbare Voraussetzung für das Zustandekommen einer

57 Vgl. ebd., 147 f.
57a Zum Zeigen im Sport vgl. auch die hoch interessante Studie von Larissa Schindler (*Kampffertigkeit. Eine Soziologie praktischen Wissens*, Stuttgart: Lucius & Lucius 2011). Ihre Ergebnisse konnten für den vorliegenden Beitrag leider nicht mehr berücksichtigt werden.
58 Vgl. Klaus Prange, »Machtverhältnisse in pädagogischen Inszenierungen«, in: van den Berg/Gumbrecht, *Politik des Zeigens*, 61-72.
59 Ebd., 63.

solchen Einigung besteht darin, dass auf Seiten der Lernenden zumindest ein gewisses Maß an Zustimmung und Lernbereitschaft vorhanden ist. Dies ist allerdings noch keine hinreichende Voraussetzung. Damit das Zeigen nicht ins Leere läuft und der Lernende auch ›mitmacht‹, muss etwas Entscheidendes hinzukommen: Das Zeigen muss den Lernenden erreichen, es muss sein Interesse[60] bedienen und einen Aufforderungscharakter für ihn haben. In der Pädagogik wird dieses Problem gern als Motivationsproblem verhandelt und beispielsweise dadurch beantwortet, die pädagogische Absicht ›listig‹ durch die Inszenierung auffordernder Lehr-Lern-Situationen zu verbergen oder die Lernenden durch Auftreten, Stilisierung und quasi-charismatische Selbstinszenierungen der Lehrenden so anzuregen, dass sie aufmerksam zuhören, eingehend hinsehen und intensiv mitmachen.[61] Weit weniger wird jedoch darauf reflektiert, dass pädagogische Inszenierungen nicht für alle Lerngruppen denselben Appellcharakter haben, sondern nur einige ansprechen, während sie andere ›kalt‹ lassen oder sogar stillschweigend ausschließen.[62] Jede noch so ausgeklügelte pädagogische Inszenierung muss an die (habituellen) Neigungen und Dispositionen ihrer ›Adressaten‹ anschließen, um Lernen überhaupt initiieren zu können. Dies betrifft die materielle und symbolische Gestaltung pädagogischer Räume ebenso wie das sprachliche und gestische Auftreten der Lehrenden.

Ein Ankoppeln des Lehrenden an die für das Lernen bestimmter Inhalte entscheidenden körperlich-mentalen Habitus der Lernenden setzt voraus, dass er diese dem Verhalten der Lernenden entnimmt. Deren Dispositionen, ihre physischen Voraussetzungen, ihr bereits vorhandenes praktisches Wissen, müssen mithin dazu gebracht werden, sich dem Lehrenden zu zeigen, so dass er pädagogisch adäquat intervenieren kann. Die Settings typischer Übungsformen beispielsweise in einer Turnhalle, in der die Sportler an ihren Spezialgeräten unter den Augen eines Trainers (oder eines anderen, erfahrenen Sportlers) üben, sind in diesem Sinne auch Beobachtungsdispositive: Sie exponieren die Körper der Übenden so, dass sie für den Lehrenden unter einem

---

60 Für Bourdieu zeichnet sich das Interesse dadurch aus, sich »nur durch die von bestimmten Feldern ausgehenden Stimuli – und durch keine anderen – aus dem Zustand der *In-Differenz*« (Bourdieu/Wacquant, *Reflexive Anthropologie*, 48 f.; Herv. im Orig.) reißen zu lassen.
61 Vgl. Prange, »Machtverhältnisse in pädagogischen Inszenierungen«, 71 f.
62 In der erziehungswissenschaftlichen Diskussion wird dies unter anderem als symbolische Gewalt im Sinne Bourdieus thematisiert, vgl. Thomas Alkemeyer/Markus Rieger-Ladich, »Symbolische Gewalt im pädagogischen Feld. Überlegungen zu einer Forschungsheuristik«, in: Robert Schmidt/Volker Woltersdorff (Hg.), *Symbolische Gewalt. Herrschaftsanalyse nach Pierre Bourdieu*, Konstanz: UVK 2008, 103-124.

bestimmten Blickwinkel sichtbar werden und er ihnen die für seine Hinweise und Korrekturen nötigen Informationen entnehmen kann. Es handelt sich unter diesem Gesichtspunkt um soziale Vorrichtungen, die gewährleisten sollen, dass für die jeweilige Praktik relevante Phänomene aus der Verborgenheit ans Licht treten können und als ›Körperzeichen‹ lesbar werden. In diesen Vorrichtungen werden die übenden Körper so ins Licht gestellt, dass vorhandene In/Kompetenzen thematisch zum Sichzeigen gebracht werden. Dieses Zugänglichmachen ins Bewegungsverhalten ›eingewickelter‹ Dispositionen und Fähigkeiten ist die Voraussetzung dafür, sie im Sinne angestrebter Lernziele – etwa der Feinform einer Bewegung – systematisch-methodisch verfügbar machen zu können.[63]

Zu diesem Zweck beobachten die Lehrenden die Lernenden in den Settings des Übens und Trainierens selektiv unter den für eine Sportart bedeutsamen Gesichtspunkten. Was für einen Trainer als bedeutsam gilt, hängt dabei auch von seiner eigenen Ausbildung ab. So ist sein Blick unter anderem durch die bewegungswissenschaftliche ›Brille‹ einer bestimmten ›Schule‹ (Biomechanik, Phänomenologie, etc.) im Feld der Bewegungs- und Trainingswissenschaften geschult und eingestellt. Er nimmt die Körper und Bewegungen der Übenden dann stets auch durch diese ›Brille‹ hindurch in den Blick und entlockt ihnen Informationen, die genau diese Optik zu sehen gibt, während sie andere Merkmale im Verborgenen belässt. Um diese aufzuweisen, wäre eine andere Sehhilfe nötig.

Das In-Anschlag-Bringen einer theoretisch geschulten Analyse-Optik reicht jedoch, so der für meine Argumentation entscheidende Punkt, für ein gelingendes Zeigen nicht aus. Vielmehr muss das bewegungswissenschaftlich informierte Beobachten von einem anderen, gleichsam mitempfindenden Sehen unterfüttert sein, das im prozeduralen Bewegungswissen (»Wissen wie«) des Beobachters fundiert ist. Ein solches nicht-kognitives Wissen äußert sich leiblich beispielsweise als Gespür für die richtige Bewegung. Neben, oder vielleicht besser: unterhalb der bewegungswissenschaftlich informierten Bewegungsanalyse setzt ein erfolgversprechendes Zeigen den inneren (virtuellen) Mitvollzug der beobachteten Bewegung durch den Zusehenden voraus. Ausschließlich auf der Grundlage einer bewegungswissenschaftlichen Analyse kann kein den Übenden wirklich erreichender Korrekturvorschlag gemacht werden. In einem Wechselspiel mit analytisch distanzierten Beobachtungen muss sich ein guter Trainer vielmehr in das oft mühevolle Ringen des Übenden mit der zu erlernenden Bewegungsfolge ›einfädeln‹, um im

---

63 Im Training geht es nicht nur darum, neue Körpertechniken auszubilden, sondern – in Verbindung damit – auch darum, mitgebrachte Dispositionen im Hinblick auf angestrebte ›Idealformen‹ disponibel zu machen.

virtuellen Mitvollzug der gezeigten Bewegung in sich selbst beispielsweise den Punkt zu erspüren, an dem der Bewegungsvollzug ›hakt‹. Über ein, im Inneren des Beobachters sich abspielendes, mimetisches Sich-Anschmiegen ans Gesehene wird dann der prekäre Punkt oder Aspekt eines beobachteten Bewegungsvollzugs zur Erscheinung – zum Sichzeigen – gebracht. Der Expertenleib befindet sich dann im Zustand einer praktikbezüglichen Achtsamkeit, in dem alle Sinne darauf eingestellt sind, Abweichungen von einem inkorporierten Bewegungsbild zu erfassen.

Beobachten ist, so zeigt dieses Beispiel, nicht ausschließlich eine Sache des Sehsinns, sondern verbindet sich mit der Propriozeption, der auf sich selbst gerichteten Wahrnehmung von Körperbewegungen und -lagen im Raum. Beim aufmerksamen Beobachten wird unweigerlich das Leib- bzw. Bewegungsgedächtnis des beobachtenden Experten aktiviert. Ein Stocken der beobachteten Bewegung macht sich im Expertenleib als spürbare Abweichung vom inneren Vorstellungsbild der gesehenen Bewegung bemerkbar. Der Expertenleib ist dann eine Art reflektierender Resonanzboden für das Beobachtete. Das Sehen der vom übenden Körper produzierten Zeichen ist damit zugleich ein auf die Anforderungen und Regeln einer Sportart bezogenes praktisches Verstehen mittels eines sozialisierten Leibes, der ›weiß, wie es geht‹.

Exemplarisch wird hieran deutlich, dass der Körper nicht nur ein Erkenntnisobjekt, sondern – als Leib – auch ein Erkenntnissubjekt ist. In Lehr-Lern-Zusammenhängen wird das Wissen des Leibes systematisch zur Korrektur genutzt: Der Experte versteht und erkennt immer auch praktisch mit seinem erfahrungsgesättigten Leib. Umgekehrt kann in den Interaktionen mit dem Lehrenden auch der Lernende ein Gefühl für dessen (Un-)Geschick entwickeln.[64] Beim direkten praktischen Verstehen handelt es sich mithin nicht um eine voraussetzungslose Kommunikation, sondern um einen äußerst voraussetzungsvollen Vorgang zwischen sozialisierten körperlichen Leibern. Wird für den Beobachter eine Dissonanz zwischen dem inneren Bewegungsbild und der beobachteten Bewegung spürbar, dann ist das keine sinnlose Reaktion, sondern die sinnhafte Stellungnahme eines feldspezifisch trainierten Umgangsleibes.[65]

64 Vgl. Michael Polanyi, *Implizites Wissen*, Frankfurt am Main: Suhrkamp 1985, 33.

65 Ein solches leibliches Erfassen spielt auch in den Techniken der Selbstkorrektur noch während des Bewegungsvollzugs eine entscheidende Rolle. Man könnte es als ein Bewegungsgefühl zweiter Ordnung bezeichnen: Während das Bewegungsgefühl erster Ordnung den Bewegungsvollzug selbst anleitet, wohnt das Bewegungsgefühl zweiter Ordnung diesem gleichsam betrachtend als eine Form nicht-bewusster, praktischer Selbstreflexion bei.

Zwar tritt praktisches Verstehen nicht nur beim Erlernen körperlicher Geschicklichkeiten auf, sondern auch bei anderen, scheinbar rein geistigen Praktiken wie dem etwa dem Schachspielen,[66] jedoch kann es gerade in ›körperthematischen‹ Feldern wie Sport, Tanz oder Musik nicht unbeachtet bleiben. Es ist hier für das Erlernen und den Vollzug von Mitspielkompetenzen unabdingbar und wird genutzt, um zu Einsichten zu gelangen, die mit rationalistischen Erkenntnisweisen allein nicht zu erlangen sind. In diesen Feldern Lehrende müssen ihr erworbenes Gespür für (Un-)Stimmigkeiten, für Resonanzen und Dissonanzen, zum Gegenstand aufmerksamer Selbstwahrnehmung machen, um das gespürte ›Etwas‹ anschließend in korrigierend eingreifende Zeige-Gesten zu übersetzen. Dies kann in Form von hinweisendem oder ikonischem Zeigen geschehen:[67] Ein hinweisendes Zeigen greift die ›hakende‹, dem praktischen Verstehen des Experten als auffällig sich heraushebende Schlüsselsequenz des Bewegungsvollzugs punktuell heraus und lenkt damit auch die Aufmerksamkeit des Übenden auf sie.[68] Im Unterschied dazu führt ikonisches Zeigen die betreffende Bewegungssequenz richtig vor. Die Zeige-Geste hat dann die Form einer Exemplifikation,[69] das heißt, sie weist selbst formale Eigenschaften des Gezeigten auf – wobei der Übende für sich von der Gestalt der Geste auf das Gezeigte schließen (können) muss.

Besonders deutlich wird die Relevanz einer inneren Mitbewegung des Lehrenden mit der beobachteten Bewegung für den Fall, dass das Zeigen nicht im Anschluss an eine bereits beendete Übung erfolgt, sondern in den Bewegungsvollzug selbst eingreift. Es ist dann entscheidend für das Gelingen des Zeige-Akts, dass der Zeigende seinen Einsatz nicht verpasst, sondern die kritische Schlüsselsequenz der Bewegungsfolge punktgenau trifft. Ähnlich wie ein Abfahrtsläufer die Schwierigkeiten einer Kurve antizipieren und seine Bewegungen darauf vorbereiten muss, bevor er die Schwierigkeiten zu Gesicht bekommt,[70] muss der Zeigende die Bewegungen des Lernenden so genau wie möglich vorwegnehmen und deren innere Dauer präzise erfassen. In diesem Fall sind mithin besondere Ansprüche an seine Synchronisation mit dem Beobachteten gestellt. Oft wird eine Passung zwischen den Anforderungen

---

66 Vgl. ebd., 34.
67 Zu dieser Unterscheidung vgl. Charles Goodwin, »Pointing as situated practice«, in: Sotaro Kita (Hg.), *Pointing. Where Language, Culture and Cognition meet*, New Jersey/London: Lawrence Erlbaum Associates 2003, 217-242.
68 Damit wird womöglich ein Gefühl des Misslingens bekräftigt, das sich auch beim Lernenden bereits eingestellt hat.
69 Vgl. Nelson Goodman, *Weisen der Welterzeugung*, Frankfurt am Main: Suhrkamp 1984, 46ff.
70 Vgl. Gebauer, *Wittgensteins anthropologisches Denken*, 72.

einer Praktik oder Aufgabe und den Dispositionen des Lernenden erst unterwegs gefunden. Die Praktik des Zeigens gleicht dann einem intersubjektiven Verfahren[71] praktischer Entdeckung. In diesem Verfahren bestimmt der Zeigende eine zunächst noch unklare Situation versuchsweise dadurch, dass er eine bestimmte Zeige-Geste vorschlägt. Die Reaktion des Lernenden zeigt ihm seinerseits, ob diese angekommen ist. Jeder weitere Versuch ist dann ein Vortasten im Lichte des Anfangs.[72] Auf diese Weise entsteht in der Zeige-Praktik nach und nach ein geteilter Zwischenraum, der Dritte mehr oder weniger scharf ausschließt. Das Zeigen ist dann Bestandteil eine Art ›Reiseführung‹[73] auf dem Weg zur zu praktischen Mitgliedschaft eines Individuums in einem sozialen Feld – und in diesem Sinne zu seiner Subjektwerdung.

6. Wahrnehmungsstile und empraktisches Sprechen

Für die Synchronisation der Beteiligten ist häufig das räumliche Teilen eines gemeinsamen Gesichtsfeldes unabdingbar. In etlichen Sportarten sind aber auch Töne und Geräusche zentral. So entnehmen gemeinsam Laufende zum Beispiel dem Atemrhythmus oder den Geräuschen der auf dem Boden auftreffenden Füße des Laufpartners Informationen über Bewegungsabläufe oder Umgebungsbedingungen.[74] Zahlreiche

71 Im Rückgriff auf Foucault versteht Petra Gehring (»Foucaults Verfahren« (Nachwort), in: Michel Foucault, *Geometrie des Verfahrens. Schriften zur Methode*, Frankfurt am Main: Suhrkamp 2009, 381f.) unter einem Verfahren ein »Vorgehen, das nicht (oder nur zu missverständnisträchtigen Teilen) auf vorweg angebbaren Regeln beruht, sondern sich den wichtigeren Teil seiner Regeln erst unterwegs erfindet, gleichwohl aber aus Erfahrung um sein schlussendliches Gelingen weiß. Verfahren ähneln dem konstruierenden Vorgehen des Ingenieurs. Sie sind problemorientiert, richten sich auf die konkreten Gegebenheiten eines Gegenstandsfeldes jeweils neu ein und umschließen auch Selbstabweichungen wie die bastelnde Vorgehensweise des Surrealismus«.
72 Vgl. Siegfried Saerberg, »Das Sirren in der Dschungelnacht – Zeigen durch Sich-wechselseitig-aufeinander-Einstimmen«, in: Jürgen Raab et al. (Hg.), *Phänomenologie und Soziologie. Theoretische Positionen, aktuelle Problemfelder und empirische Umsetzungen*, Wiesbaden: VS Verlag für Sozialwissenschaften 2008, 401-410.
73 Zum Lehrer als »Reisebegleiter« in Lehr-Lernverhältnissen vgl. Georg Hans Neuweg, *Könnerschaft und implizites Wissen. Zur lehr-lerntheoretischen Bedeutung der Erkenntnis- und Wissenschaftstheorie Michael Polanyis*, 2. Auflage, Münster: Waxmann 2001, 115.
74 So thematisiert Jacqueline Allen-Collinson (»Running the Routes Together. Co-Running and Knowledge in Action«, in: *Journal of Contemporary*

Bewegungsfolgen, wie Hürdenlauf, Speerwurf, Dreisprung oder der Flic-Flac beim Turnen, zeichnen sich durch einen eigenen, unverkennbaren Rhythmus aus. Wer auch nur halbwegs mit diesem Rhythmus vertraut ist, kann bereits durch Hinhören erkennen, ob eine Bewegungsfolge gelungen ist oder nicht. Umgekehrt kann ihr Erlernen durch ein *akustisches Zeigen* unterstützt werden, das den Bewegungsrhythmus zum Beispiel durch Schnipsen, Klatschen oder Musik vorwegnimmt. Für andere Sportarten wiederum spielt die Haptik eine entscheidende Rolle, beispielsweise für das Ringen, bei dem die Akteure in direktem Körper-, teilweise auch Hautkontakt jede Muskelanspannung des anderen erspüren und zugleich praktisch interpretieren müssen. Der Erfahrene sieht, hört oder spürt dabei mehr, als der Unerfahrene. Er verbindet das Wahrgenommene mit sinnlichen Vorstellungen über die konkreten Bewegungsabläufe und ergänzt einzeln wahrgenommene Berührungen oder Bewegungen zu Gesamtbildern bzw. Bewegungs*gestalten*.[75] Mentale Prozesse sind in dieser Synchronisation also keineswegs ausgeschaltet, sie haben jedoch den Charakter eines auf die Praxis bezogenen, in sie eingebundenen und handlungsnah mitlaufenden Denkens. Jede (Sport-)Praktik prägt so einen eigenen Wahrnehmungsstil aus, der für die Orientierung und Koordination der Bewegungen entscheidend ist. Wahrnehmungsstile unterscheiden sich danach, ob das Sehen, das Hören, das Tasten oder das Riechen im Vordergrund steht.[76] Jedes pädagogisch-didaktische Zeigen muss auf den in einer Praktik dominanten Wahrnehmungsstil Rücksicht nehmen, wie es umgekehrt daran beteiligt ist, einen solchen auszubilden, zu verfestigen oder zu modifizieren.

Selbstverständlich spielen in den meisten Zeige-Akten auch sprachliche Hinweise und Instruktionen eine Rolle. Sie haben dann überwiegend die Form eines mit der Praxis verflochtenen »empraktischen Redens«[77]. Dieses Reden zeichnet sich dadurch aus, dass nicht jedes relevante Bewegungsdetail eine begriffliche Entsprechung findet. Es besteht vielmehr aus Sprachelementen, die indexikalisch auf den Kontext bezogen sind, in dem sie getätigt werden (»Versuch's doch mal so! Knie nach vorn!«, etc.). Oft ist empraktisches Sprechen ein von Sporttrainern und -didaktikern überwiegend intuitiv eingesetztes Sprechen

Ethnography 37/38 (2008), 38-161) im Rahmen einer autoethnografischen Studie das Bewegungsgefühl als eigenständige Informationsquelle für die Abstimmung gemeinsam trainierender Läufer.
75 Vgl. Anm. 52.
76 Vgl. Saerberg, »Das Sirren in der Dschungelnacht«, 407 ff. Damit wird auch deutlich, dass die ›Prävalenz des Sehens‹ kein anthropologisches Datum ist, sondern das Produkt historisch-kultureller Entwicklungen und materialer Konstruktionen sozialer Wirklichkeit.
77 Karl Bühler, *Sprachtheorie. Die Darstellungsfunktion der Sprache*, Stuttgart: Lucius & Lucius, 3. Aufl. 1999, S. 52.

in Metaphern.[78] So wird beispielsweise beim Trainieren von Flanken im Fußball gern die Instruktion gegeben: »Schieß den Ball so, dass die Fluglinie der Form einer Banane gleicht«. Oder ein Turnlehrer sagt beim Vermitteln der Kippe am Reck: »Deine Füße verschlafen den Moment, an dem sie zur Reckstange geführt werden müssen«. Warum solche Äußerungen Sportlern helfen, lässt sich bislang noch nicht im einzelnen erklären; aber es scheint außer Frage zu stehen, dass sie ein bereits vorhandenes implizites Bewegungswissen aktivieren, das Entstehen innerer Bewegungsbilder unterstützen[79] und eine Einstellung bzw. Gestimmtheit befördern, in der sich der Übende von der Bewegungsvorstellung gleichsam ergreifen und mitbewegen lässt: Der Übende soll sich nicht als ein Handlungssubjekt verstehen, das ein kognitives Bewegungswissen zielgerichtet, planvoll und bewusst in die eigene Bewegungspraxis umzusetzen versucht,[80] sondern soll die Bewegung gleichsam mit sich geschehen lassen.[81]

Zeigen lässt also, dies verdeutlichen Beispiele aus dem Sport, bei der Initiierung adäquater Bewegungsabläufe körperlich-leibliche (haptische, taktile, visuelle) Erinnerungen ins Spiel kommen, »ohne dass jene Erinnerungen in Begriffe übersetzt werden müssten, die dann ihrerseits zu Befehlen für das Abrufen von Bewegungen werden«[82]. Vergleichbares

78 Deren Intuition wird empirisch durch trainingswissenschaftliche Untersuchungen untermauert, die darauf hindeuten, dass metaphorische Instruktionen das Bewegungslernen signifikant positiver beeinflussen als etwa die sprachliche Vermittlung von Bewegungsregeln oder biomechanischen Gesetzmäßigkeiten, vgl. Nele Tielemann, *Modifikation motorischer Lernprozesse durch Instruktionen. Wirksamkeit von Analogien und Bewegungsregeln*, Leipzig: Leipziger Verlagsanstalt 2008.
79 Dies geschieht zum Beispiel dadurch, dass lautlich die Dauer einer Bewegung nachgebildet wird. Soll ein Salto höher gestaltet werden, wird die Anweisung gegeben: »Lass deinen Salto soooooo lange dauern«, Bernd Volger, »Über den Umgang mit Metaphern beim Lehren und Lernen von Bewegungen«, in: Robert Prohl/Ralf Laging (Hg.), *Bewegungslernen in Erziehung und Bildung. Schriften der Deutschen Vereinigung für Sportwissenschaft*, Bd. 104, Hamburg: Czwalina 1999, 121-129.
80 Explizites Wissen kann den Bewegungsvollzug sogar stören: Sobald sich die Aufmerksamkeit des Akteurs darauf richtet, wie eine Bewegung gemacht wird, geht jene Selbstvergessenheit verloren, die – wie bereits Heinrich von Kleists in »Über das Marionettentheater« von 1810 verdeutlicht hat – für einen mühelosen Bewegungsvollzug nötig ist.
81 In der Sprache des phänomenologisch orientierten Sportpädagogen Bernd Volger: Der Übende soll dazu gebracht werden, von einer Haltung der »Ichhaftigkeit« in eine Haltung der »Sachbezogenheit« hinüberzugleiten. Vgl. Fn. 79.
82 Gumbrecht, »Mise au Point«, 200.

lässt sich, wie Gumbrecht ausgeführt hat, auch in anderen Zusammenhängen beobachten, beispielsweise bei einem Konzertpublikum, das über die visuelle Wahrnehmung der Bewegungen des Dirigenten und der Musiker »körperlich intensiver und genauer mit der Musik koordiniert wird, als dies bei ausschließlich akustischer Wahrnehmung der Fall wäre«, oder im Fall des Gestikulierens eines Redners, das den Anwesenden hilft, »die inhaltlichen Konturen einer Rede, aber auch die sie tragenden Affekte viel besser zu erfassen, als dies bei ausschließlich verbaler Kommunikation der Fall wäre«.[83]

7. Sport als kulturelle Aufführung praktischen Wissens

Derartige Phänomene machen auf Dimensionen aufmerksam, die neben Sprache und anderen Bewusstseinsleistungen stehen und funktionieren, oft in Spannung mit ihnen, aber ebenso konstitutiv für das Soziale und die Subjektbildung wie sie.[84] In den Veranstaltungen des Sports werden diese in anderen Bereichen selbstverständlichen und deshalb in aller Regel unbemerkt mitlaufenden oder sogar verdrängten Grundsachverhalte der sozialen Existenz des Menschen, so meine Abschlussthese, demonstrativ ausgestellt.

In den Geistes-, Gesellschafts- und Kulturwissenschaften ist bereits verschiedentlich darauf hingewiesen worden, dass die ästhetische Faszination des modernen Wettkampfsports vor allem davon getragen wird, dass er ein Handeln unter Unsicherheit zelebriert.[85] Tatsächlich werden die Handlungsvollzüge im Sport künstlich schwer gemacht: Eigenes und Fremdes konditionieren und stören sich im Wettkampf gegenseitig; der Überbietungsimperativ (»schneller – höher – weiter«) fordert zu ständiger Selbstverbesserung und riskantem Handeln auf; raum-zeitliche Begrenzungen, Regeln und Geräte ermöglichen im Alltag nicht vorkommende Bewegungsformen, engen die Handlungsspielräume aber auch erheblich ein – so wie im Fußballspiel, dessen Regeln verlangen, dass ein rundes, bereits mit der Hand nur recht schwer zu beherrschendes Ding mit dem Fuß gespielt wird, einem Organ, das dazu von Natur

---

83 Ebd.
84 Vgl. ebd., 201.
85 So hat Martin Seel (»Die Zelebration des Unvermögens. Zur Ästhetik des Sports«, in: *Merkur* 527 (1993), 91-100) die spezifische Ästhetik des Sports in der »Zelebration des Unvermögens« identifiziert. Zum Sport als Exempel für ein Handeln unter Unsicherheit vgl. ausführlicher auch Thomas Alkemeyer, »Handeln unter Unsicherheit – vom Sport aus beobachtet«, in: Fritz Böhle/Margit Weihrich (Hg.), *Handeln unter Unsicherheit*, Wiesbaden: VS Verlag für Sozialwissenschaften 2009, 183-202.

aus denkbar ungeeignet ist. Vor allem in temporeichen Sportarten und Sportspielen sind Überraschungsrisiken allgegenwärtig; die Tücken des Misslingens lauern überall. Während zumindest im neuzeitlich-modernen, westlichen Denken die Vorstellung dominiert, im Prinzip alle Dinge und Geschehnisse durch eine geistige Modellbildung und rationale Planung beherrschen zu können, werden in diesen Spielen Grenzsituationen der Körperbeherrschung aufgesucht und vorgeführt, an denen im Grenzfall zugleich das in den modernen Mythen der Beherrschbarkeit verdrängte »Problem des Umschlags von Beherrschung in Nichtbeherrschung sichtbar wird«[86].

Sport lässt sich vor diesem Hintergrund als eine gesellschaftliche Einrichtung begreifen, in der ein normalerweise in die verschiedensten Vollzüge des täglichen Lebens – vom Autofahren über das ›unfallfreie‹ Gehen auf einer dicht belebten Straße[87] bis hin zu Haushaltstätigkeiten[88] oder dem Vortragen auf einer wissenschaftlichen Tagung – unspektakulär eingefaltetes praktisches Wissen perfektioniert und dramatisiert wird. Gerade Unsicherheitsbedingungen verlangen von den Akteuren eine erhöhte Empfindlichkeit für Gefahren und Situationspotenziale: ein Gespür, das flexible Verhaltensanpassungen an dauernd sich ändernde Situationen erlaubt. Normorientiertes, bürokratisches oder auch nur routiniertes Handeln würde unter solchen Bedingungen keinesfalls zur Bewältigung der sich stellenden Anforderungen ausreichen. Gefordert ist vielmehr ein achtsames, fehlersensitives und in diesem Sinn intelligentes Verhalten. Wer unter Bedingungen von Zeitknappheit und Unsicherheit nur versuchen würde, seine Modelle, Pläne und Intentionen durchzusetzen, sich strikt an Vorgaben und Regeln zu halten oder rational zwischen Handlungsalternativen zu entscheiden, wäre zum Scheitern verurteilt. Stattdessen ist es erforderlich, die tragenden Faktoren und Potenziale einer Situation aufzuspüren, um sie augenblicklich ergreifen und ausnutzen zu können. Dies verlangt eine hohe praktische Intelligenz, die sich gerade nicht darin äußert, Idealformen in die Praxis umzusetzen, sondern sich auf der Basis eines feinen Situationsgespürs in situativ emergierende soziale Konstellationen einzufädeln, um diese unter Vermeidung von Reibungsverlusten regulierend von innen mit zu gestalten.

Die Veranstaltungen des Zuschauersports, insbesondere Sportspiele wie Fußball, Eishockey und andere ›Schnelligkeitssportarten‹, verleihen

---

86 Niklas Luhmann, *Die Realität der Massenmedien*, Opladen: Westdeutscher Verlag 1996, 110.
87 Vgl. Erving Goffman, *Das Individuum im öffentlichen Austausch*, Frankfurt am Main: Suhrkamp 1974, 64 ff.
88 Vgl. Jean-Claude Kaufmann, *Mit Leib und Seele. Theorie der Haushaltstätigkeit*, Konstanz: UVK 1999.

so gesehen einem im hegemonialen westlichen Denken überwiegend verdrängten praktischen Wissen, das sich unter anderem in ›Spielinstinkt‹, Orientierungssinn, Kniffen und Tricks äußert, eine artifizielle Präsenz: Sie steigern dieses Wissen über jedes normale Maß hinaus und rücken es unter den für die moderne Gesellschaft konstitutiven Strukturbedingungen der Konkurrenz und der Überbietung für ein überwiegend staunendes Publikum ins Rampenlicht ihrer öffentlichen Bühnen.[89] Die gesellschaftliche Relevanz derartiger gerahmter Vergegenwärtigungen von ›Wissen in Bewegung‹, die nicht nur den Sport, sondern auch andere kulturelle Aufführungen wie das Ritual oder den Tanz auszeichnen, liegt darin, dass sie elementare kulturelle Wissensordnungen, Selbst- und Weltbilder einer Gesellschaft oder einzelner ihrer Milieus veranschaulichen und öffentlich zugänglich machen. Weil diese im Medium der Körperlichkeit vollzogenen Aufführungen breit interpretierbar sind und man sich aus unterschiedlichen Perspektiven auf das in ihnen präsent gehaltene Wissen beziehen kann – sie sind insofern das Identische in verschiedenen Bezugnahmen und (sprachlichen, bildhaften, massenmedialen, etc.) Artikulationen – können sie als ›kultureller Kitt‹ von Gesellschaften oder Milieus dienen.[90]

89 In einem Beitrag über Inklusion und Exklusion ist auch Niklas Luhmann (»Inklusion und Exklusion«, in: ders., *Soziologische Aufklärung 6. Die Soziologie und der Mensch*, 3. Auflage, Wiesbaden: VS Verlag für Sozialwissenschaften 2008, 226-251) auf diese Dimensionen des Sports eingegangen. Er nimmt die »Schnelligkeitssportarten« hier als einen Sozialbereich in den Blick, der den Exklusionsbereichen der Gesellschaft ähnlich sei. Diese zeichnen sich nach Luhmann dadurch aus, dass in ihnen Menschen »nicht mehr als Personen, sondern als Körper erfaßt« werden (ebd., 245). Wie im Sport, so Luhmanns Kernargument, sei beispielsweise in den Elendsvierteln brasilianischer Großstädte, die er als exemplarische Exklusionsbereiche betrachtet, das achtsame wie permanente »Beobachten der Stellung, Entfernung, Häufung von menschlichen Körpern« eine »unerläßliche(n) soziale(n) Kompetenz«. Eine »Art von intuitionsgeleiteter Wahrnehmung« (ebd.) sei hier unverzichtbar, um Situationen augenblicklich einzuschätzen und Gefahren zu erkennen. Im Schnelligkeitssport sieht Luhmann diese Wahrnehmungsfähigkeit paradigmatisch entwickelt. Vor diesem Hintergrund erklärt er das »verbreitete Interesse am Fußball oder auch an Tennis, an Eishockey oder an anderen Schnelligkeitssports […] geradezu als eine Art ›preadaptive advance‹ […]: als Bewunderung eines Könnens, das im Moment von den meisten von uns noch gar nicht aktuell gefordert wird« (ebd., 251, Anm. 60). Und seine Antwort auf die Frage, was dieses bewundernswerte Können auszeichnet, lautet: »das nur über geschulte Wahrnehmung erreichbare Tempo der Einstellung auf Ereignisse« (ebd., 245).
90 Vgl. Thomas Alkemeyer, »Semiotische Aspekte der Soziologie. Soziosemi-

Von den dramatisierenden Vergegenwärtigungen eines normalerweise im Alltäglichen verborgenen praktischen Wissens im Sport kann offenbar eine intensiv berührende Kraft ausgehen. Diese zeigt sich darin, dass das Gezeigte dem Publikum selbst wie etwas Handelndes gegenübertreten und mitunter heftige Gefühlsreaktionen auslösen kann. Es geht dann vom Gezeigten eine nicht vollkommen berechen- und kontrollierbare Energie aus. In Fußballstadien beispielsweise kann man in besonders mitreißenden Momenten beobachten, dass ein Teil der Zuschauer die Aktionen der Spieler nicht nur nachmacht, sondern in ›Echtzeit‹ mit vollzieht oder gar vorwegnimmt: Beine zucken, als würden sie selbst den Schuss ausführen, Körper schnellen zum Kopfball hoch und lassen sich – leider viel zu oft – erschöpft und enttäuscht in den Tribünensitz zurückfallen. In seiner Studie über den »balinesischen Hahnenkampf« hat Clifford Geertz[91] dieses gleichzeitig äußere und innere Mitgehen der – in seinem Fall auschließlich männlichen – Zuschauer mit ›ihren‹ Hähnen im Ring als »kinästhetische Sympathie« bezeichnet. Aus phänomenologischer Perspektive sind vergleichbare Beispiele einer motorischen Induktion beim Zuschauen oder Zuhören auch an Alltagsbewegungen, Musik und sportlichem Training beschrieben worden.[92]

Eine solche Emergenz vorbewusst zwischen verschiedenen Individuen koordinierter Verhaltensformen wird seit einiger Zeit gern mit Thesen aus der Spiegelneuronenforschung erklärt. Andere, wie Hans Ulrich Gumbrecht oder Dieter Mersch[93] verweisen demgegenüber auf die Kraft eines »posthermeneutischen« Regimes der Präsenz, die in allen Orten, Dingen und Körpern angelegt sei, »die uns erlauben, auf sie zu zeigen«[94]. Aus einer praxistheoretischen Perspektive stellt sich

>
> otik«, in: Roland Posner/Klaus Robering/Thomas A. Sebeok (Hg.), *Semiotik, Semiotics. Ein Handbuch zu den zeichentheoretischen Grundlagen von Natur und Kultur*, Berlin/New York: de Gruyter 2003, 2757-2846.
>
> 91 Clifford Geertz, *Dichte Beschreibung. Beiträge zum Verstehen kultureller Systeme*, Frankfurt am Main: Suhrkamp 1987, 209 ff.
>
> 92 Zum Beispiel von dem Sportpädagogen Otto Hanebuth (*Grundschulung zur sportlichen Leistung*, Frankfurt am Main: Limpert 1964, 99): »Motorisch und visuell besonders veranlagte Naturen werden durch gutes rhythmisches Vorturnen so stark in ein innerlich erlebendes Mitbewegen hineingezogen, dass sie bereits den Bewegungsablauf der gesehenen Bewegung in seinen Impulsen und Phasen unmittelbar erfassen, ohne schon selbst die Übung am Gerät versucht zu haben. Vor allem die Haupteinsatzphasen zucken schon in allen Gliedern und Muskeln mit, so dass es nicht selten geschieht, dass sogar bisher nicht gekonnte Übungen beim ersten Nachahmungsversuch gelingen.«
>
> 93 Hans Ulrich Gumbrecht, *Lob des Sports*, Frankfurt am Main: Suhrkamp 2005; ders., »Mise au Point«, 195-202; Mersch, »Politik des Erinnerns und die Geste des Zeigens«, 109-126.

allerdings die Frage nach den sozial konstituierten Bedingungen und Voraussetzungen dafür, von einem (gezeigten) Ort, Ding, Körper oder Geschehen überhaupt ›berührt‹ zu werden. Ein Berührt-Werden setzt in dieser Sicht einen erlernten Sinn, ein Interesse, eine erworbene Leidenschaft für das Gezeigte voraus. Die Menschen müssen sich im Gezeigten praktisch wiedererkennen können: Sie gehen zum Beispiel in den Veranstaltungen des Sports nur mit, wenn die hier aus einem breiten gesellschaftlichen Reservoir ausgewählten und auf die Bühne gebrachten Bewegungsweisen auf Resonanz in ihren sozialisierten Körper-Leibern treffen und ein gemeinsam geteiltes motorisches Gedächtnis aktualisieren. Aus dieser Teilhabe an einer gemeinsamen sozialen Motorik rührt die vergemeinschaftende Kraft des Sports.[95] Die Berührung durch das Vergegenwärtigte ist demnach stets sozial vermittelt – und hat damit auch ihre sozialen Grenzen.

Das bedeutet jedoch nicht, dass vom Zeigen keine Beunruhigung oder Erneuerung ausgehen könne. Vielmehr kann Zeigen etwas überraschend in einem ganz neuen Licht aufweisen, oder das Publikum – wie mitunter im Tanz – mit Bewegungen konfrontieren, die noch keine Entsprechung im ›Körpergedächtnis‹ der Zuschauer haben. Es hat dann das Potenzial, eingeschliffene Wahrnehmungsmuster, Selbst- und Weltverhältnisse zumindest temporär zu irritieren. Jedoch setzt auch dies eine basale Sozialität voraus: Etwas muss sich in einem Raum geteilter Aufmerksamkeit befinden, um überhaupt zum Sich-Zeigen gebracht werden zu können.

Literatur

Alkemeyer, Thomas, »*Semiotische Aspekte der Soziologie. Soziosemiotik*«, in: Posner, Roland/Robering, Klaus/Sebeok, Thomas A. (Hg.), *Semiotik, Semiotics. Ein Handbuch zu den Zeichentheoretischen Grundlagen von Natur und Kultur*, Berlin/New York: de Gruyter 2003, 2757-2846.

Alkemeyer, Thomas/Rieger-Ladich, Markus, »*Symbolische Gewalt im pädagogischen Feld. Überlegungen zu einer Forschungsheuristik*«, in: Robert Schmidt/Volker Woltersdorff (Hg.), *Symbolische Gewalt. Herrschaftsanalyse nach Pierre Bourdieu*, Konstanz: UVK 2008, 103-124.

Alkemeyer, Thomas, »*Handeln unter Unsicherheit – vom Sport aus beobachtet*«, in: Fritz Böhle/Margit Weihrich (Hg.), *Handeln unter Unsicherheit*, Wiesbaden: VS Verlag für Sozialwissenschaften 2009, 183-202.

Alkemeyer, Thomas, »*Bewegen und Mitbewegen. Praktisches Wissen und Zeigen im Sport*«, in: Karen van den Berg/Hans Ulrich Gumbrecht (Hg.), *Politik des Zeigens*, München: Wilhelm Fink 2010, 91-107.

94 Gumbrecht, »Mise au Point«, 202.
95 Vgl. Gebauer, *Poetik des Fußballs*, 122 f.

Allen-Collinson, Jacqueline, »Running the Routes Together. Co-Running and Knowledge in Action«, in: *Journal of Contemporary Ethnography* 37/38 (2008), 38-161.
Bergmann, Jörg R., »Studies of Work«, in: Felix Rauner (Hg.), *Handbuch der Berufsbildungsforschung*. Bielefeld: Bertelsmann 2005, 639-646.
Bourdieu, Pierre, *Sozialer Sinn. Kritik der theoretischen Vernunft*, Frankfurt am Main: Suhrkamp 1987.
Bourdieu, Pierre, »Programm für eine Soziologie des Sports«, in: ders., *Rede und Antwort*, Frankfurt am Main: Suhrkamp 1992, 193-207.
Bourdieu, Pierre/Wacquant, Loïc, *Reflexive Anthropologie*, Frankfurt am Main: Suhrkamp 1996.
Bourdieu, Pierre, *Meditationen. Zur Kritik der scholastischen Vernunft*, Frankfurt am Main: Suhrkamp 2001.
Bühler, Karl, *Sprachtheorie. Die Darstellungsfunktion der Sprache*, Stuttgart: Lucius & Lucius, 3. Aufl. 1999.
Figal, Günter, »Zeigen und Sichzeigen«, in: Heike Gfrereis/Marcel Lepper (Hg.), *Deixis – Vom Denken mit dem Zeigefinger*, Göttingen: Wallstein 2007, 196-207.
Foucault, Michel, *Die Geburt der Klinik. Eine Archäologie des ärztlichen Blicks*, München: Beck 1973.
Gebauer, Gunter, »Die Konstruktion der Gesellschaft aus dem Geist? Searle vs. Bourdieu«, in: *Kölner Zeitschrift für Soziologie und Sozialpsychologie* 52 (2000), 428-449.
Gebauer, Gunter, *Poetik des Fußballs*, Frankfurt am Main/New York: Campus 2006.
Gebauer, Gunter, *Wittgensteins anthropologisches Denken*, München: Beck 2009.
Geertz, Clifford, *Dichte Beschreibung. Beiträge zum Verstehen kultureller Systeme*, Frankfurt am Main: Suhrkamp 1987.
Gehring, Petra, »Foucaults Verfahren« (Nachwort), in: Michel Foucault, *Geometrie des Verfahrens. Schriften zur Methode*, Frankfurt am Main: Suhrkamp 2009.
Gibson, James J., *The Ecological Approach to Visual Perception*, Boston [MA]: Houghton Mifflin 1979.
Girton, George D., »Kung Fu. Toward a praxiological hermeneutic of the martial arts«, in: Harold Garfinkel (Hg.), *Ethnomethodological studies of work*. London/New York: Routledge 1986, 60-93.
Goffman, Erving, *Das Individuum im öffentlichen Austausch*, Frankfurt am Main: Suhrkamp 1974.
Good, James M. M., »The Affordances for Social Psychology of the Ecological Approach to Social Knowing«, in: *Theory & Psychology* 17 (2007), 265-295.
Goodman, Nelson, *Weisen der Welterzeugung*, Frankfurt am Main: Suhrkamp 1984.
Goodwin, Charles, »Pointing as situated practice«, in: Sotaro Kita (Hg.), *Pointing. Where Language, Culture and Cognition meet*, New Jersey/

London: Lawrence Erlbaum Associates 2003, 217-242.
Gugutzer, Robert, *Soziologie des Körpers*, Bielefeld: transcript 2004.
Gumbrecht, Hans Ulrich, *Lob des Sports*, Frankfurt am Main: Suhrkamp 2005.
Gumbrecht, Hans Ulrich, »Mise au Point«, in: Karen van den Berg/Hans Ulrich Gumbrecht (Hg.), *Politik des Zeigens*, München: Wilhelm Fink 2010, 195-202.
Hanebuth, Otto, *Grundschulung zur sportlichen Leistung*, Frankfurt am Main: Limpert 1964.
Hirschauer, Stefan, »Körper macht Wissen. Für eine Somatisierung des Wissensbegriffs«, in: Angelika Wetterer (Hg.), *Geschlechterwissen und soziale Praxis. Theoretische Zugänge – Empirische Erträge*, Königstein [Ts.]: Ulrike Helmer 2008, 82-95.
Jäger, Ulle, *Der Körper, der Leib und die Soziologie. Entwurf einer Theorie der Inkorporierung*, Königsstein [Ts.]: Ulrike Helmer 2004.
Jullien, François, *Über die Wirksamkeit*, Berlin: Merve 1999.
Kaufmann, Jean-Claude, *Mit Leib und Seele. Theorie der Haushaltstätigkeit*, Konstanz: UVK 1999.
Landweer, Hilge, »Zeigen, Sich-zeigen und Sehen-lassen. Evolutionstheoretische Untersuchungen zu geteilter Intentionalität in phänomenologischer Sicht«, in: Karen van den Berg/Hans Ulrich Gumbrecht (Hg.), *Politik des Zeigens*. München: Wilhelm Fink 2010, 29-58.
Lindemann, Gesa, *Das paradoxe Geschlecht. Transsexualität im Spannungsfeld von Körper, Leib und Gefühl*, Frankfurt am Main: Fischer 1993.
Luhmann, Niklas, *Die Realität der Massenmedien*, Opladen: Westdeutscher Verlag 1996.
Luhmann, Niklas, »Inklusion und Exklusion«, in: ders., *Soziologische Aufklärung 6. Die Soziologie und der Mensch*, 3. Auflage, Wiesbaden: VS Verlag für Sozialwissenschaften 2008, S. 226-251.
Mersch, Dieter, »Politik des Erinnerns und die Geste des Zeigens«, in: Karen van den Berg/Hans Ulrich Gumbrecht (Hg.), *Politik des Zeigens*, München: Wilhelm Fink 2010, 109-126.
Neuweg, Georg Hans, *Könnerschaft und implizites Wissen. Zur lehr-lerntheoretischen Bedeutung der Erkenntnis- und Wissenstheorie Michael Polanyis*, 2. Auflage, Münster: Waxmann 2001.
Ostrow, James, *Social Sensitivity. An Analysis of Experience and Habit*, Albany: State University of New York Press 1990.
Polanyi, Michael, *Implizites Wissen*, Frankfurt am Main: Suhrkamp 1985.
Prange, Klaus, »Machtverhältnisse in pädagogischen Inszenierungen«, in: Karen van den Berg/Hans Ulrich Gumbrecht (Hg.), *Politik des Zeigens*, München: Wilhelm Fink 2010, 61-72.
Ricken, Norbert, »Zeigen und Anerkennen. Überlegungen zur Form pädagogischen Handelns«, in: Kathrin Berdelmann/Thomas Fuhr (Hg.), *Operative Pädagogik. Grundlegung – Anschlüsse – Diskussion*, Paderborn: Schöningh 2009, 11-134.

Saerberg, Siegfried, »Das Sirren in der Dschungelnacht – Zeigen durch Sich-wechselseitig-aufeinander-Einstimmen«, in: Jürgen Raab et.al. (Hg.), *Phänomenologie und Soziologie. Theoretische Positionen, aktuelle Problemfelder und empirische Umsetzungen*, Wiesbaden: VS Verlag für Sozialwissenschaften 2008, 401-410.

Scheffer, Thomas, »Das Beobachten als sozialwissenschaftliche Methode – Von den Grenzen der Beobachtbarkeit und ihrer methodischen Bearbeitung«, in: Doris Schaeffer/Gabriele Müller-Mundt (Hg.), *Qualitative Forschung in den Gesundheits- und Pflegewissenschaften*, Bern: Huber 2002, 351-374.

Schindler, Larissa, *Kampffertigkeit. Eine Soziologie praktischen Wissens*, Stuttgart: Lucius & Lucius 2011.

Schmidt, Robert, »Stumme Weitergabe. Zur Praxeologie sozialisatorischer Vermittlungsprozesse«, in: *Zeitschrift für Soziologie der Erziehung und Sozialisation* 2 (2008), 121-136.

Schmidt, Robert/Volbers, Jörg, »Öffentlichkeit als methodologisches Prinzip. Zur Tragweite einer praxistheoretischen Grundannahme«, in: *Zeitschrift für Soziologie* 1 (2011), 3-20.

Schöllhorn, Wolfgang, »Trainingswissenschaft und -lehre – Individualität – ein vernachlässigter Partner?«, in: *Leistungssport* 29 (1999), 4-12.

Seel, Martin, »Die Zelebration des Unvermögens. Zur Ästhetik des Sports«, in: *Merkur* 527 (1993), 91-100.

Tielemann, Nele, *Modifikation motorischer Lernprozesse durch Instruktionen. Wirksamkeit von Analogien und Bewegungsregeln*, Leipzig: Leipziger Verlagsanstalt 2008.

Tomasello, Michael, *Die Ursprünge der menschlichen Kommunikation*, Frankfurt am Main: Suhrkamp 2009.

van den Berg, Karen/Gumbrecht, Hans Ulrich (Hg.), *Politik des Zeigens*, München: Wilhelm Fink 2010.

Volger, Bernd, »Über den Umgang mit Metaphern beim Lehren und Lernen von Bewegungen«, in: Robert Prohl/Ralf Laging (Hg.), *Bewegungslernen in Erziehung und Bildung. Schriften der Deutschen Vereinigung für Sportwissenschaft*, Bd. 104, Hamburg: Czwalina 1999, 121-129.

Wacquant, Loïc, »Auf dem Weg zu einer Sozialpraxeologie. Struktur und Logik der Soziologie Pierre Bourdieus«, in: Pierre Bourdieu/ders., *Reflexive Anthropologie*, Frankfurt am Main: Suhrkamp 1996, 17-93.

Wacquant, Loïc, *Leben für den Ring*, Konstanz: UVK 2003.

Charles Suaud
Zwischen Praxis und Reflexivität
Der Körper als Organ gesellschaftlicher Veränderung

Die nachfolgenden Ausführungen verstehen sich als Beitrag zu der von Pierre Bourdieu auf eine neue Grundlage gestellten und von Gunter Gebauer mit Christoph Wulf nachhaltig vertieften Theorie der gesellschaftlichen Praxis.[1] Mit ihrem Rückgriff auf den Begriff der *Mimesis*, den sie anstelle des Begriffs der gesellschaftlichen Reproduktion verwenden, bedienen sich Gebauer und Wulf keineswegs nur eines verbalen Kunstgriffs, vielmehr vollziehen sie einen doppelten Wechsel der Betrachtungsweise. Zunächst wechseln sie die wissenschaftliche Disziplin und geben der anthropologischen Perspektive den Vorzug, der ja vor allem daran gelegen ist, Invarianten der menschlichen Praxis, freilich als »in Gesellschaft« gedachter, ausfindig zu machen. Auch wenn die gesellschaftliche Realität als ein Ensemble komplexer, in strukturierten Räumen stattfindender Interaktionen aufgefasst wird, geht es den Autoren mit den von ihnen herangezogenen Beispielen, die in der Regel der Entwicklungspsychologie oder der Ethnologie entnommen sind, nicht vorrangig um den Versuch, Differenzierungsmechanismen nach Maßgabe sozialer Gruppen oder gesellschaftlicher Klassen herauszuarbeiten. Der zweite Perspektivenwechsel, der demgegenüber durchaus eine Neuerung darstellt, besteht darin, den Vorgang der Vergesellschaftung von Einzelindividuen, dank deren diese einem Dasein als Monaden entrinnen, die man sich, je nach ideologischer Brille, einander feindlich oder womöglich schlimmer noch: gleichgültig gegeneinander vorstellen kann, unter einem genetischen Gesichtspunkt zu betrachten. Die Analysen von Gebauer und Wulf, die sich weitgehend auf die Arbeiten von Pierre Bourdieu berufen – allerdings wäre hier auch noch eine ganze Reihe weiterer Autoren wie etwa Plessner, Gehlen, Elias und natürlich Wittgenstein zu nennen –, sind allerdings keineswegs deren einfache Übertragung auf die Anthropologie. Vielmehr bewegen sie sich auf einem Terrain, das Bourdieu selbst wenig bearbeitet hat; sie gehen nämlich der Frage nach, wie die Dispositionen zum Handeln in den als gesellschaftliche Akteure verstandenen Individuen entstehen, die als solche aktive Teilhaber an einer strukturierten, präexistenten Welt sind.

1 Neben den von Pierre Bourdieu und Jean-Claude Passeron gemeinsam oder allein verfassten Werken werde ich im Folgenden auf die von Gunter Gebauer und Christoph Wulf vorgelegte Arbeit *Spiel – Ritual – Geste. Mimetisches Handeln in der sozialen Welt*, Reinbek bei Hamburg: Rowohlt 1998, eingehen.

Bourdieu befasste sich vornehmlich mit der Frage, welche Auswirkungen die Anpassung der individuellen Dispositionen an den jeweiligen sozialen Raum nach sich ziehe, auf den die Individuen sich mit ihrem Leben und Verhalten verwiesen finden, und zielte vor allem darauf, jenes Verhältnis von individueller Disposition und sozialem Raum in ausgebildetem Zustand zu beschreiben, welches pauschalierend auf die Sozialisation oder genauer: unterschiedliche Sozialisationsformen zurückgeführt wird. Eine systematische Theorie gesellschaftlicher Praxis, begriffen als *Mimesis*, hebt nun darauf ab, die Soziologie des sozialen Handelns weiterzuführen und dabei nicht den bequemen Weg einer Verkürzung und reduktiven Erklärung zu gehen, was indes häufig geschieht, um sie ad absurdum zu führen (Bourdieu hat dies stets bekämpft). Das Interesse beider Autoren gilt vielmehr der Entfaltung jener Interpretation sozialen Handelns, deren weiterführende Prinzipien sie übernehmen; und das heißt vor allem: die Einsicht in die zentrale Rolle, die der Körper beim Erlernen der praktischen Beherrschung sozialer Verhaltensformen spielt. Ihnen geht es um die Aufklärung des entscheidenden, aber nur schwer zu objektivierenden Moments der Entstehung von Dispositionen, die auf das Verhalten des Einzelnen als gesellschaftlicher Akteur einwirken (sei es während der Frühsozialisation in der Familie oder durch spätere Formen wie etwa die schulischen Rituale oder die sportlichen und auch nicht-sportlichen Spiele). Aus dieser Standortbestimmung erklärt sich die zentrale Bedeutung des Verhältnisses von Individuum und Gesellschaft, das, analytisch betrachtet, die Form einer nicht selten spannungsreichen dynamischen Beziehung zwischen einem Ich und dem Anderen annimmt. So gesehen bleibt die *Mimesis* unberührt von den mechanistischen Voraussetzungen, die dem Wort *Reproduktion* anhaften, und kümmert sich statt dessen um die Art und Weise, wie eine bereits vorhandene Welt sich neu erschafft, und zwar vermöge des Handelns von Individuen, die sich in einer bestimmten Gesellschaft, mal mehr, mal weniger offen und stets miteinander interagierend, in ihrer Einzigartigkeit konstruieren. Den folgenden Beitrag über derartige Konstruktionsformen habe ich auf der Grundlage dieses uns gemeinsamen Konzepts vom Handeln in der Gesellschaft entwickelt und zugleich unter Rückgriff auf eigene Überlegungen ausgebaut, die sich gelegentlich mit denen Gunter Gebauers berühren und Gedankengänge aus unseren gemeinsamen Seminarsitzungen zum Leistungssport aufgreifen.

Mimesis als Theorie der Veränderung

Meine Vorgehensweise besteht darin, die Theorie der *Mimesis* an Situationen der Veränderung zu überprüfen, in denen Individuen, die in bestimmte Lebenszusammenhänge – Berufe, Institutionen oder ganz einfach Lebenssituationen – fest eingelassen sind, den Versuch unternehmen, sich herauszuarbeiten und freizumachen, um in andere Welten einzutreten. Die folgenden vier Thesen stellen den Versuch dar, Veränderungsprozesse unter der Prämisse einer Theorie der *Mimesis* zu formulieren, die darauf abhebt, die Beziehungen zwischen Individuum und Gesellschaft als ein offenes – und das heißt dynamisches – Verhältnis festzuhalten.

1. *These:* Veränderung als individuellen und gesellschaftlichen Vorgang zu fassen, bedeutet keinen Rückgriff auf Prinzipien, die der *Mimesis* schlicht entgegengesetzt sind. Eine derart empiristische Konzeption, die, weil sie sich an die Oberfläche der Dinge hält, von der Voraussetzung ausgeht, Veränderung sei der Gesellschaft äußerlich, und dabei Mechanismen ins Spiel bringt, die sich von denen unterscheiden, die bei gewöhnlichen Sozialisierungsprozessen greifen, ist zurückzuweisen.

2. *These:* Die Möglichkeiten zur Veränderung liegen in den Bedingungen der *Mimesis* selbst. Gesellschaftliche Reproduktion kann kein einfacher Imitationsvorgang sein, bei dem, um ein geläufiges Bild aufzugreifen, das Individuum nichts als nachgiebiges Wachs ist, das widerstandslos jegliche gesellschaftliche Formierung über sich ergehen lässt. Durchgängig wird denn auch mit Nachdruck in Gebauers und Wulfs Arbeit betont, dass der Imitation deswegen eine so große Bedeutung zukomme, weil sie unvermeidlich *auch* eine Konstruktionsarbeit ist, die zwei Aspekte aufweist: Konstruktion des Individuums und Konstruktion der umgebenden sozialen Wirklichkeit. Aufgrund der Besonderheit des Innenlebens der Individuen auf der einen Seite – ganz zu schweigen von der Einzigartigkeit der Individuen – und der äußeren gesellschaftlichen Realität auf der anderen Seite, vollzieht sich Imitation vor dem Hintergrund einer Homologie unterschiedlicher Welten, eine Imitation, bei der es nicht ausbleiben kann, dass Möglichkeiten eröffnet werden, über die die Statistik nur sehr abstrakt, wenn auch zwangsläufig Aufschluss gibt. Um einen Buchtitel aufzugreifen, der seinerzeit einen Urteilssatz des gesunden Menschenverstands unter die Lupe nahm: Soziale Reproduktion im eigentlichen Sinne läuft nicht nach dem Schema »Wie der Vater, so der Sohn«[2] ab, denn das hieße, dass man es mit einer identischen Kopie zu tun hätte. Arbeiter zu werden, wenn man selbst der Sohn eines Arbeiters ist, das ist nicht die Fortführung ein und derselben beruflichen Existenz, die sich vielmehr objektiv verändert, und noch weniger ist es die Fortschreibung der Beziehung, die zu diesem Berufsbild besteht. Um sich davon zu überzeugen, genügt es, auf die zahlreichen soziologischen Untersuchungen zu verweisen, in denen von

---

2 Claude Thélot, *Tel pere, tel fils? Position sociale et origine familiale*, Paris: Dunod 1982.

der Ernüchterung berichtet wird, die eintritt, wenn Kinder der Unter- und Mittelschichten feststellen, dass sich ihr Leben nur wenig von dem ihrer Eltern unterscheidet. Die Möglichkeiten zur Veränderung sind demzufolge, ebenso wie die sozialen Spielräume, den individuellen Modalitäten sozialer Reproduktion inhärent.

3. *These:* Der Körper ist ein Organ der gesellschaftlichen Veränderung. Dementsprechend lässt sich der Prozess der sozialen und kulturellen Reproduktion am ehesten unter dem Blickwinkel einer Theorie begreifen, die von der Voraussetzung ausgeht, dass Kultur sich in erster Linie im Körper aktualisiert.[3] Verleiblichung der Kultur, dies ist eine starke Hypothese, die, buchstäblich verstanden, dem Körper eine Realität verleiht, die nicht auf den Zustand eines einfachen biologischen Substrats zu reduzieren ist. Weil der Körper unbewusst die subtilsten Kenntnisse und Erfahrungen speichert, kann er zum Organ von Veränderung werden. Der Körper ist das erste Werkzeug und Objekt der Pädagogik, durch den eine wie immer geartete Orthodoxie angeeignet und schließlich beherrscht wird. Daraus lässt sich die Hypothese ableiten, dass jede Veränderung einer *doxa* – ob im Bereich der Bildung, der Politik oder Religion – noch in ihren intellektuell am stärksten durchgebildeten oder vergeistigten Formen vermöge der Einwirkung auf den Körper derjenigen statthat, die für sie eintreten.[4] Die beiden im Folgenden vorgestellten Falluntersuchungen gehen von dieser These aus.

4. *These:* Situationen, in denen Subversionsakte geschehen, beinhalten per definitionem einen – im strengen Sinne des Wortes – reflexiven Anteil, zumindest aber ein Distanzierungsmoment eben diesen Situationen gegenüber und auch gegenüber den Welten, die abgelehnt

---

3 Vgl. Pierre Bourdieu, »Les trois états du capital culturel«, in: ders., *Actes de la recherche en sciences sociales*, 30 (1979).

4 Richard Shusterman kommt vom Standpunkt einer – wie er es nennt – »pragmatischen Soma-Ästhetik« zu dem gleichen Schluß, wenn auch mit einer normativen Nuance, der man sich nicht anschließen muss: »Jene Normen, denen zufolge Frauen in einer bestimmten Kultur leise sprechen, sittsam essen, mit zusammengedrückten Knien am Tisch sitzen, beim Geschlechtsverkehr die passive Rolle einnehmen, mit gesenktem Kopf und niedergeschlagenen Augen einhergehen müssen, sind eingefleischte Normen, die eben diese Unterdrückung des Geschlechts zum Ausdruck bringen und verstärken. Derartige Herrschaftsformen sind besonders schwer in Frage zu stellen, weil sie so sehr zu einem Teil des Körpers geworden sind, dass dieser sich selbst schon gegen ihre Aufhebung zur Wehr setzt [...]. Allerdings lassen sie sich, ebenso wie alle anderen unterdrückerischen Machtverhältnisse, die in unserem Körper kodiert und aufbewahrt sind, durch alternative somatische Maßnahmen in Frage stellen.« Richard Shusterman, *Conscience du corps. Pour une soma-esthétique.* Paris/Tel Aviv: Editions de l'Eclat 2007, 37.

werden. Diese intensiven Spannungsmomente implizieren zwangsläufig eine Bewegung des Hin und Her, die zu einem Handeln auf neuen Wegen und zur Rückkehr zu sich selbst nötigt, bei der nicht zuletzt der Ungewissheit der eingeschlagenen Richtung wegen Fragen und Zweifel aufkommen.[5] Zu ihrem Verständnis ist es nicht erforderlich, genaue Kenntnis des je spezifischen Wissens der in derartigen Umbrüchen befangenen Akteure zu haben, um zu entscheiden, ob es auf einer praktischen *oder* reflexiven Logik beruht, vielmehr muss man erkennen, dass die drängenden Daseinsnöte, denen jene Akteure konfrontiert sind, einen Konnex zwischen beiden Formen der Logik erzwingen, je nach den variablen Anteilen, die sich aus der Art der zu lösenden Probleme ergeben. Nach diesem Kriterium haben wir daher zwei Fallstudien aus unterschiedlichen Bereichen herangezogen, von denen die erste der Soziologie des Sports entnommen ist, wo die besonderen sportlichen Vorlieben auf eine Verleiblichung zurückgehen, die auf den ersten Blick die in ihr zum Ausdruck kommenden Lebensentwürfe nicht erkennen lässt, während die zweite aus der Religionssoziologie herstammt, wo im Gegenteil zu erwarten wäre, dass man es von vornherein nur mit einem geistigen und geistlichen Aspekt zu tun hat, der stark von Reflexivität geprägt ist, weit ab von jeder Wirklichkeit des Körpers. Unsere Analyse wird diese vorgefassten Vorstellungen ins Wanken bringen.

Sport als Medium der Selbsterschaffung und Neuerschaffung

Situationen, in denen Akte der Subversion oder der einfachen Veränderung geschehen, treten stets vor dem Hintergrund sozialer Reproduktion auf. So hat eine in den Jahren 1983-84 durchgeführte Studie zum Tennisbetrieb in vier Sportklubs im Großraum der Stadt Nantes zeigen können, dass, infolge von Veränderungen in der praktischen Ausübung dieser Sportart im Rahmen und unter Einhaltung des bestehenden Regelwerks, aus dem normalen Leben der Spieler übernommene, ganz unterschiedliche soziale Kompetenzen durchgesetzt wurden. Dank eines

---

5 Die folgenden Äußerungen eines Arbeiterpriesters über die erste Zeit seiner Tätigkeit in der Fabrik sind ein deutlicher Ausdruck dieses Hin und Her: »Ich war in der Fabrik. Und da hieß es: ›Was sollen wir da eigentlich? Taufe, Heirat, Beichte und dergleichen, das gibt's doch da gar nicht!‹ Und dann gab's da ständig die Befürchtung der Seelenfängerei, der Proselytenmacherei. Also, wir fühlten uns überhaupt nicht wohl in unserer Haut. Außerdem – man muß es schon so sagen – merkten wir, dass wir uns veränderten.« Ein 1923 geborener gemeindenaher Priester, der seine Weihe 1947 erhalten hat und 1950 in die Fabrik gegangen ist.

speziellen Aufbaus des Samples konnte dieser Ansatz verifiziert werden. Es wurden vier Klubs unter dem Gesichtspunkt ihrer Stellung in der sportlichen und sozialen Rangordnung ausgewählt, wobei allerdings strikt darauf geachtet wurde, dass ihre interne Repräsentativität gewahrt blieb. Damit wurde den Bedingungen Rechnung getragen, unter denen der Sportbetrieb in den Klubs organisiert wurde, nämlich entsprechend den Handlungsvorstellungen der dominanten Gruppe bzw. Gruppen, die hier ihre jeweiligen Wertvorstellungen, ihre Kompetenz, mit einem Wort: ihre Art und Weise, wie und welches Spiel gesellschaftlich und im Sport zu spielen war, zur Geltung bringen. Dementsprechend wurde der betreffende Tennisklub als Resultante einer ganzen Reihe von Variablen aufgefasst, die über die sozialen Mechanismen der Steuerung und Selektion zu einem System wurden. Nun mussten nur noch die Indikatoren gefunden werden, die am verlässlichsten Aufschluss über den Zusammenhang von sozialem und sportlichem Spiel im Kontext dieser Mechanismen gaben.

Zunächst wurde in der Studie die Stellung der Klubs zueinander untersucht. Dabei erwies sich, dass zwischen ihnen eine objektive Hierarchie besteht, die sich aus dem Zusammenspiel von Gründungsalter (die Tennisabteilung des SNUC – *Stade Nantais Université Club* – geht auf das Jahr 1920 zurück, während der Klub *La Raquette d'Argent* – Der Goldene Tennisschläger – erst 1978 gegründet wurde), der rechtlichen Form (der SNUC zum Beispiel ist ein privater Verein, *La Raquette d'Argent* ein Privatklub und kommerziell organisiert, die Klubs *Carquefou* und *La Gagnerie* sind städtische Einrichtungen) und dem sportlichen Niveau ergibt (der SNUC spielt auf nationaler Ebene mit, *La Raquette d'Argent* spielt in der obersten Regionalklasse, die beiden anderen in der Regionalklasse). Weil die Namen der Klubs gewissermaßen ein Emblem des gesellschaftlicher Seins ihrer Mitglieder darstellen und zugleich wie ein Signal wirken, mit dem sich Neuankömmlinge anwerben lassen, werden vom SNUC (in dessen Name das Wort *Université* keinerlei reale Bedeutung hat, sondern nur als Erinnerung an die Herkunft des Vereins fungiert) eher männliche Spieler angezogen (der Anteil der Männer beträgt 70 Prozent gegenüber 54 Prozent bei *Carquefou*), die hauptsächlich zu der Berufsgruppe der höheren Angestellten (36 Prozent) und der Ärzte gehören (28,5 Prozent gegenüber 10,5 Prozent bei *La Raquette d'Argent*),[6] die selbst den oberen Schichten entstammen, während der Klub *La Raquette d'Argent* durch eine Mitgliedschaft gekennzeichnet wird, die aus Unternehmern, Freiberuflern (25 Prozent ohne die Ärzte) und Ingenieuren besteht (21,5 Prozent

---

6 Zwecks größerer Anschaulichkeit führen wir die soziale Zusammensetzung der Vereine entsprechend dem Anteil der verschiedenen Fraktionen aus den Oberschichten an.

gegenüber 9,5 Prozent beim SNUC), die zumeist aus den unteren bzw. mittleren Bevölkerungsschichten kommen. Die beiden städtischen Vereine nehmen mehrheitlich Mitglieder der Oberschichten und Lehrer oder Hochschullehrer auf. Wie schon im Namen deutlich wird, zieht der SNUC im Gegensatz zur *La Raquette d'Argent* ein Publikum an, das sich durch Bildungs- und nicht so sehr durch Wirtschaftskapital auszeichnet und mehr in anerkannten (hauptsächlich medizinischen) Berufen des öffentlichen Sektors und weniger in technischen Berufen der Privatwirtschaft tätig ist.

Ein derartiges Bild der Vereinsmitglieder zu zeichnen, ist, so vollständig es auch sein mag, natürlich kein Selbstzweck. Die Beschreibung hat nur Sinn, wenn sie das Verständnis für das tatsächliche Verhalten der Spieler ermöglicht, die sich in einem ihnen genehmen Umfeld bewegen, das das Spiel für sie interessant macht, weil alle mit den gleichen Erwartungen und Absichten hineingehen.[7] Die Selektions- und Steuerungsmechanismen, die dafür sorgen, dass die Tennisspieler dorthin gehen, wo sie Mitspieler finden, die die größte Ähnlichkeit mit ihnen selbst mitbringen, schaffen die Bedingungen für eine Homogenität der Klubs, die dann wiederum die Chance für eine Homologie zwischen sozialem Raum und dem Tennissport verheißt. Mit dem Ziel abzuschätzen, ob sich eine Übertragung von Verhaltensweisen, die der gleichen Logik gehorchen, aus dem Raum der Gesellschaft in den des Sports feststellen lasse, wurde den Spielern die Frage vorgelegt, für welche Taktik sie sich entscheiden – wenn überhaupt für eine –, »falls sie im Verlauf eines Spiels in Schwierigkeiten geraten sollten«. Während die Spieler aus dem Klub *La Gagnerie* eher dazu neigten, in einem solchen Fall »das Spiel zu verlangsamen« oder ganz einfach »die Partie laufen zu lassen«, zeigt sich in dieser Hinsicht zwischen den Spielern des SNUC und denen von *La Raquette d'Argent* ein signifikanter Unterschied: 32 Prozent der Mitglieder des SNUC erklärten, dass sie in einer solchen Situation ihr Spiel »verändern« oder dem Spiel ihres Mitspielers »anpassen« würden

---

7 Erwähnenswert ist hier der Fall eines jungen Mädchens aus der Bourgeoisie von Nantes, dem sein Großvater, ein im Import-Export mit England tätiger Mann, die Anfangsgründe des Tennisspiels auf einem Platz beigebracht hatte, der im Park seines Grundstücks auf planierter Erde angelegt worden war. Sie war »zufällig« im *Carquefou*-Verein gelandet und gestand ein, dass sie keinerlei Interesse daran habe, mit den anderen Frauen des Vereins Tennis zu spielen, die sie für »zänkisch« und »unerträglich« hielt, da sie um jeden Preis gewinnen wollten und bei fraglichen Bällen jedes Mal einen Mordsstreit anfingen. Abschließend bemerkte sie noch, dass sie sehr wohl wisse, was sie nun tun müsse, nämlich wieder zum SNUC, dem Verein, in dem sie als Kind gespielt hatte, zurückkehren, weil sie dort mit Sicherheit »all ihre Freundinnen wiedersehen« würde.

(gegenüber nur 18,5 Prozent bei *La Raquette*), während 29 Prozent der Mitglieder des letzteren Klubs deutlich machten, dass sie versuchen würden, das Spiel ihres Gegners zu »zerstören« (gegenüber 20 Prozent beim SNUC). »Das Spiel verändern«, das bedeutet, dass man über ein ganzes Arsenal technischer Mittel verfügt, die man ersatzweise einsetzen kann, aber auch, dass man in der Lage ist, das Spiel des Gegners zu analysieren und sich selbst in Distanz zu bringen, um die eigene Taktik überlegt umzustellen. All dies sind Verhaltensweisen, die man auch im Alltag anwenden muss und die bekanntlich »das Fundament der bürgerlichen Welt-Erfahrung« ausmachen.[8] Auf der anderen Seite ist bei den Spielern des Klubs *La Raquette d'Argent*, wenn sie den deutlichen Willen bekunden, »das Spiel zu zerstören«, der grundlegende Habitus der in diesem Klub gesellschaftlich dominanten Gruppe nicht zu übersehen, deren Mitglieder weniger dazu neigen, den im Verhältnis zum Mitspieler latenten Gewaltcharakter zu beschönigen, als ihn vielmehr als einen quasi mechanischen sprachlich direkt zum Ausdruck zu bringen.

Situationen wie diese, in denen eine Parallele zwischen gesellschaftlichem und sportlichem Spiel zu beobachten ist, bilden allerdings die Wirklichkeit nicht erschöpfend ab. Da zum einen der Bezug zur sozialen Welt über eine notwendige *Rückübersetzung* des Alltagslebens in die eigentliche Ausübung des Sports hergestellt wird, öffnet sich im Raum eine Lücke für das, was der Einzelne im Sport unternehmen und möglicherweise leisten kann.[9] Und da zum anderen die synkretistische Sprache des Körpers gleichzeitig eine Vielzahl von Bedeutungen zum Ausdruck bringt (bezogen auf das Alter, das Geschlecht, die Peer-Group usw.), gewinnen die einzelnen mit der Entscheidung für eine Sportart, die natürlich entscheidend bestimmt wird durch die objektiven Geschmacksunterschiede in der jeweiligen Gesellschaft, die Möglichkeit, sich individuell zu konstruieren und sogar neu zu konstruieren, je nach den Kombinationsvarianten, soweit diese Gelegenheit zur Abweichung vom üblichen Weg herkömmlicher Sozialisierung bieten. Dies ergaben mehrere Umfragen, die wir durchführen konnten.[10]

---

8 Vgl. Pierre Bourdieu, *Die feinen Unterschiede. Kritik der gesellschaftlichen Urteilskraft*, Frankfurt am Main: Suhrkamp 1982, 101.

9 »Spiele bilden Welten, die für sich stehen können und die relative Autonomie besitzen, aber zugleich Bezug auf eine (oder mehrere) Welt (oder Welten) außerhalb des Spiels nehmen.« Gebauer/Wulf, *Spiel – Ritual – Geste*, 195.

10 Die wesentlichen Ergebnisse dieser Umfragen sind nachzulesen bei Charles Suaud, »*Sports et ›esprit de corps‹. Système des sports, rapports au corps et production d'identités*«, in: Fernand Landry, Marc Landry und Magdaleine Yerlès, *Sport... Le troisième millénaire. Compte rendu du Symposium international*, Québec, Canada, 21-25 mai 1990, 187-207.

Eine erste, 1982 unter Grundschülern durchgeführte Umfrage hatte zu der Hypothese geführt, dass es zu einer Umkehr der Verhaltensweisen[11] kommt, indem normalerweise Mädchen, denen die Schule Erfolge versagt, dazu veranlasst werden, sich verstärkt Beschäftigungen zuzuwenden, die als männlich gelten (wie zum Beispiel dem Fußball); umgekehrt gilt das auch für Jungen. Wenige Jahre später (1986) wurde eine zweite Umfrage mit dem Ziel durchgeführt, unsere Hypothese zu erhärten, und zwar am Beispiel des Judosports, der explizit ausgewählt wurde, weil er sich im Hinblick auf die Sportkleidung, das Vokabular und die Form seiner Ausübung speziell für die symbolische Übertragung in »eine andere Welt« anbietet. Die Ergebnisse waren hier noch überzeugender: Unter den befragten jugendlichen Judokas zwischen 10 und 16 Jahren sind unter den Nicht-Sitzenbleibern mehr Jungen als Mädchen an Wettkämpfen interessiert (70 Prozent gegenüber 51 Prozent) und scheinen bereit, sich auf den »Geist des Judo« einzulassen (54 Prozent der Jungen gegenüber 46 Prozent der Mädchen bedienen sich dabei regelmäßig der japanischen Fachwörter). Bei den Sitzenbleibern dagegen kehren sich die Verhältnisse um: hier sind eher die Mädchen als die Jungen am Wettkampf interessiert (71,5 gegenüber 65 Prozent) und befleißigen sich nach eigenen Angaben mit größerer Konsequenz des technischen Sprachgebrauchs. Die Umfrage konnte den systematischen Charakter dieser Selbstrekonstruktion durch den Judosport verdeutlichen – der allerdings im vorliegenden Zusammenhang nicht näher ausgeführt werden kann –, der zum Beispiel darin zum Ausdruck kam, dass unter den Jugendlichen, die sich am stärksten von ihrem sozialen Umfeld und der Schule distanzieren, die Mädchen eindeutiger als die Jungen ihre Vorliebe für den Kampf erklären und auch bekunden, das gleiche Interesse für die Fächer Naturwissenschaften und Literatur aufzubringen wie die Jungen (jeweils 36 und 15 Prozent der Antworten).[12]

11 Zwar eröffnet der Sport erweiterte Möglichkeiten, aber doch in den Grenzen, die von der Alltagspraxis zugelassen werden. Unmittelbar einsichtig ist jedenfalls, dass mit Blick auf die sexuelle Dimension die erweiterten Möglichkeiten nicht einfach in einer »Umkehr« bestehen können. Dazu heißt es in der o. a. Umfrage unter Grundschülern: »Es lässt sich daher die These vertreten, dass über den Sport Ausdrucksmöglichkeiten ins Spiel kommen, durch die Schüler in sozial oder institutionell abweichender Stellung sich die Strategie der Behauptung einer *Gegenidentität* aneignen, etwa die, dass sich ein Mädchen mit negativer Schulerfahrung als jemand begreift, ›an dem ein Junge verlorengegangen ist‹.« Vgl. ebd.
12 Die These von der symbolischen Umkehrung bei der Entscheidung für eine Betätigung insbesondere im Hinblick auf die sexuellen Dispositionen ist in neueren Untersuchungen mit Nachdruck bestätigt worden. Hier sei unter anderen auf den Beitrag von Christine Messon verwiesen: »Être

Die Bedeutung einer dynamischen Interpretation der Genese jener Dispositionen, aufgrund derer die Individuen sich der äußeren Welt anpassen, liegt darin, dass Situationen, in denen eine mehr oder weniger harmonische Reproduktion am wahrscheinlichsten ist, freilich auch die Fälle, bei denen die Ablehnung der Umwelt zu einer veränderten Konstruktion der eigenen Person nötigt, nach den gleichen theoretischen Grundsätzen betrachtet werden. Eine derartige Interpretation bietet überdies den heuristischen Vorzug, jeder unangemessenen Instrumentalisierung von Vorstellungen – wie etwa der Ansicht von einem abgeschlossenen Bereich des Sports – entgegenzuwirken, die aufgebracht wurden, um die Beziehungen zwischen sozialem Raum und dem der Ausübung eines Sports begreifen zu können. Eine solche Vorstellung benennt aber keineswegs einen wirklichen Raum, in dem es in sich geschlossene Abteilungen mit darin eingesperrten, tätigen Individuen gibt. Die Theorie der *Mimesis* macht darauf aufmerksam, dass dies eine äußerst abstrakte Weise ist, die Resultante einer Fülle von Entscheidungen zu beschreiben, die von Individuen getroffen werden, die längst schon die Strukturprinzipien ihrer Gesellschaft verinnerlicht haben, um sich ihnen in ihren geschmacklichen Neigungen und sportlichen Vorlieben anzupassen. Eine solche Auffassung von sozialem Handeln, der zufolge jede Entscheidung ein Akt der Selbstkonstruktion ist, bestimmt zugleich die gesellschaftlich festgelegten Spielräume, innerhalb derer die Individuen ihr Verhältnis zur Umwelt gestalten, wobei mancher aus seiner Lebensgeschichte und seinen Existenzbedingungen heraus gute Gründe hat, diese seine Lebenswelt abzulehnen.

femme dans un sport ›masculin‹. Modes de socialisations et construction des dispositions sexuées«, in: *Sociétés contemporaines*, 55 (2004), 69-90. Untersuchungen zu anderen Betätigungen außerhalb des Sports machen auf Brüche insbesondere im Beruf aufmerksam, die weitgehend auf die Umkehrung körperlicher Dispositionen mit starker Sexualisierung zurückgehen. So etwa bei einem Sportlehrer an einem Gymnasium, der, weil er die Einstellungen und Werte seiner Kollegen als machohaft ablehnte, über den Tanz, bei dem er »von Frauen umgeben« war, zum Lehrer für das Fach Theater wurde. »Die Wertschätzung des Männlichen im Sport ist schrecklich. Ich weiß auch nicht warum, ich habe mich jedenfalls mit einer eher femininen Einstellung sensibilisiert, weil ich als Sportlehrer Frauen kannte, mit denen ich befreundet war und die mich zum Tanzen mitgenommen haben.« Claire Lemêtre, *Sociologie du baccalauréat théâtre*, thèse de doctorat en cours, université de Nantes, 2009, 131.

Bruch mit dem Korpus der Religion

Neuere Forschungen konnten an Untersuchungen über den Werdegang von Landpfarrern anknüpfen, die entgegen allen Erwartungen gezeigt hatten, dass dem Körper eine zentrale Funktion bei der Ausbildung des Habitus von Klerikern zukommt, eines Habitus, der sich seit dem Trientiner Konzil kaum verändert und den Priester zu einem von der Welt abgesonderten Menschen gemacht hat, der nur noch mit der Verkündigung des Evangeliums und der Verabreichung der Sakramente befasst ist. Den Priestern, deren Werdegang ich in Zusammenarbeit mit Nathalie Viet-Depaule in *Prêtres et ouvriers*[13] nachgegangen bin, war dies gemeinsam, dass sie sich durch die Aufnahme einer Tätigkeit in Fabriken – d.h. über ihren Körper – von ihrer Haltung als Kleriker, die ihnen aufgrund ihrer früheren Sozialisation durch das traditionelle Priesterseminar, wie ich es etwa in *La Vocation*[14] beschrieben habe, zu eigen war, freizumachen suchten. Erst im Zusammenhang mit den unvorstellbaren Kriegswirren und -ereignissen (Beschlagnahme der Priesterseminare durch die Besatzungsmacht, Zwangsarbeit für das Deutsche Reich, Kriegsgefangenenlager und dergleichen) wurde den Priestern der Graben bewußt, der sie vom wirklichen Frankreich trennte, und ihnen kam, ohne dass sie freilich ein Modell dafür an der Hand hatten, die »Eingebung«, dass ihre Berufung sie aus dem Kirchenraum hinaus in die Fabrik, an die Seite der Arbeiterklasse, führen müsse. Die Amtskirche gab schon 1946 ihr Einverständnis zu einer derartigen Missionarstätigkeit, die allerdings rasch Argwohn weckte und dementsprechend im Jahr 1954 durch Verbot ein jähes Ende fand. Unter dem theoretischen Gesichtspunkt einer Soziologie der Arbeiterpriester habe ich am Beispiel der gleichen Personen in umgekehrter Form die These der Verleiblichung priesterlicher Verhaltensformen wieder aufgenommen, nicht um auf die Reproduktion einer religiösen Orthodoxie, sondern um auf das Subversionsgeschehen von innen aufmerksam zu machen.[15]

Der Werdegang dieser Priester ist nur zu verstehen, wenn man ihren Körper nicht als bloß passiven Träger bestimmter Einstellungen

---

13 Vgl. Charles Suaud/Nathalie Viet-Depaule, *Prêtres et ouvriers. Une double fidélité mise à l'épreuve (1944-1969)*, Paris: Karthala 2004.
14 Charles Suaud, *La vocation. Conversion et reconversion des prêtres ruraux*, Paris: Editions de Minuit 1978.
15 Auf der Grundlage von Untersuchungen zu Protestbewegungen innerhalb unterschiedlicher konfessioneller Richtungen finden sich diese Überlegungen in einen systematischen Zusammenhang gestellt bei: Tangi Cavalin/Charles Suaud/Nathalie Viet-Depaule, *De la subversion en religion*, Paris: Karthala 2010.

und Verhaltensweisen, sondern als Organ von Veränderung begreift. Im Gegensatz zu vielen Äußerungen, die die Unveränderlichkeit der einmal erworbenen Einstellungen behaupten, kann die sorgfältige Betrachtung der Erfahrung von Arbeiterpriestern zeigen, dass die aus dem Priesteramt erwachsenden Dispositionen, die ihre Prägung in den Jahren der Ausbildung bekommen hatten, eine grundlegende Änderung erfahren, ohne allerdings aufgehoben zu werden. Ihre dauerhafte Statusveränderung zu Arbeitern (»ohne Gedanken an eine Umkehr«) war eine ureigene Entscheidung der Priester, die sich durch die Übernahme der Daseinsbedingungen von Arbeitern, ohne sich davon im Einzelnen Rechenschaft abzulegen, in einer Situation wiederfanden, in der sie theologischen Grundsätzen folgten, die den im Priesterseminar gelernten strikt entgegen waren. An dieser Stelle seien einige Überlegungen aus Bourdieus *Meditationen* angeführt, die fast wie zur Charakterisierung dieser Priester geschrieben scheinen, so sehr treffen sie auf sie zu:[16] Da die Arbeiterpriester sich den Gefährdungen der körperlichen Arbeit aussetzen mussten – von bloßer Ermüdung über häufige Entlassungen bis hin zu tödlichen Unfällen –, haben sie am eigenen Leibe die Imponderabilien des Arbeiterdaseins zu spüren bekommen und waren daher bestrebt, diesem Dasein zu seiner unauflöslich verknüpften sozialen und religiösen Würde zu verhelfen.

Gegenüber der Lage der Gemeindepriester, deren Amtsautorität auf einer prinzipiellen Distanz zu den Gläubigen beruhte, war die Stellung der Arbeiterpriester durch eine öffentliche »Aussetzung des Körpers« in zweifacher Richtung gekennzeichnet. Mit dem von keiner Institution abgesicherten Eintauchen in die Arbeiterklasse waren sie zum einen gezwungen, ungefiltert und ohne weiteren Schutz den Status des Proletariers zu übernehmen und somit die Lebensbedingungen der Arbeiter zu ihren eigenen zu machen.[17] Mit den Worten eines Arbeiterpriesters,

16 Wir meinen den folgenden Passus: »Weil der Körper (in unterschiedlichem Ausmaß) exponiert ist, weil er in der Welt ins Spiel, in Gefahr gebracht wird, dem Risiko der Empfindung, der Verletzung, des Leids, manchmal des Tods ausgesetzt, also gezwungen ist, die Welt ernst zu nehmen (und nichts ist ernsthafter als Empfindungen – sie berühren uns bis ins Innerste unserer organischen Ausstattung hincin), ist er in der Lage, Dispositionen zu erwerben, die ihrerseits eine Öffnung zur Welt darstellen, das heißt zu den Strukturen der sozialen Welt, deren leibgewordene Gestalt sie sind.« Pierre Bourdieu, *Meditationen. Zur Kritik der scholastischen Vernunft*, Frankfurt am Main: Suhrkamp 2004, 180.

17 In seinem Bericht über die »Nissenhüttenpriester« von Brest während der ersten Nachkriegsjahre hebt Yvon Tranvouez deren Schwierigkeiten hervor, sich ungeachtet ihrer dauerhaften Niederlassung in den Arbeitervierteln von dem Bild der Arbeiterklasse zu »befreien«, das ihnen die politisch aktiven christlichen Arbeiter boten, mit denen sie ständig zu tun

der 1951 »in Arbeit« gegangen ist: »Eine Fabrikarbeit anzunehmen war die einzige Form, sich der Realität zu beugen«. Überdies bedeutete es, sich in eine Situation der völligen Wehrlosigkeit gegenüber einer unbekannten Welt zu begeben, die weit weg, um nicht zu sagen: feindlich war und die ein anderer Arbeiterpriester der gleichen Generation als »unser China« beschrieb. Während beim Gemeindepfarrer alles, von der Stimmlage über eine besondere, durch das Tragen der Soutane erzwungene Gehbewegung bis zu den Techniken der Vermeidung körperlichen Kontakts, den »weltabgewandten Menschen« anschaulich macht, bringt das Verschmelzen von Priester und Arbeiter in ein und demselben Menschen den Willen zum Ausdruck, Kleriker und Laien so weit wie möglich einander anzugleichen. Dadurch, dass die Arbeiterpriester ihren Leib körperlicher Arbeit unterziehen, bekommt dieser Vorgang den Charakter einer Infragestellung des priesterlichen Korpus, im doppelten Sinne eines sakralen *corpus mysticum* wie einer vom Rest separierten sozialen Gruppe.

Dabei hat ein derartiger Subversionsvorgang durchaus alle Merkmale jener Handlungsbedingungen an sich, die auch den Körper sehr stark in Anspruch nehmen – beziehungsweise bewegt er sich in deren Grenzen. Keine subversive Bewegung in der Religion (oder anderswo) ist gänzlich frei von Worten oder steht abseits von oftmals heftigen internen Auseinandersetzungen. Derartigen Spannungsmomenten sind zwangsläufig Reflexionsmomente inhärent, die von den Arbeiterpriestern einzeln oder im Kollektiv erfahren wurden und bewältigt werden mußten. Kennzeichnend für den Bruch mit dem bisherigen Leben, der sich zunächst an körperlichen Zeichen bemerkbar macht, ist dies, dass er nicht zu einer öffentlichen Existenz gelangt, die insofern wahrgenommen und anerkannt würde, dass auch andere als jene, die ihn vollziehen, ihn zur Sprache bringen, und dies sind in der Regel eben die, die in der Amtskirche die Machtpositionen inne haben, gegen die sich der Subversionsakt ja gerade richtet. In *Prêtres et ouvriers* konnten wir zeigen, wie die Arbeiterpriester in dem Augenblick, als sie zur Frage der Beendigung oder Fortsetzung ihrer Vollzeittätigkeit in der Fabrik Stellung beziehen mussten, die von der Kirchenhierarchie insbesondere mit dem – die Verurteilung der Priester enthaltenden – Rundschreiben vom 19. Januar 1954 durchgesetzten Denkkategorien übernahmen und sich zu eigen machten. Im Gegensatz zu den spontanen Reaktionen der Beteiligten und weitab von den Unschlüssigen, die, nach Auskunft eines von ihnen, ebenso gute Gründe hatten, in den Fabriken zu bleiben, wie sie welche hatten, sie zu verlassen, haben die Betroffenen sehr rasch »Gehorsame«

hatten. Yvon Tranvouez, »Brest 1944-1958. Pays de mission?«, in: Bruno Duriez/Étienne Fouilloux/Alain-René Michel et al. (Hg.), *Chrétiens et ouvriers en France, 1937-1970*. Paris: Editions de l'Atelier 2001, 33-46.

und »Ungehorsame« als zwei deutlich von einander abgegrenzte, antagonistische Gruppen einander gegenübergestellt, und dies mit eben den Worten, mit denen die Bischöfe sie zum »Gehorsam« aus Gründen der Treue zum Priesteramt aufgefordert hatten.[18]

Die Art und Weise, wie die Arbeiterpriester den Bruch mit ihrem bisherigen Priesterdasein aufgefasst haben, bietet ein weiteres Beispiel für die aus allzu großer Nähe zu den Belegschaften in den Fabriken resultierende Blindheit, galt ihnen doch ihr ganzes Interesse. Weil die Arbeiterpriester sich eine Realität als Priester zurechtgelegt hatten, in der das Arbeiterdasein seinen vollgültigen Platz haben sollte, hatten sie sich in eine Lage gebracht, in der sie sich zugleich als *Priester und Laien* empfanden. Demgegenüber ist nun allerdings festzuhalten, dass die Arbeiterpriester in der alltäglichen Wirklichkeit an den Konsequenzen dieser abstrakten Logik, die besagte, dass ein Arbeiterpriester der Form nach ein Laienpriester sei, ja dass er zur Arbeiterklasse gehöre, ganz und gar vorbeisahen. Nur wenige einzelne sind, unabhängig voneinander, soweit gegangen, dass sie unumwunden die mögliche Verschmelzung beider Existenzweisen behauptet haben. Die Aufdeckung – oder anders gesagt: die Erkenntnis –, dass sie als Arbeiterpriester sehr erfolgreich darin waren, dass sie das Zusammenwirken von Kirche und extrem reaktionären gesellschaftlichen Kräften ans Licht der Öffentlichkeit brachten, hat ihnen im Gegenzug die Einsicht in eine andere, ebenso grundlegende Realität versperrt, jene nämlich, die mit dem Verhältnis von Priestern und Laien zu tun hat, auf der das ganze Gebäude der Institution Kirche aufruht. Nach der Überzeugung der Arbeiterpriester war der Laie im Arbeiter verborgen. Mit anderen Worten: Der klar und deutlich vollzogene soziale Subversionsakt, der im wesentlichen auf der Dringlichkeit fußte, die Mauer, wie sich Emmanuel Kardinal Suhard ausdrückte, zwischen der Kirche und der Arbeiterklasse niederzureißen, hat die eigentlich religiöse Seite des Gewaltstreichs, der darin bestand, jene andere Trennwand einzureißen, nach der der Priester über dem Laien zu stehen hat und ihm ein besonderes Amt verliehen ist, völlig dem Blick entzogen.

»Die mit der praktischen Ausübung des Sports hervortretenden ideologischen und/oder Identitätsbrüche sind nicht minder ambivalent. Ein gutes Beispiel dafür sind junge Frauen, die sich dem ›harten‹ Boxen verschrieben haben (also dem richtigen Boxkampf im Unterschied zum Leichtkontaktboxen) und dies durch den Verhaltensgegensatz einerseits der Ausübung einer gemeinhin als ›sehr männlich‹ geltenden Sportart und andererseits einer Überanpassung an die gesellschaftlichen Kriterien der Weiblichkeit zum Ausdruck bringen, die sie im Alltag geradezu herausstellen (indem sie etwa statt Hosen ein Kleid tragen oder auf der

---

18 Vgl. Suaud/Viet-Depaule, *Prêtres et ouvriers*, Kap. 6, 389-400.

strikten Arbeitsteilung zwischen den Geschlechtern bei den täglichen Verrichtungen im Haushalt bestehen, u. ä.). Für diese zumeist der Unterschicht entstammenden Frauen mit niedrigen Bildungsabschlüssen stellt die Entscheidung für das ›harte‹ Boxen weniger einen Akt echter Subversion dar, als vielmehr ein Zeichen für die im Sport zur Geltung kommende Anerkennung und Bestätigung eines unter männlicher Dominanz stehenden gesellschaftlichen Kräfteverhältnisses.«[19]

»Die körperlichen Handlungen sind einmal Wiederholung einer anderen Welt, zum anderen Schöpfung einer selbst gemachten Welt. Diese beiden Seiten kennzeichnen die mimetischen Welten: Sie sind objektiv, indem sie auf eine andere, äußere Welt Bezug nehmen, und sie sind subjektiv, insofern sie die kontingente Erzeugung eines Subjekts mit allen ihren Zufälligkeiten, Besonderheiten und persönlichen Beiträgen sind«[20]. Mit dieser Quintessenz ihrer Theorie des sozialen Handelns formulieren Gebauer und Wulf das Prinzip, von dem sich dieser Beitrag leiten läßt, dem es darum geht zu zeigen, dass die gesellschaftlich kontrollierten Mechanismen der gesellschaftlichen Veränderung im Zentrum der mimetischen Welt zu finden sind. Weil die soziale Reproduktion stets eine Selbstkonstruktion ist, die sich in einem relativ autonomen Raum auswirkt, vollzieht sie sich nach einem Muster, das der sozialen Welt gegenüber, der der Einzelne angehört, mehr oder weniger distant ist. In dem Maße, wie dieser Anpassungsvorgang sich auf ganz praktische Weise über die jeweilige körperliche Disposition abspielt, ist ein Bruch mit dem bisher Gelebten jederzeit möglich. Dank einer durch die eintretenden Ereignisse induzierten Arbeit an sich selbst kann der Körper, der für gewöhnlich ein Produzent von Orthodoxie ist, zu einem Organ der Veränderung werden.

Aus dem Französischen von Rolf Schubert

---

19 Vgl. Christine Mennesson/Jean-Paul Clément, »Boxer comme un homme, être une femme«, in: *Actes de la recherche en sciences sociales*, 179 (2009), 77-91.
20 Gebauer/Wulf, *Spiel – Ritual – Geste*, 277 f.

Literatur

Bourdieu, Pierre, »Les trois états du capital culturel«, in: ders., *Actes de la recherche en sciences sociales*, 30 (1979).
Bourdieu, Pierre, *Die feinen Unterschiede. Kritik der gesellschaftlichen Urteilskraft*, Frankfurt am Main: Suhrkamp 1982.
Bourdieu, Pierre, *Meditationen. Zur Kritik der scholastischen Vernunft*, Frankfurt am Main: Suhrkamp 2004.
Cavalin, Tangi/Suaud, Charles/Viet-Depaule, Nathalie, *De la subversion en religion*, Paris: Karthala 2010.
Gebauer, Gunter/Wulf, Christoph, *Spiel – Ritual – Geste. Mimetisches Handeln in der sozialen Welt*, Reinbek bei Hamburg: Rowohlt 1998.
Lemêtre, Claire, *Sociologie du baccalauréat théâtre*, thèse de doctorat en cours, université de Nantes, 2009.
Mennesson, Christine, »Être femme dans un sport ›masculin‹. Modes de socialisations et construction des dispositions sexuées«, in: *Sociétés contemporaines*, 55 (2004).
Mennesson, Christine/Clément, Jean-Paul, »Boxer comme un homme, être une femme«, in: *Actes de la recherche en sciences sociales*, 179 (2009).
Shusterman, Richard, *Conscience du corps. Pour une soma-esthétique*, Paris/Tel Aviv: Editions de l'Eclat 2007.
Suaud, Charles, *La vocation. Conversion et reconversion des prêtres ruraux*, Paris: Editions de Minuit 1978.
Suaud, Charles/Viet-Depaule, Nathalie, *Prêtres et ouvriers. Une double fidélité mise à l'épreuve (1944-1969)*, Paris: Karthala 2004.
Suaud, Charles, »Sports et ›esprit de corps‹. Système des sports, rapports au corps et production d'identités«, in: Fernand Landry, Marc Landry und Magdaleine Yerlès, *Sport... Le troisième millénaire. Compte rendu du Symposium international, Québec, Canada, 21-25 mai 1990*, 187-207.
Thélot, Claude, *Tel pere, tel fils? Position sociale et origine familiale*, Paris: Dunod 1982.
Tranvouez, Yvon, »Brest 1944-1958. Pays de mission?«, in: Bruno Duriez/Étienne Fouilloux/Alain-René Michel/Georges Mouradian/Nathalie Viet-Depaule (Hg.), *Chrétiens et ouvriers en France, 1937-1970*, Paris: Editions de l'Atelier 2001.

Stefan Hirschauer
Sei ein Mann!
Implizites Zeigen und praktisches Wissen

›Meine Damen und Herren‹,
beginnen wir diesen Vortrag[*] mit einer Anredeformel, die auf zwanglose Weise zu seinen empirischen Materialien beiträgt. Es handelt sich um einen Sprechakt, der auf eine bestimmte Weise einen Anfang macht und einen Kontakt zum Publikum, zu Ihnen also, herstellt.

Bei der Bauweise der Formel fällt zunächst eine bestimmte Reihenfolge auf. Es gilt ein ›Ladies first‹. Was wie eine *Vorrangigkeit* von *Frauen* erscheinen könnte, ist bekanntlich eher das Gebot einer Höflichkeit, die deren tradierte *Nach*rangigkeit bemäntelt. Die Anrede suggeriert aber auch eine eigentümliche Komplementarität von zwei Entitäten, die sich ergänzen wie die Hälften eines Paares. Auf den ersten Blick handelt es sich ja um eine abgeschlossene Aufzählung: Es sollen mit der Nennung dieser zwei Sorten Adressaten ausdrücklich alle Anwesenden erfasst und eingeschlossen sein. Aber ist das auch der Fall?

Erstens ist die Formel *exkludierend* gegenüber allem, was sich der von ihr ins Spiel gebrachten Differenz nicht fügen will. Wer sich nicht subsumiert, wird gar nicht erst angesprochen (»Meine Damen und Herren, liebe andere Geschlechter«). *Zweitens* verdrängt unsere Formel die Bedeutung anderer Differenzen, etwa das Alter (»Liebe Senioren, liebe Kinder«). Damit setzt sie zugleich ein Thema: Ein Publikum besteht ja auch aus Studierenden und Dozierenden, Deutschen und Zuwanderern... Aus einem Satz sozialer Kategorien wählt unsere Anrede eine bestimmte Unterscheidung aus: »Meine Damen und Herren, liebe ausländische Tagungsteilnehmer, liebe Narren«. *Drittens* schließlich ist die Anrede auch vom Sprachniveau her ›exklusiv‹: Wer sich nicht gerade als »Dame« oder »Herr« betrachtet, scheint gar nicht erst in Betracht gezogen: Frauen, Typen, Jungs und Mädels etwa – oder Anwesende, die meinen, dass ihr Geschlecht hier und jetzt gar nichts zur Sache tue.

Unsere unscheinbare Anredeformel hat also zahlreiche performative Dimensionen: Sie gehört zu den Akten, die das Geschlecht aufrufen, sie setzt ein Thema, stellt eine Vorrangigkeit her, baut eine Geschlechterbeziehung zum Publikum auf und vollzieht eine Einschließung aller Anwesenden unter Verwendung Vieles ausschließender Kategorien.

---

[*] Dieser Text basiert auf einem Vortrag, der im Oktober 2009 auf der Berliner Konferenz »Wissen – Erkennen – Zeigen« gehalten worden ist. Anm. d. Hrsg.

Das Beispiel dieser Anredeform ist ein Fall *diskursiver* Kommunikation der Geschlechterdifferenz. Zugleich ruht diese meine verbale Darstellung kulturellen Wissens natürlich auf einem *praktischen* Wissen auf: Wer immer einen Vortrag wie diesen hält, muss eine kommunikationsfreundliche Körperhaltung einnehmen, die Stimme so führen, dass ihre melodische Spannung ein paar Minuten Aufmerksamkeit sichert, die Worte so flüssig über die Lippen bringen, als nähme er (oder sie!) in weitgehend spontaner Rede Kontakt mit seinem Publikum auf und spräche zu diesem, obwohl er doch primär mit etwas anderem befasst ist, nämlich mit dem Lesen und der lautlichen Intonation eines Textes, den er in einer wieder anderen Arbeit an einem anderen Ort schriftlich konzipiert hat, und den er nur hier und jetzt reanimiert, wobei er seine Blicke ins Publikum schickt, als fiele es ihm leicht, sie vom Papier zu reißen, an das seine Rede gefesselt ist – zumal bei so langen Sätzen wie diesem!

In verschiedenen Theorietraditionen des 20. Jahrunderts ist die große Bedeutung dieses praktischen Wissens hervorgehoben worden. Von Ludwig Wittgenstein bis Gilbert Ryle, von Alfred Schütz bis Harold Garfinkel, von Michael Polanyi bis Pierre Bourdieu wird eine ›unausgesprochene‹,›schweigende‹, ›implizite‹ Dimension des Wissens hervorgehoben, wird ein ›Können‹[1], werden ›Fertigkeiten‹[2] und ›Habitus‹[3] als essenzielle Aspekte, ja als Fundamente sozialen Handelns beschworen. Konzepte dieser und anderer Autoren konvergieren heute in den Praxistheorien.[4] Deren Wissensbegriff ist gegenüber der philosophischen Tradition gewissermaßen ›tiefergelegt‹, er zielt auf vorsprachliche *Kompetenzen*, denen gegenüber das auskunftsfähige Wissen nur eine Restgröße darstellt.[5] Diese körpersoziologisch begründete Verschiebung des Wissensbegriffs eröffnet die Frage, *wie* etwas überhaupt gewusst wird. Auf welche Weise ist es jeweils bekannt, vertraut, präsent, verfügbar, verstanden? Als ein *explizites* sprachliches Wissen, das erfragt und gesucht werden kann und reflexiv von sich selbst weiß – oder als ein *implizites* präverbales Wissen, das als selbstverständliche Überzeugung,

1 Gilbert Ryle, *Der Begriff des Geistes*, Stuttgart: Reclam 1969.
2 Alfred Schütz/Thomas Luckmann, *Strukturen der Lebenswelt*, Bd. I, Frankfurt am Main: Suhrkamp 1979.
3 Pierre Bourdieu, *Entwurf einer Theorie der Praxis*, Frankfurt am Main: Suhrkamp 1976.
4 Für eine Übersicht: Andreas Reckwitz, *Die Transformation der Kulturtheorien*, Weilerswist: Velbrück Wissenschaft 2000.
5 Vgl. Stefan Hirschauer, »Körper macht Wissen. Für eine Somatisierung des Wissensbegriffs«, in: Karl-Siegbert Rehberg (Hg.), *Die Natur der Gesellschaft. Verhandlungen des 33. Kongresses der Deutschen Gesellschaft für Soziologie in Kassel*, Bd. II, Frankfurt am Main/New York: Campus 2008, 974-984.

als praktische Kompetenz und unreflektierte Routine jegliches Handeln ermöglicht?

Dieser Gegensatz hat eine erhebliche Bedeutung für das Selbstverständnis der Sozial- und Kulturwissenschaften, kann das implizite, praktische Wissen doch als das exotische ›Andere‹ ihrer eigenen schriftfixierten Wissensproduktion gelten. Wenn Michael Polanyi von einer unüberwindlichen Schwelle zwischen dem expliziten und impliziten Wissen ausgeht (wir können nicht in Worte fassen, wie wir Fahrrad fahren!) oder Pierre Bourdieu die tiefe Differenz von theoretischem und praktischem Wissen betont, dann markieren sie zu Recht einen tief sitzenden logozentrischen Bias der diskursfixierten kulturwissenschaftlichen Kommunikation gegenüber allem, was sich schweigsam vollzieht.[6] Darüber hinaus teilen beide eine Skepsis, dass Versuche einer Überbrückung des Grabens, etwa durch die Versprachlichung des praktischen Wissens, dieses entkräften, verzerren, verfälschen würde – etwa so wie die archäologische Grabung das Grab zerstört.

Auf der anderen Seite scheint damit aber auch ein Dualismus zwischen ›Wissenschaft‹ und ›Praxis‹, zwischen explizitem und implizitem Wissen errichtet, der unplausibel ist, vergegenwärtigt man sich die unzähligen Praktiken wissenschaftlicher Wissensproduktion oder die robusten stillschweigenden Annahmen hinter unserem expliziten Wissen. Nach der Gegenüberstellung des explizit Gewussten und des ›blind und stumm‹ Beherrschten scheint es mir daher angemessen, nach *Mischungen* von Wissensformen und nach einem *Kontinuum* der Explizität zu fragen.

Ich gehe dabei davon aus, dass kulturelles Wissen in unterschiedlichen *Aggregatzuständen* existiert: als schriftlich verfasste Aussage in Texten, als mündlich kolportiertes Gerede, als stillschweigende (aber grundsätzliche verbalisierbare) implizite Glaubensannahme, als visuelle Repräsentation, als Artefakte unterschiedlich hoher Intelligenz, und schließlich eben als ein habituelles Können, d. h. als ein korporal gebundenes Phänomen. Soziale Praktiken verknüpfen jeweils verschiedene dieser Wissensarten, so dass wir es meist mit epistemischen Hybriden zu tun haben.

Explikationen können hier in verschiedenen Dimensionen stattfinden: stillschweigende Annahmen können sprachlich formuliert und gar zu theoretischen Aussagen expliziert werden; ein fluides nonverbales Sichverhalten kann in Schnappschüssen, Karikaturen und arbeitsteiliger Filmproduktion zu elaborierten Bildartefakten gerinnen; und ein ganz gewöhnliches gekonntes Tun kann nach langjährigem Training durch einen Lehrer in eine geschliffene Demonstration überführt werden.

---

[6] Vgl. Stefan Hirschauer, »Ethnographisches Schreiben und die Schweigsamkeit des Sozialen. Zu einer Methodologie der Beschreibung«, in: *Zeitschrift für Soziologie* 30 (2001), 429-451.

STEFAN HIRSCHAUER

Der Fall der Geschlechterdifferenz

Bei den Praktiken der Kommunikation von Geschlecht findet sich diese Wissensvielfalt mit einer spezifischen Gewichtung. Zwar gibt es auch hier sprachliche Formen, explizite Theorien und Alltagstheorien und grundsätzlich verbalisierbare Stereotypen, aber das Gros der Kommunikation von Geschlecht besteht in »präsentativen Symbolismen«[7], die körperlich prozessiert werden: durch Kleidung, Haltung, Gestik, Mimik und Blick. Unsere Geschlechtszugehörigkeit wird dargestellt, d. h. sie beruht auf einem Verhalten, das auf seine Wahrnehmbarkeit durch Andere eingestellt ist.

Das »meine Damen und Herren«, oder das »ich erkläre Euch zu Mann und Frau«, oder das »es ist ein Junge!«, sind also durchaus Geschlecht konstituierende Sprechakte, aber sie bilden eher selten artikulierte Ausnahmefälle in einer beständigen Produktion fluider visueller Zeichen in der alltäglichen Pantomimik der Darstellung unserer sozialer Mitgliedschaften. Zur Illustration:

Klaus (ein präoperativer Frau-zu-Mann-Transsexueller, 24 J.) hat von seiner Freundin den Rat bekommen, wenn er wegen seiner androgynen Erscheinung noch mal dreist nach seinem Geschlecht gefragt wird, einfach zu kontern »soll ich's Dir ZEIGEN oder was?!« Er erzählt von seinen Erfahrungen mit der Umsetzung des Ratschlags: »Vor'n paar Tagen bin ich inner Fußgängerzone, geh da lang, will mir Zigaretten holn, sitzt da draußen 'n Trüppchen Mädchen, alle schön kicher und guck und dies und das, und ich denk AH! JA. GLEICH kommt die Frage! was sagste? ((schnippt mit den Fingern)) genau! ((reibt sich in ›Vorfreude‹ die Hände)) – komm aus'm Zigarettenladen, geh an denen vorbei und PROMPT ((leiernd:)) bist du'n JUNGE oder'n MÄDCHEN – ich mein, soll ich's Dir ZEIGEN oder was, ich bin 'n Typ willstes SEHN oder was, ne? oder so – mich schon gefreut, sagt die eine, joo komm mal her – ((schlägt die Faust in die Handfläche)) Scheiße! ne? ((grinst, dann ärgerlich-traurig:)) dass die das nicht SEHN! ne? – dass ich'n Mann bin.«

Man kann diese Schilderung zunächst, unser aller *déformation professionelle* nachgebend, in ihrer *sprachlichen* Form betrachten, und erkennt dann im Rückgriff auf bestimmte Vokabeln, Stilelemente und Gesten eine narrative Darstellung von Männlichkeit. Man kann sie aber auch ethnografisch als *Bericht* eines privilegierten Gelegenheitsbeobachters nehmen, der eine Interaktionsparadoxie aufdeckt: dass man das nicht

---

7 Susanne Langer, *Philosophie auf neuem Wege. Das Symbol im Denken, im Ritus und in der Kunst.* Frankfurt am Main: Fischer Taschenbuch 1984.

vorzeigen kann, was man einfach *offensichtlich* haben soll, ja dass man sein Geschlecht schon verliert, wenn man nur nach ihm gefragt wird – weil Geschlecht eben primär *visuell* kommuniziert wird. Im Erzählkontext – einer Transsexuellengruppe – ist die Anekdote denn auch eine Art verkehrter Aufschneidergeschichte. Sie kokettiert damit, im Sonnenschein heterosexueller Aufmerksamkeit nur der tragikomische Held einer unmöglichen Demonstration von Männlichkeit sein zu können.

Unmöglich ist nicht allein das sittlich ausgeschlossene Vorzeigen des (nicht vorhandenen) dinglichen Symbols, unmöglich ist auch ein jedes Zeigen, das seinen Sinn erzwingt: Verkörperte Darstellungen zeigen die Dinge nicht explizit – wie der Finger, der den Blick des Betrachters führt, oder wie das wissenschaftliche Datum, das dem Publikum etwas ›beweisen‹ soll – sie zeigen sie *implizit*, indem sie ihr Publikum mit der gesamten Körperoberfläche nur etwas sehen *lassen*.

Was begründet dieses implizite Zeigen?

Erstens hat das beim Zeigen dominante Kommunikationsmedium, der Körper, eine Formulierungsschwäche. Erving Goffman[8] beschrieb diese Steuerungsschwäche expressiver Zeichen so, dass unter Interaktionspartnern immer zwei riesige »displays« existieren, auf denen sie, ob sie wollen oder nicht, ständig zahllose Daten verstreuen und ablesen können: Kollektivmitgliedschaften, Gemütszustände, Situationsdefinitionen. Der Körper bei Goffman gehört keinem homo clausus, er ist nicht eine *Hülle*, in der sich ein Bewusstsein verbirgt, sondern eine *Fläche*, die permanent Auskunft gibt.

Zweitens hat die ganzkörperliche Darstellung sozialer Mitgliedschaften andere soziale Funktionen als etwa eine didaktische Demonstration. Anstelle des autoritativen Lehrers mit dem Zeigefinger (und dem messbaren Lernerfolg) findet sich eine Interaktionsbeziehung, in der es um die reziproke Anerkennung sozialer Geltungen geht. Die Betrachter konsumieren hier nicht Lektionen, sondern sie sprechen eine Anerkennung zu, von deren Erteilung sie ihrerseits abhängig sind. Daher liegt die Trägerschaft der Kommunikation nicht mehr bei einem individuellen Körper, der Blick des Betrachters hat viel mehr Macht, er kann auch stolpernde Darstellungen tragen oder zu Fall bringen. Und dies ist auch eine Frage situativer Gelegenheitsstrukturen – in meinem Beispiel: die besondere Anfälligkeit des Mannseins in einer flirtoffenen Straßenszene mit asymmetrischem Geschlechterproporz.

Drittens schließlich folgt die Implizität des Zeigens auch den spezifischen Anforderungen der alltagstheoretischen Naturalisierung von Geschlecht. Weil unser Geschlecht biologisch offensichtlich sein soll, darf ein ›Zeigen‹ gar nicht stattfinden – und zwar auch nicht für den

---

8 Erving Goffman, *Verhalten in sozialen Situationen. Strukturen und Regeln der Interaktion im öffentlichen Raum*. Gütersloh: Bertelsmann 1971.

Zeigenden. Eine natürliche Geschlechtszugehörigkeit – das ist eine, der man die Arbeit nicht anmerken soll, die in ihr steckt. Ein demonstriertes Mannsein ist ein sich selbst dementierendes Mannsein. Harold Garfinkel hat in seiner Studie über die transsexuelle Agnes[9] diese besondere Verlegenheit des Geschlechtsdarstellers betont. Einerseits verfügen Transsexuelle über ein beträchtliches kognitives Wissen von der hohen Kunst, die in einer natürlichen Geschlechtszugehörigkeit steckt. Dies empfiehlt sie für eine Goffmansche Betrachtung ihres ›impression management‹. Andererseits ist dieses Wissen aber für die Geschlechtswechsler ein hochprekärer Ausnahmezustand. Ihnen fehlt einfach die nötige *Selbstvergessenheit*, um ihre eigene Darstellung nicht als solche erkennen zu müssen. Mangels langjähriger Habitualisierung fehlt eine Enkorporation des Wissens, wie man eine Frau darstellt, das von dem kognitiven Wissen, ›wie Frauen sind‹, entlastet. Es war Agnes unmöglich, zu vergessen, was sie tat, und einfach zu glauben, was sie sah. Sie fand nicht in den ›Stand der Unschuld‹ zurück, in das gewöhnliche Verkennen unserer Konstruktionspraxis. Das Hauptmanko ihres natürlichen Frauseins war daher nicht das, was sie anatomisch nicht vorzuzeigen hatte, sondern ihre sozialwissenschaftliche Expertise in der Darstellung einer Frau. Agnes war die Frau, die zuviel wusste.

Problematisch für eine praxistheoretische Fassung des Doing Gender ist daher nicht nur eine zu hohe Bewusstseinsbeteiligung wie bei Goffmans strategischem Akteur, problematisch ist auch eine Performativitätstheorie wie die von Judith Butler[10], die aus der sprechakttheoretischen Tradition die Prämisse einer Explizität des Zeigens mitführt. Die *sprach*philosophischen Annahmen aus der Analyse des Sprechens und Schreibens passen nicht gut auf die Spezifik von Verkörperungen – Performances haben keinen Autor![11] – und die *handlungs*theoretischen Annahmen über isolierte Sprech*akte* verfehlen eigentlich alles, was die Zweigeschlechtlichkeit so beharrlich macht: die ununterbrochene Pantomimik unseres sogenannten ›nonverbalen Verhaltens‹, die Interaktivität und Situationsabhängigkeit von Geschlechtsdarstellungen, und natürlich die riesige institutionelle Infrastruktur der Anreizung oder Entmutigung von Geschlechtsdarstellungen (Paarbeziehungen, Arbeitsmarktstrukturen usw.).

9 Harold Garfinkel, »Passing and the Managed Achievement of Sex Status in an Intersexed Person«, in: ders., *Studies in Ethnomethodology*. Englewood Cliffs: Prentice Hall 1967, 116-185.
10 Judith Butler, *Das Unbehagen der Geschlechter*, Frankfurt am Main: Suhrkamp 1991.
11 Karl Braun, »Grenzziehungen im Imaginären – Konstitution von Kultur«, in: Thomas Hengartner/Johannes Moser (Hg.), *Grenzen & Differenzen. Zur Macht sozialer Grenzziehungen*, Dresden/Leipzig: Leipziger Universitätsverlag 2006, 19-40.

Geschlechtsdarstellungen sind daher gar nicht so kontingent, dass sie viele Täuschungen und Inszenierungen zuließen, sie bestimmt vielmehr ein *Kontinuum des Ostentativen*, bei dem das Meiste nur implizit gezeigt wird. Es beginnt damit, dass eine Tätigkeit sich *sehen lässt* (anstatt sich zu verstecken), und sich dann auch selbstexplikativ zu *erkennen gibt* (anstatt in ihrer Ausführung unklar zu bleiben), sich darüber hinaus ästhetisch *stilisiert* (anstatt in Unscheinbarkeit zu verharren) und dadurch Blicke heischt (also zum Zuschauen auffordert), und schließlich situativ *als ›Performance‹ gerahmt* wird (anstatt in ihrem alltäglichen Kommunikationszusammenhang zu verbleiben).

Ein Krisenexperiment

Nun sind dies alles nicht allein theoretisch zu entscheidende Dinge, es sind vielmehr Forschungsfragen, die in den Sozial- und Kulturwissenschaften empirisch untersucht werden. Ich will Ihnen deshalb jetzt auch ein paar ›Daten zeigen‹, auf denen meine Aussagen beruhen.

Die Schwelle zwischen explizitem und implizitem Wissen kann für die empirische Forschung dabei kein Axiom sein, sie ist vielmehr eine Herausforderung, dasjenige auszumachen und auszubuchstabieren, was sich im Dickicht der Praxis verbirgt. Wie expliziert man praktisches Wissen? Der Claim solcher Forschung liegt in einer Artikulationsleistung: Die Leute wissen, wie etwas zu tun ist, aber sie wissen nicht, wie sie es tun.

Eine naheliegende Strategie besteht darin, nach Praktiken zu fahnden, in denen implizites Wissen eben doch Schicht um Schicht expliziert, d.h. zur Sprache oder zur klaren Anschauung gebracht wird. Solche Übersetzungen zwischen den Aggregatzuständen kulturellen Wissens finden sich typischerweise in der Wissens*vermittlung*, etwa in Tanzstunden, in der Lehre eines Handwerks, im Instrumentalunterricht. Die Artikulationsanstrengungen eines Gesangslehrers für den Bewohner eines anderen Körpers haben aber auch Ähnlichkeit mit den Beschreibungsanstrengungen eines Ethnografen für ferne Bewohner anderer Kontinente oder mit den Erklärungsbemühungen von Menschen mit deviantem Lebensstil für die Insassen anderer Milieus. Auf eben solche krisenhafte Situationen gesteigerten Erklärungsbedarfs stützte sich auch Garfinkels Rückgriff auf die Expertise von Transsexuellen als Fremden in der eigenen Kultur.

Mit dieser Grundidee einer Herstellung von Krisen als Explikationshilfe für implizites Wissen haben Studierende in einer Lehrforschung nun versucht, Praktiken der Geschlechterdifferenzierung auf die Spur zu kommen. Die Studierenden sollten sich oder andere Personen oder Dinge geschlechtlich ›umbesetzen‹ und aufzeichnen, was geschieht.

Zum Beispiel versuchte eine studentische Arbeitsgruppe, Krisen bei den Angestellten von Telefonunternehmen zu erzeugen, indem sie ihnen weibliche Stimmen mit männlichen Vornamen präsentierten und das ›Sense Making‹ festhielten. Eine andere Gruppe versetzte Dienstleistungsinteraktionen in Krisen, indem sie entweder in Geschäften mit geschlechtsneutralen Waren explizite Frauen- und Männerprodukte nachfragten – etwa einen Frauenwein verlangten – oder in Geschäften mit stark sexuierten Waren Unisex-Produkte suchten, etwa in einem Sexshop Unisex-Wäsche. Wir haben diese Grundidee einer Fragilisierung der Wahrnehmung aber nicht auf unsere armen Versuchsopfer beschränkt, sondern auch uns selbst durch die geschlechtliche Anonymisierung unseres Datenmaterials verunsichert.

Das Beobachtungsprotokoll, das ich Ihnen zeigen will, entstammt einem *Selbstversuch* in der praktischen Durchführung einer Geschlechtszugehörigkeit. So ähnlich wie Mobilitätstrainer von Blinden tageweise unter einer Augenbinde angelernt werden,[12] oder so wie das Personal in der Altenarbeit mitunter in bleierne Anzüge gesteckt wird, um einen gealterten Körper erfahrbar zu machen, so haben wir Studentinnen unseres Seminars mit einer besonderen kognitiven Prothese ausgestattet, der Aufforderung »Sei ein Mann!«. Diese Aufforderung beschränkte sich selbstverständlich nicht auf eine Heuristik, mit der der eigene Alltag umzu*deuten* wäre, sie erstreckte sich auch auf die Praktiken, mit denen ein Mann konstituiert wird, sobald wir nur morgens das Bett verlassen.

> *Ich wache morgens auf und bin heute also ein Mann. Ich gehe ins Bad und stelle fest, dass ich vom Vortag noch Schminkreste unter den Augen habe. Das passt ja wohl eher nicht recht, also weg damit. Okay, erstmal ein Bodycheck: Meine Haare binde ich für gewöhnlich erstmal zum Zopf. Das geht in Ordnung. Würde ein Mann bestimmt auch so machen. Die Fingernägel? Muss dringend Nagellackentferner kaufen: Rote Zehennägel und lackierte Fingernägel gehen gar nicht. Relativ kurz sind sie ja, aber ob ich sie jetzt noch kürzer schneiden muss?? Und Männer verwenden glaub ich keine Nagelfeile. Da müsste ich mal einen Profi (sprich Mann) fragen. Und die Körperbehaarung? Darf ich mir als Mann (und ohne die »Ausrede« ich sei Spitzensportler) die Beine rasieren? Und die Achseln? Den Intimbereich? Beinrasur ist schon hart an der Grenze und trägt sicher nicht dazu bei, dass ich mich männlicher fühle. Sonstige Rasuren sind mittlerweile durchaus üblich. Das geht also in Ordnung.*

---

12 Caroline Länger, *Im Spiegel von Blindheit. Eine Kultursoziologie des Sehsinnes*, Stuttgart: Lucius & Lucius 2002.

Das Protokoll beginnt mit der Feststellung, auf welche Widerstände ein Versuch, »heute mal« ein Mann zu sein, aufläuft: Schminkreste, Frisur, Nagellack, -länge und -form sind Tagesreste einer vergangenen Darstellung von Geschlechtszugehörigkeit, die in der Trägheit des Körpers Restriktionen für einen spontanen Wechsel der Darstellung geschaffen haben.[13] Das Protokoll zeigt ferner einen Orientierungsbedarf, für den die Experimentatorin auf ein kognitives Wissen zurückgreifen muss, wie Männer sind und was sie tun oder lassen. Hier gibt es sicheres Wissen über Spielräume (der Zopf geht in Ordnung) und unsicheres Wissen, also eine Grauzone der Geschlechterdifferenz: Feile benutzen, Beine rasieren?

> *Ehrlich gesagt, fühle ich mich kein Stück männlicher als sonst. Das Duschgel »blue moon sportiv« hatte sowieso ich mir gekauft. Mein Mann steht eher auf Honig-Milch-Duschgel; aber das werde ich jetzt nicht ausprobieren, ist irgendwie nicht sehr männlich. Also bleibe ich lieber bei »blue moon sportiv«. Gehört irgendwie in die Kategorie der »Davidoff Cool Water«-Düfte und scheint damit zumindest von den Herrendüften abgeschaut. Auch die dunkelblaue Flasche deutet darauf hin. Männershampoo hab ich scheinbar schon. Denn auf »Schauma Schuppenshampoo« ist an der Stelle, an der bei allen (das werde ich gleich im Supermarkt überprüfen) anderen Schauma-Shampoos eine Frau ihr lockiges Haar in die Kamera hält, ein Mann abgebildet.*

Unter der Dusche gibt es beim fortgesetzten Rückgriff auf kognitives Wissen eine Überraschung: Nach ihren Haaren und Nägeln wird die Versuchsperson mit weiteren Artefakten konfrontiert, in denen die Geschlechtszugehörigkeit einer Person verstetigt wird, aber das Duschgel und das Shampoo, das sie in dieser Optik betrachtet, sind nicht auszutauschen, weil sie sie eher schon vor ihrem Versuch ›zu einem Mann gemacht‹ hatten, während die Nutzung des Duschgels ihres Mannes sie eher wieder ›zu einer Frau machen‹ würde. Der Versuch, diese Artefakte für eine Geschlechtsdarstellung relevant zu machen, stößt also auf die Entdeckung, dass sie vorher eher in einem geschlechts*indifferenten* Raum angesiedelt waren, der nach ganz anderen Relevanzen genutzt werden konnte.

---

13 Stefan Hirschauer, »Die soziale Fortpflanzung der Zweigeschlechtlichkeit«, in: *Kölner Zeitschrift für Soziologie und Sozialpsychologie*, 4 (1994), 668-692.

Jetzt aber! Männer binden ihr Handtuch nur um die Hüften nach dem Duschen. Nicht um den Oberkörper. Ich stelle fest, dass das ziemlich unpraktisch ist, denn bei dieser Methode muss man den Oberkörper vorab erstmal trocken reiben, während das bei der »Frauenmethode« das Handtuch quasi selbst übernimmt.

Hier haben wir im Seminar mit einer kleinen Umfrage überprüft, wie sicher das mobilisierte kognitive Wissen der Autorin ist: Keiner der anwesenden Männer band das Tuch um die Hüften. Das interessante Datum liegt hier also vielmehr darin, mit wie viel Gewissheit das Alltagswissen aus laufenden Vergleichen von Männern und Frauen versehen wird: Wir können noch so oft auf empirische ›Falsifikationen‹ stoßen, die Klassifikation stimuliert dennoch eine laufende Generalisierung von Einzelfällen – und zwar vermutlich oft von Einzelfallerfahrungen, die in Paarbeziehungen gewonnen werden. Ein Paar ist halt ein vorzügliches Sozialarrangement zur ›Feststellung von Geschlechtsunterschieden‹, nämlich zur individualisierenden Zurechnung von persönlichen Differenzen aufs Geschlecht.

Ferner ist interessant, auf welche implizite Plausibilität für den behaupteten Handtuchgebrauch von Männern sich die Autorin stützt, nämlich auf die Annahme, dass die Körper von Männer und Frauen hier eine unterschiedliche Behandlung erfordern. Diese Annahme wird terminologisch unterstützt durch die alltagssprachliche Unterscheidung zwischen ›Brüsten‹ und ›Brust‹ – nur: abzutrocknen ist die Rumpfvorderseite allemal. Wir stoßen hier also eher auf eine in dieser (und sicher auch anderen) Paarbeziehungen gepflegte Praktik, mit denen die eine Seite sich ›Brüste gibt‹, sich ›brüstet‹, während die andere dies unterlässt.

Au, das Deo brennt! Aber da muss ich jetzt durch. Die Haut im Gesicht spannt, aber Männer verwenden ja keine Creme. Vielleicht lässt das Spannen ja irgendwann nach?
Anziehen ist kein Problem, ich hab ja fast die gleiche Größe wie mein Mann. Die Shorts passen. Aber die Hose: oje! Knopfleiste auf der falschen Seite geht ja noch, aber wie viele auftragende Taschen und Futter und Inneneinlagen etc. sind denn da noch drin? Ich komm mir vor, als hätte ich 20 Kilo zugenommen (so rein optisch).
Okay, BH fällt heute flach. Also zieh ich einfach ein eng anliegendes Trägertop von mir an. Und nun ein Hemd. Praktisch, irgendwie passt jedes Hemd zu dieser Hose. Ich entscheide mich für ein aubergine-farbiges Hemd. Toll, wieder die Hose runter, Hemd zuknöpfen, Hemd und Short glatt streifen, Hose hoch, Hemd und Short wieder »runterfummeln«, Hose zu – geschafft!
Jetzt noch eine Krawatte. Schade, zu dem Hemd passt nur eine

schwarze. Hätte lieber meine Lieblingskrawatte (die orangene) angezogen. Das Binden der Krawatte klappt gleich auf Anhieb. Überzeugen tut mich das Resultat trotzdem nicht. Die Krawatte muss ja meines Wissens mit der Gürtelunterkante abschließen. Tut sie auch. Aber irgendwie sieht sie an mir ziemlich breit aus. Hab ich vielleicht einen zu kurzen Oberkörper? Anfühlen tut sich das auch nicht gut. Hab jetzt schon das Gefühl, ich werde erdrosselt. Sehr gewöhnungsbedürftig!
Fehlt nur noch der Gürtel. Wie herum muss ich den denn einfädeln? Ich glaube, als Mann mache ich das gegen den Uhrzeigersinn. Also Schnalle links und Gürtelzunge rechts.
Fertig! An meiner 20 Kilo-Theorie hat sich leider nichts verändert. Wenn ich mich in dieser Hose hinsetze, wölbt sich da vorn eine äußerst unvorteilhafte Stofffalte nach oben. Sieht geradezu obszön aus. Alles in allem komme ich mir kleiner und breiter vor als sonst. Ich frage mich, warum bei Herrenkleidung so viele auftragende Elemente angebracht sind. Da kann man ja nur fett drin aussehen.

Das Thema der Körpersignifizierung findet sich hier wieder: Die ums Mannsein Bemühte verzichtet auf den BH, trägt heute also keine Brust (sie *hat* bloß noch eine – wie manche Männer auch). Beim Ankleiden werden aber nun auch drei unterschiedliche Wissensarten erkennbar. Es findet sich zunächst wieder das *kognitive Wissen*, das man hat oder nicht hat: Welches Hemd passt zur Hose? Welche Krawatte zum Hemd? Muss sie mit der Gürtelkante abschließen? Daneben geht es jetzt aber offenkundig auch um ein *praktisches, vorsprachliches Wissen*, das die Protokollierung zu versprachlichen zwingt: In welcher Reihenfolge zieht man Hemd und Hose an? Was müssen die Hände tun, wenn die Knopfleiste auf der anderen Seite ist? Wie bindet man eine Krawatte? Wie fädelt man den Gürtel ein? Einerseits dokumentiert die Protokollantin hier Routinemängel, die sie durch Reflexion auszugleichen sucht, andererseits ergibt eine erneute kleine Seminarumfrage, dass keiner der anwesenden Männer in der Lage wäre, eine Krawatte zu binden. Die ums Mannsein Bemühte hat hier also bereits einen Kompetenzvorsprung gegenüber Männern, ›den Mann zu machen‹. Wie bei der Erfahrung mit dem Duschgel zeigt sich, dass die Startposition für den experimentellen Geschlechtswechsel gar nicht die unzweideutige Position ›einer Frau‹ war. Auch die geschmackssichere Beurteilung der Farbwirkung ›ihrer Lieblingskrawatte‹ zeigt eine Kompetenz, die sich die Protokollantin vermutlich in der ästhetischen Aneignung ihres Partners als erotisches Objekt erworben hat.

Eine dritte Wissenssorte, die das Protokoll anspricht, sind die unmittelbaren *leiblichen Evidenzen*, die ein Körper unter fremder Kleidung hat: Der an eine bestimmte kosmetische Behandlung gewöhnte Körper äußert Aversionen gegen Änderungen: Das Deo brennt, die Haut spannt, die Krawatte engt die Atmung ein. Aber vor allem die industriell anders ausgestattete Hose verändert das Selbsterleben radikal: Sie erhöht dramatisch das ›gefühlte Gewicht‹. Bemerkenswert ist hier die Synästhesie: Der *gefühlte* Stoff verändert die *Optik* und das veränderte *Aussehen* beinflusst wiederum die erlebte Leibesfülle.

In Sitzhaltung schließlich verändert die Kleidung das Körperschema so stark, dass der Protokollantin geradezu ein Phallus erwächst. Insofern ist sie in ihrem Versuch hier schon sehr weit gekommen.

Nach dem Jackett endlich der Blick in den Spiegel. Geht doch! Aber nicht nur die Kleidung ist anders. Ich stehe irgendwie lässiger und cooler, lasse die Schultern mehr als sonst hängen und neige die Hüfte etwas nach vorne, die Hände in den Hosentaschen. Auch mein Gesichtsausdruck ist verändert, vor allem die Mundgegend ist angespannter – schmale Lippen, als würde ich die Zähne fester zusammenbeißen. Ich mache, finde ich, einen leicht fies-arroganten Eindruck. Mein Blick ist ernst und mein Gesicht fühlt sich gespannt, rau und kantig an. Wahrscheinlich fehlt die gewohnte Creme. Noch dazu sehen meine Schultern noch breiter aus als sonst. Ich fühle an der Schulter nach, ob das Hemd so stark absteht. Das ist aber nicht der Fall, meine Schultern füllen das Hemd komplett aus. Also lässt das Streifendesign die Schultern breiter aussehen.

Jetzt aber los! Mein Gang ist schwerer und breiter als sonst. Ich setze in der weiten und bequemen Hose die Füße weiter auseinander, die Fußspitzen zeigen außerdem nach außen. Zugleich kicke ich sie kurz vor dem Auftreten nach vorn. Insgesamt kommt mir meine Gang sehr locker und lässig vor. Meine Haltung ist in sich zusammengefallen, der Hals weiter nach vorne gebeugt, der Kopf nach unten gerichtet. Meine Schultern fallen nach vorn und die Arme hängen weiter nach unten als sonst. Das Hemd ist halt schön weit und ich habe ausreichend Platz um mich frei zu bewegen. Jetzt aber schnell durchs Treppenhaus (die Nachbarn!) und aufs Fahrrad. Ich halte die Arme breiter am Lenker als sonst.

Es ist, als ob die Kleidung hier unmittelbar ins Selbst einzugreifen vermag. Es handelt sich nicht einfach nur um ein Outfit, sondern um ein ›Infit‹. So wie Kleidungsstücke bestimmte ästhetische Passungsverhältnisse *zueinander* unterhalten (wie Krawatte und Hemd), so verlangen sie offenbar auch von Haltung und Mimik Anpassungen i. S. einer ästhetischen Stimmigkeit, einer kulturell etablierten Gestalt, die Konsonanzzwänge ausübt. Diese ästhetischen Konsonanzzwänge könnten in der visuellen Kommunikation ähnliche Funktionen der Gestaltschließung haben wie die Zugzwänge der verbalen Kommunikation im Zeitverlauf einer Interaktion: die Zwänge der Ergänzung von Paarsequenzen oder der Schließung von Erzählungen.[14]

Ein Weg, auf dem ein solcher Zusammenhang hergestellt wird, ist das kognitive, aber nicht-sprachliche Wissen, das wir von der visuellen Ästhetik der Geschlechtsdarstellung haben. Die Praxis des Mannseins erfordert mit einem bestimmten Aussehen auch eine Reihe von Haltungen, die mit seiner Herstellung einzunehmen sind. Eine Krawatte verlangt einen anderen Gesichtsausdruck. Noch unterhalb dieses visuellen Wissens wirkt aber, dass Accessoirs ganz unmittelbar bestimmte Verhaltensweisen ermöglichen oder inhibieren. Ein weiter oder enger Schnitt hat Effekte auf Gang und Sitzhaltung, Hosentaschen erlauben auch spezifische Hand- und Armhaltungen. Eine andere studentische Arbeitsgruppe, die zwei Männer einem Schminkkurs unterzog, ließ diese Männer umgekehrt erfahren, dass ein geschminktes Gesicht die Hände behindert, weil es keine nachlässigen Berührungen verträgt. Außerdem konstatiert das Beobachtungsprotokoll, dass die Männer, sobald sie ihrem Schminken vor dem Spiegel überlassen wurden, in ein bemerkenswert »mädchenhaftes« Kichern ausbrachen. Darstellungen ›engagieren‹ uns eben, d. h. sie rekrutieren uns auch emotional.

Verkörperungen als implizites Zeigen

Die methodische Strategie dieses Selbstversuchs bestand in einer kontrafaktischen Selbststilisierung als Mann. Der forschungsstrategische Trick lag in einer Verfremdung und Fragilisierung der Selbstbeobachtung – nämlich einer Untersuchung des Mannseins am eigenen, weiblichen Leib.

Für die *Geschlechtsdifferenzierungsforschung* kann man sich davon eine Art Grenzexploration versprechen: nämlich über eine systematische Variation situativer Bedingungen herauszufinden, wo in einem Milieu innerhalb des Raums der möglichen Verhaltensweisen die Grenze zwischen den sogenannten ›Geschlechtern‹ verläuft. In dieser Hinsicht ist an dem kleinen Versuch instruktiv, dass sich die Experimentatorinnen überhaupt erst einmal als Frauen verstehen mussten, um das ›andere‹ Geschlecht sein zu können. Dieses Selbstverständnis als Frau ist offenbar keineswegs selbstverständlich, einfach weil es in vielen Situationen schlicht unbrauchbar ist.[15]

14 Werner Kallmeyer/Fritz Schütze, »Zur Konstitution von Kommunikationsschemata der Sachverhaltsdarstellung«, in: Dirk Wegner (Hg.), *Gesprächsanalysen*, Hamburg: Buske 1977.
15 Stefan Hirschauer, »Das Vergessen des Geschlechts. Zur Praxeologie

Für die *Wissenssoziologie* ist der Fall interessant, weil bei der Transgression der Geschlechtergrenze eben auch die Grenzen zwischen Wissensformen überschritten werden. Drei Dinge scheinen mir interessant: Erstens musste das fehlende praktische Wissen des Mannseins durch den extensiven Rückgriff auf ein kognitives Wissen kompensiert werden, das sich aber seinerseits immer wieder als unsicher bzw. stereotyp herausstellte. Der Versuch explizierte ein Wissen über diese Klischees.

Zweitens sagen wir nicht nur, was wir wissen, wir zeigen es uns auch in unserem Tun: als eine laufende Bekundung dessen, was wir da tun und wahrnehmen. Menschliches Verhalten ist insofern jene Form kultureller Selbstrepräsentation, die sich *durch Körper artikuliert* – und nicht durch Erzählungen, Texte oder technische Bilder. Der Versuch macht nun deutlich, dass bei diesem Zeigen von kulturellem Wissen seinerseits eine Mischung von kognitivem, visuellem und praktischem Wissen mobilisiert wird. Die Verkörperung ist ein praktisch gekonntes implizites Zeigen vor laufender kompetenter Beobachtung.

Das implizite Zeigen in sozialer Interaktion scheint dabei immer zwei Seiten zu haben: Eine kompetent vollzogene Darstellung zeigt dem Betrachter, wer ihm da gegenübertritt, lässt den Darsteller aber vergessen, was er da tut, und instruiert dafür seinen Körper. Das gewöhnliche *learning by doing* ist deshalb möglich, weil unsere gerichteten Bewegungen nicht nur selbstexplikativ für Betrachter sind (wie die Ethnomethodologie wieder und wieder betonte), sie sind auch selbst*instruktiv*, insofern sie auch die Handelnden auf die Bahn ihres eigenlogischen Ablaufs setzen.[16]

Will man den ethnomethodologischen und den poststrukturalistischen Beitrag aufeinander beziehen, so kann man vielleicht von einer komplementären Annäherung zwischen Diskurs und Praxis sprechen. Der Einsicht, dass jedes Sprechen auch ein Tun ist, ist die andere hinzuzufügen, dass jedes Tun auch ein Zeigen ist. So wie ein jedes Sprechen eine praktische Seite hat, hat eine jede Praxis auch eine kommunikative Seite: Es gibt sowohl einen Handlungsaspekt der sprachlichen Kom-

einer Kategorie sozialer Ordnung«, in: Bettina Heintz (Hg.), *Geschlechtersoziologie*. Wiesbaden: Westdeutscher Verlag 2001, 208-235.

[16] Larissa Schindler zeigt dies detailliert am Fall des Kampfsporttrainings: Larissa Schindler, *Die Explikation des Impliziten. Zur Vermittlung praktischen Wissens in der Kampfkunst*, Stuttgart: Lucius 2011. Man könnte auch sagen, dass jede Praktik doppelt instruktive Züge hat: Sie prägt den sie vollziehenden Körper und sie demonstriert dem Gegenüber, wie sie zu vollziehen ist, in einem unvermeidlichen »teaching by doing«. Vgl. Larissa Schindler, »Teaching by doing. Zur körperlichen Vermittlung von Wissen«, in: Michael Meuser/Reiner Keller (Hg.), *Körperwissen. Über die Renaissance des Körperlichen*, Wiesbaden: VS-Verlag 2011.

munikation als auch einen *visuellen* Kommunikationsaspekt jedes Verhaltens: Angefangen mit der in jedem Gehen enthaltenen Richtungsanzeige, über die metakommunikative Kennzeichnung einer Äußerung als ein bestimmtes Tun, bis zu der fortlaufenden Pantomimik unseres sogenannten nonverbalen Verhaltens.

Drittens zeigt unser kleiner Versuch auch die Grenzen der sprachlichen Explizierbarkeit sozialer Praxis auf. Ein offenkundiger Grund dafür ist, dass das praktische Wissen in Körper und Artefakte eingelassen ist und sich nur in deren Zusammenspiel als Praktiken entfalten kann. Natürlich kann man hier noch ehrgeiziger sein als bei der Beschreibung des Anziehens in unserem Beispiel. In einem Lehrbuch der Chirurgie fand ich eine einzige Knotentechnik auf zwei Seiten und in vier Bildern beschrieben. Aber auch solche aufwendigeren Explikationen spalten eine Symbiose von Praktik-und-Artefakt in eine Dichotomie von Handlung und Gebrauchsgegenstand. Eine Knoteninstruktion ist eine Gebrauchsanweisung für die eigenen Hände. Nimmt man diesen Händen auch noch die Anschauung des Fadens, kann man einen Erfolg in der Theorie verbuchen – man kann eine ›Handlung‹ als eine humanistische Abstraktion aus der Symbiose von Praktiken und Artefakten herauslösen – aber man bekommt dann seine Schuhe nicht mehr zu.

Literatur

Bourdieu, Pierre, *Entwurf einer Theorie der Praxis*, Frankfurt am Main: Suhrkamp 1976.
Bourdieu, Pierre, *Sozialer Sinn. Kritik der theoretischen Vernunft*, Frankfurt am Main: Suhrkamp 1993.
Butler, Judith, *Das Unbehagen der Geschlechter*, Frankfurt am Main: Suhrkamp 1991.
Braun, Karl, »Grenzziehungen im Imaginären – Konstitution von Kultur«, in: Thomas Hengartner/Johannes Moser (Hg.), *Grenzen & Differenzen. Zur Macht sozialer Grenzziehungen*, Dresden/Leipzig: Leipziger Universitätsverlag 2006, 19-40.
Garfinkel, Harold, »Passing and the Managed Achievement of Sex Status in an Intersexed Person«, in: ders., *Studies in Ethnomethodology*. Englewood Cliffs: Prentice Hall 1967, 116-185.
Goffman, Erving, *Verhalten in sozialen Situationen. Strukturen und Regeln der Interaktion im öffentlichen Raum*. Gütersloh: Bertelsmann 1971.
Goffman, Erving, *Rahmenanalyse. Ein Versuch über die Organisation von Alltagserfahrungen*, Frankfurt am Main: Suhrkamp 1977.
Hirschauer, Stefan, »Die soziale Fortpflanzung der Zweigeschlechtlichkeit«, in: *Kölner Zeitschrift für Soziologie und Sozialpsychologie*, 46 (1994), 668-692.

Hirschauer, Stefan, »Ethnographisches Schreiben und die Schweigsamkeit des Sozialen. Zu einer Methodologie der Beschreibung«, in: *Zeitschrift für Soziologie* 30 (2001), 429-451.
Hirschauer, Stefan, »Das Vergessen des Geschlechts. Zur Praxeologie einer Kategorie sozialer Ordnung«, in: Bettina Heintz (Hg.), *Geschlechtersoziologie*. Wiesbaden: Westdeutscher Verlag 2001, 208-235.
Hirschauer, Stefan, »Körper macht Wissen. Für eine Somatisierung des Wissensbegriffs«, in: Karl-Siegbert Rehberg (Hg.), *Die Natur der Gesellschaft. Verhandlungen des 33. Kongresses der Deutschen Gesellschaft für Soziologie in Kassel*, Bd. II, Frankfurt am Main/New York: Campus 2008, 974-984.
Kallmeyer, Werner/Schütze, Fritz, »Zur Konstitution von Kommunikationsschemata der Sachverhaltsdarstellung«, in: Dirk Wegner (Hg.), *Gesprächsanalysen*, Hamburg: Buske 1977.
Länger, Caroline, *Im Spiegel von Blindheit. Eine Kultursoziologie des Sehsinnes*, Stuttgart: Lucius & Lucius 2002.
Langer, Susanne, *Philosophie auf neuem Wege. Das Symbol im Denken, im Ritus und in der Kunst*. Frankfurt am Main: Fischer Taschenbuch 1984.
Polanyi, Michael, *Implizites Wissen*, Frankfurt am Main: Suhrkamp 1985.
Reckwitz, Andreas, *Die Transformation der Kulturtheorien*, Weilerswist: Velbrück Wissenschaft 2000.
Ryle, Gilbert, *Der Begriff des Geistes*, Stuttgart: Reclam 1969.
Schütz, Alfred/Luckmann, Thomas, *Strukturen der Lebenswelt*, Bd. I, Frankfurt am Main: Suhrkamp 1979.
Schindler, Larissa, *Die Explikation des Impliziten. Zur Vermittlung praktischen Wissens in der Kampfkunst*, Stuttgart: Lucius 2011.
Schindler, Larissa, »Teaching by doing. Zur körperlichen Vermittlung von Wissen«, in: Michael Meuser/Reiner Keller (Hg.), *Körperwissen. Über die Renaissance des Körperlichen*, Wiesbaden: VS-Verlag 2011.

Wiebke-Marie Stock
Ikonische Differenzen
Motive bildlichen Zeigens

»Das Rätsel ›Bild‹ zeigt tausend Gesichter und hat doch stets damit zu tun, dass sich Faktisches *als Wirkung*, Materialität *als* luzider Sinn erschliesst.«[1]

Die »den Bildern eigentümlichen Erfahrungsformen« sind für den Kunsthistoriker G. Boehm Hauptimpuls für die Auseinandersetzung mit dem Bild. Er erinnert an Überlegungen in Platons *Sophistes*, wo von einer »Verflechtung (symplokê) von Seiendem und Nichtseiendem« die Rede ist und wo es heißt: »Ist es nun also nicht wirklich nicht seiend, doch wirklich das, was wir ein Bild nennen?«[2]

Um die seltsame Seinsweise und ihre »Explikationskraft«[3] zu fassen, führte Boehm den Begriff der »ikonischen Differenz« ein. Das Bild beruhe auf einem »einzigen Grundkontrast, dem zwischen einer überschaubaren Gesamtfläche und allem, was sie an Binnenereignissen einschließt«; der »visuelle Grundkontrast« wird zum »Geburtsort jedes bildlichen Sinnes«.[4] Der Begriff der »ikonischen Differenz« hat sich in der Folgezeit als ein bildwissenschaftlicher Leitbegriff erwiesen, auf den in vielfältiger Weise Bezug genommen wurde. Boehm selbst hat ihn in seinen neueren Publikationen weiterentwickelt und als deiktische Differenz expliziert.[5] Das darin herausgehobene Moment des Zeigens

1 Gottfried Boehm, »Ikonische Differenz«, in: *Rheinsprung 11. Zeitschrift für Bildkritik* 1 (2011), 170-176, hier: 170.
2 Platon, *Sophistes*, in: ders., *Werke in acht Bänden*, griechisch und deutsch, übers. v. Friedrich Schleiermacher u.a., Bd. VI, Darmstadt: WBG 1990, 240b-c. Vgl. Boehm, »Ikonische Differenz«, 170.
3 Ebd.
4 Ders., »Die Wiederkehr der Bilder«, in: ders. (Hg.), *Was ist ein Bild?*, München: Fink 1994, 11-38, hier: 30. Vgl. ders., »Bildsinn und Sinnesorgane«, in: *Neue Hefte für Philosophie* 18/19 (1980), 118-132, pass., bes. 124 f.; 128 f., wo von »Simultaneität und Sukzession« gesprochen wird; 130: »Das Wechselverhältnis ist demnach durch Konstrast und Verbindung zugleich ausgezeichnet. Simultaneität und Sukzessivität des Bildes unterscheiden und vermitteln sich durch eine *ikonische Differenz*, die dem Bilde überhaupt erst den Status seiner Sinndeutung verleiht.« Vgl. auch ders., »Zu einer Hermeneutik des Bildes«, in: Hans-Georg Gadamer/Gottfried Boehm (Hg.), *Seminar. Die Hermeneutik und die Wissenschaften*, Frankfurt am Main: Suhrkamp 1978, 444-471, hier: pass., bes. 461 f., 465 f., 468.
5 Boehm, »Ikonische Differenz«, 171: »Jedes ikonische Artefakt organisiert

bestimmt auch die Rezeption der »ikonischen Differenz« bei G. Figal. Er expliziert sie als ein ›Zeigen‹ und ›Sichzeigen‹. Die folgende Untersuchung beschränkt sich auf diese beiden Ansätze, die auf ihre Implikationen und Konsequenzen hin analysiert und befragt werden.

Die Präsenz der Bilder

Abbild und Schema

Figal hebt in seinem Artikel *Bildpräsenz* die »unvergleichbar[en] Evidenzen« der Bilderfahrung hervor: »Das Bild und alles, was im Bild ist, hat eine besondere, eigentümlich hervorgehobene *Präsenz*.«[6] Figal führt diese Präsenz auf das »Wesen des Bildlichen« zurück, es ist »*im Abstand*«, »*gegenüber*«, »simultan, geschlossen, aussschließlich und endgültig«, »*unberührbar*«, »*still*«.[7] Aufgrund dieser Eigenschaften sei das Bild eigentlich ein »ausgezeichnetes Medium der Erkenntnis«, weshalb »der Bildvorbehalt der philosophischen Tradition erstaunlich« sei.[8] Figals Bilddenken ist gegen den »platonische[n] Vorbehalt gegen die Bilder« gerichtet, aber die »platonische Behauptung vom derivativen Charakter der Bilder« scheint ihm doch in einem gewissem Sinne plausibel zu sein: »Dass Bilder wesentlich Abbilder sind, scheint unbestreitbar zu sein.«[9]

> »[...] selbst bei abstrakten Bildern scheint es schwierig, sie ohne das zu bestimmen, was man, ungenau genug, ›Abbildung‹ nennt. Ließe man nämlich das Abbildungsverhältnis ganz beiseite, könnte man nur noch eine Realpräsenz der Bilder behaupten; sie wären Manifestationen der Sache, die im Bild ist. Aber dann wäre das Bild die Sache selbst und kein Bild mehr.«[10]

Was Figal hier – »ungenau genug« – ›Abbildung‹ nennen möchte, ist die dem Bild inhärente Differenz, die es von Gegenständen, die bloß sie selbst sind, unterscheidet. Eben hierfür nimmt er den Boehmschen Begriff der »ikonischen Differenz« in Anspruch:

> sich in der Form einer visuellen, intelligenten sowie deiktischen, und das heisst nicht-sprachlichen Differenz.«
>
> 6 Günter Figal, »Bildpräsenz. Zum deiktischen Wesen des Sichtbaren«, in: Gottfried Boehm/Sebastian Egenhofer/Christian Spies (Hg.), *Zeigen. Die Rhetorik des Sichtbaren*, München: Fink 2010, 55-72, hier: 55.
> 7 Ebd., 55-57.
> 8 Ebd., 55 f.
> 9 Ebd., 56.
> 10 Ebd., 56 f.

»Bilder, so scheint es, gibt es nicht ohne die Verschiedenheit zwischen ihnen selbst und dem, was sie vergegenwärtigen, vorstellbar machen oder eben ›abbilden‹. Bilder gibt es nicht ohne ›ikonische Differenz‹.«[11]

Wie dieses Zitat zeigt, bedeutet ›ikonische Differenz‹ für Figal aber nicht wie in Boehms ursprünglicher Definition die Logik der Kontraste zwischen Grund und Binnenelementen, sondern die Differenz zwischen dem Dargestellten und dem, was die Bilder selbst sind. Diese Beschreibung erinnert an Wiesings Unterscheidung von »Bildträger« und »Bildobjekt«.[12] Was diese ›ikonische Differenz‹ bedeutet, gerade, wenn man sie als »Stärke der Bilder« sehen wolle, lasse sich vielleicht, so überlegt Figal, erklären, wenn man sagt, »dass Bilder etwas *zeigen* und dass sie in ihrem Wesen durch den Sachverhalt des Zeigens bestimmt sind«.[13] Zeigen dürfe man hier dann aber nicht als »Handlung« verstehen, da dies die Bilder anthropomorphisiere, sondern als ein »*Vorzeigen*«:

>»Es gibt auch das *Vorzeigen*, und bei diesem bewegt man sich nicht unbedingt; wer etwas emporhält und von sich weghält, um es sehen zu lassen, hält sich still. Bilder zeigen in diesem Sinne; sie lassen etwas sehen, und zwar etwas, das, wie auch immer, von ihnen selbst zu unterscheiden ist.«[14]

Ein Bild Canalettos, das die Kirche *Santa Maria della Salute* darstellt, zeige »nicht die am Canale Grande gelegene Barockkirche, die man betreten könnte. Was zu sehen ist, ist *nur* zu sehen; nur als Sichtbares ist es zugänglich.«[15] Zwischen der Sichtbarkeit der realen Kirche und der gemalten darf es jedoch keinen gravierenden Unterschied geben, da sonst die Idenfizierung der gemalten Kirche als eben jene bestimmte venezianische Kirche unmöglich wäre. Figal spricht daher von einem gemeinsamen ›Schema‹: »Was die reale Kirche und die Kirche im Bild gemeinsam haben, lässt sich als *Schema* bezeichnen.«[16] Es ist nicht »die Idee einer Sache, sondern allein deren identische Wahrnehmbarkeit«; es

11 Ebd., 57.
12 Vgl. Lambert Wiesing, *Artifizielle Präsenz. Studien zur Philosophie des Bildes*, Frankfurt am Main: Suhrkamp 2005, 31 f. Von ›Bildobjekt‹ und ›Bildträger‹ ist noch das ›Bildsujet‹ zu unterscheiden.
13 Figal, »Bildpräsenz«, 57.
14 Ebd., 57.
15 Ebd. Vgl. auch ebd., 69: »es bezieht sich nicht zeigend auf etwas in der Welt, sondern bleibt vorzeigend bei dem Schema, das es präsent werden lässt«; »Bilder betreffen die Dinge allein in ihrer Sichtbarkeit, indem sie die sichtbaren Schemata der Dinge hervorheben; sie setzen diese Schemata aus den Dingen heraus und versetzen sie in eine Realität, die ausschließlich die der Sichtbarkeit ist.«
16 Ebd., 58.

ist daher auch nicht »starr«, sondern ermöglicht »einen Spielraum von Varianten«.[17]

Während nun bei gegenständlichen Bildern leicht zu bestimmen ist, was das Schema ist, erweist sich die Übertragung auf abstrakte Bilder als schwierig. Figal führt zwei nicht-gegenständliche Bilder von Mondrian und Kandinsky an: »Beide Gemälde setzen dem Versuch einer schematischen Identifizierung beträchtliche Schwierigkeiten entgegen. Man sieht nichts, was man in seinem Schema einfach von anderswoher kennt.«[18] Figals Rede vom ›Schema‹ führt daher zu einer ähnlichen Schwierigkeit wie Wiesings Rede von der ›artifiziellen Präsenz‹, an die Figals Überlegungen erinnern, gerade wenn er von der *nur sichtbaren* Kirche spricht. Was das ›Bildobjekt‹ auszeichne, heißt es bei Wiesing, sei seine »artifizielle Präsenz«; anders als Gegenstände in der Welt unterliege das »Bildobjekt« nicht den Gesetzen der Physik, habe nicht die gleiche Präsenzform wie jene, keine »reale«, sondern »artifizielle Präsenz«[19]. Dies erweist sich dann als problematisch, wenn das Bild kein mehr oder minder gegenständliches Sujet hat. Ähnliche Probleme ergeben sich bei Figals Konzept des ›Schemas‹.

In dieser Hinsicht scheint Figals Rede vom Zeigen und Sichzeigen offener zu sein. Für ein Bild wie das Canalettos gelte: »Ein Bild dieser Art zeigt nicht nur vor, sondern *es zeigt sich*. Was sich zeigt, ist nicht einfach da, sondern in betonter, hervorgehobener Weise präsent.«[20] Bei Bildern wie denen Mondrians und Kandinskys hingegen rücke das Bild stärker ins Zentrum: »Deutlicher als bei Canaletto zeigt sich bei Mondrian und bei Kandinksy das Bild selbst.«[21] Dennoch lasse sich aber hier das »*etwas*«, das das Bild sehen lasse, bestimmen.[22] Dass die »reflexive Spannung zwischen Vorzeigen und Sichzeigen« je unterschiedlich »gestaltet«[23] werden kann, erlaubt es, auch abstrakte oder monochrome Bilder einzubeziehen.

17 Ebd. Vgl. ebd., 59: »Das Vorgezeigte in Bildern wie den als Beispiele herangezogenen ist demnach ein Schema. Solche Bilder bilden nicht ab, indem sie etwas nachmachen und in ein Bild verwandeln, sondern sie stellen jeweils ein identifizierbares Schema vor.«
18 Ebd., 66.
19 Wiesing, *Artifizielle Präsenz*, 31 f; ders., »Zeigen, Verweisen und Präsentieren«, in: Karen van den Berg/Hans Ulrich Gumbrecht (Hg.), *Politik des Zeigens*, München: Fink 2010, 17-22, hier: 22: »Das nursichtbare, sogenannte Bildobjekt ist das Objekt, welches ein Betrachter meint, auf einem Bildträger sehen zu können. [...] Das Bildobjekt hat aufgrund seiner Nursichtbarkeit eine artifizielle Präsenz.«
20 Figal, »Bildpräsenz«, 64.
21 Ebd., 66.
22 Vgl. ebd., 66 f.
23 Ebd., 66.

»Und wenn die monochrome Farbfläche ein Bild ist, muss sie doppelt gesehen werden. Dann steht sie in der Spannung von Sichzeigen und Vorzeigen, etwa indem ein Bild sich als blau zeigt und Blau vorzeigt.«[24]

Dennoch lässt Figals Rede vom ›Etwas zeigen‹, vom Schema und vom Abbild primär an Bilder denken, die ›Bilder *von*‹ sind, Abbilder eben, etwas Sekundäres. Die Anwendung dieses Konzepts auf abstrakte Bilder bleibt problematisch; sie verwenden Formen und Farben, die wir von außerhalb dieser Bilder kennen und in in ihnen wiederfinden können, dennoch wäre Mondrians Bild mit der Bezeichnung ›Abbild eines Gitters‹ kaum zureichend charakterisiert. Schreibt man aber: »Mit seiner Gitterstruktur zeigt das Bild die Offenheit des Erscheinens vor, indem es sich zeigt.«[25], so lässt sich in strengem Sinne nicht mehr von einem ›Schema‹ sprechen.

Boehms ursprüngliche Bestimmung der ikonischen Differenz – gewissermaßen eine ›hermeneutische Differenz‹ – ermöglicht es, sowohl gegenständliche wie auch abstrakte und monochrome Bilder einzubeziehen, denn sie alle gestalten auf je ihre Weise die ikonische Differenz, d. h. den Kontrast von Grund und Figur. Figals ikonische Differenz hingegen ließe sich eher als eine ›ontologische Differenz‹ kennzeichnen, da sie auf den Unterschied zwischen der Seinsweise des Bildes und der des Dargestellten zielt.

Rhetorische und eminente Bilder

Die »Präsenz« eines Gezeigten ist Figal zufolge davon abhängig, »wie es gezeigt wird«:

> »Durch Größe, Format und Bildaufbau, durch die Farbe und durch die Verteilung von Hell und Dunkel ist festgelegt, wie das Gezeigte präsent sein soll. Weil diese Festlegung möglich ist, kann es auch so etwas wie eine ›Rhetorik‹ des Bildes geben. Durch die Weise seines Zeigens wirkt ein Bild emotional.«[26]

Dass die Art und Weise, wie etwas im Bild dargestellt wird, angefangen von der Größe des Bildes bis hin zur Wahl von Farbe und Form, die Wirkung, die dieses Bild auf den Betrachter haben kann, bestimmt, leuchtet ein, ebenso wie die Feststellung, dass »das Zeigen niemals neutral oder indifferent«[27] ist. Hier eröffnet sich für Figal nun die Möglichkeit einer

---

24 Ebd., 65.
25 Ebd., 67.
26 Ebd., 62.
27 Ebd.

»›Rhetorik‹ des Bildes«. Nicht jede Darstellungweise ist damit gemeint, sondern eine bestimmte Art und Weise des Zeigens:

> »Zur ›rhetorischen‹ Wirkung von Bildern gehört, dass der Betrachter die Weise des Vorzeigens nicht ohne Weiteres durchschaut und stattdessen auf das Schema konzentriert bleibt. Das Bild erfüllt seinen Sinn umso mehr, je entschiedener das der Fall ist.«[28]

Auch wenn »das Bild als Bild erkannt sein« muss, wird es doch »als solches nicht beachtet«, sondern »geht ganz in seinem Vorzeigen auf; das Vorzeigen ist seine Funktion, der es mit all seinen sachlichen und ›rhetorischen‹ Möglichkeiten unterstellt ist.«[29] An welche Art von Bildern Figal hier insbesondere denkt, zeigt sich in einem Beispiel, dem Werbefoto eines Mercedes:

> »Das Bild des Mercedes SL55 zum Beispiel soll den Wagen in seinem schimmernden Silbergrau wie ein Wunder erscheinen lassen, vor dem man in die Knie geht – ein Wunder von Eleganz, aber auch von Geschwindigkeit und Kraft, das gleich vorspringen und den Betrachter überwältigen will.«[30]

Das Bild *überwältige* den Betrachter, zwinge ihn in die Knie, lasse ihn in Bewunderung verfallen; es löse also – mit ›rhetorischen‹ Mitteln – eine emotionale Reaktion aus, die darauf beruhe, dass der Betrachter nicht erkennt, mit welchen Darstellungsmitteln diese Reaktion ausgelöst wird. Der Betrachter ist in diesem Fall einer, der die Präsentationsmittel des Bildes nicht durchschaut, der emotional überwältigt und zum Kauf dieses Wunderwerks verführt werden soll.

Von einem solchen »rhetorischen Bild« unterscheidet Figal ein »›starkes‹ oder ›eminentes‹ Bild«.[31] Die Unterscheidung knüpft an Boehms Unterscheidung von starken und schwachen Bildern an,[32] setzt aber einen anderen Akzent. Als Beispiel für ein starkes Bild führt Figal das schon genannte Gemälde Canalettos an:

> »Das Bild wirkt auf eigentümlich Weise im Gleichgewicht; es appelliert nicht an den Betrachter, sondern steht ihm ruhig gegenüber. Das liegt nicht zuletzt daran, dass die vorzeigende Möglichkeiten des Bildes als solche präsent sind; sie verschwinden nicht im Vorgezeigten, sondern bilden zu diesem ein Gegengewicht.«[33]

28 Ebd.
29 Ebd.
30 Ebd.
31 Ebd., 65.
32 Gottfried Boehm, *Wie Bilder Sinn erzeugen. Die Macht des Zeigens*, Berlin: Berlin University Press 2007, 245-248.
33 Figal, »Bildpräsenz«, 63.

Anders als das ›rhetorische‹ Bild zeige dieses Bild, das ›starke‹, ›eminente‹ Bild also, nicht nur etwas vor, sondern es zeige auch, wie es vorzeigt, und dieses *Wie* der »vorzeigenden Möglichkeiten des Bildes« bilde ein Gegengewicht zum Vorzeigen selbst. Die Farben sind nicht bloßes »Mittel«, sie sind vielmehr »*als Farben* gegenwärtig; ihre Präsenz tritt ebenso wie die der Bildkomposition nicht vorzeigend hinter der Präsenz des Schemas von Santa Maria della Salute zurück.«[34] Dies führt Figal zu einer Neubestimmung des »Zeigecharakters« eines solchen Bildes:

> »Die Zeigemöglichkeiten dieses Bildes sind nicht mehr funktional; deshalb ist ihre Klärung und Beschreibung auch nicht mehr allein gegenläufig zu gewinnen, dadurch also, dass man der Vorzeigerichtung des Bildes nicht folgt. Das trifft nur auf rhetorische Bilder zu. Ihre Zeigemöglichkeiten kann man wie den rhetorischen Charakter einer Rede nur benennen und beschreiben, wenn man sich von ihnen nicht ›mitnehmen‹, überzeugen und überwältigen lassen will. Anders als in einem rhetorischen Bild sind die Zeigemöglichkeiten von Canalettos Gemälde im Bild selbst *reflektiert* – nicht allein vor oder bei seiner Fertigstellung, sondern anschaulich in ihm selbst. Die Zeigemöglichkeiten sind so gestaltet, dass das Bild in seiner Komposition und in seinen Farben *als Bild* offenbar ist. Das Bild ist, mit anderen Worten, ein ›starkes‹ oder ›eminentes‹ Bild. Als Bild ist ein solches Bild immer schon hervorgetreten. In seiner Reflektiertheit zeigt es sich *als* Bild.«[35]

Dass Bilder zeigen und sich zeigen, ist keine exklusive Eigenschaft »eminenter« Bilder; sie sind nur deutlichere Exponenten der Bildlichkeit:

> »An starken oder eminenten Bilder ist nämlich zu erfahren, was ein Bild überhaupt ist. *Jedes* Bild muss sich zeigen, um vorzeigen zu können, aber nicht jedes Bild trägt die Spannung zwischen Sichzeigen und Vorzeigen aus.«[36]

Die von Figal gewählten Beispiele – Autowerbebild vs. Canaletto – legen nahe, dass es sich bei den ›rhetorischen Bildern‹ um Gebrauchsbilder handelt, die ihre Mittel um ihres Zwecks willen verstecken, während die ›eminenten Bilder‹ Bilder der Kunst sind, die ihre Mittel reflektieren. Betrachtet man jedoch die beiden Beispiele und Figals Beschreibungen ihrer Wirkung noch einmal genauer, so zeigt sich, dass die Sachlage komplizierter ist. Figal rückt das Werbebild mit seiner Beschreibung – »Wunder«, »vor dem man in die Knie geht«, »Kraft«, »überwältigen« – in die Nähe eines Kultbildes. Altarbilder und Andachtsbilder haben eine sehr spezifische Funktion, sie wollen die Gläu-

---

34 Ebd., 63 f.
35 Ebd., 65.
36 Ebd., 68.

bigen zur Andacht, zum Gebet, zur Anbetung veranlassen, sie wollen sie rühren und motivieren, und sie nutzen ihre Darstellungsmittel genau zu diesem Zweck. Das mag vielleicht ein hehrerer Zweck sein als der profane Zweck des Autoverkaufs, es ändert aber nichts daran, dass dieses Altarbild Figals Definition zufolge unter die rhetorischen Bilder eingereiht werden müsste, selbst dann, wenn es von einem Künstler wie Tintoretto oder Grünewald gemalt wurde. Ein »Gleichgewicht«, wie es Figal bei Canaletto erkennt, ist hier nicht beabsichtigt, die Wirkung auf den Betrachter ist gewollt, ein solches Bild »appelliert« an den Betrachter. Ganz ähnliche Beobachtungen lassen sich anstellen, wenn man beispielsweise Portraits oder Historienbilder betrachtet; auch solche Bilder dienen einem ganz bestimmten Zweck, der Machtdemonstration, der Repräsentation, der Einschüchterung. Bilder dieser Art, die in der Wirkung auf den Betrachter starke Bilder sind, d. h. Kultbilder, Repräsentationsbilder, wären dann aber in Figals Terminologie eben aber gerade keine ›starken‹ Bilder.

Der Gebrauchscharakter eines Bildes mag sich aber mit der Zeit oder mit dem Einzug des Gemäldes in ein Museum ändern. Steht das Bild der Madonna nicht mehr auf einem Altar, sondern im Museum, oder wird es nur von Kunstinteressierten besucht, könnte es sich von einem ›rhetorischen‹ zu einem ›eminenten‹ Bild wandeln. Das, was Figal beschreibt, wenn er die nicht-rhetorische Wirkungsweise der ›eminenten‹ Bilder vorstellt, wäre folglich eine distanzierte ästhetische Sichtweise, d. h. eine Betrachtung der Bilder losgelöst von Zwecken und lebensweltlichen Kontexten, in die sie eingebunden (gewesen) sind, losgelöst in gewisser Weise auch von ihren Inhalten. Dann aber wäre die Zuschreibung der Kategorien ›rhetorische‹ und ›eminente‹ Bilder nicht fest, sondern von der Betrachtungsweise abhängig.

Aber so richtig es ist, dass es unterschiedliche Betrachtungsweisen auf ein Bild geben kann, so wenig überzeugt doch die Vorstellung, dass die unterschiedliche Wirkung des Bildes allein von Kontext und Betrachtungsweise abhängig ist und nicht vom Charakter des Bildes selbst. Es ist daher offenbar keine Lösung, die kategoriale Unterscheidung der ›rhetorischen‹ und ›eminenten‹ Bilder in eine rein kontextabhängige zu verschieben.

Das Problem scheint vielmehr grundsatzlicher zu sein. Dass es auf der einen Seite Bilder gibt, die zeigen und zugleich das Wie des Zeigens verbergen,[37] während auf der anderen Seite Bilder das Wie des Zeigens

---

37 Vgl. auch ebd., 61 f.: »Man achtet auf die Farbe nicht, wenn die Aufmerksamkeit auf das Schema gerichtet ist. Man achtet überhaupt nicht auf das Bild als solches, auch wenn man, wie übrigens in den meisten Fällen, verstanden hat, dass das Bild ein Bild ist. Stattdessen lässt man sich von dem Bild etwas zeigen.«

vorzeigen, dass die erstgenannten den Betrachter verführen und täuschen, während die anderen gerade nicht an den Betrachter appellieren, sondern ihm ruhig gegenüberstehen, lässt keinen Raum für eine Wirkung der Bilder, die nicht Täuschung oder Verführung ist, keinen Ort für eine nicht-distanzierte ästhetische Sichtweise. Der Begriff der Rhetorik ist für Figal durchweg negativ besetzt; ›rhetorische Wirkung‹ bedeutet, dass der Betrachter etwas nicht ›durchschaut‹, dass er überwältigt, verführt und hinters Licht geführt. Ein positives Rhetorikverständnis im Sinne einer Überzeugungs- und Wirkungskraft fehlt hingegen.

Da die Frage nach der Macht und Wirkungskraft der Bilder zentrales Motiv des Bilddenkens Boehms ist, soll zunächst ein Blick auf dessen Bildverständnis geworfen werden, bevor die Frage der Rhetorik der Bilder noch einmal eingehender aufgegriffen werden soll.

Die Macht der Bilder

Sprache und Zeigen

»Die Theorie des Zeigens«[38] lautet der Titel der Sektion, in der sich Boehms Artikel *Das Zeigen der Bilder* im Band *Zeigen. Die Rhetorik des Sichtbaren* findet.[39] Diese Zuordnung zeigt die Spannung auf, in der Boehms Auseinandersetzung mit dem Zeigen und mit dem Bild steht. Das Medium der Wissenschaft – und auch der Kunstwissenschaft – ist die Sprache, genauer propositionale Sätze; der Gegenstand der Kunst- oder Bildwissenschaft ist jedoch nicht Sprache, sondern etwas anderes, das einer anderen als der sprachlichen Logik zu gehorchen scheint. In der sprachlichen Auseinandersetzung mit diesem Gegenstand besteht die Gefahr, ihn der sprachlichen Logik zu unterwerfen und vollständig in Sprache aufzulösen. Es ist Boehms Anliegen, dieser Gefahr entgegenzuarbeiten, indem er die Eigenlogik der Bilder und die Eigenlogik des Zeigens entschieden herausstellt.[40] Dies verlangt eine klare Aufwertung des Zeigens.[41] Die erste Beobachtung geht dahin, dass im Bereich der

---

38 Boehm/Egenhofer/Spies, *Zeigen*, 17.
39 Gottfried Boehm, »Das Zeigen der Bilder«, in: ders./Egenhofer/Spies (Hg.), *Zeigen*, 19-53.
40 Vgl. ders., »Zu einer Hermeneutik des Bildes«, pass., z.B. 452f. gegen E. Panofsky; Gottfried Boehm/Sebastian Egenhofer/Christian Spies, Vorwort, in: dies. (Hg.), *Zeigen*, 11-15, hier: 12: »[...] hatte sich die Bildforschung zunächst der Deixis genähert. Sie war eine aussichtsreiche Kandidatin für eine unbesetzte Rolle: jenen Agenten nämlich zu identifizieren, der innerhalb der Bilder tätig und wirksam wird, imstande, dem, was sie ›zeigen‹, Sinn und Überzeugungskraft zu geben.«
41 Vgl. Boehm/Egenhofer/Spies (Hg.), *Zeigen*, Klappentext: »In den Augen

Sprache selbst ein Zeigen grundlegende Bedeutung erhält. Die Sprachkritik selbst führt zum »Aufweis der Bedingtheiten und der Grenzen des Sprechens«.[42] Boehm will das Zeigen nicht als »bloßes Supplement des *Sagens*« abgewertet wissen, es »geht [...] nicht in *Sagen* auf«, und es ist daher

> »[...] eine wichtige Aufgabe, die produktiven Spannungen, die Abstände und Abgründe zwischen Sagen und Zeigen auszumessen und zu erfahren. Nun aber in einer Perspektive, die dem Zeigen eine eigene Kraft, *seine Logik* zubilligt. [...] ist es uns darum zu tun, das Zeigen wieder als eine der ganz *starken Quellen der Kultur*, als einen *Logos* eigener Art zu begreifen.«[43]

Das Zeigen wird hier nicht als bloße Vorform oder niedere Stufe der Verständigung, die dem Sagen nachgeordnet ist, begriffen, sondern als dem Sagen ebenbürtig.[44] Das Zeigen ist also nicht in die Sphäre der Irrationalität abzudrängen; es ist nicht Gegenpol von Logos und Sprache, vielmehr hat es Anteil am Logos, zeigt sich Sinn auch hier. Und es sei eben diese nicht-sprachliche Logoshaftigkeit des Zeigens, die den Bildern Sinn verleiht.[45] So

> vieler haftet dem Zeigen etwas Primitives an, das Handgreifliche der Gebärde oder Geste, die bloße Hilfsfunktion eines Zeigers oder Zeichens. Es scheint hinter den komplexen Möglichkeiten des Sagens und Denkens zurückzubleiben. Mit der Diskussion über das besondere Potenzial ikonischer Präsentation kommt das Zeigen auf eine neue Weise in den Blick.«

42 Boehm, »Das Zeigen der Bilder«, 20.
43 Ders., »Die Hintergründigkeit des Zeigens. Deiktische Wurzeln des Bildes«, in: Heike Gfrereis/Marcel Lepper (Hg.), *Deixis. Vom Denken mit dem Zeigefinger*, Göttingen: Wallstein 2007, 144-155, hier: 144 f. Vgl. ebd. 145: »Wir nennen das Zeigen einen *Logos sui generis*, um ihn aus der konventionalisierten und gut gemeinten Vereinnahmung durch Wort, Zeichen und Symbol, durch Syntax und Grammatik zu lösen.« Vgl. auch ders., *Wie Bilder Sinn erzeugen*, 53, wo von »gewaltige[n] Räumen von Sinn« »[j]enseits der Sprache« die Rede ist.
44 Ders., »Die Hintergründigkeit des Zeigens«, 145 f.: »Deixis eröffnet eigene Zugänge zur Welt. Sie zu vermitteln ist allerdings leichter behauptet als getan. Zumal gängige Einschätzungen dem entgegenstehen. Sie halten das Zeigen für einen regressiven Überschuss des Körpers, der nachhilft, wenn mit dem Alphabet nicht durchzukommen ist, jenen zugedacht, die es immer noch nicht begriffen haben.«
45 Vgl. ders., »Das Zeigen der Bilder«, 19: »Arbeitshypothese [...], welche die *Kapazität des Ikonischen* in engster Wechselwirkung mit der *Logik des Zeigens* zu analysieren beabsichtigt.«

»[...] hängt alles daran, die Macht des *Zeigens* und deren Souveränität zu erkennen und ihre gewaltige Rolle in der Kultur zur Geltung bringen. Sie lässt sich auf *Sagen* niemals reduzieren, und gerade deshalb ist sie der eigentliche, der sinnerzeugende Überschuss, der in Bildern wirksam wird.«[46]

In verschiedenen Studien und insbesondere in seinem Buch *Wie Bilder Sinn erzeugen. Die Macht des Zeigens*[47] sucht Boehm, das »*deiktische* Potential« der Bilder freizulegen, das Bewusstsein dafür zu schärfen, dass nicht nur Sprache, sondern auch Bilder Sinn erzeugen, dass es einen »ikonischen Logos« gibt.[48] Auch wenn »der Sinn der Bilder [...] sprachlich erprobt«[49] wird und werden muss, so bleibt doch ein »Überschuss«, der sich nie vollständig in Sprache fassen lässt; aber das verdammt die Bildbetrachter nicht zum Schweigen, sondern fordert ihre Rede geradezu heraus, wenn sie versuchen, den Sinn, der sich zeigt, sprachlich zu vermitteln.

Kultur des Zeigens

Boehm will das Zeigen aber nicht nur als dem Sagen ebenbürtige Form des Logos erweisen, die einen Überschuss besitzt, der sich nicht in Sprache auflösen lässt. Er will das Zeigen – das »sehr alte Phänomen des *Zeigens*« – vielmehr als die ursprünglichere Form erweisen. Zum Zeigen sind nicht nur Menschen fähig; vielmehr seien auch »Tiere und Pflanzen [...] in Prozesse einbezogen, die man deiktisch nennen kann«, beispielsweise die »evolutionären Mechanismen der Partnerwahl, die zur Ausbildung attraktiver Attribute« führen oder auch »die Präsentation attraktiver Blütenstände« bei der Bestäubung von Pflanzen durch Insekten. Man müsse daher »in ungeahnte Tiefen der Evolution« zurückgehen, »in der die Deixis ihre Wurzeln geschlagen hat«, wobei der Vorwurf des Anthropomorphismus zurückzuweisen ist.[50] Das Phäno-

---

46 Ders., *Wie Bilder Sinn erzeugen*, 15.
47 Ebd.
48 Ders., »Iconic Turn. Ein Brief«, in: Hans Belting (Hg.), *Bilderfragen. Die Bildwissenschaften im Aufbruch*, München: Fink 2007, 27-36, hier: 29: »Das Bild als ›Logos‹, als einen sinnstiftenden Akt verstehen: diese Vision eines nonverbalen, eines ikonischen Logos, war, kurz gesagt, meine Motivation, dem verstärkten Interesse am Bild, genauer gesagt: an Bildern, eine paradigmatische Bedeutung zuzumessen, vom *iconic turn* als einem Projekt mit langer Perspektive zu reden. Wie erzeugen Bilder Sinn?« Vgl. ders., *Wie Bilder Sinn erzeugen*, pass., bes. 14 f; 34, 208 f.
49 Ders., *Wie Bilder Sinn erzeugen*, 15.
50 Ders., »Das Zeigen der Bilder«, 27 f.

men des Zeigens sei uralt und verbinde den Menschen mit der Natur und den nicht mit Sprache begabten Lebewesen.

Auch was den Menschen betrifft, so lässt sich eine ursprüngliche, der Sprache vorgängige »verbreitete und eingespielte *Kultur des Zeigens*«[51] erkennen. Das Zeigen ist eine vertraute und verbreitete Form der Verständigung, die sprachliche Äußerungen ergänzen oder ersetzen kann. Es ist aber mehr als Ergänzung oder Ersatz, es ist vielmehr die ältere, ursprünglichere Form der Kommunikation:

> »Im Übrigen haben die ›gestisch-visuelle Kommunikation‹ während langer Phasen der Evolution und hunderttausende Jahre vor der artikulierten Rede einen intelligenten Umgang mit der Welt ermöglicht. Was den Homo sapiens ausmacht, ist durchaus die Sprache, eine Sprache freilich, die sich zunächst im visuellen Raum und mittels Gebrauch der Hände entwickelt hat.«[52]

Das Zeigen ist also selbst Sprache, und diese Sprache kennzeichnete den Menschen, bevor er die Lautsprache entwickelte:

> »Der Mensch war ein sich gebärdendes, deiktisches Wesen, *bevor* er der Lautsprache mächtig wurde. Er war *Ikonophore*, bevor er sich als *Zoon Logon Echon* beschrieben hat.«[53]

Ursprünglicher als durch die Lautsprache ist der Mensch durch Gebärdung gekennzeichnet, die ihm als Sprache eigener Art eine sinnvolle Bezugnahme auf die Welt ermöglicht. Mit Gesten kann ein Mensch andere Menschen auf Gefahren aufmerksam machen, kann ihnen den Weg weisen, Befehle erteilen, Wünsche äußern etc.

> »Der körperliche Habitus der Gebärdung stattet den Menschen mit einer deiktischen Befähigung aus, die ihn, wie gesagt, als Ikonophoren oder Homo pictor erscheinen lässt: d.h. als ein Wesen, zu dessen *basaler Ausstattung* unverzichtbar *Bildbefähigung* zählt. Wie weit diese zurückreicht, in welcher Form sie sich bei den Primaten vorbereitet hat, die ihrerseits visuell kommunizieren, das sind offene Fragen.«[54]

---

51 Ebd., 21.
52 Ebd., 39.
53 Ebd., 38. Vgl. ders., »Ikonische Differenz«, 172: »der Anteil des Bildes an der Hominisation des Menschen ist bislang unzureichend bedacht worden, er wurde von der Bestimmung des Menschen als Zoon Logon Echon völlig überdeckt«.
54 Ders., »Das Zeigen der Bilder«, 39. Bezugspunkt sind hier die Forschungen Tomasellos. Vgl. auch ders., »Ikonische Differenz«, 171.

Diese ursprünglich gestische Sprachform, die »Bildbefähigung« einschließt, begreift Boehm nun ganz dezidiert nicht als überwundene Vorstufe:

> »Diese deiktische Kapazität, so auch unser Argument, ist nie verloren gegangen. Sie hat sich in der Kultur des Bildes fortentwickelt, sie fließt in die Sprache, zum Beispiel als Metaphorik oder latente Bildhaftigkeit, ein und sie erweist sich als überhaupt geeignet, das Zeigen der Bilder als Quelle ihrer Artikulation und Suggestivität zu verstehen.«[55]

In seiner Gestensprache hat der Mensch sich einer Art der Verständigung angeeignet, die in verschiedener Weise auch nach dem Erwerb der Lautsprache weiter wirksam ist, in der Sprache, neben der Sprache, im Bild. Es handele sich um »eine heute wirksame, anthropologische, kulturelle und historische Ausstattung des Menschen«[56].

Deiktische Differenz

Die ursprüngliche Bestimmung der ikonischen Differenz ist hermeneutisch zu verstehen;[57] es ist der Kontrast von Grund und Figur im Bild.

> »Die Asymmetrie der ikonischen Differenz legt den Gedanken nahe, Bilder nicht als fixe Zeichensysteme zu verstehen, sondern als den Ort einer Konfiguration von Energien. Tatsächlich sehen wir ein Bild nicht angemessen, wenn wir nur jeweilige Elemente konstatieren, wir müssen uns auf die Mobilität der inneren Beziehungen einlassen, sie realisieren, das Bild als einen visuellen *Akt* verstehen. [...] die Logik des Bildes eben nicht als ein Beziehungsgefüge von Quanta zu interpretieren, sondern als eine Logik der Kräfte und Intensitäten.«[58]

---

55 Ders., »Das Zeigen der Bilder«, 39.
56 Ebd., 39. Vgl. die frühere zurückhaltendere Formulierung in ders., »Die Wiederkehr der Bilder«, 31: »Man kann darüber streiten, ob dieser Sinn für das Bild, diese Befähigung in der Arbeit an Materie Bedeutungen aufscheinen zu lassen, eine anthropologische Mitgift darstellt oder kulturgeschichtlich erworben wurde.«
57 Dies legen auch die Überlegungen in ders., »Zu einer Hermeneutik des Bildes«, nahe.
58 Ders., *Wie Bilder Sinn erzeugen*, 71. Vgl. ebd., 69: »Die ikonische Differenz macht mithin aus dem physischen Faktum einer materiellen Oberfläche das Feld einer artikulierten Aufmerksamkeit.«

Die Logik des Bildes »ist die der Kontraste und der sich in ihnen mobilisierenden Energien«[59].

Für Boehm spielt aber auch, wenn er sich beispielsweise auf den *Sophistes* beruft,[60] die Idee eine wichtige Rolle, dass das Bild einen seltsamen Seinsstatus hat. Dass aus Materialität Sinn entstehen kann, ist zentraler Impuls der Beschäftigung mit dem Bild:

> »Wie ist es überhaupt möglich, mit bloßem Stoff (Pigmenten und Pinsel) appliziert auf einen materiellen Träger (Holz, Putz, Leinwand, Blech etc.), die höchsten Geheimnisse der Religion, des Geistes, oder eines aesthetischen Entzückens zu repräsentieren? Wie ist es möglich, daß sich der Schmutz der Malfarbe als ein derart Gestaltbares, geradezu alchemisches oder magisches Medium erweist? Woher nehmen Bilder ihre *Macht*?«[61]

Es ist diese Grundfrage nach der ›Macht‹ der Bilder, ihrer Wirkung, ihrer Sinnerzeugung – *Wie Bilder Sinn erzeugen*[62] –, die Boehms Arbeiten durchzieht und motiviert. In der Materialität des Bildes »zeigt sich stets auch etwas Anderes: eine Sicht, ein Anblick, ein Sinn – eben ein Bild«; es hat einen seltsamen »Status«, »Ding und Nicht-Ding zugleich«, eine »Zwitterexistenz«.[63] Bilder gehen nicht in ihrer Materialität auf, können aber auch nicht ohne diese Materialität sein; sie können nicht auf ihre Referenz oder ihre Bedeutung reduziert werden.

Diese beiden Momenten, die hermeneutische Differenz der Logik der Kontraste und die Differenz von Materialität und Sinn, werden verbunden, wenn Boehm die ikonische Differenz als eine »deiktische Differenz«[64] expliziert. Auch wenn Boehm die Bestimmung der Logik der Konstraste zwischen Grund und Figur nicht aufgibt,[65] so heben entsprechende Äußerungen doch die ›ontologische‹ Differenz von Materialität und Sinn stärker hervor. Boehm spricht von einem »doppelte[n] Zeigen«; er deutet »die das Bild konstituierende Differenz« als »Akt des Zeigens«, »in dem das Faktische in Wirkung, das materielle Substrat in Sinn umspringt«.[66] Er vertritt die »zur These verfestigte Vermutung, dass Bilder ihrer eigenen Natur nach auf einem *doppelten* Zeigen beruhen, nämlich *Etwas* zu zeigen und *Sich* zu zeigen«[67].

59 Ders., »Das Zeigen der Bilder«, 45.
60 Vgl. oben.
61 Ders., »Die Bilderfrage«, in: ders. (Hg.), *Was ist ein Bild?*, München: Fink 1994, 325-343, hier: 327. Vgl. auch ders., *Wie Bilder Sinn erzeugen*, 9 f.: »die rätselhafte Transformation ikonischer Materialität«; 36 f.
62 Ders., *Wie Bilder Sinn erzeugen*, .
63 Ebd., 37.
64 Ders., »Das Zeigen der Bilder«, 34.
65 Ders., »Ikonische Differenz«, 175.
66 Ders., *Wie Bilder Sinn erzeugen*, 16.

Diese Formulierung entspricht fast wörtlich Figals Bestimmung des Bildes, und sie lässt auch an die Unterscheidung von Schema oder Bildobjekt und Bildträger von Figal oder Wiesing denken. Dass sich Boehm von Wiesings Unterscheidung zwischen »(materielle[m]) Bildträger« und »immaterielle[m] Bildobjekt« ganz explizit distanziert,[68] wirft die Frage auf, ob sich hinter der verbalen Kongruenz konzeptionelle Differenzen verbergen. Deutlicher wird der Unterschied, wenn man genauer betrachtet, an was für eine Art von ›Zeigen‹ Boehm denkt.

Gebärdung des Bildes

Boehms bildanthropologischer Rückgang auf die »Kultur des Zeigen« vor der Sprache hatte als dominierendes Medium den Körper entdeckt. In der Gebärdung werde, so Boehm, eine »somatische Differenz« erkennbar, »an der sich Körper, Fond und bewegte Organe unterscheiden und aufeinander beziehen«.[69] Die ›deiktische Differenz‹ ist hier im Gebärdenspiel des Körpers wirksam:

> »Das somatische Artikulationsspiel bringt die eigentliche deiktische Differenz zum Tragen, der eine signifikante *Asymmetrie* zugrunde liegt, die als Figur-Grund-Kontrast geläufig ist. Der körperliche Fond *kontinuiert*, er hinterfängt das *diskrete Spiel* der Gesten und gibt ihm einen Ort und den jeweiligen Nachdruck.«[70]

Am Körper und seiner Gebärdung ist eine Asymmetrie zu erkennen, ein Kontrast von Grund und sich von diesem Grund abhebender Figur. Der Körper hat hier die Funktion des Grundes, der das »Spiel der Gesten« erst ermöglicht.

> »Die somatische Matrix umschreibt nicht nur ein Zwischen, sondern einen Raum der Unbestimmheit unter der Schwelle identifizierbarer Bedeutungen, einen Raum des Vorbehalts, der Unschärfen und Potenzialitäten, imstande, die Gestalt einer dichten, ebenso lesbaren wie überzeugenden Gebärde oder Gebärdenfolge zu fundieren oder zu mobilisieren.«[71]

Diesen Kontrast, diese deiktisch-somatische Differenz begreift Boehm als Muster, als Grund der Wirksamkeit des Bildes: »*Die Geste zeigt*

---

67 Ders., »Die Hintergründigkeit des Zeigens«, 144.
68 Ders., »Ikonische Differenz«, 175.
69 Ders., »Das Zeigen der Bilder«, 44; vgl. ebd., 48: »Aber nicht nur ihre grundlegende Asymmetrie nimmt die Verbindung mit der somatischen Differenz im Akte der Gebärdung auf.«
70 Ebd., 34.
71 Ebd., 37; vgl. ebd. 44.

Etwas und sie weist zugleich den Körper vor, der *sich zeigt*. Diese Differenz aber ist der Ort sinnträchtiger Bekundungen, die auch die Rede von einem deiktischen Logos rechtfertigt.«[72]
Boehms Idee einer ikonischen Differenz, »dass Bilder ihrer eigenen Natur nach auf einem *doppelten* Zeigen beruhen, nämlich *Etwas* zu zeigen und *Sich* zu zeigen«[73], ist also am Vorbild des zeigenden Körpers orientiert. Von Interesse ist dabei nicht die Geste des weisenden Zeigefingers, sondern die im Gespräch auf ein Gegenüber ausgerichtet Gestik, die die Sprache zu begleiten scheint, die aber immer mehr ist als bloße Begleitung.

> »Gebärdungen vollziehen sich interpersonal, *zwischen* Menschen. Der Adressierte befindet sich stets *gegenüber* und er blickt *zurück* auf den Sprecher, den er seinerseits *gegenüber* wahrnimmt. Die Frontalität des Agierenden konfrontiert sich der Frontalität des Zuhörenden. Dieses Strukturmoment bleibt in dauerhaften bildlichen Darstellungen erhalten: ›Was wir sehen, blickt uns an.‹«[74]

Im Gespräch sind Sprecher und Zuhörer einander zugewandt; die Gestik ist auf ein lebendiges Gegenüber ausgerichtet, der Zuhörer selbst ist nicht bloß passiv; selbst wenn er nicht mit Worten und Gesten anwortet, so doch zumindest mit dem Blick. Diese Struktur erkennt Boehm in Bildern wieder:

> »Die uralte, mythologisch manifeste Topik von den Augen der Dinge – Hegel hat sie u. a. im Vergleich des Kunstwerks mit dem ›tausendäugigen Argus‹ erneuert – bedarf immer noch einer konsistenten Begründung. Unser Vorschlag geht dahin, sie aus der Dyade des Gebärdenspiels verständlich zu machen, in der die den Bildern eigentümliche Reversibilität, ihre (scheinbare) Lebendigkeit, ja Aktivität vorbereitet ist.«[75]

Boehm zitiert hier G. Didi-Hubermans bekannten Buchtitel *Was wir sehen, blickt uns an*[76], und er beruft sich auch auf Hegels Rede vom ›tausendäugigen Argus‹[77]. Bilder scheinen mehr zu sein als bloße Ob-

72 Ders., »Die Hintergründigkeit des Zeigens«, 148.
73 Ebd., 144.
74 Ders., »Das Zeigen der Bilder«, 33.
75 Ebd., 51, Anm. 33.
76 Georges Didi-Huberman, *Was wir sehen blickt uns an. Zur Metapsychologie des Bildes*, München: Fink 1999; ders., *Ce que nous voyons, ce qui nous regarde*, Paris: Minuit 1992.
77 Georg Wilhelm Friedrich Hegel, *Vorlesungen über die Ästhetik*, Bd. I-III, in: ders., *Werke*, Bd. XIII-XV, Frankfurt am Main: Suhrkamp 1996-1999, Bd. XIII, 203: »[...] so umgekehrt macht die Kunst jedes ihrer Gebilde zu

jekte, sie vermögen den Betrachter anzuziehen oder abzustoßen, zu faszinieren, zu verunsichern; er kann mit ihnen in einen Dialog treten, sie werden zu einem Gegenüber, sie scheinen ihn anzublicken, ihn zum Objekt ihres Blicks zu machen, sie scheinen lebendig zu sein.[78] Der Eindruck, im Bild kein bloßes Objekt, sondern ein Gegenüber, etwas Lebendes vor sich zu haben, das einen ebenso zum Objekt des Blicks oder der Wirkung machen kann, wie wir es, legt die Parallelisierung von Bild und Körper nahe. Die Gebärdung des Körpers wendet sich an das Gegenüber: »Gebärdung *teilt mit*, sie *stellt dar* und sie löst *Wirkungen* aus, die dem Zugewandten einen verstehenden Anschluss ermöglichen.«[79]

Gleiches gilt dann auch für die ›Gebärdung des Bildes‹. Anders als die Gebärdung eines Körpers vollzieht diese sich jedoch nicht als Bewegung in der Zeit. Die Bewegung ist – als Logik der Kontraste, der Intensitäten – dem Bild inhärent, und ihre Realisierung erfolgt im Blick des Betrachters auf das Bild. Daher hebt Boehm, nachdem er die Parallelisierung von ikonischer und somatischer Differenz sehr weit getrieben hat, doch auch ihre Unterschiede hervor:

»Die ikonische Differenz, die entsteht, hat darauf aufbauend ganz andere Eigenschaften: Bilder sind materiell, sie resultieren aus Festlegungen und verwandeln den ephemeren Prozess ihrer Entstehung in ein auf Dauer gestelltes Produkt, sei dieses nun ein statisches oder ein selbstbewegtes Bild. Was beide freilich, die somatische wie die ikonische Ordnung verbindet, ist die Kraft des Zeigens, deren Dynamik sich in jenem System von Konstrasten manifestiert, die wir mit der Kategorie ›Differenz‹ zusammenfassen. sie bedarf des betrachtenden Auges, der Energie des Blicks, der Schaulust, um sich zu realisieren.«[80]

So ermöglicht die Betrachtung des Bildes als Quasi-Subjekt, als Gegenüber, Bilder auf andere Weise zu analysieren und zu beschreiben. So wie Gesten nicht vollständig in Sprache aufzulösen sind – »Was Gesten

einem tausendäugigen Argus, damit die innere Seele und Geistigkeit an allen Punkten gesehen werde.«

78 Vgl. zur Lebendigkeit u.a. Boehm, »Ikonische Differenz«, 174; ders., »Die Bilderfrage«, 332; ders., »Die Wiederkehr der Bilder«, 33, der sich hier auf Hans-Georg Gadamer, *Wahrheit und Methode. Grundzüge einer philosophischen Hermeneutik*, 3. erweiterte Auflage, Tübingen: J.C.B. Mohr (Paul Siebeck) 1972, 131 und Anm. 1 bezieht.
79 Boehm, »Das Zeigen der Bilder«, 35.
80 Ebd., 44. Vgl. ders., *Wie Bilder Sinn erzeugen*, 49: »Für die Sinnentstehung ist allerdings entscheidend, im Bild jenen Akt des Sehens wieder zu beleben, der darin angelegt ist. Erst das *gesehene* Bild ist in Wahrheit *ganz* Bild geworden.«, vgl.: 37: »Das ›Ikonische‹ beruht mithin auf einer vom Sehen realisierten ›Differenz‹.«

zeigen, geht niemals in dem auf, was sie zu *sagen* scheinen.«[81] –, so lässt sich auch das, was das Bild zeigt und wie es zeigt, nie restlos in Worte fassen. Diese Art der ikonischen Differenz lässt sich aus der somatischen Differenz herleiten und erklären; der Bezug auf die »nicht-propositionale« Sprache der Gebärdung liefert Mittel für die »Analyse von Bildern«: Höhe und Tiefe, Richtungen, Auf- und Abstiege, »die unterschiedliche Gewichtung von links und rechts« etc.[82] Weil wir als gebärdender Körper vor dem Quasi-Körper des Bildes stehen, ermöglicht uns unsere deiktische Fähigkeit, die Bilder nach dem Muster der Körpergebärden zu verstehen. Da sich die ›Gebärdung des Bildes‹ nicht in der Zeit vollzieht, benötigt es den Blick des Betrachters, in dem sich dann die Logik der Kontraste austragen lässt.

Die Rhetorik der Bilder

Wenn Boehm von Macht und Wirkung der Bilder spricht, so ist damit das Feld der Rhetorik aufgerufen. Vergleichsmoment für das Bild ist hierbei aber nicht die Sprache, sondern der Körper und seine Gebärdung. Was Boehm durch seine Ausführungen deutlich hervorhebt, ist die Tatsache, dass der Körper selbst ein Medium der Rede ist.

Während in älteren Arbeiten Boehm der Versuch sinnvoll erscheint, über den »Umweg über die Sprache«[83] Klarheit in die Bilderfrage zu bringen – er befasst sich dort insbesondere mit dem Vergleich von Bild und Metapher[84] –, weist er in einem neueren Artikel die Verwendung von »sprachlichen oder sprachanalogen Modellen« für die Begründung der Sinngebung von Bildern dezidiert zurück.[85] Nachdem Boehm in seiner neuen Arbeiten die ikonische Differenz als deiktische Differenz, als der somatischen des Körpers analoge Differenz, explizierte, würde die Verwendung des Begriffs ›Rhetorik‹ es doch nahelegen, noch einmal Vergleiche zwischen Bild und Sprache anzustellen, nun aber nicht mit

---

81 Vgl. ders., »Die Hintergründigkeit des Zeigens«, 149. Das heißt natürlich nicht, dass sich bestimmte Gesten nicht auch in Sprache übersetzen lassen; vgl. ders., »Das Zeigen der Bilder«, 38: »Die Gebärdung ist geeignet, als Medium einer vollgültigen Sprache zu dienen, wie das Exempel der Gebärdensprache zeigt.«
82 Ders., »Das Zeigen der Bilder«, 36
83 Ders., »Die Wiederkehr der Bilder«, 26. Vgl. insbesondere auch ders., »Zu einer Hermeneutik des Bildes«.
84 Ders., »Die Wiederkehr der Bilder«, 26-29.
85 Ders., »Ikonische Differenz«, 174: »Die Argumentationsfigur der ikonischen Differenz ist dann erfolgreich, wenn sie zu *begründen* vermag, wie die Bilder Sinn generieren und woraus sie ihre Kraft ziehen, ohne von sprachlichen oder sprachanalogen Modellen Gebrauch machen.«

Blick auf Semantik und Syntaktik, sondern auf Rhetorik. Als Argument hierfür ließen sich auch Boehms Überlegungen in *Das Zeigen der Bilder* anführen, wo er die Metaphorik der Sprache als Ausfluss der deiktischen Fähigkeit des Menschen beschreibt.[86] Wenn Bilder und Bildlichkeit in der Sprache derselben Fähigkeit des Menschen entstammen, lässt sich ein Verzicht auf die Verwendung ›sprachanaloger‹ Modelle schwer begründen. Vielmehr könnte der Vergleich der Wirksamkeit – der Rhetorik – von Sprache und Bildern weiteren Aufschluss über die Sinnerzeugung von Bildern geben, ohne eine Unterordnung des ikonischen Logos unter die Sprache nach sich zu ziehen.

In den Überlegungen zu Figal wurde schon darauf hingewiesen, dass in seiner Aufteilung der Bilder in ›rhetorische‹ und ›eminente‹ der Ort für eine Wirkkraft der Bilder fehlt, für Überwältigung und Faszination, die nicht Täuschung und Verführung ist und in der die Reflektiertheit mit der (emotionalen) Wirkung einhergeht und nicht ihr Gegenpol ist. Figal zufolge täuscht ein starkes Bild nicht, es appelliert nicht an uns, steht uns nur ruhig gegenüber – so seine Beschreibung des Bildes von Canaletto. Nun machen wir aber oftmals die Erfahrung, von Bildern angezogen oder abgestoßen zu werden, fasziniert und überwältigt zu werden – es sind eben jene Erfahrungen, die von einer Lebendigkeit oder Macht der Bilder sprechen lassen und die in Boehms Überlegungen eine grundlegende Rolle spielen und immer wieder Motivation der Studien G. Didi-Hubermans sind.[87] Das Besondere dieser Überwältigung aber ist, dass sie nicht mit Täuschung einhergeht, nicht mit einem Verlust an reflexiver Kraft. Wir können nicht erst dann über die Gründe für diese Faszination nachdenken, wenn wir uns von ihr gelöst haben; vielmehr denken – und reden – wir über diese Gründe, ohne dass dies die Faszination im geringsten abschwächt; im Gegenteil steigert die intensive Beschäftigung mit dem Bild die Faszination oftmals noch. Anders als in

---

86 Ders., »Das Zeigen der Bilder«, 39: »Diese deiktische Kapazität, so auch unser Argument, ist nie verloren gegangen. Sie hat sich in der Kultur des Bildes fortentwickelt, sie fließt in die Sprache, zum Beispiel als Metaphorik oder latente Bildhaftigkeit, ein und sie erweist sich als überhaupt geeignet, das Zeigen der Bilder als Quelle ihrer Artikulation und Suggestivität zu verstehen.«

87 Vgl. z. B. ders., »Bildsinn und Sinnesorgane«, 120. Vgl. z. B. Didi-Huberman, *Ce que nous voyons*, 122: »Expérience effectivement envahissante, que celle d'être tenu à distance par une œuvre d'art – c'est-à-dire tenu en respect«, vgl. Didi-Huberman, *Was wir sehen*, 155. Vgl. auch ders., *Der Mensch, der in der Farbe ging*, übers. v. Wiebke-Marie Stock, Berlin/Zürich: diaphanes 2009, insbesondere Kap. 2 (Im Licht gehen) und Kap. 3 (In der Farbe gehen). Vgl. zu Didi-Huberman: Wiebke-Marie Stock, *Geschichte des Blicks. Zu Texten von Georges Didi-Huberman*, Berlin: Logos 2004.

der täuschenden Rhetorik, auf die Figal anspielt, geht es hier um eine Rhetorik, die ihre Mittel nicht versteckt und bei der derjenige, der sie erkennt, nur noch fasziniert ist: Das tiefere Wissen löst das Staunen nicht auf, es steigert es vielmehr – ein platonischer Gedanke, den Platon selbst allerdings nicht auf die Bildbetrachtung anwandte.[88]

Es ist möglich, von Bildern, aber auch von anderen Werken der Kunst überwältigt sein, ohne dabei die Fähigkeit zu verlieren, ihre darstellerischen, ihre rhetorischen Mittel zu analysieren. Beim Betrachten eines Films können wir erkennen, wie gelungen Kameraeinstellung, Aufbau der Geschichte, Filmmusik oder das Spiel der Schauspieler ist, ohne dabei unsere emotionale Involviertheit, die Überwältigung, die Faszination zu verlieren. Solcherlei Bilder – seien sie bewegt oder still – appellieren an uns, sie sind kein stilles Gegenüber, sie involvieren uns, bewegen uns. Der Blick auf eine Rhetorik der Bilder könnte eben dies in den Blick rücken, denn auch in der Rhetorik geht es um eine Wirkung, eine emotionale Wirkung auf den Zuhörer. Die (gute) Rede soll den Zuhörer nicht täuschen, sie soll ihn vielmehr überzeugen, und sie bringt hierfür Gründe an, ohne jedoch vollständige Beweise zu liefern:

> »[...] die Rhetorik, die von ältester Tradition her der einzige Anwalt eines Wahrheitsanspruchs ist, der das Wahrscheinliche, das εἰκός (verisimile), und das der gemeinen Vernunft Einleuchtende gegen den Beweis- und Gewißheitsanspruch der Wissenschaft verteidigt«[89].

Der Wahrheitsanspruch ist der der Evidenz, der Zuhörer soll überzeugt werden,[90] die Argumente müssen ihm einleuchten, und seine Affekte müssen erregt werden.[91] Appelliert wird an Emotion und Verstand, die hier eben nicht als einander ausschließende Gegensätze zu denken sind. Diese beiden menschlichen Fähigkeiten sind auch bei der Bildbetrach-

---

88 Stefan Matuschek, *Über das Staunen. Eine ideengeschichtliche Analyse*, Tübingen: Niemeyer 1991, 22: »Mindert oder steigert Erkenntnis das Staunen? So kann die Schlüsselfrage für die Unterscheidung zweier epistemologischer Modelle lauten.« Die platonische Tradition sieht nicht in der *athaumasia*, der Staunenslosigkeit, das Ziel der Philosophie, sondern in der »Steigerung des Staunens« (ebd., 20). Es handelt sich bei Platon um den »Zustand dessen, der am Gipfel philosophischer Einsicht die Ideen zu schauen vermag«, vgl. ebd., 20 f.
89 Gadamer, *Wahrheit und Methode*, 117.
90 Vgl. ebd., 117: »Überzeugen und Einleuchten, ohne eines Beweises fähig zu sein«. Auf dieses Wahrheitskriterium beruft sich im Übrigen auch Figal, vgl. Figal, »Bildpräsenz«, 55, 68.
91 Vgl. Hans-Georg Gadamer, »Rhetorik, Hermeneutik und Ideologiekritik«, in: ders. (Hg.), *Kleine Schriften 1. Philosophie. Hermeneutik*, Tübingen: J. C. B. Mohr (Paul Siebeck) 1967, 111-130, hier: 117.

tung involviert, so dass auch die Untersuchung der Rhetorik der Bilder sie in Betracht ziehen müsste.

Vor Augen führen

Die rhetorische Kunst führt etwas vor Augen. Das Spektrum des Verhältnisses von Gegenstand und Art der Rede ist breit: Gewichtige Themen können mit großem Pathos oder mit großer Zurückhaltung vorgeführt werden. Eine Belanglosigkeit kann hinter einem großen Darstellungaufwand verschwinden. Die Darstellungskunst kann den Gegenstand als bloßen Anlass nutzen, um ihre eigene Kunst zu präsentieren. Mit großer Kunst kann etwas ganz Unscheinbares in den Fokus der Aufmerksamkeit gerückt werden – All dies gilt für Sprache wie für Bilder.

Nicht für alle, aber doch für die wirkungsstarken und wirkmächtigen Bilder gilt, dass sie uns etwas vor Augen führen, was wir so noch nicht gesehen haben, sei es, dass wir diese bestimmte Kirche noch nie so gesehen haben, wie Canaletto sie uns zeigt; sei es, dass uns der Künstler, indem er beispielsweise eine bildliche Lobrede auf den Apfel oder auf eine Farbe hält, etwas vor Augen stellt, was wir in der alltäglichen Wirklichkeit notorisch übersehen; sei es dass es um die Darstellung von Undarstellbarem geht – das Bild öffnet uns die Augen und zeigt uns etwas Neues, etwas, das wir anderswo nicht sehen könnten, das uns zum Nachdenken bringen und das unsere Sehfähigkeit und unsere Aufmerksamkeit verändern kann.

Nicht, dass sie uns *etwas* zeigen, dessen Schema wir wiedererkennen und bestimmen können, und zugleich *sich*, zeichnet sie aus, sondern dass sie uns etwas zeigen, uns etwas vor Augen führen, uns etwas gegenwärtig machen, was wir noch nie gesehen haben. Die Bilder sind nicht bloßes Abbild von etwas anderem, das wir in ihnen wiedererkennen können, wenn wir uns auf das ›Etwas zeigen‹ konzentrieren, oder bloße Darstellung, wenn wir den Blick auf das *Sichzeigen* lenken. Die Unterscheidung von Etwas und Sichzeigen spaltet etwas auf, was im Bild und auch in der Bildbetrachtung selbst nicht zu trennen ist. Gadamer spricht hier von primärer und sekundärer Intention:

> »Nur die ontologische Unlösbarkeit des Bildes von dem ›Dargestellten‹ wird daran anschaulich. Das ist aber wichtig genug, sofern daran klar wird, daß die primäre Intention dem Bild gegenüber zwischen Dargestelltem und Darstellung nicht unterscheidet. Erst sekundär baut sich darauf jene eigene Intention der Unterscheidung auf, die wir die ›ästhetische‹ Unterscheidung nannten. Diese sieht dann die Darstellung als solche in Abhebung gegen das Dargestellte.«[92]

---

92 Gadamer, *Wahrheit und Methode*, 133.

Dies gilt Gadamer zufolge für Bilder, nicht für Abbilder. Während das Abbild »nur im Hinblick auf das Gemeinte gesehen« sein will, ist das Bild »nicht ein Mittel zum Zweck«, man wird nicht »auf das Dargestellte« »fortverwiesen«. »Die Darstellung bleibt vielmehr mit dem Dargestellten wesenhaft verbunden, ja, gehört zu ihm hinzu.«[93] Gerade daher ist das Bild zwar nicht das Urbild, aber doch auch nicht etwas Nachgeordnetes, sondern »eine autonome Wirklichkeit«, in dem das »Urbild« »zur Darstellung kommt« und durch die es »einen *Zuwachs an Sein*« erfährt.[94]

Wenn dieser »Zuwachs an Sein« gerade in den Bildern zum Vorschein kommt, die sich dadurch auszeichnen, dass in ihnen Darstellung und Dargestelltes in der primären Intention nicht zu trennen sind, dann verstellt die sekundäre Intention der Trennung den Blick auf das, was diese Bilder uns zeigen. Zu leicht verschiebt sich die Bildanalyse dann entweder auf das ›Etwas zeigen‹ oder auf das ›Sich zeigen‹. Um aber das zu erkennen, was die Bilder uns zeigen, was sie uns gegenwärtig vor Augen stellen, um den Zuwachs an Sein zu erkennen, das, was wir anderswo nicht zu sehen bekommen, darf die Bildanalyse, die dies herausarbeiten, vermitteln und zur Sprache bringen will, eben diese beide Aspekte nicht trennen. Und sie muss dabei auch versuchen, die Wirkung der Bilder in Worte zu fassen. Didi-Huberman verlangt hierfür eine Herangehensweise, einen Blick, der sich des Bildes nicht sofort bemächtigt, sondern der sich auch von ihm ergreifen lässt.[95] Seine Texte lassen sich als Versuche begreifen, diese Bilderfahrung sprachlich zu vermitteln.

93 Ebd., 132: »[...] seine Bestimmung überhaupt nicht in seiner Selbstaufhebung. Denn es ist nicht ein Mittel zum Zweck. Hier ist das Bild selbst das Gemeinte, sofern es gerade darauf ankommt, wie sich in ihm das Dargestellte darstellt. Das bedeutet zunächst, daß man nicht einfach von ihm fortverwiesen wird auf das Dargestellte. Die Darstellung bleibt vielmehr mit dem Dargestellten wesenhaft verbunden, ja, gehört zu ihm hinzu.«
94 Ebd., 133: »Daß die Darstellung ein Bild – und nicht das Urbild selbst – ist, bedeutet nichts Negatives, keine bloße Minderung an Sein, sondern vielmehr eine autonome Wirklichkeit. So stellt sich die Beziehung des Bildes zum Urbild grundsätzlich anders dar, als sie beim Abbild gilt. *Es ist keine einseitige Beziehung mehr.* Daß das Bild eine eigene Wirklichkeit hat, bedeutet nun umgekehrt für das Urbild, daß es in der Darstellung zur Darstellung kommt. [...] Durch die Darstellung erfährt es gleichsam einen *Zuwachs an Sein.*«
95 Vgl. Georges Didi-Huberman, *Devant l'image. Question posée aux fins d'une histoire de l'art*, Paris: Minuit 1990, 25: »Elle [l'image] exige donc un regard qui ne s'approcherai pas seulement pour discerner et reconnaître, pour dénommer à tout prix ce qu'il saisit – mais qui, d'abord, s'éloignerait un peu et s'abstiendrait de tout clarifier tout de suite. [...] à ne pas se saisir de l'image, et à se laisser plutôt saisir par elle«.

H.-G. Gadamer deutet die bildhermeneutischen Konsequenzen an: »So ist zu verstehen, daß die theoretischen Mittel der Auslegungskunst [...] weitgehend der Rhetorik entlehnt sind.«[96]

Literatur

Boehm, Gottfried, »Zu einer Hermeneutik des Bildes«, in: Hans-Georg Gadamer/Gottfried Boehm (Hg.), *Seminar. Die Hermeneutik und die Wissenschaften*, Frankfurt am Main: Suhrkamp 1978, 444-471.
Boehm, Gottfried, »Bildsinn und Sinnesorgane«, in: *Neue Hefte für Philosophie* 18/19 (1980), 118-132.
Boehm, Gottfried, »Die Bilderfrage«, in: ders. (Hg.), *Was ist ein Bild?*, München: Fink 1994, 325-343.
Boehm, Gottfried, »Die Wiederkehr der Bilder«, in: ders. (Hg.), *Was ist ein Bild?*, München: Fink 1994, 11-38.
Boehm, Gottfried, »Die Hintergründigkeit des Zeigens. Deiktische Wurzeln des Bildes«, in: Heike Gfrereis/Marcel Lepper (Hg.), *Deixis. Vom Denken mit dem Zeigefinger*, Göttingen: Wallstein 2007, 144-155.
Boehm, Gottfried, »Iconic Turn. Ein Brief«, in: Hans Belting (Hg.), *Bilderfragen. Die Bildwissenschaften im Aufbruch*, München: Fink 2007, 27-36.
Boehm, Gottfried, *Wie Bilder Sinn erzeugen. Die Macht des Zeigens*, Berlin: Berlin University Press 2007.
Boehm, Gottfried, »Das Zeigen der Bilder«, in: ders./Sebastian Egenhofer/Christian Spies (Hg.), *Zeigen. Die Rhetorik des Sichtbaren*, München: Fink 2010, 19-53.
Boehm, Gottfried, »Ikonische Differenz«, in: *Rheinsprung 11. Zeitschrift für Bildkritik* 1 (2011), 170-176.
Boehm, Gottfried/Egenhofer, Sebastian/Spies, Christian (Hg.), *Zeigen. Die Rhetorik des Sichtbaren*, München: Fink 2010.
Boehm, Gottfried/Egenhofer, Sebastian/Spies, Christian, Vorwort, in: dies. (Hg.), *Zeigen. Die Rhetorik des Sichtbaren*, München: Fink 2010, 11-15.
Didi-Huberman, Georges, *Devant l'image. Question posée aux fins d'une histoire de l'art*, Paris: Minuit 1990.
Didi-Huberman, Georges, *Ce que nous voyons, ce qui nous regarde*, Paris: Minuit 1992.
Didi-Huberman, Georges, *Was wir sehen blickt uns an. Zur Metapsychologie des Bildes*, München: Fink 1999.
Didi-Huberman, Georges, *Der Mensch, der in der Farbe ging*, übers. v. Wiebke-Marie Stock, Berlin/Zürich: diaphanes 2009.
Figal, Günter, »Bildpräsenz. Zum deiktischen Wesen des Sichtbaren«, in:

---

96 Gadamer, *Wahrheit und Methode*, 117.

Gottfried Boehm/Sebastian Egenhofer/Christian Spies (Hg.), *Zeigen. Die Rhetorik des Sichtbaren*, München: Fink 2010, 55-72.

Gadamer, Hans-Georg, »Rhetorik, Hermeneutik und Ideologiekritik«, in: ders. (Hg.), *Kleine Schriften 1. Philosophie. Hermeneutik*, Tübingen: J. C. B. Mohr (Paul Siebeck) 1967, 111-130.

Gadamer, Hans-Georg, *Wahrheit und Methode. Grundzüge einer philosophischen Hermeneutik*, 3. erweiterte Auflage, Tübingen: J. C. B. Mohr (Paul Siebeck) 1972.

Hegel, Georg Wilhelm Friedrich, *Vorlesungen über die Ästhetik*, Bd. I-III, in: ders., *Werke*, Bd. XIII-XV, Frankfurt am Main: Suhrkamp 1996-1999.

Matuschek, Stefan, *Über das Staunen. Eine ideengeschichtliche Analyse*, Tübingen: Niemeyer 1991.

Platon, *Sophistes*, in: ders., *Werke in acht Bänden*, Bd. VI, griechisch und deutsch, übers. v. Friedrich Schleiermacher u. a., Darmstadt: Akademie Verlag 1990.

Stock, Wiebke-Marie, *Geschichte des Blicks. Zu Texten von Georges Didi-Huberman*, Berlin: Logos 2004.

Wiesing, Lambert, *Artifizielle Präsenz. Studien zur Philosophie des Bildes*, Frankfurt am Main: Suhrkamp 2005.

Wiesing, Lambert, »Zeigen, Verweisen und Präsentieren«, in: Karen van den Berg/Hans Ulrich Gumbrecht (Hg.), *Politik des Zeigens*, München: Fink 2010, 17-27.

Georges Didi-Huberman
Neu zeigen, schneiden, erkennen
(REMONTRER, REMONTER, RECONNAÎTRE)

Seit langem wissen wir, dass uns das Bild nicht die sichtbare Welt als solche »wiedergibt«. In alten Kunstabhandlungen haben wir gelesen, dass die *Mimesis* ein komplexer, vielfacher, verschachtelter, paradoxer Begriff ist. Wir haben die moderne Kunst entdeckt, Paul Klee gelesen (»Die Kunst gibt nicht das Sichtbare wieder, sondern macht sichtbar«), usw. Entsprechend versuchen wir jedes Mal, vor jedem Bild, all das zu *re-dialektisieren*, was wir spontan von ihm erwarteten. Das bedeutet nicht unbedingt: immer alles verfeinern, veredeln, feinsinnig machen. Man muß sich auch brutal entscheiden können. So hat Bertolt Brecht, dialektischer Künstler par excellence – das Gleiche könnte man übrigens auch von Paul Klee sagen –, niemals aufgehört, *die Komplexität mit Einfachheiten aufzuspalten*, nachdem er gerade die Einfachheit, die Evidenz der Dinge mit Komplexitäten und Nichtevidenzen aufgespalten hatte. Benjamin kommentierte mit folgenden Worten die Brechtsche Brutalität:

> »Es gibt viele Leute, die unter einem Dialektiker einen Liebhaber von Subtilitäten verstehen. Da ist es ungemein nützlich, daß Brecht auf das ›plumpe Denken‹ den Finger legt, welches die Dialektik als ihren Gegensatz produziert, in sich einschließt und nötig hat. Plumpe Gedanken gehören gerade in den Haushalt des dialektischen Denkens, weil sie gar nichts anderes darstellen als die Anweisung der Theorie auf die Praxis. *Auf* die Praxis, nicht *an* sie: handeln kann natürlich so fein ausfallen wie Denken. Aber ein Gedanke muß plump sein, um im Handeln zu seinem Recht zu kommen.«[1]

Ohne Zweifel liegt etwas von diesem »plumpen Denken« in der Forderung von Harun Farocki, das Bild möge uns *trotz allem* etwas von der realen Welt wiedergeben. Wie ist das bei einem Filmschöpfer möglich, der nicht aufhört zu zeigen, zu demontieren, und besser als irgendwer die Manipulation und die »Bearbeitung« kennt, die die technischen Bilder der Wirklichkeit auferlegen? Das ist möglich, das ist gerade notwendig, sowie das ist *trotz allem* notwendig, um gegen das *allem* etwas – eine Ausnahme – einzuwenden. Nicht zufällig entlehnt Farocki von Günther Anders eine Formulierung, die dazu bestimmt ist, den unentrinnbaren

---

1 Walter Benjamin, »Brechts Dreigroschenroman« (1935), in: ders., *Angelus Novus. Ausgewählte Schriften* 2, Frankfurt am Main: Suhrkamp 1966, 298.

Zustand, den Zustand der ständigen Katastrophe, die unser historisches Leben erstickt, *aufzuspalten*: »Die Wirklichkeit hätte zu beginnen«, das heißt: es wäre an der Zeit, einige neue »Kriegsmaschinen« zu erfinden, um die »Staatsapparate« daran zu hindern, uns immer wieder mit dem Irreparablen zu konfrontieren.[2]

Es ist auch kein Zufall, dass Harun Farocki zuerst den Kriegszustand, der unsere Gegenwart ebenso wie unser historisches Gedächtnis prägt, als unausweichlichen Fakt angeprangert hat. Die kleine Brandwunde, die in *Nicht löschbares Feuer* 1969 inszeniert wurde, war eine Spalte in der Evidenz und der Heuchelei der Napalmindustrie zur Zeit des Vietnamkrieges. Ein Film unter dem Titel *Zwischen zwei Kriegen* spaltete 1978 ebenfalls eine bestimmte Vorstellung vom Zweiten Weltkrieg, die sich damals in spektakulärer und gewissermaßen »Wagnerscher« Weise in Filmen wie *Die Verdammten* von Luchino Visconti, *Nachtportier* von Liliana Cavani, *Der Konformist* von Bernardo Bertolucci oder auch *Cabaret* von Bob Fosse[3] entfaltete.

Diese Notwendigkeit, die Vorstellung von der Geschichte aufzuspalten – eine Bresche zu schlagen, einen Raum zu öffnen für neue Möglichkeiten oder Lesbarkeiten – fokalisierte sich in einem Moment der Arbeit Farockis auf die Frage der Nazilager, und das lange vor der Montage von *Aufschub (Sursis)*, 2007. Ich denke vor allem an den Film *Bilder der Welt und Inschrift des Krieges* von 1988, dessen Leitmotiv kein anderes ist als die »Sichtbarkeit« von Auschwitz. Fern von den französischen Debatten über diese Frage – insbesondere zwischen Jean-Luc Godard und Claude Lanzmann –, konstruiert Farocki in seinen Montagen von *Bilder der Welt und Inschrift des Krieges* eine echte *dialektische Exposition*, bei der jedes Element die erste Evidenz, die jedem der anderen Elemente zugesprochen wurde, wieder aufspaltet. Von Anfang an wird die Frage der *Aufklärung* aufgespalten, nicht durch ein philosophisches Argument über die »Barbarei der Vernunft« wie bei Adorno und Horkheimer – und selbst bei Günther Anders –, sondern durch eine präzise Belichtung technischer Bilder, die für ein Distanzmaß (Messbildverfahren) und die Luftaufklärung in Kriegszeiten konzipiert sind. Gleichzeitig wird ein so unschuldig romantisches Motiv wie die Wellenbewegung

---

2 Vgl. Harun Farocki, »Die Wirklichkeit hätte zu beginnen« (1988), in: ders., *Nachruck/Imprint. Texte/Writings*, Berlin: Vorwerk 8 2001, 187–213. [Frz.: »Il serait temps que la réalité commence«, in: Christa Blümlinger (Hg.), *Reconnaître et poursuivre*, Courbevoie: Théâtre Typographique 2002, 34–45.]

3 Vgl. Thomas Elsaesser, »Working at the Margins: Film as a Form of Intelligence«, in: Harun Farocki: *Working on the Sightlines*, Amsterdam: Amsterdam University Press 2004, 95–96.

– »Brandet das Meer an das Land«, sagt der Kommentar in *off* Stimme, »unregelmäßig, nicht regellos – so bindet diese Bewegung den Blick, ohne ihn zu fesseln, und setzt Gedanken frei«[4] – aufgespalten durch eine Exposition des »Hannoverschen Versuchskanals«, einer riesigen technischen Anlage zur beherrschten Synthese dieser Bewegung.[5]

Und plötzlich stürzen auf uns, wenn ich es so zu sagen wage, Bilder von Auschwitz herab. Wenn wir bereit sind, die Montage als doppelte Operation – nicht als synthetische – des *Aufspaltens* und der *Bindung* zu verstehen, der Trennung und des Angrenzens, dann können wir verstehen, was in diesem Augenblick des Films geschieht. Zuerst würde es sich mit dem Tod wie mit dem Meer verhalten, Auschwitz könnte – nach den bekannten Worten Hannah Arendts, die Farocki übernimmt – nunmehr als ein riesiges Laboratorium betrachtet werden, als »Versuchskanal« des Todes. Zweitens, wenn Auschwitz als historisches Paradigma für die *Aufklärung* der Vernunft die größte Herausforderung oder das größte Dementi darstellt, dem sie je begegnete – nach Adornos wohlbekannten Worten, die Farocki ohne Zweifel hier voraussetzt –, wird es überaus bezeichnend, das die *Aufklärung* als »Luftaufklärung« auf das, Lager von Auschwitz 1944 herabblickte... jedoch eben ohne irgend etwas davon *erkennen* zu wollen.

> »Am 4. April 1944 war der Himmel wolkenlos. Vorausgegangene Regenfälle hatten den Staub in der Luft gebunden. Amerikanische Flugzeuge waren in Foggia/Italien gestartet und flogen Ziele in Schlesien an – Fabriken für synthetisches Benzin und Gummi (Buna). Beim Anflug auf die im Bau befindlichen Anlagen der IG-Farben-Werke löste ein Flieger den Fotoapparat aus und machte ein Bild vom Konzentrationslager Auschwitz. Erstes Bild von Auschwitz, aufgenommen aus 7000 Meter Höhe. Die Bilder, im April '44 in Schlesien aufgenommen, kamen zur Auswertung nach Medmanham in England. Die Auswerter entdeckten ein Kraftwerk, eine Karbidfabrik, eine für Buna, im Bau befindlich, und eine zur Benzinhydrierung. Sie hatten keinen Auftrag, nach dem Lager von Auschwitz zu suchen, und also fanden sie es nicht.«[6]

Sie suchten *Produktionsstätten*, und es gelang ihnen leicht, sie zu finden. Die sehr viel größere *Vernichtungsstätte* jedoch, die sich gerade daneben befand, im Blickfeld ihrer Luftaufnahmen, waren sie unfähig zu sehen. Dabei war die Wirklichkeit da, vor ihren Augen, aufgenommen von einem technischen Gerät, das ihnen klar zeigte, was sie nicht sehen

---

4 Harun Farocki: »Bilder der Welt und Inschrift des Krieges« (1988), transcript, 1. [Frz.: Ders.: »Images du monde et inscription de la guerre«, in: ders., *Films,* Courbevoie: Théâtre Typographique 2007, 57–59.]
5 Ebd., [Frz.: ebd., 57].
6 Ebd., 3. [Frz.: ebd., 57–59.]

wollten. Erste Aufspaltung, durch die Montage Farockis – Bilder und Worte gemeinsam – unseren Augen sichtbar gemacht. Die *Dialektik der Aufklärung* wurde zum Paradox von Sichtbarkeit und Erscheinung, *Dialektik der Erscheinung.*

Doch die Remontage beginnt erst. Es gibt eine zweite Aufspaltung, die auch ein zweiter Akt der Lesbarkeit ist. Davon machte Walter Benjamin jeden Begriff von Lesbarkeit der Geschichte abhängig – eine »Zäsur« des dialektischen Bildes im »Jetzt seiner Erkennbarkeit«, strebend zugleich zu seiner *Vorgeschichte* und zu seiner *Nachgeschichte*[7] – die hier konkret ausgestellt wird: es musste erst – grausame Ironie der Geschichte, die Fernsehreihe *Holocaust* ausgestrahlt werden, damit zwei Mitarbeiter der CIA 1977 erneut die Luftaufnahmen von 1944 betrachten und auf ihnen endlich klar die Organisation des Todeslagers »lesen«, wobei sie ohne Mühe die Selektionsrampe, die Schlange der Wartenden auf dem Weg nach Birkenau, die Gaskammern erkennen...[8]

Auf diese späte Klärung vom alliierten Standpunkt aus folgt – dritte Aufspaltung und dritter Akt der Lesbarkeit – die Vorstellung einiger Bilder durch Farocki, die vom Nazigesichtspunkt hergestellt wurden und dem berühmten *Auschwitz-Album* entnommen wurden, das von Lili Jacob entdeckt und dann bis zu uns durch die Bemühungen von Serge Klarsfeld[9] weitergegeben wurde. Kinematographisch gesprochen besteht der Akt der Remontage hier darin, dem Blickwinkel der Aufklärungsflugzeuge den Blickwinkel der Lagerverwalter folgen zu lassen und den Kontrast zwischen einer vertikal orientierten Distanz und einer horizontal gelenkten Nähe zu zeigen. Die Unmenschlichkeit der beiden Blickwinkel hat gewiss im jeweiligen Fall nicht die gleiche Bedeutung, doch lehren sie uns gemeinsam – dank der Montage – wie es möglich ist, *Bilder aufzunehmen, um nicht zu sehen, was in Wirklichkeit geschieht.* »Die Polizei weiß nicht, was das ist, das Bild des Menschen«, sagt Farocki einmal.[10]

---

7 Vgl. Walter Benjamin, *Paris. Capitale du XIXe siècle. Le livre des passages* (1927–1940), Paris: Le Cerf 1989, 479, 487 und 494.
8 Vgl. Farocki: »Bilder der Welt und Inschrift des Krieges«, 3–4. [Frz.: Ders.: »Images du monde et inscription de la guerre«, 60–61 und 78–79.] Vgl. Dino A. Brugioni/Robert G. Poirier, *The Holocaust Revisited: A Retrospective Analysis of the Auschwitz-Birkenau Extermination Complex*, Washington: Central Intelligence Agency 1979.
9 Vgl. Serge Klarsfeld, »Histoire de l'album d'Auschwitz«, in: ders., *L'Album d'Auschwitz*, Paris: Éditions Al Dante 2005, 8–29.
10 Farocki: »Bilder der Welt und Inschrift des Krieges«, 12. [Frz.: Ders.: »Images du monde et inscription de la guerre«, 72.]

Und dennoch erreichten uns die vom Nazioffizier unmenschlich fotografierten Menschen als menschliche Bilder par excellence, weil es dank der Arbeit der Historiker des Instituts Yad Vashem in Jerusalem möglich war, einigen dieser Gesichter, die im Augenblick ihrer Vernichtung eingefangen wurden, ihren Namen wiederzugeben.[11] Ein Teil des *Auschwitz-Album* erhielt von seinem Autor als Titel den technischen Begriff *Aussortierung,* »Selektion«. Man sieht, wie die Masse der Ankommenden geteilt, sortiert, getrennt wird: Männer und Frauen, Junge und Alte, »verwendungsfähige« und »nichtverwendungsfähige«. Man sieht, wie Frauen sich in die Gruppe einreihen, die ihnen zugewiesen wurde, in einer mittleren Bildeinstellung, die fern genug ist, um die Organisation des Selektionsprozesses verstehen zu können, jedoch auch nah genug, um noch das Gesicht der einzelnen Personen erkennen zu können. Eine der bekanntesten Aufnahmen dieser Serie zeigt eine junge Frau, die an einer Gruppe vorübergeht, und dadurch dem Objektiv des Fotoapparats etwas näher ist.[12]

Die kinematographische Geste von Farocki besteht in diesem Augenblick darin, eine neue Spaltung ins Sichtbare einzubringen, einen vierten Akt der Lesbarkeit, dessen Gestaltung darauf abzielt, *den Blickwinkel umzukehren*, ausgehend vom Inneren selbst eines Bildes, das vom widerlichen Blickwinkel der »Aussortierung« als Technik menschlichen *Managements* hergestellt wurde. Indem er sich sehr viel mehr annähert, als der Fotograf beabsichtigte, befragt Farocki das Gesicht als solches, das einzelne Gesicht, und nicht mehr eine aus der Masse der Häftlinge herausgelöste Parzelle. Dennoch verharrt er gegenüber diesem Paradox, der *doppelten Seite des Bildes,* das auf der einen Seite teilhat an der Vernichtung dieser Frau, und uns andererseits anschaut seit der Verewigung selbst ihrer Menschlichkeit.

> »Das Lager, von der SS geführt, soll sie zugrunde richten und der Fotograf, der ihr Schönsein festhält, verewigt, ist von der gleichen SS. Wie das zusammenspielt, bewahren und zerstören! Die SS hat diese Bilder gemacht – der Fotoapparat gehörte zur Lagerausrüstung.«[13]

Wenn sich Farocki mit einer einfachen Nahaufnahme auf das Bild dieser Frau begnügt hätte – mit der Art von Trauer und emotionalem Erzittern, das den Anblick eines menschlichen Wesens in dem Augenblick selbst begleitet, da er dem Tod versprochen ist –, hätte er lediglich eine

---

11 Vgl. Israel Gutman / Bella Gutterman (Hg.), *The Auschwitz Album. The Story of a Transport,* Oxford/New York: Berghahn Books 2002.
12 Vgl. ebd., 9 (dort wird diese Frau als Geza Lajtbs identifiziert, eine Budapester Jüdin).
13 Farocki: »Bilder der Welt und Inschrift des Krieges«, 9. [Frz.: Ders.: »Images du monde et inscription de la guerre«, 68.]

Geste produziert, eine unschuldige und unnötige Geste der Empathie mit dem »es-ist-gewesen«. Aber Farocki weiß als Cineast und Monteur genau, dass der Akt der Bildeinstellung sich nie selbst genügt:

> »Die Geste der Bildeinstellung, die Entscheidung, ein Bild neu einzustellen. Das Bild enthält die Schere, die es expliziert. Die Hände des Cineasten sind die Grenzlinie – als wäre das Bild ein Eigentum, um das man einen Zaun errichtet.«[14]

Seine *Remontage der Zeiten* durfte also nicht hierbei stehen bleiben. Ein fünfter Akt der Lesbarkeit wird eingeführt, um die im Blickwinkel der Militäraufnahmen – der deutschen ebenso wie der amerikanischen – durchgeführte Umkehrung zu präzisieren: er besteht darin, im gewollten Augenblick Bilder und Worte zu reproduzieren, die aus der Sicht der Häftlinge in Auschwitz selbst produziert wurden. Das sind in der Aufeinanderfolge die Zeichnungen von Alfred Kantor, die sich auf seine eigenen Erinnerungen und auf Skizzen stützen, die ihm von einigen Mithäftlingen anvertraut wurden; eines der vier Fotos, die in Birkenau im August 1944 von den Angehörigen des *Sonderkommandos* im Krematorium V aufgenommen wurden; aber auch die Zeugenaussagen von Rudolf Vrba über seine Flucht aus Auschwitz gemeinsam mit Alfred Wetzler, »drei Tage nach dem ersten Luftbild von Auschwitz.«[15] Dann kann sich endlich der Kreis der von Farocki hergestellten *Lesbarkeit* und der *Unlesbarkeit* der Lufterkennungsaufnahmen schließen: »Was sie bezeugten ist in den Luftbildern eingeschrieben und kann diesen abgelesen werden.«[16]

Also lesen: eine sehr geduldige Arbeit, eine vielleicht unendliche Aufgabe. Diese Aufgabe verlangt von uns, »die Lektüre ständig wieder aufzunehmen«, immer wieder neu zu lernen, zu erkennen und jede Sache neu zu schneiden. Die Absicht von *Bilder der Welt und Inschrift des Krieges* war es nicht, den Bildern von Auschwitz eine Monographie zu widmen. Seine Funktionsweise ist mehr transversal, er arbeitet mit mehreren Formen von Dauer, und darin rechtfertigt er eine sechste Spaltung der Geschichte, einen sechsten Akt der Lesbarkeit.

> »Gewiß, sagt Farocki, muß man aufpassen, wenn man Beziehungen zwischen Auschwitz und anderen Ereignissen herstellt, denn das kann leicht zu rein dramatischen oder rhetorischen Effekten führen. Ich hoffe jedoch, daß meine Filmmethode bestimmte Überlegungen

---

14 Ders., zit. in: Blümlinger, *Reconnaître et poursuivre*, 100. Aus dem Franz. rückübersetzt – Anm. d. Übers.
15 Ders., »Bilder der Welt und Inschrift des Krieges«, 14. [Frz.: Ders.: »Images du monde et inscription de la guerre«, 75–76.]
16 Ebd., 15. [Frz.: 77.]

möglich macht, um Beziehungen herzustellen, ohne eine Gleichwertigkeit nahezulegen.«[17]

Zwischen einem Begriff von »nicht wahrnehmbarer Politik«, den manche Bilder schüren, und dem eines »Lichtkrieges«, der von allen möglichen technischen Bildern erhellt wird[18] – unten von auf die Selektionsrampe von Auschwitz gerichteten Scheinwerfern suggeriert, oben durch die Arbeit der *Luftaufklärung* –, wird durch den Film von Farocki die ganze Frage des Verhältnisses zwischen Sichtbarkeit und Lesbarkeit der Geschichte im allgemeinen gestellt. Auschwitz – oder besser: was Auschwitz bezeichnet und einträgt – ist dieser *unvergleichbare* Moment der Geschichte, der gerade danach verlangt, *verglichen* zu werden,[19] das heißt, nicht isoliert zu bleiben in unserem historischen Werden. Es liegt eine Welt zwischen den 1944 vom Nazibeamten fotografierten jüdischen Frauen im *Auschwitz-Album* und den 1960 von Marc Garanger, einem eingezogenen französischen Soldaten, der Personalausweise ausstellen sollte, fotografierten algerischen Frauen.[20] Aber eben weil eine Welt wie die von Auschwitz funktionieren konnte, – mit ihren zwei Fotolaboren – müsste uns *bereits* die Verletzung der Würde der algerischen Frauen nicht tolerierbar scheinen. Das ist jedenfalls der Sprung, den Farocki in seinem Film und im allgemeinen in seinen langfristigen Überlegungen über die Teilhabe der Bilder an allen möglichen Logiken der Vernichtung vollführt. Denn es ist wahr, dass die *Dialektik der Aufklärung* nicht aufgehört hat, bis ins scheinbar so periphere – in Wirklichkeit zentrale – Gebiet der Bilder die Barbarei triumphieren zu lassen: und genau das ist es, was Farocki unaufhörlich erkundet, indem er immer wieder die Bilder der amerikanischen Gefängnisse im Jahr 2000 in *Gefängnisbilder,* jene des ersten Irakkrieges 2003 in *Auge/Maschine* oder auch in *Immersion* 2009[21] aufspaltet und *neu schneidet,* Bilder einer erschreckenden militärischen Psychotherapie, die nach wie vor ihre Macht ausübt, bis zur Stunde, da diese Zeilen geschrieben werden.

17 Ders., zit. in: Thomas Elsaesser, »Making the World Superfluous: An Interview with Harun Farocki«, in: Farocki: *Working on the Sightlines,* 185.
18 Vgl. Thomas Keenan, »Light Weapons«, in: Farocki, *Working on the Sightlines,* 203–210. Nora Alter, »The Political Im/perceptible: Farocki's Images of the World and the Inscription of War«, in: Farocki, *Working on the Sightlines,* 211–234.
19 Vgl. Marcel Detienne, *Comparer l'incomparable,* Paris: Éditions du Seuil 2000.
20 Vgl. Farocki, »Bilder der Welt und Inschrift des Krieges«, 2. [Frz.: Ders.: »Images du monde et inscription de la guerre«, 58 und 71.]
21 Vgl. Chantal Pontbriand (Hg.), *HF/RG (Harun Farocki/Rodney Graham),* Paris: Éditions du Jeu de Paume/Blackjack Éditions 2009, 200.

Schneiden: sich die Zeit nehmen, die Zeiten aufzuspalten, sie zu öffnen. Sie neu zu erlernen, wieder zu erkennen, sie uns »geschnitten« wiedergeben, um die Gewalt der Welt besser anzuprangern. Aber was ist eine *neu geschnittenen Zeit?* Es ist eine aufgespaltene, in Stücke zerlegte Zeit, sichtbar gemacht im Intervall und der Nähe ihrer Fragmente, die eine einfache Aufeinanderfolge – wenn ein Bild das vorangegangene ersetzt und es verschwinden läßt – uns vergessen läßt. Es ist eine Zeit, die der Exegese und der Anamnese unterworfen wird. Es ist also eine *ausgestellte Zeit,* die trotz ihrer tabularischen Dimension, mit ihren wie auf einem Arbeitstisch, einer Werkbank eines Handwerkers verstreuten und neu zusammengesetzten Teilen selbst bis zu ihren eigenen Gründungsstrudeln, ihren Symptom-Augenblicken *aufsteigt*[22], kurz, zu dem, was Walter Benjamin, weit entfernt von jeder Sehnsucht nach den Quellen, *Ursprung* oder Sprung des Ursprungs nannte.

Die Montagen von Farocki sind auf der Höhe einer derartigen »philosophischen Betrachtung« der Geschichte nach Benjamin, wobei klargestellt werden muß, dass diese Betrachtung nichts von einem »absoluten Wissen« hat. Sie benutzt die Ressourcen einer Dialektik, die von Benjamin jenseits aller Figuren neuhegelianischer Schulen gedacht wurde. Der *Schneidetisch* wäre in dieser Hinsicht ein *dialektischer Apparat* par excellence. Farocki betont oft die Tatsache, dass die Dramaturgie eines Films sich weder auf seine Erzählung noch seinen Kommentar beschränkt: das letzte Wort einer Montage gibt es nicht, und vor allem nicht in der einfachen Diegese oder im verbalen Kommentar, so notwendig und ausgearbeitet sie auch sein mögen.[23] Kommentieren, ja: denn man darf die Bilder nie isoliert lassen, man darf sie weder herrschen noch allein herumirren lassen. Wie kann man aber umgekehrt »vermeiden, daß die Worte herrschen?«[24]

Wie Benjamin in seinem Text über den *Ursprung* nahelegt, reduziert sich die Dialektik nicht auf eine intellektuelle Organisation der Dinge in der Geschichte. Sie besitzt eine echte *Rhythmik,* die von »der Materie dessen, was im Erscheinen begriffen ist« kopiert ist. Sie ist also *materiell* und *gestisch,* wie am Scheidetisch muss man die Träger manipulieren, Knöpfe berühren, den richtigen Rhythmus finden. Ein Text von Farocki

22 Im Original *remonte* – im Deutschen nicht wiederzugebendes Wortspiel mit der Mehrfachbedeutung von remonter: neu schneiden, aufsteigen, zurückkehren, aufziehen, neu zusammensetzen... – Anm. d. Übers.
23 Vgl. Elsaesser, »Making the World Superfluous: An Interview with Harun Farocki«, 187.
24 Ders., zit. in: Alice Malinge, *Harun Farocki. Autoportrait d'une pratique* (unveröffentlichtes Gespräch), Master 2 en Histoire et Critique des Arts, Rennes, Université de Rennes II, 2008.

mit dem Titel *Was ein Schneideraum ist* beginnt bezeichnender Weise mit einer Analogie der Kunst des Pflasterns, nicht als allgemeine Idee (Felder ausfüllen, um eine Fläche zu erarbeiten), sondern in der Singularität einer gestischen Fähigkeit, die mit Präzision beobachtet wird: »Die Pflasterer werfen bei der Arbeit einen Pflasterstein in die Höhe und fangen ihn dann auf, jeder Stein ist anders, aber sie verstehen im Flug, wo er hingelegt werden muß.«[25] Als wäre die Dialektik zugleich eine Technik des Körpers – die richtige Manipulation, die richtige Geste, das richtige Stück am richtigen Platz dank eines gefundenen Rhythmus – und ein *Tanz des Denkens*.

Dieser Tanz ist eine Arbeit, und sei es auch, wie Farocki sagt, eine *Arbeit des Dazwischen,* irgendwo zwischen dem Drehen (den tatsächlich aufgenommenen, produzierten Bildern) und der Idee[26] (das Warum die Bilder gedreht oder reproduziert werden mussten). Ebenso wie ein Tanz geht die Montagearbeit hin und her. Natürlich organisiert sie, sie schafft Figuren: »Am Schneidetisch taucht aus dem Gestammel die Rhetorik auf« – notwendig für die dialektische Exposition der Dinge.[27] Sie ist ein Erkenntnisakt, natürlich:

> »Wenn das Bild auf dem Schneidetisch vor und rückwärts geht, lernt man viel über seine Autonomie [...], man lernt am Schneidetisch, die wahren Fehler vom Künstlichen einer Inszenierung zu unterscheiden.«[28]

Und schließlich ist die Montage ein Akt der Entscheidung, der in die Bilder einschneidet und dafür sorgt, dass sie zueinander Stellung nehmen.

Doch wie bei jedem Tanz hören die Bilder nicht auf, hin und her zu gehen (wenigstens solange, bis man entscheidet, dass der Tanz abgeschlossen ist). Die Positionen können sich ändern. Die Arbeit ist stets offen für einen neuen Anfang, eine neue Konsequenz, ein Überdenken aller Dinge. Das Ergebnis ist also virtuell offen. Man weiß sehr gut, dass angesichts einer gegebenen Montage das gleiche Material in einer anderen Montage ohne Zweifel neue Möglichkeiten für das Denken offenbaren würde. Insofern ist die Montage eine *Arbeit*, die in der Lage ist, ihre eigenen Ergebnisse zu reflektieren und zu kritisieren. Darin entspricht sie genau der Form des *Essays*. Sie vollzieht einen Akt des Sammelns und des Lesens der Vielfalt der Dinge.[29] »Eine Montage«, schreibt Farocki,

---

25 Ders., »Qu'est-ce qu'une salle de montage« (1980), in: Blümlinger, *Reconnaître et poursuivre*, 31.
26 Vgl. ebd.
27 Vgl. ebd., 33.
28 Ebd., 32. Auch hier wie bei den vorangegangenen Zitaten aus dem Französischen ins Deutsche rückübersetzt. Anm. d. Übers.
29 Vgl. Rainer Rother, »Das Lesen von Bildern. Notizen zu Harun Farockis

»muß, durch unsichtbare Kräfte, Dinge sammeln und zusammenhalten, die sonst in alle Richtungen trudeln würden.«[30] Aber dieses Sammeln – oder diese Lektüre – ist von Rechts wegen immer provisorisch, und der Filmschöpfer weiß sehr wohl, dass man immer wieder schneiden, es von Neuem versuchen kann. Übrigens lässt er es sich nicht nehmen, sowohl in der Ökonomie der internen Proben zu seinen Filmen wie in den verschiedenen Versionen, die er gern von ihnen schafft, insbesondere bei den Unterschieden, die er zwischen seinen einspurigen Filmen und den musealen Einrichtungen macht.

Man könnte unschwer in dieser Haltung den Einfluss eines Denkens von Jean-Luc Godard finden, von Chris Marker und von allem, was die Gegenwartskunst in Richtung eines »Kinos nach dem Film«[31] unternommen hat. Man sollte aber auch das nicht vergessen, was Farocki dauerhaft Dziga Vertov verdankt, ja was der russische Film allgemein in den zwanziger Jahren, unter dem Begriff der »Remontage«[32], eingeführt hat. Remontage, deren umstürzlerischen Wert gegenüber der gesamten Geschichte der Kunst seit den Griechen Walter Benjamin 1935 hervorgehoben hatte, als einer Geschichte von Dingen, die zur Einzigkeit wie zur Ewigkeit geschlossener Werke verurteilt waren:

> »Mit dem Film nämlich ist für das Kunstwerk eine Qualität ausschlaggebend geworden, die ihm die Griechen wohl zuletzt zugebilligt oder doch als seine unwesentlichste angesehen haben würden. Das ist seine Verbesserungsfähigkeit. Der fertige Film ist nichts weniger als eine Schöpfung aus *einem* Wurf; er ist aus sehr vielen einzelnen Bildern und Bildfolgen montiert, zwischen denen der Monteur die Wahl hat – Bildern, die im übrigen von vornherein in der Folge der Aufnahmen bis zum endgültigen Gelingen beliebig zu verbessern gewesen waren. Um seine *Opinion publique*, die 3000 m lang ist, herzustellen, hat Chaplin 125 000 m drehen lassen. Der Film ist also das verbesserungsfähigste Kunstwerk. Und daß diese seine Verbesserungsfähigkeit mit seinem radikalen Verzicht auf den Ewigkeitswert zusammenhängt, geht aus der Gegenprobe hervor.«[33]

Film *Etwas wird sichtbar*«, in: Rolf Aurich/Ulrich Kriest (Hg.), *Der Ärger mit den Bildern. Die Filme von Harun Farocki*, Konstanz: UVK Medien 1998, 231–244.

30 Harun Farocki, »Influences transversales« (2002), in: *Trafic* 43 (2002), 24.
31 Vgl. Jeffrey Shaw/Peter Weibel (Hg.), *Future Cinema. The Cinematic Imaginary after Film*, Cambridge Mass./London: MIT Press 2003.
32 Vgl. Youri Tsyvian, »Sagesse et perversion. Le remontage et la culture cinématographique soviétique des années 1920« (1996), *Cinéma* 7 (2004), 122–145. Ich danke Stefani de Loppinot dafür, mich auf diese wichtige Studie aufmerksam gemacht zu haben.
33 Walter Benjamin, *Das Kunstwerk im Zeitalter seiner technischen Re-*

In jedem Fall ist es für Farocki wichtig, dass sein *Schneidetisch* ihm beim Organisieren der Dinge erlaubt, als *Arbeitstisch*, als Tisch bei der Arbeit zu funktionieren: eben indem alle Dinge auf dem Tisch zugleich präsent sind, um die Dialektik der Bilder offen zu halten. Deshalb mag Farocki die Erleichterungen des Systems AVID nicht besonders, wo die Montagelösungen seiner Ansicht nach zu schnell, zu leicht zu finden sind.[34] Deshalb mag er es, dass man »im Schneidezimmer eine Woche lang zögert, um zu wissen, wo dieses Bild einer Minute seinen Platz finden wird.«[35] Diese *Weigerung, abzuschließen* ist mit dem Willen verbunden, die Montage niemals auf die Alternative zwischen einfacher Äquivalenz (diese beiden Bilder stehen nebeneinander, weil sie das Gleiche sagen wollen) und einfachen Gegensatz (diese beiden Bilder stehen nebeneinander, weil sie das Gegenteil sagen wollen) zu reduzieren.

Man könnte wie Christa Blümlinger denken, dass die Montage bei Farocki Ausdruck seines *Zweifels* angesichts aller Dinge ist:

> »Der Dreh- und Angelpunkt der Montage Farockis ist der Zweifel, der sich zwischen zwei Bilder schiebt, zwischen Ton und Bild, zwischen Ton und Ton. Nicht nur, um gegen den Realitätseffekt der Dokumentarbilder anzukämpfen, sondern auch um bewusst an die Grenzen des Fotografischen zu gehen, um auf das Imaginäre, das Nicht-Darstellbare, das Unvereinbare oder das Unsagbare hin zu öffnen. [...] Der Film beschreibt nicht ein lineares Fortschreiten, sondern einen Rhythmus wie: zwei Schritte vorwärts, zwei Schritte zurück.«[36]

Dabei ist es möglich, zwei Schritte vorwärts und zwei Schritte rückwärts zu gehen, ohne deshalb an seinen Weg zu zweifeln, wenn dieser Weg durch eine Choreographie gelenkt ist – die Wahl einer Form – statt durch die Absicht, irgendwohin zu gehen. Die Weigerung abzuschließen ist nicht unbedingt Ausdruck von Zweifel, und Farocki scheint mir nicht ein Cineast des Nicht-Darstellbaren oder des Unsagbaren zu sein.

Ich würde eher sagen, die Weigerung zu schließen hat bei Farocki sowohl mit einer Denkentscheidung (immer das redialektisieren, was zuvor bejaht wurde) als auch mit einer *poetischen Entscheidung* zu tun, die Philippe Beck gut ausgedrückt hat, als er das, was Farocki von seinen Montagen erwartet, mit dem verglich, was Mandelstam von seinen

produzierbarkeit (Erste Fassung), in: ders., *Gesammelte Schriften*, Bd. I, 2, hrsg. v. Rolf Tiedemann/Hermann Schweppenhäuser, Frankfurt am Main: Suhrkamp 1974, 446.
34 Vgl. Rembert Hüser, »Nine Minutes in the Yard: A Conversation with Harun Farocki« (2000), in: Farocki, *Working on the Sightlines*, 302.
35 Ders., »Qu'est-ce qu'une salle de montage«, 33.
36 Christa Blümlinger, »De la lente élaboration des pensées dans le travail des images«, *Trafic* 14 (1995), 32.

Gedichten erwarten konnte: »Man muss vom Kino Farockis sagen, was Mandelstam vom Gedicht sagt: hier erwacht man inmitten eines jeden Bildes, einer jeden Aufnahme.«[37] Wenn Farocki in *Gefängnisbilder* und dann in der Installation mit doppelter Leinwand, die die Bilder wieder aufgreift, uns ohne Vorwarnung die Hinrichtung des Häftlings William Martinez im Gefängnishof *erneut zeigt*, kann es keinen Zweifel darüber geben, was uns auf diesem »Dokumentarbild« gezeigt wird. Es gibt weder Unsagbares (Farocki hat sich sehr wohl entschlossen, uns zu zeigen, dass der Gefängniswächter nicht gezögert hat abzudrücken), noch Nicht-Darstellbares (der Körper fällt in sich zusammen, wirklich tot). Und Farocki verlangt von uns nicht, in seiner Wiederherstellung der Bilder irgendeinen rhetorischen »Wirklichkeitseffekt« zu vermuten. Aber er *schneidet* diese Bilder *neu*, er trennt sie also, verdoppelt sie, kommentiert, dialektisiert sie, und führt uns durch eine »geschmeidige Montage«, wie er es nennt, dazu, nicht stumm diesem »in realer Zeit« aufgenommenen Mord gegenüber zu stehen. Er nimmt uns an der Hand, bringt uns dazu, uns sofort zu fangen und, jenseits jeder emotionalen Repulsion, nicht nur über das nachzudenken, was wir eben gesehen haben, sondern auch über die – faktuellen, institutionellen, technischen, politischen – Bedingungen, die ein solches Ereignis möglich gemacht haben.[38] Im Grunde also, sie zu *erkennen*.

Aus dem Französischen von Vincent von Wroblewsky

Literatur

Alter, Nora, »The Political Im/perceptible: Farocki's Images of the World and the Inscription of War«, in: Harun Farocki, *Working on the Sightlines*, Amsterdam: Amsterdam University Press 2004.

Beck, Philippe, »Par chacun, donc par une machine aussi...«, in: Christa Blümlinger (Hg.), *Reconnaître et poursuivre*, Courbevoie: Théâtre Typographique 2002.

Benjamin, Walter, »Brechts Dreigroschenroman« (1935), in: ders., *Angelus Novus. Ausgewählte Schriften* 2, Frankfurt am Main: Suhrkamp 1966.

Benjamin, Walter, *Das Kunstwerk im Zeitalter seiner technischen Reproduzierbarkeit (Erste Fassung)*, in: ders., *Gesammelte Schriften*, Bd. I, 2, hrsg. v. Rolf Tiedemann/Hermann Schweppenhäuser, Frankfurt am Main: Suhrkamp 1974.

Benjamin, Walter, *Paris. Capitale du XIXe siècle. Le livre des passages* (1927–1940), Paris: Le Cerf 1989.

37 Philippe Beck, »Par chacun, donc par une machine aussi...«, in: Blümlinger, *Reconnaître et poursuivre*, 113.
38 Vgl. Farocki, zit. in: Hüser, »Nine Minutes in the Yard: A Conversation with Harun Farocki«, 298.

Blümlinger, Christa, »De la lente élaboration des pensées dans le travail des images«, *Trafic* 14 (1995).
Blümlinger, Christa (Hg.), *Reconnaître et poursuivre*, Courbevoie: Théâtre Typographique 2002.
Brugioni, Dino A./Poirier, Robert G., *The Holocaust Revisited: A Retrospective Analysis of the Auschwitz-Birkenau Extermination Complex*, Washington: Central Intelligence Agency 1979.
Detienne, Marcel, *Comparer l'incomparable*, Paris: Éditions du Seuil 2000.
Elsaesser, Thomas, »Making the World Superfluous: An Interview with Harun Farocki«, in: Harun Farocki: *Working on the Sightlines*, Amsterdam: Amsterdam University Press 2004.
Elsaesser, Thomas, »Working at the Margins: Film as a Form of Intelligence«, in: Harun Farocki: *Working on the Sightlines*, Amsterdam: Amsterdam University Press 2004.
Farocki, Harun, »Die Wirklichkeit hätte zu beginnen« (1988), in: ders., *Nachruck/Imprint. Texte/Writings*, Berlin: Vorwerk 8 2001. [Frz.: »Il serait temps que la réalité commence« , in: Christa Blümlinger (Hg.), *Reconnaître et poursuivre*, Courbevoie: Théâtre Typographique 2002.]
Farocki, Harun, »Influences transversales«, in: *Trafic* 43 (2002).
Farocki, Harun, »Qu'est-ce qu'une salle de montage« (1980), in: Christa Blümlinger (Hg.), *Reconnaître et poursuivre*, Courbevoie: Théâtre Typographique 2002.
Farocki, Harun, *Working on the Sightlines*, Amsterdam: Amsterdam University Press 2004.
Farocki, Harun, »Bilder der Welt und Inschrift des Krieges« (1988), transcript. [Frz.: Ders.: »Images du monde et inscription de la guerre«, in: ders., *Films*, Courbevoie: Théâtre Typographique 2007.]
Gutman, Israel/Gutterman, Bella (Hg.), *The Auschwitz Album. The Story of a Transport*, Oxford/New York: Berghahn Books 2002.
Hüser, Rembert, »Nine Minutes in the Yard: A Conversation with Harun Farocki« (2000), in: *Working on the Sightlines*, Amsterdam: Amsterdam University Press 2004.
Keenan, Thomas, »Light Weapons«, in: Harun Farocki, *Working on the Sightlines*, Amsterdam: Amsterdam University Press 2004.
Klarsfeld, Serge, »Histoire de l'album d'Auschwitz«, in: ders., *L'Album d'Auschwitz*, Paris: Éditions Al Dante 2005.
Malinge, Alice, *Harun Farocki. Autoportrait d'une pratique* (unveröffentlichtes Gespräch), Master 2 en Histoire et Critique des Arts, Rennes, Université de Rennes II, 2008.
Pontbriand, Chantal (Hg.), *HF/RG (Harun Farocki/Rodney Graham)*, Paris: Éditions du Jeu de Paume/Blackjack Éditions 2009.
Rother, Rainer, »Das Lesen von Bildern. Notizen zu Harun Farockis Film *Etwas wird sichtbar*«, in: Rolf Aurich/Ulrich Kriest (Hg.), *Der Ärger mit den Bildern. Die Filme von Harun Farocki,* Konstanz: UVK Medien 1998.

Shaw, Jeffrey/Weibel, Peter (Hg.), *Future Cinema. The Cinematic Imaginary after Film,* Cambridge Mass./London: MIT Press 2003.

Tsyvian, Youri, »Sagesse et perversion. Le remontage et la culture cinématographique soviétique des années 1920« (1996), *Cinéma* 7 (2004).

Gertrud Koch
Im Zuge der Bewegung:
La bête humaine (Zola, Renoir)

Der zentrale Punkt, an dem Bewegung für die Filmästhetik ins Spiel kommt, ist der Punkt, an dem die Einzelbilder in der Projektion in Bewegung gesetzt uns Bewegung sehen lassen. Wahrnehmungspsychologisch handelt es sich dabei um das, was man eine ›objektive Illusion‹ nennt. Eine optische Täuschung, die sich unabhängig vom Willen des Betrachters einstellt und deren Funktion die Vorraussetzung dafür darstellt, *dass* wir die einzelnen Phasenbilder als kontinuierliche Bewegung sehen. Diese Verzahnung von technisch Produziertem und psycho/physisch Wahrgenommenem sehe ich als die ›aisthetische‹ Qualität des Films an, die ihm qua medialer Eigenschaften zukommt, noch bevor ›Film‹ in einzelne Objekte differenziert wird (z. B. nach Genres etc.).

Dass das Bewegungsbild mechanisch produziert wird, hat Henri Bergson in seinem Kapitel über den »Kinematographischen Mechanismus des Denkens und die mechanische Täuschung«[1] zu der kritischen Übernahme der kinematographischen Metapher für eine unzureichende Weise des Denkens veranlasst. Das Kino ist für Bergson eine starre Angelegenheit, dessen einzige Bewegung die des Filmstreifens durch den Projektor ist – und damit eine rein mechanische, die der Bewegtheit der Umwelt in keiner Weise entspricht. Eine Transposition, die Gilles Deleuze wiederum in den Bergson-Kommentaren seiner Kino-Bücher einer produktiven Revision unterzieht, wenn er darauf hinweist, dass Bergson in anderen Schriften, die sich nicht auf das ›Kinematographische‹ beziehen, sehr viel genauere implizite Beschreibungen des Filmischen geliefert hat. Bergson kritisiert am Film, dass er Bewegung nur in Momentbildern enthält, die in der mechanischen Bewegung durch den Projektor illusionistisch in eine Bewegung versetzt werden, die der Film selbst gar nicht bereitstelle. Dagegen wendet Deleuze mit Bergson gegen Bergson ein, dass dieser bereits in »Matière et Mémoire« ein komplexeres Konstrukt von Bewegungs*bildern* entfaltet hat, dass sich für Deleuze in eine präfilmische Theorie des Films wenden lässt.

Für Deleuze ist das Bewegungssehen der Filmrezeption unmittelbare Gegebenheit, die qua künstlich-mechanischer Mediatisierung sich zurück biegt in ein reales, empirisch Gegebenes. Der Raum wird durch Bewegung funktional erzeugt, die Kamera (wie der Merleau-Pontysche Körper) öffnet den Raum in der Bewegung und diese Bewegung erzeugt

---

1 Henri Bergson, *Schöpferische Entwicklung*, Jena: Eugen Diederichs 1912, 276 ff.

bewegliche, unbestimmte Räume. In dieser Erfahrung eines dynamisch und beweglich geöffneten Raumes korrigiert der Film seine eigenen mechanischen und apparativen *a prioris* zu reflexiven Welterfahrungen des sich neu erschließenden Raums in der Bewegung. Darin liegt das philosophische Potenzial des Films, der in diesem Modus immer neue Räume erzeugt und darin immer wieder weltschöpfend ist. So wie die Philosophie ihre Begriffe aus endlosen Abgrenzungen dieser untereinander zu neuen entfaltet, verfährt der Film, der in den Bewegungsbildern etwas Neues freisetzt. Der Film aktualisiert Bewegung, er repräsentiert sie nicht. In diesem Modus der Aktualisierung wird die Aisthesis zur Ästhetik des Films: die unmittelbar gegebene Bewegung wird als Bewegungsbild zum Artefakt, dessen Wahrnehmungsmodus als unmittelbar gegebener Bewegung zum visuellen Denken von Räumen führt.

Auf andere Weise hat diesen rätselhaften Übergang von Stasis in Bewegung, von Bewegung in einen emotiven Fluss des Vorstellens der Filmtheoretiker und Videokünstler Thierry Kuntzel in seinem Essay *Le Défilement* beschrieben:

> »The analysis of movement, this particular instance, could be approached in two ways: the first, a psycho-physiological one, would make it possible, on the basis of a single transformation of an image, to differentiate the elements which are perceived from those which are not (although they are visible when they are not moving) in normal viewing conditions; the second, more semiological, would seek to determine, at the level of the entire film, the logic(s) which control(s) the different transformations. From the view point of the relationship between the film-strip and the film-projection, these two approaches would be complementary: the investigation of the visible (and what seems to disappear in movement), and the analysis of the operations of visible elements in the filmic chain.«[2]

Es geht also darum, inwieweit im montierten Film das nicht-gesehene Bild, aus dessen Reihung das Bewegungsbild hervorgeht, wieder in den Blick geholt werden kann. Das Sehen von Bewegung scheint also auf einer komplexen Modulation von Sehen und Nicht-Sehen zu basieren: Das nicht-gesehene Einzelbild kann nur dann sichtbar gemacht werden, wenn die Bewegung angehalten wird, dann aber verschwindet das filmische Bewegungsbild. Dieses Spiel zwischen den Einzelbildern des Filmstreifens und dem Zeitstrom des Bewegungsbildes ist ein doppeltes Spiel, das die Apparatur mit uns und wir mit der Apparatur aufführen. Kann das Einzelbild, das passiv transportiert wird, je die

---

2 Thierry Kuntzel, »Le Défilement«, in: Theresa Hak Kyung Cha (Hg.), *Apparatus. Cinematographic Apparatus. Selected Writings*, New York: Tanam Press 1980, 232-245.

IM ZUGE DER BEWEGUNG: LA BÊTE HUMAINE (ZOLA, RENOIR)

Bewegungsbilder einholen, die von ihm ausgehen? Nein: Diese Paradoxie aufzulösen, hat die Philosophie seit Zenon sich bemüht – vieles spricht dafür, dass der Film zu diesen Versuchen zählt. Denn so wie das Zenonsche Paradox an einer einseitigen Privilegierung des räumlichen Repräsentationssystems gegenüber dem zeitlichen hängt, und damit die Auflösung der Paradoxie verlegt, lässt sich der Film auf die Zeitlichkeit der Wahrnehmung ein und damit auch auf ein neues Verständnis von Räumlichkeit als dynamisches Geschehen und nicht als statisches Modell einer festen physikalischen und geometrischen Größe. Film ist grob gesagt der Effekt einer äußeren, apparativen und einer inneren, subjektiven Maschine, die uns aus dem geschlossenen Raum der Mechanik in die Verzeitlichung reißt, deren Verräumlichung Fiktionen sind, die in der Realzeit der ablaufenden maschinellen Projektion sich auseinander falten und zueinander streben wie die verwirrenden Gleise im toten Auge eines dahin rasenden Zuges.

Diese doppelte Anlage des Films, etwas durch *Nicht*-Zeigen-Können *zeigen* zu können: Bewegung, die durch die Bilder wie durch die Betrachter hindurch geht, hat das Kino zu einem großen Agenten einer Ästhetik der Bewegtheit, der Affektation gemacht, die man als sein anthropologisches Projekt ansehen könnte. Es bewahrt noch etwas vom zivilisatorischen Schock der Unterbrechung des linearen Raum-, Zeit- und Geschichtsbewusstseins, die der Film auf so einfache und spielerische Weise als die wechselseitige Beleihung von Maschine und Körper inszeniert. Denn die Mechanik des Apparats bedarf der sinnlichen Vermögen des menschlichen Körpers, um ihre Kraft zu entwickeln und der menschliche Körper der mechanischen Hilfe der Maschine, um in den vollen Genuss dieser zu kommen. Über das Verhältnis von Maschine und Körper als wechselseitige Medien der Bewegungserzeugung ist viel erforscht und geschrieben worden, das ich hier nicht wiederholen brauche – ich möchte allerdings auf ein Moment hinweisen, in dem Film und seine Ästhetik der Bewegungsbilder die mythische Verbindung der Geistermaschinen oder der Robotermenschen auf neue Weise denkt, nicht mehr nämlich agonal als Kampf der Assimilierung, wer wen beherrscht und zu was oder wem macht, sondern als einen radikalen Riss, der Fiktionen frei setzt.

An dieser Stelle möchte ich einen historischen Rückgriff auf die große französische Literatur des 19. Jahrhunderts machen, die mit der Erfindung des Films kollidierte, auf die Welt, die Émile Zola in seinem Romanzyklus zur Familie der Rougon-Macquart entworfen hat und die seither so oft in ihrer Familienähnlichkeit zum Kino diskutiert wurde. Zola entwirft darin eine eigentümliche Genealogie der Entgleisung, die sich in die Zukunft ausfährt und in die Erbgeschichte der Menschheit zurück blendet. Letzteres wird durch eine Art Flashback-Technik evoziert, mit der Zola die merkwürdigen inneren Visionen positioniert, die den Helden von *La Bête humaine*, Jacques Lantier befallen, wenn er sich dem fast unwiderstehlichen Drang konfrontiert sieht, der Frau, der er sich sexuell nähert, ein Messer in den Hals zu stoßen:

»Dann waren es andere und wieder andere gewesen, ein Vorüberziehen von Alpträumen, alle jene, die er mit seiner jähen Mordlust gestreift hatte, Frauen, die er auf der Straße mit dem Ellbogen berührte, Frauen, die der Zufall zu Nachbarinnen von ihm machte, besonders eine, eine Jungverheiratete, die im Theater neben ihm gesessen, die sehr laut gelacht hatte und vor der er mitten in einem Akt hatte fliehen müssen, um ihr nicht den Bauch aufzuschlitzen. Was konnte er bloß für eine Wut auf sie alle haben, wo er sie doch gar nicht kannte? Denn jedesmal war es gleichsam ein plötzlicher Anfall blinder Raserei, ein stets neu auflebender Durst nach Rache für uralte Beleidigungen, an die er sich wohl nicht mehr genau erinnern konnte. Rührte es denn aus so weit zurückliegenden Zeiten her, von dem Bösen, das die Weiber dem anderen, seinem Geschlecht zugefügt hatten, von dem seit dem ersten Betrug in der Tiefe der Höhlen im Manne angesammelten Groll? Und bei seinem Anfall spürte er auch die Notwendigkeit der Schlacht zur Eroberung und Zähmung des Weibes, das perverse Bedürfnis, es sich tot über den Rücken zu werfen wie eine Beute, die man den anderen für immer entreißt.«[3]

Andrew Counter hat in einem neueren Aufsatz darauf hingewiesen, dass sich Zola nicht nur auf Lambrosos Degenerationsideen bezogen hat, sondern viel stärker noch auf die zeitgenössischen Entdeckungen der menschlichen Vor- und Frühgeschichte:

»This troglodytic image, which Zola will insist upon a number of times, has some interesting intertextual echoes. In the first instance, we might see here a literary version of the pictorial phenomenon described by Martin J. S. Rudwick as ›scenes from deep time‹, those speculative reconstructions of the prehistoric world which combined scientific research with the conventions of visual realism and imaginative flights of fantasy to produce educational and entertaining ›snapshots‹ of the ancient past. The scene from deep time, the development of which Rudwick locates firmly in the nineteenth-century, had by the time of *La Bête humaine* become very familiar in France, thanks to works such as Pierre Boitard's *Paris avant les hommes* (1861) and Louis Figuier's *L'Homme primitif* (1871). Written at a time when discoveries of human fossils were increasing in number, Zola's text arguably evokes these commonplace and popular images.«[4]

3 Émile Zola, *Das Tier im Menschen*, in: ders., *Die Rougon-Macquart*, http://www.digitale-bibliothek.de/band128.htm.
4 Andrew Counter, »The Legacy of the Beast. Patrilinearity and Rupture in

IM ZUGE DER BEWEGUNG: LA BÊTE HUMAINE (ZOLA, RENOIR)

Die Faszination mit der gattungsgeschichtlichen Herkunft der Hominiden aus dem Tierreich und die zivilisationsgeschichtliche Konfrontation mit dieser Erbschaft als die *Grand Narratives of Sex & Crime* haben sich seit der hier beschworenen Zeit des 19. Jahrhunderts erhalten. So findet sich in der New York Times vom 2. Oktober 2009 auf der Titelseite ein Bericht über einen fossilen Fund »Predating Lucy. Fossil Skeleton Pushes Back Human Ancestry«. Direkt daneben beginnt der Bericht »Ethics at Issue for Senator in Aid to Lover's Husband«, der eine Fortsetzung findet auf zwei weiteren Zeitungseiten. Die erste dieser Fortsetzungseiten nimmt die ganze Seite in Anspruch und erzählt anhand der abgebildeten Fotos, wie sich aus der engen Männerfreundschaft des republikanischen Senators von Nevada John Ensign zu Douglas Hampton ein Korruptionsfall entwickelte. Der Senator stellte die Eheleute Hampton in seinem Politbüro ein, begann eine Affaire mit Frau Hampton, die schließlich dazu führte, dass der aufgebrachte Ehemann einschritt. Am Ende wurde aus der ›Internal Affair‹ eine ›Business Affair‹, in deren Verlauf die Hamptons mit finanziellen Angeboten von Washington zurück nach Las Vegas gelockt wurden. Hampton war damit nicht zufrieden und verklagte den ehemaligen Freund und Arbeitgeber und gab die Details der Affaire an Fox News weiter und damit der Öffentlichkeit preis. Ein banaler Skandal, in dem ein weiteres Mal ein Politiker durch sexuelle Verstrickungen seinen Posten zum Wackeln gebracht hat, weil er versucht hat, durch Geld eine Affaire zu vertuschen. Die Aufmachung der New York Times setzt diese Dimensionen gut ins Bild: Am Ende des Berichts steht ein chronologisches Schema, das über die ganze Zeitungsbreite hinweg minutiös aufdeckt, wer wann wen wie in das Netz aus Begehren nach Sex, Macht und Geld verstrickt hat. Ein Schema, das nicht nur von Ferne an die genealogischen Chronologien erinnert, mit denen Herausgeber von Zolas Romanzyklus gerne das weitverzweigte Familiensystem den Lesern nahezubringen versuchen.

In diesen ›Szenen aus uralten Zeiten‹, aus den Tropfsteinhöhlen der Gattung, kommt das ›Tier‹ im Menschen aber nicht in einer glatten Genealogie vor, sondern als ein (Um)Bruch. Es gibt keine Beziehung zwischen dem Phantombild vom haarigen Biest »Lucy«, das auf Seite 1 präsentiert wird, und dem auf derselben Seite beginnenden Fotoroman um den wohl ondulierten Senator. Trotzdem entfaltet sich ein populäres *Grand Narrative* über die Anthropologie der Macht hier auf den Zeitungsseiten des 21. Jahrhunderts, das durchaus in der Tradition der großen naturalistischen Epen des 19. Jahrhunderts steht.

Zola's La Bête humaine and Freud's Totem and Taboo«, in: *French Studies* 1 (2008), 26-38, hier: 28. Andrew Counter zitiert hier das Buch von Martin J.S. Rudwick, *Scenes From Deep Time. Early Pictorial Representations of the Prehistoric World*, Chicago: University of Chicago Press 1992, 7.

Aber zurück zu Zola. Zola, so die These, stellt Reihen auf, die deterministisch und generisch wirken: Hierzu lässt sich ein Stammbaum der Familie Rougon-Macquart anfertigen, in dem deutlich wird, wie jene Phänomene von Generation zu Generation springen, die kausal oftmals als Schädigungen durch Alkoholismus erklärt werden. Aber diese Erklärungen sind zeitbezogene Gemeinplätze, die keineswegs fassen können, was sich in diesem gigantischen Epos abspielt. Zola verwendet hier das Wort »fêlure«, einer Unterbrechung, einer Störung, die erst nach ihrem Auftreten nach jener narrativen Schließung sucht, die in jenen »Szenen aus uralten Zeiten« ins Dunkle projiziert werden. Deleuze hat in einem gleichnamigen Essay die Funktion der Zolaschen »fêlure« genau jenseits einer pathologischen Genealogie bestimmt, wenn er hierzu schreibt:

> »Der Riß überträgt nur den Riß. Was er überträgt, lässt sich nicht als dieses oder jenes bestimmen, sondern ist zwangsläufig vage und diffus. Indem er nur sich selbst überträgt, reproduziert er nicht, was er überträgt, er produziert nicht ein ›Selbes‹; er reproduziert nichts, begnügt sich damit, still voranzuschreiten, den Linien des geringsten Widerstands zu folgen, stets abbiegend und zum Richtungswechsel bereit, seinen Hintergrund wechselnd, unentwegt Vererbung des Anderen.«[5]

Zu Recht weist Deleuze daraufhin, dass die Radikalisierung Zolas nicht in der Übernahme der damals neuesten szientistischen Theorien liegt, sondern in der Setzung der »fêlure« als Riss, der nicht mehr als sich selbst bezeichnet. Ganz unabhängig davon, wie sie zustande gekommen ist, funktioniert sie wie ein generisches Prinzip, das sich in ›evolutionären‹ Sprüngen manifestiert, die in der Tat nur a posteriori kausal narrativ zurück verfolgt werden können, aber nicht mehr deterministisch kausal vorhersagbar sind. Aus ihr emergieren unvorhersehbare und insofern auch undeterminierbare Ereignisse, die alle in sich determiniert sind, aber keiner linearen Geschichtslogik entsprechen, sondern jederzeit und überall plötzlich auftreten können. Es ist gerade dieser Zug einer negativen Evolution, die am Ende des Romans zu vielen Toten führen wird, viele von ihnen, wie die der Hauptfigur Lantier auch, entstellt, zerstückelt, maschinell aufgetrennt vom Zug, der im menschlichen Riss entgleist und zur Mordmaschine wird, an Lantier geradezu zur Guillotine, die ihm den Kopf abschneidet, als er im rasenden eifersüchtigen Zweikampf zwischen ihm und seinem Heizer vom Zug abgestoßen wird und unter die Räder kommt. Der Riss ist ein ästhetisches Verfahren einer nicht-linearen Verknüpfung epischer Erzählung. »Der Riß«,

---

5 Gilles Deleuze, »Zola und der Riß«, in: ders., *Logik des Sinns*, Frankfurt am Main: Suhrkamp 1993, 389.

IM ZUGE DER BEWEGUNG: LA BÊTE HUMAINE (ZOLA, RENOIR)

schreibt Deleuze, »ist der epische Gott für die Geschichte der Instinkte, die Bedingung, die eine Geschichte der Instinkte ermöglicht.«[6]

Es ist diese Konzeption eines disponierten aber nicht determinierten, eines generierenden und emergierenden Risses, der dem kinematographischen Verfahren über die schwarzen Unterbrechungen einzelner Bilder hinweg die Kraft zur Fiktion verleiht, die aus der Illusion des Bewegungssehens erwächst. Der unsichtbare eingelassene Riss zwischen den Bildern des Films kommt nur dann hervor, wenn der Filmstreifen reißt oder der Projektor in seiner Arbeit des mechanischen Transports inne hält. Und dieser implizite Bruch zwischen den fotografisch referentiellen Bildern, der jedes der einzelnen fotografischen Bildkader noch einmal trennt, schreibt in den Vitalismus des Bewegungsbildes, in die Euphorie des animierten Scheins eine tote Stelle ein, in der sowohl die Bewegung wie die Bilder ins Schwarze fallen. 24x pro Sekunde, manchmal mehr manchmal weniger je nach Vorführapparat. Deleuze bringt die Zolasche ›fêlure‹ stringent zusammen mit dem Todestrieb:

> »Was der Riß bezeichnet oder besser das, was er ist, diese Leere, das ist der Tod, der Todesinstinkt.[...] der Todesinstinkt, der kein Instinkt unter anderen ist, sondern der verkörperte Riß selbst, um den herum alle Instinkte wimmeln«.[7]

Die Leere, die schwarze Unterbrechung, das Intervall saugen sich also voll mit Bedeutung, mit einer Bedeutung, die ebenfalls eine generierende Kraft hat, ihre Funktion als ›dieu épique‹. Deleuze schreibt der ›fêlure‹ bei Zola eine Akteursrolle zu: Sie ist der personifizierte Tod, deswegen schreibt Deleuze an dieser Stelle ›Mort‹ groß, der Tod ist hier nicht der Begriff sondern eine dramatische Rolle ›Gevatter Tod‹; wenn der Tod die Szene betritt, passiert etwas, er ist das Ereignis, das unbekannt bleiben muss und als Motor eines Wunsches umso stärker ins Phantasmatische reicht. Der Tod ist also keineswegs das Ende sondern der Anfang aller Geschichten: Denn nur vom Ende her lässt sich erzählen. In Zola ist der personifizierte Tod ein Instinkt in der Person, er ist *La Bête humaine*, und die mechanische Maschine mit ihren Intervallen, Rhythmen etc. eine weitere Personifikation. Am Ende des Romans wird dieses Bild einer gerichteten und zugleich leeren, führerlosen Raserei noch einmal zur Metapher dieses Zusammenspiels verdichtet. Der führerlose Zug rast überheizt/überhitzt mit den betrunkenen Soldaten an Bord, die an die Front transportiert werden am Vorabend des Ausbruchs des Kriegs, der die Zweite Republik so katastrophisch kennzeichnet:

---

6 Ebd., 396f.
7 Ebd., 387.

»Es war ein Geradeausgalopp, das Tier, das mit gesenktem und stummem Kopf zwischen den Hindernissen dahinschoß. Es rollte und rollte ohne Ende, durch den gellenden Lärm seines Atems gleichsam immer wahnwitziger gemacht. [...] In Rouen sollte Wasser genommen werden; und Entsetzen ließ den Bahnhof zu Eis erstarren, als man diesen wahnsinnigen Zug, diese Lokomotive ohne Führer und Heizer, diese Viehwagen, die mit patriotische Kehrreime brüllenden Muschkoten angefüllt waren, in einem Taumel aus Rauch und Flammen vorüberrasen sah. Sie zogen in den Krieg, und sie wollten schnellstens dort unten an den Ufern des Rheines sein. Die Bahnangestellten waren mit aufgerissenem Mund und mit fuchtelnden Armen stehengeblieben. [...] Was lag schon an den Opfern, die die Lokomotive unterwegs zermalmte! Fuhr sie nicht trotz allem der Zukunft entgegen, unbekümmert um das vergossene Blut? Ohne Führer inmitten der Finsternis, wie ein blindes und taubes Tier, das man in den Tod rennen ließ, rollte und rollte sie dahin, beladen mit jenem Kanonenfutter, jenen Soldaten, die schon stumpfsinnig vor Müdigkeit und betrunken waren und die sangen.«[8]

Die epische Schließung in diesem offenen Zug in den Tod einer Epoche, die Zola bereits als abgeschlossen betrachten konnte, wird für die filmischen Verfahren in ihrer drastischen Symbolik revidierbar. Der Umbau in eine Metapher tritt an deren Stelle – und hier rekurriere ich auf den berühmten Film von Jean Renoir, der 1938 Zolas Roman von allen epischen Verfransungen und epochalen Historienbildern bereinigt und an dessen Stelle ein zeitgenössisches Selbstmorddrama inszeniert. Dabei verlässt Renoir noch einmal radikaler als Zola jene mechanistische Vorstellung des 19. Jahrhunderts, wie sie in folgender Lexikoneintragung noch klar formuliert werden konnte:

»Bewegungsmechanismus, eine Verbindung widerstandsfähiger Körper, deren gegenseitige Bewegungen bestimmte sind, wenn in einen derselben Bewegung eingeleitet wird. Da diese Eigenschaft von fast allen Maschinen gefordert wird, so erscheinen die Bewegungsmechanismen als naturgemäßes Mittel zur Verwirklichung der Maschinenprobleme, und man kann allgemein sagen: eine Maschine besteht aus einem oder mehreren Bewegungsmechanismen. Deren Studium ist Aufgabe der praktischen Kinematik (s.d.).«[9]

Nein. Es geht nicht mehr um die Mensch/Maschinensymbiose nach dem Modell der Synchronisierung von Bewegungsfolgen, wie sie Maschinen kennzeichnen, sondern ›la fêlure‹ wird zum filmischen Schnitt, der

---

8 Zola, *Das Tier im Menschen*, 12358.
9 »Bewegungsmechanismus«, in: *Meyers Großes Konversations-Lexikon* (1905), Bd. II, http://www.digitale-bibliothek.de/band100.htm, 19730.

Leben und Tod trennt, ohne den Umweg auf Symbole zu wählen. Die literarische Methode Zolas, dichte Beschreibungen mit Bedeutungen symbolisch werden zu lassen, setzt der Film Renoirs zumindest minimalistisch um: Wenn Lantier am Ende vom Zug springt, dann wird auch die Maschine gestoppt. Der Todestrieb biegt sich zurück in die Selbsttötung, statt der Explosion erfolgt die Implosion in die reflektierte Subjektivität. In gewisser weise trägt Renoir damit jenem Umstand Rechnung, den Adorno und Horkheimer in der *Dialektik der Aufklärung* im Verhältnis von Kunst und Wissenschaft ausgemacht haben: »Die Trennung von Zeichen und Bild ist unabwendbar. Wird sie jedoch ahnungslos selbstzufrieden nochmals hypostasiert, so treibt jedes der beiden isolierten Prinzipien zur Zerstörung der Wahrheit hin.«[10]

Film ist basiert auf einer solchen Trennung von Zeichen und Bild in seiner ihm eigenen technischen ›fêlure‹ und stellt doch den permanenten Versuch dar, die beiden getrennten Teile in der Montage zusammen zurücken, ohne je den Bruch loszuwerden, der schon bei Zola rumorte, die unüberbrückbare Paradoxie der Erfahrung von Lebendigkeit in Gegenwart des Todes. Das Man, das stirbt, so die berühmte Formulierung Heideggers, sind immer die anderen. Renoirs narrative Schließung im Selbstmord bringt das paradoxerweise noch einmal hervor: Wir sehen Lantier in den Tod springen, aber niemals sein Sterben. Auf unserer Seite der Kino-Maschine sind wir die Beobachter, die in eine Melancholie gestürzt werden angesichts des Todes, den uns das Kino als wiederholbares Ereignis und damit als mechanisiertes Leben vorführt.

Literatur

Theodor W. Adorno, »Begriff der Aufklärung«, in: *Dialektik der Aufklärung*, in: ders., *Gesammelte Schriften*, Bd. 3, Frankfurt am Main: Suhrkamp 1984.
Henri Bergson, *Schöpferische Entwicklung*, Jena: Eugen Diederichs 1912.
Andrew Counter, »The Legacy of the Beast. Patrilinearity and Rupture in Zola's La Bête humaine and Freud's Totem and Taboo«, in: *French Studies* 1 (2008), 26-38.
Meyers Großes Konversations-Lexikon (1905), Bd. II, http://www.digitalebibliothek.de/band100.htm.
Martin J. S. Rudwick, *Scenes From Deep Time. Early Pictorial Representations of the Prehistoric World*, Chicago: University of Chicago Press 1992.

10 Theodor W. Adorno, »Begriff der Aufklärung«, in: *Dialektik der Aufklärung*, in: ders., *Gesammelte Schriften*, Bd. 3, Frankfurt am Main: Suhrkamp 1984, 34.

Gilles Deleuze, »Zola und der Riß«, in: ders., *Logik des Sinns*, Frankfurt am Main: Suhrkamp 1993.
Thierry Kuntzel, »Le Défilement«, in: Theresa Hak Kyung Cha (Hg.), *Apparatus. Cinematographic Apparatus. Selected Writings*, New York: Tanam Press 1980.
Émile Zola, *Das Tier im Menschen*, in: ders., *Die Rougon-Macquart*, http://www.digitale-bibliothek.de/band128.htm.

Britta Schinzel
Wissenskonstruktion durch Zeigen
Zur Erzeugung visueller Evidenz und
medizinischer Erkenntnis mittels bildgebender Verfahren

Einleitung

Gerade in medizinisch-naturwissenschaftlichen Ergebnisdarstellungen haben Bilder textuelle Berichte nicht nur ergänzt, sondern sie bis zu einem hohen Grad ersetzt, Schriftliches dient oft nur mehr zur Beschreibung des bildlich gezeigten. Konnten zuvor nur Körperoberflächen fototechnisch aufgenommen werden, so gelingt es seit der Röntgenfotografie auch mit nicht-invasiven Verfahren den Blick ins Innere lebendiger Körper zu richten, Körper transparent zu machen.

Dabei wird oft übersehen, dass diese Bilder in höchst komplexen und komplex verknüpften physikalisch-technischen Mess- und Konstruktionsverfahren kontingent hergestellt werden. Das heißt, sie könnten auch ganz anders konstruiert werden und sie enthalten Artefakte, die sich als »medizinische Fehler« erweisen können, indem sie Interpretationen von An- oder Abwesenheit von im Körper nicht vorhandene Anomalien nahelegen. So rücken diese Verfahren auch Fragen von medizinischer Evidenz und Objektivität der naturwissenschaftlich-technischen Methoden in ein neues Licht.

Regula Burri hat sich in ihrer ethnografischen Untersuchung »Doing Images« mit Praxen der Herstellung, Interpretation und Verwendung medizinischer Bilder befasst.[1] Sie unterscheidet zu diesem Zweck zwischen »visual value«, dem Eigenwert der Bilder, der sie qua »ikonischer Differenz«[2] von anderen Zeichen unterscheidet, »visual performance«, der Darstellung und Verwendung der Bilder, und »visual persuasiveness«, deren Wirkung. Im folgenden Text übernehme ich diese Unterscheidungen anhand der Beantwortung von Fragen wie: Wer zeigt und wem wird gezeigt? Wie wird was gezeigt? Und welche Wirkungen hat dieses Zeigen?

Es soll dadurch deutlich werden, dass es sich bei dem auf medizintechnischen Bildern Gezeigten nicht um Abbilder des Körperinneren handelt, sondern um auf kompliziertem Wege hergestellte und durch

---

[1] Regula Valérie Burri, *Doing Images. Zur Praxis medizinischer Bilder*, Bielefeld: transcript 2008.
[2] Gottfried Boehm, »Die Wiederkehr der Bilder«, in: ders. (Hg.), *Was ist ein Bild?*, München: Fink 1994.

Vorwissen und Vorannahmen konstruierte Visualisierungen, die als diagnostische Dokumente oder als Anschauungsmaterial für unterschiedliche Personengruppen wissenschaftliche Evidenz hervorrufen sollen. Wie problematisch die »visual persuasiveness« von über solche Verfahren visualisierten »wissenschaftlichen Evidenzen« sein kann, will ich hier insbesondere für die funktionelle Bildgebung anhand von angeblichen Geschlechterdifferenzen im Gehirn darstellen; Studien, die mit Hilfe von bildgebenden Verfahren Geschlechtsdifferenzen durch Unterschiede im Gehirn von Männern und Frauen erklären wollen, erweisen sich als höchst problematisch.

Pictorial Turn

Bilder illustrieren Texte und machen das Geschriebene anschaulich. In medizinisch- naturwissenschaftlichen Texten jedoch werden oft die zentralen Phänomene Bildern entnommen. Texte erklären nunmehr die Bildaussagen, fassen das unmittelbar visuell Erfasste zusammen oder etikettieren es mit Begriffen. Visiotype, womit Pörksen Bilder, Tabellen, Kurven und andere Visualisierungen zusammenfasst,[3] beanspruchen zunehmend Wahrheit, indem sie auf unterschiedliche Weise zwar, doch jeweils Objektivität insinuieren.

Eine Erklärung für die Zunahme von Visiotypen im wissenschaftlichen Bereich ist die Tatsache, dass Formalisierung und Komplexität in wissenschaftlichen Einlassungen einen Grad erreicht haben, der zur kognitiven Erfassung bildlicher Erklärungen der Visualisierung bedarf. Daher übernehmen Visualisierungsmethoden, die an die menschliche Kognition und unsere Seherfahrungen anknüpfen, die Aufgabe, mit wenigen Blicken visuelle Evidenz zu erzeugen: ein Bild sagt mehr als tausend Worte (»visual value«). Der Eindruck der Unmittelbarkeit knüpft jedoch an visuelle Traditionen und individuelle Erfahrungen an (»visual performance«), die nicht immer von allen geteilt werden, d. h. man muss die jeweils spezifischen tausend Worte auch kennen und mit ihrer Hilfe die Bilder und Visiotype im vom Erzeuger intendierten Sinne interpretieren (»visual persuasiveness«).

Zudem bevorzugen bildliche Darstellungen bestimmte Eigenschaften und wissenschaftliche Theorien, andere können jedoch nur schlecht ins Bild gesetzt werden (»visual performance«). So ist etwa die Fähigkeit des menschlichen Betrachters, Farbe, Textur und Form zu unterscheiden, begrenzt. Dies wirkt sich auch bei der Visualisierung des Gehirns als methodisch bedingte Einseitigkeit aus.

3 Uwe Pörksen, *Weltmarkt der Bilder. Eine Philosophie der Visiotype*, Stuttgart 1997.

Wie wird gezeigt?

Um Aktivitäten des lebenden Gehirns darzustellen werden die sogenannten funktionellen Bildgebungsmethoden, wie
  MEG (Magnetoencephalographie) und EEG
  PET (positron emission tomography)
  SPECT (single photon emission computer tomography)
  TMS (transcranial magnetic stimulation)
  MRS (MRI Spektroskopie)
  NIRS (near infrared spectroscopy) und
  fMRT oder fMRI (functional magnetic resonance tomography bzw. imaging)
verwendet.
Sie basieren auf unterschiedlichen physikalischen Effekten und Messungen physiologischer Eigenschaften bzw. Antworten der Körperphysiologie auf physikalische oder chemische Stimuli. Natürlich gibt es eine Reihe physikalischer Effekte, die sich für die Bildgebung ebenso eignen würden wie die existierenden, die jedoch technisch nicht entwickelt worden sind. Am bekanntesten und inzwischen für Aktivierungsbilder vorwiegend eingesetzt sind die PET und das fMRI, womit ich mich im Folgenden befassen will. Zur Herstellung von fMRT-Bildern werden zwei statistisch gemittelte Bildsequenzen übereinander gelegt, einmal das MRI, das Magnetresonanzbild, welches die anatomischen Strukturen wiedergibt, und zum anderen das funktionelle Aktivierungsbild, das – durch noch indirektere Messungen als das erste – bei der Beobachtung von Hirnaktivitäten im Magnetfeld erzeugt wird.

Physikalische Grundlagen der MRT

Bei der Magnetresonanztomografie wird die Tatsache ausgenutzt, dass Wasserstoffatome (wie natürlich auch deren Elektronen) elektromagnetische Eigenschaften haben. Jedes Wasserstoffatom jedes 2-atomigen Wassermoleküls im Körperwasser hat einen positiv geladenen Kern, ein Proton, welches sich um seine eigene Achse dreht. Dieser Kernspin genannte Drehimpuls des Protons hat ein magnetisches Moment und tritt damit in Wechselwirkung mit anderen magnetischen Feldern, wie seinem Elektron oder mit benachbarten Atomen und Elektronen, genannt Kernspinresonanz (NMR). Insbesondere verändert es im äußeren Magnetfeld seine Ausrichtung und seine Energie. Alle Protonen des Körpers richten sich im starken Magnetfeld (zwischen 1 und 7 Tesla) – mit einer kleinen durch die Eigendrehung der Spins bedingten Abweichung – in Längs-(Longitudinal-)richtung des Magnetfeldes aus.

Natürlich schwächen oder verstärken auch die umgebenden Elektronen und die benachbarten Atome eines Wasserstoffkerns je nach Lage das durchs äußere Magnetfeld induzierte lokale Magnetfeld. Werden die Spins nun zusätzlich durch hochfrequente transversale Radiowellen (*HF-Impulse*) »angeregt«, so kippen die Spins aus der Richtung des statischen Feldes heraus und beginnen um die Feldrichtung des statischen Magnetfeldes zu präzedieren, d. h. ihre Achsen rotieren um die Feldrichtung des statischen Magnetfelds. Für diese *Präzession*sbewegung der Kernspins existiert eine Resonanzfrequenz, beispielsweise für Wasserstoff bei 1 Tesla etwa 42,58 MHz. Nach Abschalten des HF-Impulses nimmt diese – transversale – Magnetisierung wieder ab und die Spins *relaxieren*, d. h. sie klappen wieder zurück, parallel ins statische Magnetfeld, unter Abgabe von Energie, d. h. von an der Tomografenwand messbaren Signalen. Die für die Relaxation benötigte Abklingzeit ist charakteristisch für die molekulare Umgebung und die chemische Verbindung des Gewebes der angeregten Wasserstoffatome. Dabei misst die *Längsrelaxationszeit* T_1 wie schnell die Protonen sich wieder im Hauptmagnetfeld ausrichten, T_2, die *Querrelaxationszeit*, hingegen misst wie schnell die Protonen Energie abgeben wenn sie sich bis zum Gleichgewichtszustand erholen.

Verschiedene Signalstärken werden bei der Visualisierung als unterschiedliche Grauwerte, also als Helligkeiten interpretiert. Für die Bildgebung wird aber noch die Ortsinformation der jeweiligen Atomkerne benötigt, weshalb das Magnetfeld ortsabhängig in einem Gradientenfeld (d. i. ein reproduzierbares Gefälle der Magnetisierung) angelegt wird. Schließlich werden durch weitere Rotationen des ortskodierenden Magnetfeldgradienten in aufeinander folgenden Experimenten mehrere Signalprojektionen des untersuchten Körpers erzeugt, aus denen dann mittels eines mathematischen Verfahrens, der »filtered backprojection«, ein Abbild des Untersuchungsobjektes berechnet werden kann.[4]

Kontrasterzeugung beim MRI

Durch unterschiedliche Wahl der beiden *Sequenzparameter* TR (*Repetitions-Zeit* zwischen zwei Anregungspulsen) und TE (*Echo-Zeit*, nach der das vom Gewebe ausgesendete Signal ausgelesen wird) können verschiedene Gewebekontraste gezeigt werden. So beispielsweise die T_1-*Gewichtung*, die durch kurze TR (und kurze TE) charakterisiert ist, sodass bei erneutem Anregungsimpuls noch nicht alle Spins relaxiert sind. Da nur relaxierte Spins wieder angeregt werden können, hängt

---

[4] Vgl. http://de.wikipedia.org/wiki/Magnetresonanztomographie [zuletzt besucht am 20. 3. 2011].

die Höhe des Signals und die des Spin-Echos davon ab, wie viele Spins beim neuerlichen HF-Impuls wieder zur Anregung zur Verfügung stehen (Sättigung). Wie viele Spins aber in der TR wieder zurückklappen können, ist abhängig von der *Längsrelaxationszeit*, d. h. der T_1-Zeit des entsprechenden Gewebes. Das Signal-Echo wird aber auch aufgrund der Spin-Spin-Wechselwirkungen nach der T_2-Zeit kleiner. Um diesen Einfluss gering zu halten, muss die TE ebenfalls möglichst klein gewählt werden.

Für *T_2-gewichtete Aufnahmen* wählt man lange Repetitionszeiten, so dass die Spins aller Gewebe genügend Zeit haben bis zum nächsten HF-Impuls vollständig zurückzuklappen. Dadurch wird das Signalecho weitgehend unabhängig von der T_1-Zeit. Wählt man nun eine lange Echo-Zeit, so bekommen die Spin-Spin-Wechselwirkungen größere Bedeutung und das resultierende Signal ist stark von der T_2-Zeit, der Querrelaxationszeit abhängig.

Natürlich schwächen oder verstärken auch die umgebenden Elektronen und die benachbarten Atome je nach Lage das äußere Magnetfeld, wodurch sich die Frequenzen, bei denen die Resonanzbedingung erfüllt ist, verschieben können. Zudem können in der Nähe von Adern oder an der Grenze zwischen Luft und Gewebe durch lokale Magnetfeldinhomogentiäten Artefakte auftreten, wobei die Querrelaxationszeit T_2 verkürzt wird. Entsprechend muss fallweise statt T_2 die *effektive Querrelaxationszeit T_2^** gemessen werden.

Eine weitere Aufnahmemodalität ist der *Protonendichtekontrast PD*. Bei dieser T_2-Sequenz wird das erste Spin-Echo zum Bild verarbeitet. Der resultierende Kontrast hängt dann vorwiegend von der unterschiedlichen Anzahl von Wasserstoffatomen der verschiedenen Gewebe ab. Gewebe mit einer hohen Protonendichte, z. B. Hirngewebe, erzeugen durch ihre große Quermagnetisierung ein starkes Signal und erscheinen auf diesen Aufnahmen hell, Gewebe geringerer Protonendichte dunkel.

Solcherart werden die Spins im Magnetfeld »interviewt«, d. h. sie liefern Daten, die das »Auslesen« anatomischer Information und unterschiedlichster Eigenschaften von Gewebsfunktionen erlauben. Parameter können gesetzt werden für die Bildgebung z. B. für molekulare Wechselwirkung des Gewebes, wie Festigkeit, Beweglichkeit und Ordnung, für die Zellmikrostuktur im molekularen Maßstab, für chemische Zusammensetzungen, für molekulare Verteilungen magnetischer Stoffe, z. B. des Hämoglobin, der Sauerstoffatome und die Verteilung von Metaboliten, sowie – und das führt nun schon zur funktionellen Bildgebung – für Stofftransporte von der zellulären Ebene bis hin zum Blutfluss.

Für pathologische Gewebestrukturen wird *die FSE (Fast Spin Echo-Sequenz)* (Hennig) gerne verwendet. Die *Flash*-Technik hat nicht nur die Messzeiten drastisch zu reduzieren erlaubt, sondern auch dynamische Aufnahmen ermöglicht, dreidimensionale Aufnahmen komplexer anatomischer Strukturen, sowie Kartierungen des Kortex mit hoher Auflösung.

Die funktionelle Bildgebung

oder funktionelle Magnetresonanztomographie (fMRT) erlaubt es, das arbeitende Gehirn zu visualisieren, indem Veränderungen der Gewebsdurchblutung (rCBF) in den verschiedenen Hirnregionen gemessen werden. Aktive Gehirnareale verbrauchen Energie in Form von Glukose, wobei zur Verbrennung Sauerstoff benötigt wird. Die Körperregulation gleicht die verminderten Stoffgehalte über die Blutgefäße zu den Nervenzellen wieder aus (neurovaskuläre Kopplung). Sauerstoff ist an Hämoglobin gebunden. Daher muss bei Aktivierung arteriell (ca. 5 % mehr) sauerstoffreiches Blut (*Hb*) in die Areale hineingepumpt, venös sauerstoffarmes Blut (*dHb*) aus Arealen herausgepumpt werden. Die höhere dHb-Konzentration in den umliegenden Blutgefäßen führt zu einer Steigerung des regionalen cerebralen Blutflusses (rCBF) um 30-50%, sodass sauerstoffreiches Blut niedriger dHb-Konzentration nachfließt.

Es war nun die Idee von Ogawa[5] von der Columbia-Universität, die magnetischen Eigenschaften des Hämoglobins im Blut für die Bildgebung nutzbar zu machen, denn deoxydiertes Hämoglobin besitzt wegen seines Eisenkerns ein stärkeres magnetisches Moment als sauerstoffreiches. Mittels des sogenannten ›BOLD‹ *(Blood Oxygen Level Dependent)-Effektes* kann so der unterschiedliche Sauerstoffgehalt der roten Blutkörperchen im Magnetfeld gemessen werden. Dieser basiert auf der These von der *hämodynamischen Kopplung*: Hämoglobin hat eine spezifische Relaxation im MRT je nach Sauerstoffladung. Funktionelle Aktivität erhöht den Glukoseverbrauch, wobei zur Umsetzung Sauerstoff verbraucht wird, die *oxidative Glycolyse*. Dies erhöht den Blutfluss, transportiert als Puffer mehr oxydiertes Hämoglobin Hb als benötigt, was paradoxerweise den Schluss von einem hohen Sauerstoffgehalt indirekt auf eine Aktivierung der Gehirnzellen des jeweiligen Ortes erlaubt. Ogawa gelang es entsprechend, lokale mikroskopische Wechselwirkungen mit dem Magnetfeld bei Aktivierung gegenüber dem Ruhezustand durch Signalerhöhung sichtbar zu machen.[6] Ge-

---

5 S. Ogawa/R. S. Menon/D. W. Tank/S. G. Kim/H. Merkle/J. M. Ellermann/K. Ugurbil, »Functional brain mapping by blood oxygenation level-dependent contrast magnetic resonance imaging. A comparison of signal characteristics with a biophysical model«, in: *Biophysical Journal* 64/3 (1993), 803-812.
6 Ebd.

messen wird die Abnahme der Sauerstoffsättigung in Blut abführenden venösen Gefäßen.

Beim BOLD fMRT wird der T_2^*-gewichtete Kontrast gemessen, da sich die Durchblutungsunterschiede in der Magnetresonanz als Unterschiede in der transversalen Relaxationszeit T_2^* zeigen. Deoxydiertes Hämoglobin (dHb) vergrößert die Magnetisierbarkeit, i.e. die *Suszeptibilität*, weshalb sich bei Zunahme der dHb die *effektive Querrelaxationszeit T_2^** vergrößert. Bei neuronaler Aktivität beobachtet man eine regionale Abnahme der dHb-Konzentration, und mit der verringerten Suszeptibilität eine größere T_2^*-Zeit und daher ein stärkeres MR-Signal. Das dHb dient somit als körpereigenes Kontrastmittel.

Das BOLD-Signal hängt ab von der Stärke des Magnetfeldes (normalerweise 1,5 bis 3 Tesla), von der Repetitionszeit TR und der Echozeit TE, dem Blutvolumen, von physiologischen Eigenarten und von weiteren gewählten technischen Größen wie der Voxelgröße, der Schichtdicke etc. Für die maximal erzeugbare Signaldifferenz wird eine bestimmte optimale Echozeit benötigt. Die Messung erfolgt durch periodisch eingesetzten Stimulus, da sich signifikante Effekte erst bei einer großen Anzahl von Messungen durch statistische Verfahren nachweisen lassen. Dabei werden solche Orte gesucht an denen der Durchblutungsunterschied am wahrscheinlichsten nicht auf zufällige Schwankungen zurückzuführen ist. Zudem werden die Aufnahmen je zu zwei unterschiedlichen Zeitpunkten (Ruhezustand vs. stimulierter Zustand) gemacht. Für die Bildgebung wird dabei die sogenannte *Subtraktionsmethode* verwendet, d.h. die Signalstärken bzw. Aktivierungsgrößen der gemittelten Bilder im Ruhezustand werden von jenen der gemittelten Bildern im aktivierten Zustand »subtahiert«. Dennoch handelt es für argumentative Zwecke in der Regel nicht um individuelle, sondern um mittels kalibrierender und Größen und Lagen standardisierender Algorithmen gemittelte Gruppenbilder, die auf ein strukturelles anatomisches Hirnbild einer Person projiziert werden.

Die weitergehende These war, dass mit diesen magnetischen Veränderungen das »Feuern« der Neuronen in statistischen Bildern umgesetzt werden kann, eine These, die sich heute nicht mehr halten lässt. Man spricht nun etwas ungenauer vom Aktivierungsniveau, welches in einer künstlich gewählten Farbskala von gelb (starke Aktivierung) bis rot (schwächere Aktivierung) dargestellt wird. Die Aktivierungsbilder können mit unterschiedlichen statistischen Schwellen kleinere oder größere Aktivierungsareale überdecken oder auch ganz unterschiedliche Aktivierungsareale hervorrufen, was im Zusammenhang mit Geschlechtsunterschieden relevant wird. Sobald im Hintergrund das anatomische MRT-Bild eingeblendet ist, wird eine Zuordnung der bei der Aktivierung wie auch immer angenommenen Tätigkeit der Nervenzellen zu bestimmten anatomischen Regionen ermöglicht. So können funktionelle Abläufe im Gehirngewebe in Form von Schnittbildserien dargestellt werden und die Serien können mittels *Interpolations-* (Einfügung der angenommenen Zwischenwerte zwischen 2 Schichten) und *Rendering*verfahren (Oberflächen-Triangulation und nach 3D-Interpolation Zerlegung des Inneren in immer kleinere Tetraeder) zu deformierbaren, aufschneidbaren 3D-Bildern gefügt werden.

Was wird gezeigt?

So aus Signalen prozessierte Schicht-Bilder des Gehirns enthalten Anzeichen für Gewebeunterschiede, wie Knochen oder Hirnsubstanz und feinere Unterscheidungen. So kann z.B. im strukturellen MRT ein dunklerer Bereich der Darstellung von Gewebe im hellen (oder umgekehrt je nach Wahl der Kontrastparameter) Zeichen für größere Wasseransammlung im Vergleich zu Fett sein und dies kann wieder als Anzeichen für einen Tumor gedeutet werden.

Als Zeichen haben diese Bildelemente als »visual value« somit prädikativen Aspekt mit argumentativer Funktion. Letztere beruht einerseits auf den Erfahrungen über Gewebeeigenschaften, andererseits auf den referentiellen Eigenschaften des Hinweises auf das Körperinnere, sonst könnte dieses Zeigen die Person bzw. die Personengruppe, auf die referiert wird, nicht treffen. Dennoch handelt es sich hierbei um keine Abbilder, weil diese Beziehung nicht streng kausal ist. Noch weniger gibt es eine umkehrbar eindeutige Korrespondenz zwischen Körper und Bild, selbst wenn nur das anatomische MRT-Bild gezeigt wird.

Verfälschungen (des »visual value« und der »visual performance«) können sich durch physiologische Pulsationen ergeben, wie Herzschlag und Atmung. Weiter können unwillkürliche Bewegungen der Untersuchten im Tomographen Bildartefakte erzeugen. Technisch bedingte Artefakte entstehen durch Inhomogenitäten des Magnetfeldes, Instabilitäten der Instrumente und Inhomogenitäten der magnetischen Suszeptibilität, z.B. an den Körpergrenzen, in der Nähe von Luft und in der Nähe größerer Blutgefäße. Die magnetische Sensitivität ist auch abhängig von Fasern und Richtungen.

Zudem ist beim fMRT die zeitliche Auflösung begrenzt durch den BOLD-Effekt selbst, die Bildabtastrate und $T2^*$. Obgleich ein Vorteil der fMRT gegenüber anderen funktionellen Verfahren wie EEG und ERP in der räumlich-lokalisierenden Auflösung liegt, ist sie auch hier begrenzt. Schließlich bedingen technische und physiologische Eigenheiten verschiedene Arten akustischen Rauschens, die sich überlagern können und die nur bedingt algorithmisch automatisiert gefiltert werden können. Insbesondere ist das physiologische Rauschen individuell verschieden und in den verwendeten Modellen nicht immer korrekt abgebildet. Genau diese konstruktive Komponente ist Gegenstand von Kritik, da unklar bleibt, wieweit eher die Modellvorstellungen der Forscher als tatsächliche Vorgänge dargestellt werden.

Visual value

Konstruktive Elemente der Bildgenerierung, wie Rauschelemination, Filtern, Glätten, Interpolation, Segmentierung, Rendering sind wesentlich für die Verständlichkeit der Bilder. Sie mindern jedoch den Grad der Objektivität, den der primäre Datensatz, der von den Signaldetektoren an der Tomographen-wand abgegriffen wird, noch hätte, der sich aber kognitiv nicht erschließt. Die Abbildung von Körper zum Bild ist so keine Kausalrelation und noch weniger ist sie invertierbar, denn Information geht auf dem Wege verloren, und es kommen die konstruktiven Anteile sowie über die Modelle den Daten fremde Wissenselemente hinzu.

Epistemologisch besonders interessant ist die Frage, was durch den BOLD-Effekt eigentlich gemessen wird, denn die neuronale Aktivität wird ja nicht direkt gemessen, sondern aus Änderungen von Blutfluss und -oxygenierung, also aus der Messung des Stoffwechsels der neuronalen Aktivierung indirekt geschlossen. Nach wie vor offen sind der Zusammengang zwischen der Gehirnaktivität und lokalen Änderungen im Blutfluss sowie dieser Änderungen mit dem Glukoseverbrauch. Zeigen die Bilder synaptische Aktivität oder die Zahl der aktivierten Neuronen und da wieder Aktivierung oder Deaktivierung? Es bleibt die Unsicherheit in der Aussage über tatsächliche Aktivitäten im Gehirn. Nichtsdestoweniger wird von Aktivierungsbildern gesprochen, was immer das auch bedeuten mag.

Das visual value-Problem entsteht notwendigerweise – und unhintergehbar durch weitere Forschung – dadurch, dass die Bilder auf Unsichtbares zeigen, das auf keine direkte Weise sichtbar gemacht werden könnte: totes Gewebe hat keinen Blutfluss und hat gänzlich andere Eigenschaften als lebendes, und auch bei operativer Invasion verhält sich das Gewebe anders: es verlagert sich und blutet aus. Tatsächlich ist das referentielle Band zum Körperinneren sehr lose und lang, der Referent fehlt. Diese Bilder sind Transkriptionen ohne Original, keine Abbilder von Körpern oder Organen, sondern Cyborgs, virtuelle Realitäten, die Amalgame aus technischen Simulationen und direkten Daten der Signale aus den Referenzkörpern sind.[7] Was also bilden sie ab, womit sind die Bilder ähnlich, könnte man fragen.

---

[7] Ludwig Jäger, »Die Verfahren der Medien. Transkribieren – Adressieren – Lokalisieren«, in: Jürgen Fohrmann/Erhard Schüttpelz (Hg.), *Die*

Um dieser Frage näher zu kommen werden Vergleiche mit anderen funktionellen Verfahren angestellt, so mit EEG und MEG bei Menschen, oder mit elektrischen Ableitungen bei Affen. Es scheint jedenfalls erwiesen, dass das BOLD-Antwortsignal mit der Hämoglobinmenge korreliert, wenn auch nicht linear und nicht als Kausalrelation zu interpretieren. Auch lässt sich eine schwache Korrelation mit dem lokalen Feldpotential als einzigem elektrophysiologischem Signal feststellen. Doch beim Vergleich zwischen verschiedenen Aufnahmemedien zeigte sich als Schock für die neuro-wissenschaftliche Community, dass fMRT – Aktivierungsbilder nicht immer mit direkten elektrischen Ableitungen korrelieren. Yevgeniy Sirotin, Aniruddha Das[8] von der Columbia University trainierten zwei Affen, ein sehr schwaches Licht in sonst dunklem Raum zu fixieren, und maßen die Ableitungen über Mikroelektroden am visuellen Kortex zum Vergleich: diese zeigten schwache konstante Aktivität. Die haemodynamischen Maße aber stiegen erheblich, wiederholt Sekunden vor der Lichtinformation, d.h. der Blutfluss kann Reize für neuronale Aktivität antizipieren, auch wenn die Nachbarneuronen ruhig sind.

Daher ist die Annahme falsch, dass die fMRI die metabolischen Anforderungen durch lokale neuronale Aktivität widerspiegelt, indem es ein zu dieser analoges Ansteigen des hämodynamischen Signals zufolge hat. Die Autoren nehmen an, dass es im Gehirn vorbereitende Mechanismen gibt, die bei erwarteten Aufgaben zusätzlich arterielles Blut in den Kortex pumpt.

Visual performance: Fehler

Der Signifikant, das fMRI, entbehrt eines adäquaten sichtbaren Signifikats. Dennoch bezieht er sich auf den Körper, von dem die Signale unter Magnetfeld und Radiowellenanregung stammen. Aber die Beziehung zwischen Signifikant und Signifikat ist sehr lose, sie wird gestört, ist gefiltert und bereinigt, sie ist erweitert und modelliert.

Fehler können auftreten durch technisches oder akustisches Rauschen und auch Gewebe hat Rauschen, das modelliert wird, jedoch individuell unterschiedlich sein kann. All dieses Rauschen überlagert sich und kann

---

Kommunikation der Medien, Tübingen: Niemeyer 2003; Ludwig Jäger, »Transkription. Zu einem medialen Verfahren an den Schnittstellen des kulturellen Gedächtnisses«, in: *TRANS. Internetzeitschrift für Kulturwissenschaften* 15 (2004), http://www.inst.at/trans/15Nr/06_2/jaeger15.htm.

8 Yevgeniy B. Sirotin/Aniruddha Das, »Anticipatory haemodynamic signals in sensory cortex not predicted by local neuronal activity«, in: *Nature* 457 (2009), 475-479.

nur schwer aussortiert werden und automatisch algorithmisch bereinigt werden. Dazu kommen als Störfaktoren physiologische Pulsationen, wie Herzschlag und Atmung oder unwillkürliche Bewegungen der Untersuchungsperson im Tomographen. Technisch bedingte Artefakte sind möglich durch Inhomogenitäten des Magnetfeldes, Instabilitäten der Instrumente oder Inhomogenitäten der magnetischen Suszeptibilität, beispielsweise an den Rändern des Körpers, in der Nähe zu Luft, in der Nähe zu großen Gefäßen und abhängig von der Richtung von Fasern. Daher können die Bilder Zeichen für Dinge suggerieren, die im Körper nicht vorkommen (falsch positiv) oder sie zeigen Dinge nicht, die im Körper vorkommen (falsch negativ). Falsch positive Fehler können überflüssige Operationen auslösen und es gibt bereits Blogs, in denen sich Betroffene austauschen, z.B. VOMIT: victim of medical imaging technology.[9]

Was Peter Geimer über Fotomaschinen sagt, ist auch hier gültig: »Der Maschine ist es gleichgültig, ob es die Unterscheidung von Fakt und Artefakt gibt. Sie kennt keinen Unterschied zwischen Fällen und Unfällen, Bild und Bildstörung, richtiger und falscher Übertragung.«[10]

Ein weiteres Problem der Bildeigenschaft ist die Selektivität der Darstellbarkeit: Lokalisierungen werden gegenüber verteilten Entitäten bevorzugt. Auch bei Hirndarstellungen kommt es dadurch – und die bereits erwähnte Subtraktionsmethode trägt zusätzlich dazu bei – zu Ungleichgewichten hinsichtlich der argumentativen Funktion von Bildern. Sie argumentieren über Lokalisierungen von Gehirnfunktionen und Abweichungen im Vergleich zu anderen Gehirnen und radieren qua Subtraktion verteilte Aktivierungen aus.

Hinzu kommt, dass die gemessenen Signale Momentaufnahmen der Ausgangskörper in ihrer individuellen Historie sind, die sich im Zeitverlauf mit neuen Aufnahmen nicht mehr decken würden. Die körperliche Dynamik durch Alter, Erfahrungen, Hormonabhängigkeit, die auch Unterschiede bei der Lateralisierung (beidseitige oder einseitige Aktivierung der Hirnhälften), etwa im Verlauf des Zyklus oder als Wirkung der kontrazeptiven Pille erzeugt, all dies kann so nicht eingefangen werden. Die Plastizität des Gehirns, das sich mit jedem Sinneseindruck, jeder Bewegung, jedem Gedanken im nächsten Moment auch materiell verändert, macht das Festhalten eines Augenblicks zu problematischer Essentialisierung.

9 http://ctsurgcomplications.wikia.com/wiki/VOMIT [zuletzt besucht am 20.3.2011].
10 Peter Geimer, »Was ist kein Bild?«, in: ders. (Hg.), *Ordnungen der Sichtbarkeit. Fotografie in Wissenschaft, Technologie und Kunst. Fotografie in Wissenschaft, Kunst und Technologie*, Frankfurt am Main: Suhrkamp 2002, 339.

Wer zeigt und wem wird gezeigt?

Die Bildlichkeit der »neuen« Körpervisualisierungen entsteht ohne subjektive Wirklichkeitserfahrung eines einzelnen Menschen. Der Akt des Wissen verifizierenden Wahrnehmens wird von der programmierten Technik übernommen: Sie schiebt sich zwischen Referenzobjekt und dessen virtuelle Bilderscheinung. Doch ist die Apparatur natürlich von Menschen gemacht, mit allen professionellen Anteilen, deren Kombinationen und deren Selektionen. Wie mehrfach erwähnt, kommen aus allen diesen Wissenschaften Thesen und Modelle in die Bildgenerierung, die weder nachgewiesen noch oft nachweisbar sind, oder die sich empirisch noch bestätigen oder falsifizieren müssen, da Gewebe im mikrostrukturellen Bereich dadurch erstmals erforschbar geworden ist. Es wird klar, dass dadurch eine Schleife der Selbstbestätigung entstehen kann.

Natürlich zeigen auch alle Anwender der Bildtechnologien deren Produkte, und diese wieder Adressaten in Klinik, Wissenschaft, Studium, Schule, Markt und der interessierten Öffentlichkeit.

Anwendungen finden fMRT-Bilder des Gehirns zuvorderst in der Diagnostik, für Fehlbildungen, Schlaganfall, Alzheimer, Parkinson, Multiple Sklerose, Epilepsie und psychiatrische Erkrankungen; dann des Kortex in den Verhaltens- und Kognitionswissenschaften, wo Lokalisationen von Sprache, Raumorientierung, Motorik, Lernen, Gedächtnis, Wissen, Wahrnehmung, Aufmerksamkeit und weitergehend zu Emotionen, Motivation, Persönlichkeit, Selbstidentität, Bewusstsein etc. visualisiert werden. Weitergehend versuchen auch Forensik und Kriminologie, Neuroökonomie und Werbung, Neuropädagogik, ja sogar die Neurotheologie die Hirnbilder als Erkenntnismittel für Denken oder Psyche zu nutzen.

Natürlich ist die Bildgenerierung nicht für alle Anwendungen gleich, vielmehr spricht man von einer Adressatenorientierung der Visualisierung, die je nach Bedürfnissen für die Lehre, die Diagnostik, oder die verschiedenen Wissenschaften je unterschiedlich erfolgt. Wie später zu sehen sein wird, muss sogar für jede einzelne Fragestellung das richtige Design gefunden werden.

Welche Wirkungen hat dieses Zeigen?

Normalisierung und Differenzierung

Die gemittelten Bilder von Momentaufnahmen einer ausgewählten Population werden als objektive, unverrückbare und universell gültige Tatsachen missverstanden und so zur Konstruktion von Normalität, von Gesundheit, Krankheit, Therapiebedürftigkeit, von Geschlecht oder Rasse (Nikoleyczik) genutzt. Wenn dies geschieht, so ohne Rücksicht auf die Dynamik des plastischen Gehirns und mit willkürlich gesetzten Grenzen von »Normalität«, da statistisch begründete Grenzen wegen der großen Variabilität nicht möglich sind. Diese letztere Problematik wird ausführlich in Toga et al.[11] und deren weiteren Veröffentlichungen[12] diskutiert. Sie sind führende Autoren des hoch subventionierten Human Brain Projects, das zum Ziel hat, aus gemittelten Bildern ein Standardgehirn zu erstellen, in dem von Anatomie bis zum Verhalten Durchschnittswerte der Normalität und Abweichungen oder Krankheiten festgehalten werden sollen. Inzwischen hat dieses Projekt Modifikationen erfahren, die auf die vielfachen Variabilitäten Rücksicht nehmen sollen, indem beispielsweise mit den sogenannten Warping Algorithmen der lokalen Größe der Variabilität Rechnung getragen werden soll, oder indem populationsspezifische und Krankheitsatlanten erstellt werden.[13] Die Bilder zeigen Verhalten und Krankheiten gleichzeitig als Ursache und Wirkung visuell illustrierter Aktivierungen oder Abweichungen von der Norm.

Nichtsdestoweniger feiern sich die bildlichen Normierungsprojekte in der Veröffentlichungspraxis und deren Popularisierung und bilden neue Stereotype, neue Essentialisierungen von naturalisierten Verhältnissen des über die Abstraktion im Bild materialisierten Geistes.

11 Arthur W. Toga/Paul M. Thompson, *Brain Warping*, San Diego: Academic Press 1998.
12 Paul M. Thompson/Roger P. Woods/Michael S. Mega/Arthur W. Toga, »Mathematical/ Computational Challenges in Creating Deformable and Probabilistic Atlases of the Human Brain«. *Human Brain Mapping* 9/2 (2000), 81-92.
13 Siehe auch Britta Schinzel, »Epistemische Veränderungen durch die Informatisierung der Naturwissenschaften«, in: Sigrid Schmitz/Britta Schinzel (Hg.), *Grenzgänge. Genderforschung in Informatik und Naturwissenschaften*, Königstein: Ulrike Helmer Verlag 2004, 30-49.; Sigrid Schmitz, »Neue Körper, neue Normen? Der veränderte Blick durch biomedizinische Körperbilder«, in: Jutta Weber/Corinna Bath (Hg.), *Turbulente Körper und soziale Maschinen. Feministische Studien zur Technowissenschaftskultur*, Opladen: Leske & Budrich 2003, 217-237.

Neben der und im Zusammenhang mit der Normierung ist auch die Differenzierung eine Wirkung der Verbilderung des Gehirns. Die Differenzierungen geschehen bei den anatomischen Bildern u. a. über Segmentierungsalgorithmen, die zwischen unterschiedlichen Graustufen der Pixel oder Voxel Grenzlinien konstruieren. Von diesen gibt es tausende verschiedene und sie werden manchmal auch automatisch durch wissensbasierte Verfahren ausgewählt, denn im Gehirn sind die Pixelunterschiede unterschiedlich zu interpretieren, als Gyri oder Sulci, als physiologische oder funktionelle Gebiete, oder als Läsionen. Im fMRT werden Linien eingezogen, indem Aktivierungsunterschiede die Farbgebung und Farbunterscheidungen bestimmen. Doch wie kontingent wieder die technisch konstruierte Linienerzeugung ist, und wie dies auch für die Forschenden überraschend und unvorhersehbar geschieht, zeigt sich sehr eindrucksvoll an den durch verschiedene Signifikanzschwellen evozierten unterschiedlichen Aktivierungsgrenzen in Kaiser et al. (2007).[14]

Im Weiteren werden solche kontingenten Grenzziehungen jedoch zur Erklärung von Verhaltens- und Leistungsunterschieden, von Gesundheit versus Krankheit, oder zwischen Frauen und Männern herangezogen. So werden Unterscheidungen als Klassifizierungen in manifeste natürliche Unterschiede transformiert. Die Verifizierung folgt der These, dass die fMRIs elektrophysiologische Tatsachen der Blutzu- oder -abfuhr, also Materialströme im Gehirn darstellen, die – in den Experimenten jedenfalls – durch geistige Leistungen oder psychische Abläufe evoziert werden. Die Kausalkette wird jedoch oft umgekehrt kurzgeschlossen: Verhalten folgt der körperlichen Dynamik, wofür die Experimente von Yevgeniy Sirotin und Aniruddha Das sprechen könnten. Oder, so wäre schließlich zu fragen, handelt es sich um Wechselwirkungen, bei denen Kausalitäten nichts verloren haben, und erschöpft sich Verhalten im Materiellen und Elektromagnetischen oder gibt es noch andere ontologische oder auch konstruktivistische Topoi dafür?

Konstruktion von Geschlechterdifferenzen

Normgebend ist vor allem die Darstellung des Mannes, auch bei Hirnbildern. Sie überwiegen bei weitem im Netz, selbst wenn inzwischen die Darstellung von Geschlechterdifferenzen in der neurobiologischen Forschung stark im Ansteigen begriffen ist. Ja, es scheint beinahe Standard geworden zu sein, die Unterscheidung Mann/Frau bei allen Arten von

14 Anelis Kaiser/Esther Kuenzli/Daniela Zappatore/Cordula Nitsch, »On females' lateral and males' bilateral activation during language production. A fMRI study«, in: *International Journal of Psychophysiology* 63 (2007), 192-198.

funktionellen Untersuchungen mit zu betrachten oder zu evaluieren. Doch auch die an sich wünschenswerte Mitbetrachtung von weiblichen Gehirnen hat ihre problematischen Seiten, wenn die Betonung auf die Differenz gelegt wird. So können angebliche, d. h. unter kontingenten Bedingungen erhobene Geschlechterunterschiede naturalisiert werden. Die »visual persuasiveness« leistet Überzeugungsarbeit zur Geschlechterdifferenz.

Während der letzten 30 Jahre zeigten psychologische Untersuchungen zwar sehr geringe signifikante kognitive Leistungsunterschiede zwischen Männern und Frauen, doch sanken sie in jeder Dekade und sind heute gar nicht mehr festzustellen. Diese waren spezifische Sprachkompetenzen und Kompetenzen in der Raumorientierung und mentalen Rotation von Figuren, und in jedem Fall waren die Unterschiede innerhalb einer Geschlechtergruppe erheblich größer als zwischen den Geschlechtern. Aber es scheint einen gesellschaftlichen Wunsch zu geben, Geschlechterunterschiede zu machen und nun sucht man sie in den Hirnbildern – und findet! Aber sind diese Resultate auch richtig?

Alle mentalen Funktionen sind verteilt und erfordern die Kooperation vieler Areale wenn nicht des gesamten Gehirns. Die Sprache ist eine Funktion, die stärker lokalisierbar ist als andere. Wenn in den spezifischen Arealen Broca und Wernicke Verletzungen aufgetreten sind, so führt dies zu jeweils typischen Ausfällen der Sprachkompetenz. Jedoch ist die umgekehrte Aussage, dies seien die einzigen Orte im Kortex, die zur Sprachkompetenz beitragen, falsch. Die schon erwähnte Subtraktionsmethode, welche geringere Aktivierungsgrade in einer Summe übereinander gelegter Bilder ausmerzt, mag Stellen geringerer Aktivierung oder sogar Inhibition entfernen, die ebenso wesentlich für die Funktion sind wie die kolorierten Stellen höheren Aktivierungsgrades. Die These, dass genau an den gefärbten Orten im Kortex die Funktion stattfindet ist also eine sehr restriktiv unterdeterminierende.

Die berühmteste fMRI-Studie zur Lokalisierung von Geschlechterdifferenzen bei Sprache ist die von Shaywitz et al.[15] Von drei verschiedenen Aufgaben, nämlich phonologische, orthographische und semantische Paare zu detektieren fanden sie nur bei der ersten, nämlich der Reimerkennung, bildliche Aktivierungsunterschiede, nirgends jedoch Leistungsunterschiede. Die kleine Stichprobe bestand aus 19 männlichen und 19 weiblichen Probanden, wobei bei den 19 männlichen Probanden eine linksseitige Aktivierung im Broca-Zentrum sichtbar war,

---

[15] Bennett A. Shaywitz/Sally E. Shaywltz/Kenneth R. Pugh/R. Todd Constable/Pawel Skudlarski/Robert K. Fulbright/Richard A. Bronen/Jack M. Fletcher/Donald P. Shankweiler/Leonard Katz/John C. Gore, »Sex differences in the functional organization of the brain for language«, in: *Nature* 373 (1995), 607-609.

während 11 der 19 weiblichen Probanden eine bilaterale Aktivierung zeigten. Die Bilder jeder Geschlechtergruppe wurden je übereinander gelegt und die zwei gemittelten Bilder wie auch der statistische Vergleich der aktivierten Volumina wurde insbesondere in der Resultatbeschreibung als Beweis für die klar ausgeprägte bildliche Differenz genommen. Nikoleyzcyk[16] und Schmitz[17] kritisieren, dass dieses Verfahren eine unzulässige Verallgemeinerung darstellt, die 8/19 der Frauen mit linksseitiger Aktivierung unterdrückt. Weiter bemerken sie als wissenschaftliches Kuriosum, das nur durch gesellschaftliches Wunschdenken erklärbar ist, wie diese viel zitierte Studie als Beleg für die Bilateralität der generellen Sprachverarbeitung bei Frauen genommen wird. Die Popularisierung dieser Behauptungen hat zu einem entsprechenden »Allgemeinwissen« geführt, das eines realen Hintergrundes wohl entbehrt. Denn Frost et al.[18] haben in einer größeren Studie mit 50 Frauen und 50 Männern, bei der die Aufgabe darin bestand, Worte nach semantischen Deduktionen zu klassifizieren, keine signifikanten Geschlechterunterschiede gefunden. Zum Beweis der Nichtunterschiede gruppierten sie auch zwei gleich große zufällig ausgewählte Gruppen für die statistische Auswertung, die ganz analog wie die Geschlechter keine Unterschiede zeigten. Aber diese wissenschaftlich besser belegte Studie wurde außerhalb der Geschlechterforschung kaum wahrgenommen und zitiert.

In der Zwischenzeit wird eine wachsende Anzahl von Untersuchungen über Geschlechterunterschiede, aber auch Nichtunterschiede publiziert.[19] Dabei stellte sich heraus, was unmittelbar einleuchtet, dass die statistische Analyse von vorab getrennten Gruppen keine Unterschiede nachweist, auch dann nicht, wenn die Bilder unterschiedlich sind, d.h. die Shaywitz-Studie ist wertlos. Nur Kontrastanalysen nach beiden Seiten (hier also f/m und m/f) erlauben es, Unterschiede festzustellen, aber auch sie sind weiter zu hinterfragen.

16 Katrin Nikoleyczik, »NormKörper. Geschlecht und Rasse in biomedizinischen Bilder«, in: Sigrid Schmitz/Britta Schinzel (Hg.), *Grenzgänge. Genderforschung in Informatik und Naturwissenschaften*, Königstein: Ulrike Helmer Verlag 2004.

17 Sigrid Schmitz, »Sex, gender, and the brain. Biological determinism versus socio-cultural constructivism«, in: Ineke Klinge/Claudia Wiesemann (Hg.), *Gender and Sex in Biomedicine*, Göttingen: Universitätsverlag Göttingen 2010, 57-76.

18 Julie A. Frost/Jeffrey R. Binder/Jane A. Springer/Thomas A. Hammeke/ Patrick S.F. Bellgowan/Stephen M. Rao/Robert W. Cox, »Language processing is strongly left lateralized in both sexes. Evidence from functional MRI«, in: *Brain* 122/2 (1999), 199-208.

19 Anelis Kaiser/Sven Haller/Sigrid Schmitz/Cordula Nitsch, »On sex/gender related similarities and differences in fMRI language research«; in: *Brain Research Reviews* 61 (2009), 49-59.

In einer weiteren Studie gewannen und evaluierten Kaiser et al.[20] fMRI-Daten durch zerebrale Aktivierung aus dem Broca-Zentrum von je 22 männlichen und weiblichen Probanden. Sie wurden induziert bei einer Aufgabe mit flüssiger Sprache, wo verdeckte Sprachproduktion mit einer auditiven Aufmerksamkeitsaufgabe kombiniert wurde. Sie konnten feststellen, dass vollkommen konträre Resutate der Lateralisierung bzw. Bilateralisierung auftreten, je nachdem wie die statistischen Schwellwerte für die Zählung der Voxel gesetzt wurden: mit einer Signifikanzschwelle von $p < 0.05$ (Bonf. korrigiert) zeigten die Bilder bei Männern und Frauen eine links lateralisierte Aktivierung, während für das Ziel einer Verfeinerung der Resultate für zusätzliche Aktivierung mit einer Signifikanzschwelle $p < 0.001$ (Bonf. unkorrigiert) ein ganz anderes Lateralisierungsmuster entstand, nämlich bei Männern bilaterale Aktivierung, aber bei Frauen unilaterale, in diametralem Widerspruch zu Shaywitz et al. und den üblichen Vorstellungen. Dieser Geschlechterunterschied hielt auch in der Kontrastanalyse an.

Auch viele weitere Untersuchungen zeigten höchst unterschiedliche Ergebnisse in einer großen Anzahl kortikaler und subkortikaler Bereiche, sowohl Ähnlichkeiten zwischen den Geschlechtern als auch Differenzen. Wie sind diese widersprüchlichen Resultate zu erklären?

Große Metastudien von Sommer et al.,[21] und Sommer et al.[22] über Geschlechterdifferenzen und -Nichtdifferenzen in fMRT- Aktivierungsbildern bei allen Arten von Leistungen, nicht nur Sprache, deckten Folgendes auf: vor allem in Studien mit kleinen Gruppen variieren die Resultate stark, während die Differenzen in größeren Gruppen verschwinden. Dies ist ein Argument gegen essentielle Geschlechterunterschiede bei Hirnleistungen.

Weiter hat sich gezeigt, dass eine starke Differenzierung von Geschlechter-(non)-differenzen in regionalen Aktivierungsmustern je nach spezifischer Hirnleistung und je nach Operationalisierung der Untersuchung auftritt. So scheint es nötig, spezielle aufgabenabhängige fMRI-Paradigmen für die Untersuchung von Geschlechter(non)-differenzen

---

20 Anelis Kaiser/Esther Kuenzli/Daniela Zappatore/Cordula Nitsch, »On females' lateral and males' bilateral activation during language production. A fMRI study«, in: *International Journal of Psychophysiology* 63 (2007), 192-198.
21 Iris Sommer/André Aleman/Anke Bouma/René S. Kahn, »Do women really have more bilateral language representation than men? A meta-analysis of functional imaging studies«, in: *Brain* 127 (2004), 1845-1852.
22 Iris E. Sommer/André Aleman/Metten Somers/Marco P. Boks/René S. Kahn, »Sex differences in handedness, asymmetry of the planum temporale and functional language lateralization«, in: *Brain Research* 1206 (2008), 76-88.

zu finden[23] und dabei vorab den Performanzlevel zu erheben, sonst kann dieser die Geschlechtervariable im fMRT beeinflussen. Der systematische bias entsteht durch die leistungsabhängige regionale Aktivierung, die dann fälschlich als Resultat des Experiments angenommen werden könnte. Tatsächlich konnten Unterrainer et al.[24] für Planungsstrategien exemplarisch zeigen, dass eher der individuelle Leistungsgrad als das Geschlecht für Unterschiede in regionalen Aktivierungsmustern verantwortlich war. Auch können natürlich unterschiedliche Lösungsstrategien bei der Bewältigung der Aufgaben für unterschiedliche Aktivierungsmuster sorgen. So erweist es sich, dass zunächst mehr Klarheit über die Beziehungen zwischen Performanz, Strategien und regionalen Aktivierungsmustern gefunden werden müsste, um etwas verlässlichere Aussagen über Geschlechter-(non)-differenzen treffen zu können.

Aber dies ist nicht die einzige Unzulänglichkeit im Zusammenhang mit der Untersuchung solcher Fragestellungen. Eine weitere Forschungslücke stellt die Wahl einer angemessenen statistischen Schwelle bei der Darstellung von Aktivierungsgraden dar. Kaiser et al.[25] werteten Daten bei einer fMRT-Untersuchung aus, mit 44 Probanden, je zur Hälfte Männer und Frauen. Dabei waren zwei parallele Aufgaben zu bewältigen, offen eine auditive Aufmerksamkeitsaufgabe, und verdeckt wurde dazu die fließende Sprechfähigkeit erhoben und die zerebrale Aktivierung im Broca-Zentrum wurde gemessen. Dabei wurden vollkommen widersprüchliche Resultate für Bilateralisierung bzw. Lateralisierung erzielt, je nachdem, wie die statistischen Signifikanzschwellen für die Voxelzählung gewählt worden waren. Mit einer Schwelle von $p<0.05$ (Bonf. korr.) zeigten die Bilder sowohl bei den Männern als auch bei den Frauen eine linksseitige Aktivierung. Bei einer Senkung der Signifikanzschwelle auf $p<0.001$ (Bonf. unkorr.) für eine feinere Aktivierungsauswertung, die – so die Erwartung – größere Aktivierungsgebiete einbeziehen sollte, erschien jedoch ein vollkommen anderes Lateralisierungsmuster: bilaterale Aktivierung bei Männern und unilaterale

23 Micheal D. Phillips/Mark J. Lowe/Joseph T. Lurito/Mario Dzemidzic/Vincent P. Mathews, »Temporal lobe activation demonstrates sex-based differences during passive listening«, in: *Radiology* 220 (2001), 202-207, nach Kaiser et al., »On sex/gender related similarities and differences in fMRI language research«.
24 J. Unterrainer/C. Ruff/B. Rahm/C. Kaller/J. Spreer/R. Schwarzwald/U. Halsband, »The influence of sex differences and individual task performance on brain activation during planning«, in: *Neuroimage* 24/2 (2005), 586-590, nach Kaiser et al., »On sex/gender related similarities and differences in fMRI language research«.
25 Kaiser et al., »On females' lateral and males' bilateral activation during language production«.

bei Frauen. Diese Unterschiede verblieben bei der anschließenden Kontrastanalyse. Dies steht in hartem Gegensatz zu Shaywitz et al. und dem allgemein verbreiteten Wissen über geschlechtsspezifische Lateralisierung von Sprache. In Kaiser et al.[26] wird dieses Resultat erneut aufgenommen und bemerkt, dass es bisher reine Spekulation bleibt, welcher der Schwellenwerte (beide sind in der Medizin anerkannt) für solche Untersuchungen angemessener ist und welches der beiden Aktivierungsmuster die neuro-funktionalen Verhältnisse besser beschreibt. In jedem Fall bleibt das Ergebnis, dass die Auswahl der Masse kontingent ist und dass die Wahl der Schwellen ausschlaggebend ist für die Resultate. Man darf vermuten, dass eher solche Resultate ausgewählt werden, den Refereeing-Prozess passieren und am Ende veröffentlicht werden, die jene Vorurteile bestätigen, die der heutigen öffentlichen Meinung entsprechen.

Es wird dadurch auch deutlich, dass fMRI-Resultate veröffentlicht werden, lange bevor gut fundierte Methoden gefunden und als einwandfrei beständig erwiesen sind. Die sehr teuren Apparaturen müssen sich amortisieren – und sei es auf Kosten einer gründlichen wissenschaftlichen Fundierung.

Zunehmend wird Geschlecht als Nebenvariable in fast allen verhaltenswissenschaftlichen Studien mit behandelt. Trotzdem scheint es, dass Differenzresultate leichter ihren Weg durch den Veröffentlichungsprozess finden als solche, die keine Unterschiede finden.[27] Ein solcher »publication bias« wurde für Differenzresultate ganz allgemein festgestellt, wie Nikoleyzcyk auch für die Kategorie Rasse herausgearbeitet hat.[28] Differenzen erscheinen als wissenschaftlich interessanter als Nichtdifferenzen, weil sie der Verfeinerung von Kategorisierungen dienen können.

Aber die differenzorientierte Suche ist per se ein Problem, das einen bias bis hin zu falschen experimentellen Szenarien, Resultaten und Interpretationen erzeugt, wie es bei den komplizierten Forschungsprozessen im Zusammenhang mit Verhalten deutlich geworden ist.

Für die Geschlechter(non)-differenz kommt die Einseitigkeit der Zitierungen in Richtung Differenzen hinzu – sowohl in wissenschaftlichen als auch in den öffentlichen Medien. So kommt es zu fragwürdigen Normierungen und Differenzierungen durch einseitige Selektion.

Zusammenfassend wurde herausgearbeitet, dass verschiedene Thesen nicht ausreichend begründet sind. Etwa die These, Sprache und andere

---

26 Kaiser et al., »On sex/gender related similarities and differences in fMRI language research«.
27 Jeffrey R. Binder et al., »Reply to ›Language processing in both sexes. Evidence from brain studies‹«, in: *Brain* 123/2 (2000), 404.
28 Nikoleyzcyk, »NormKörper«.

geistige Leistungen seien in bestimmten Gehirnarealen lokalisierbar. Dann die Determinierung durch Augenblicksbilder, statt Zeitverlauf und Plastizität zu berücksichtigen. Ferner, dass die Verbildlichung zu Normierungen auf kontingent ausgewählte Populationen, statistische Eigenschaften oder willkürlich gesetzte Normgrenzen führt, die des weiteren zur Differenzierung beitragen, auch wenn sie gut fundierter Resultate entbehren. Schließlich insinuieren die Bilder die Materialität geistiger Vorgänge, was die Naturalisierung und Ontologisierung von bildlichen Ergebnissen nach sich zieht, was am Beispiel von Geschlechterdifferenzierungen und der Popularisierung kontingenter und teilweise fehlerhafter Ergebnisse deutlich wird. Gegen die unabweisbare Richtigkeit von all dem sprechen aber die Limitierungen bei der Bildererzeugung.

Ein weiteres Argument gegen das Festhalten von Ergebnissen von Momentaufnahmen ist die Plastizität des Gehirns. Laufend passt sich das Gehirn – die Hirnrinde, aber auch tiefer gelegene Teile des zentralen Nervensystems – in seinen Funktionen wie auch physiologischen Ausprägungen an Erfahrungen und Aktivitäten an und formt sich so stets neu. Nur so kann es überhaupt überleben, indem es ständig in Gebrauch und in elektrophysiologischer Bewegung bleibt, sich an Umweltbedingungen anpasst und lernt. Dabei lernt es auch über sich selbst, denn das veröffentlichte Wissen über Ergebnisse der Neurowissenschaften wird, sofern es aufgenommen wird, ins Selbstbild eingebaut und wirkt dort als sich selbst erfüllende Prophezeiung. Wegen der neuronalen Plastizität verändert dies den Kortex auch auf der materiellen Ebene. Für fehlerhafte Resultate über die Geschlechterdifferenz ist diese Inkorporierung (embodyment)[29] ein ständiger circulus vitiosus.

Epistemologischen Wirkungen

Gesellschaftliche Vorverständnisse haben Form und Inhalt des so konstruierten Wissens geprägt, und sie wirken zurück in das veröffentlichte und öffentliche Wissen und so in die Gesellschaft. Ja, sie generieren als objektiv anerkanntes Wissen durch Einschreibungen mittels der Bilder, indem sie »objektive Unmittelbarkeit«[30] suggerieren und indem die produzierende Technik Neutralität und Objektivität bescheinigt. So wird ein kollektives Bilderrepertoire erzeugt, das als Erkenntnisinstrument und Wirklichkeitsgarant dient und wissenschaftliche Fakten etabliert, die dann den Charakter der Normativität annehmen.

29 Anne Fausto-Sterling, *Sexing the Body. Gender Politics and the Construction of Sexuality*, New York: Basic Books 2000.
30 David Gugerli, »Soziotechnische Evidenzen. Der ›pictural turn‹ als Chance für die Geschichtswissenschaft«, in: *Traverse* 3 (1999), 131-159.

Schon erwähnt wurde die Ontologisierung von durch fMRT ins Bild gesetzten Lokalisierungen von Aktivierungen und damit von Unterscheidungen als Klassifizierungen in manifeste essentielle Unterschiede. Es handelt sich dabei jedoch um einschränkende Lokalisierungstechniken, die durch ihre Bildeigenschaften per se neurologisch problematische, Vernetzung unterdrückende Lokalisationstheorien stützen: dass medizintechnische Bilder aus Momentaufnahmen generiert sind, wo körperliche Dynamik (z.B. Hormonabhängigkeit) und kontinuierliche Veränderung (Erfahrungen, Alter) eigentliche Realität sind; dass sie aus vielen und seligierten Probanden mit ausgewählten Mittelungsverfahren gemittelt sind; dass seligierte Parameter (T1, T2, T3, PD und statistische Schwellenwerte) ihr Aussehen mitbestimmen; dass sie mit erfundenen Farben zur Diskriminierung getüncht werden; dass systematische Artefakte aus der Geräteanordnung mit hinzukommen und gefiltert werden müssen; und dass die physiologischen Interpretationen oft unklar sind.

Bildeigenschaften, die auf Wahrnehmbarkeit und kognitive Erkennbarkeit ausgerichtet sind, schränken das Darstellbare weiter ein. Bildgebende Verfahren sind Lokalisierungstechniken, sie merzen holistische vernetzte Eigenschaften aus. Die Visualisierungstechniken arbeiten darauf hin, visuelle Evidenz zu erzeugen, und zwar Evidenz für etwas, was bereits vorab in die Technik eingebacken worden ist, ein Zirkel von Selbstbestätigung, der sich daher nicht beliebig der Realität des Körperinneren nähern kann. Doch worin besteht diese Realität? Wie bei der Beschreibung des visual value erwähnt, ist das referentielle Band zwischen Körperinnerem und Bildartefakt sehr lang und locker und es enthält sowohl nicht gemessene Ausschmückungen als auch Verluste der Messung und Einkerbungen. Eine Kritik der angeblichen Objektivitätseigenschaften findet sich in Schinzel (2006).[31]

Objektivierungsleistungen

Das Gehirn macht dieses und jenes, es rechnet, der Gedächtnis-Speicher ist voll..., so spricht es über sich selbst und macht sich so zum Objekt. Es in dieser Weise von sich selbst abzulösen wie in den üblichen Phrasen ist bereits eine Objektivierungsleistung mit Subjekt-Objekttrennung in einer Entität, dem Gehirn. Das Gehirn beobachtet sich selbst nun auch in den Bildern und objektiviert sich dabei noch einmal bei neurophysiologischen Vorgängen, die in der Folge oft als materielle Verursacher von

---

31 Schinzel, Britta, »Wie Erkennbarkeit und visuelle Evidenz für medizintechnische Bildgebung naturwissenschaftliche Objektivität unterminiert«, in: Bernd Hueppauf/Christian Wulf (Hg.), *Bild und Einbildungskraft*, München: Wilhelm Fink Verlag 2006, 354-370.

Geist und Verhalten gesehen werden. Dies führt zur Verdinglichung von Subjekten, was sich in der gängigen Sprache verrät.

Visual persuasiveness wird durch Attestierung von Objektivität und Evidenz an die überzeugenden Bilder erreicht, die den Wahrheitsanspruch dieser Bilder beglaubigen. Die technische Apparatur gilt dabei als neutrale Objektivierungsinstanz, die – ohne die intentionalen Einmischungen von Menschen auskommend – zwischen Referenzkörper und anscheinend unverfälschtem Bild vermittelt, dessen Bedeutung wiederum sich direkt »als Sprache der Phänomene selbst«[32] offenbart.

Ein Problem der Bildgebung über Signale von Protonenspins ist der Maßstabssprung von Mikrophysik zu physiologischen Dimensionen, der notwendigerweise viele Kausalitätslücken aufweist. Diese werden mit Thesen gefüllt, mit Selektionen und konstruktiven Elementen, und all dies auf allen Ebenen der Wandlung vom Signal zum Bild.

Daston und Galison[33] haben für ihre Objektivitätskritik an technisch erzeugten Bildern eine Art »mechanische Objektivität« des 19. Jahrhunderts herangezogen, deren Eigenschaften sie beschreiben mit: Präzision, Subjekt-Objekttrennung und mit ihr Gefühlsdistanz, Ausschluss persönlicher Idiosynkrasien, Freiheit von menschlichen Hoffnungen und Erwartungen, empirische Verlässlichkeit, verfahrensrechtliche Korrektheit, Abwesenheit von Ästhetiken oder Anthropomorphismen, von Verallgemeinerungen, von Theorien und Urteilen wissenschaftlicher oder ästhetischer Art, von Mehrdeutigkeit, böser Absicht und philosophischen Interpretationen durch die vermeintliche Ausschaltung der vermittelnden Anwesenheit des Beobachters. Es sind all jene Attribute, die das »Sehen als« unterdrücken, um des reinen »Sehens dass« willen, welches der angeblich intentionslosen, theorielosen, urteilsfreien, nicht intervenierenden Maschine zugeschrieben wird.

Bei der Betrachtung dieser Zuschreibungen für funktionelle Hirnbilder wird deutlich: ihre Präzision besteht nicht in Bezug auf die Referenz auf das Urbild im Körper, sondern in Bezug auf die erzeugte visuelle Evidenz, also z. B. Bildschärfe und Granularität, die Konstruktion von Unterscheidungen durch Kantenschärfe, Farbgebung, scharfe Abgrenzungen, eingezogene Linien durch Segmentierungsalgorithmen oder durch Farbunterschiede oder die kognitiv erfassbare Zahl der gezeigten Aktivierungen anstelle vernetzter Aktivierungen. All dies sind auf Wahrnehmbarkeit und Erkennbarkeit gerichtete konstruierte Bildqualitäten, doch treu sind die Bilder den physikalischen Effekten und Thesen, den verwendeten physiologischen Modellen, den statistischen Modellen und deren Vergleich mit den physiologischen, den

---

32 Lorraine Daston/Peter Galison, »The Image of Objectivity«, in: *Representations* 40 (1992), 81-128, hier: 81.
33 Daston/Galison, »The Image of Objectivity«.

informatischen Modellen und Algorithmen. So entsteht ein Zirkel von kognitivem Modell über dessen Visualisierung zur wissenschaftlichen »Wahrheit« und Bestätigung des Modells.[34]

Physikalisch-mathematische Objektivität gilt den naturwissenschaftlichen Messverfahren und den einzelnen mathematischen, statistischen, algorithmischen Methoden, nicht jedoch der kontingenten Auswahl und Kombination von Messverfahren, der Prozessierung der Daten, den mathematischen und algorithmischen Methoden oder den verwendeten Modellen, auch nicht dem Rauschen, der Bildgüte, den Artefakten, den strukturellen Zusammenhängen der Gewebe, der Kognition oder den Probanden.

Die theoriegeladenen, intentionalen, idiosynkratischen, generalisierenden Beobachter sitzen nun in der Bild erzeugenden Maschine, kodiert in den verwendeten Modellen, der Auswahl und Kombination von und den Datenbearbeitungsalgorithmen selbst und vermitteln uns ihre Botschaft. Doch die »Visualisierung des denkenden Gehirns« ist nicht ohne Reflexion des dieses denkende Gehirn als Bild erst konstituierenden Verfahrens möglich gewesen, und das sowohl inhaltlich als auch formal.

Diese Trennungsleistungen und Verdinglichungen haben weitere entkoppelnde Effekte auf das Selbstbild des Menschen. Er/sie sieht sich als Subjekt selbst von außen als Objekt an. In paradoxem Widerspruch zur materiellen Essentialisierung findet mit den Verbildlichungen eine Entkörperlichung des Mentalen und der Krankheit statt. Die so erreichten Trennungen und Reifizierungen haben weitere degenerative Effekte auf das Selbstbild des Menschen. Die Bilder des denkenden, fühlenden und handelnden Hirns machen den Eindruck, dass mit ihnen das materielle Substrat des Selbst gezeigt wird und dass darüber hinaus nichts beobachtbar wäre und also auch nicht gebe. »Die Entsubjektivierung des Menschen hat mit der funktionalen Hirnbildgebung den (vermeintlichen) körperlichen Sitz des Subjekts erreicht.«[35] Mit der Auflösung der Grenzen zwischen dem als objektiv angenommenen Hirnmaterial und dem bislang als subjektiv empfundenen Prozess des Denkens hat sich das Selbstbild des Individuums beträchtlich verändert.[36] Folgen

---

34 Siehe auch Britta Schinzel, »Recognisability and Visual Evidence in Medical Imaging versus Scientific Objectivity«; in: Bernd Hueppauf/Christian Wulf (Hg.), *Dynamics and Performativity of Imagination. The Image between the Visible and the Invisible,* New York: Routledge 2009, 339-356.

35 Arthur C. Danto, »Abbildung und Beschreibung« (1995), in: Gottfried Boehm (Hg.), *Was ist ein Bild?,* München: Fink 1995, 125-147.

36 Gugerli, »Soziotechnische Evidenzen«; Michael Hagner, »Der Geist bei der Arbeit. Überlegungen zur visuellen Repräsentation cerebraler Prozes-

haben sich bereits eingestellt, etwa in der Debatte um die Existenz oder Möglichkeit eines freien Willens.[37]

Literatur

Binder, Jeffrey R. et al., »Reply to ›Language processing in both sexes. Evidence from brain studies‹«, in: *Brain* 123/2 (2000), 404.
Boehm, Gottfried, »Die Wiederkehr der Bilder«, in: ders. (Hg.), *Was ist ein Bild?*, München: Fink 1994.
Burri, Regula Valérie, *Doing Images. Zur Praxis medizinischer Bilder*, Bielefeld: transcript 2008.
Danto, Arthur C., »Abbildung und Beschreibung« (1995), in: Gottfried Boehm (Hg.), *Was ist ein Bild?*, München: Fink 1995, 125-147.
Daston, Lorranine/Galison, Peter, »The Image of Objectivity«, in: *Representations* 40 (1992), 81-128.
Fausto-Sterling, Anne, *Sexing the Body. Gender Politics and the Construction of Sexuality*, New York: Basic Books 2000.
Frost, Julie A./Binder, Jeffrey R./Springer, Jane A./Hammeke, Thomas A./Bellgowan, Patrick S. F./Rao, Stephen M./Cox, Robert W., »Language processing is strongly left lateralized in both sexes. Evidence from functional MRI«, in: *Brain* 122/2 (1999), 199-208.
Geimer, Peter, »Was ist kein Bild?«, in: ders. (Hg.), *Ordnungen der Sichtbarkeit. Fotografie in Wissenschaft, Technologie und Kunst. Fotografie in Wissenschaft, Kunst und Technologie*, Frankfurt am Main: Suhrkamp 2002.
Gugerli, David, »Soziotechnische Evidenzen. Der ›pictural turn‹ als Chance für die Geschichtswissenschaft«, in: *Traverse* 3 (1999), 131-159.
Hagner, Michael, »Der Geist bei der Arbeit. Überlegungen zur visuellen Repräsentation cerebraler Prozesse«, in: Cornelius Brock (Hg.), *Anatomien medizinischen Wissens. Medizin – Macht – Moleküle*. Frankfurt am Main: Fischer 1996, 259-286.
Hochhuth, Martin, »Die Bedeutung der neuen Willensfreiheitsdebatte für das Recht«, in: *Juristenzeitung* (JZ) (2005), 745-753.
Jäger, Ludwig, »Die Verfahren der Medien. Transkribieren – Adressieren – Lokalisieren«, in: Jürgen Fohrmann/Erhard Schüttpelz (Hg.), *Die Kommunikation der Medien*, Tübingen: Niemeyer 2003.
Jäger, Ludwig, »Transkription. Zu einem medialen Verfahren an den Schnittstellen des kulturellen Gedächtnisses«, in: *TRANS. Internetzeitschrift für Kulturwissenschaften* 15 (2004), http://www.inst.at/trans/15Nr/06_2/jaeger15.htm.

se«, in: Cornelius Brock (Hg.), *Anatomien medizinischen Wissens. Medizin – Macht – Moleküle*. Frankfurt am Main: Fischer 1996, 259-286.
37 Martin Hochhuth, »Die Bedeutung der neuen Willensfreiheitsdebatte für das Recht«, in: *Juristenzeitung* (JZ) (2005), 745-753.

Kaiser, Anelis/Kuenzli, Esther/Zappatore, Daniela/Nitsch, Cordula, »On females‹ lateral and males‹ bilateral activation during language production. A fMRI study«, in: *International Journal of Psychophysiology* 63 (2007), 192-198.
Kaiser, Anelis/Haller, Sven/Schmitz, Sigrid/Nitsch, Cordula, »On sex/gender related similarities and differences in fMRI language research«; in: *Brain Research Reviews* 61 (2009), 49-59.
Nikoleyczik, Katrin, »NormKörper. Geschlecht und Rasse in biomedizinischen Bilder«, in: Sigrid Schmitz/Britta Schinzel (Hg.), *Grenzgänge. Genderforschung in Informatik und Naturwissenschaften*, Königstein: Ulrike Helmer Verlag 2004.
Ogawa, S./Menon, R. S./Tank, D. W./Kim, S. G./Merkle, H./Ellermann, J. M./Ugurbil, K., »Functional brain mapping by blood oxygenation level-dependent contrast magnetic resonance imaging. A comparison of signal characteristics with a biophysical model«, in: *Biophysical Journal* 64/3 (1993), 803-812.
Phillips, Micheal D./Lowe, Mark J./Lurito, Joseph T./Dzemidzic, Mario/Mathews, Vincent P., »Temporal lobe activation demonstrates sex-based differences during passive listening«, in: *Radiology* 220 (2001), 202-207.
Pörksen, Uwe, *Weltmarkt der Bilder. Eine Philosophie der Visiotype*, Stuttgart 1997.
Schinzel, Britta, »Epistemische Veränderungen durch die Informatisierung der Naturwissenschaften«, in: Sigrid Schmitz/Britta Schinzel (Hg.), *Grenzgänge. Genderforschung in Informatik und Naturwissenschaften*, Königstein: Ulrike Helmer Verlag 2004, 30-49.
Schinzel, Britta, »The Body in Medical Imaging between Reality and Construction«, in: *Poiesis und Praxis* 4/3 (2006), 185-198.
Schinzel, Britta, »Wie Erkennbarkeit und visuelle Evidenz für medizintechnische Bildgebung naturwissenschaftliche Objektivität unterminiert«, in: Bernd Hueppauf/Christian Wulf (Hg.), *Bild und Einbildungskraft*, München: Wilhelm Fink Verlag 2006, 354-370.
Schinzel, Britta, »Recognisability and Visual Evidence in Medical Imaging versus Scientific Objectivity«; in: Bernd Hueppauf/Christian Wulf (Hg.), *Dynamics and Performativity of Imagination. The Image between the Visible and the Invisible*, New York: Routledge 2009, 339-356.
Schmitz, Sigrid, »Neue Körper, neue Normen? Der veränderte Blick durch biomedizinische Körperbilder«, in: Jutta Weber/Corinna Bath (Hg.), *Turbulente Körper und soziale Maschinen. Feministische Studien zur Technowissenschaftskultur*, Opladen: Leske & Budrich 2003, 217-237.
Sirotin, Yevgeniy B./Das, Aniruddha, »Anticipatory haemodynamic signals in sensory cortex not predicted by local neuronal activity«, in: *Nature* 457 (2009), 475-479.
Shaywitz, Bennett A./Shaywltz, Sally E./Pugh, Kenneth R./Constable, R. Todd/Skudlarski, Pawel/Fulbright, Robert K./Bronen, Richard A./Fletcher, Jack M./Shankweiler, Donald P./Katz, Leonard/Gore, John

C., »Sex differences in the functional organization of the brain for language«, in: *Nature* 373 (1995), 607-609.

Sommer, Iris E./Aleman, André/Bouma, Anke/Kahn, René S., »Do women really have more bilateral language representation than men? A meta-analysis of functional imaging studies«, in: *Brain* 127 (2004), 1845-1852.

Sommer, Iris E./Aleman, André/Somers, Metten/Boks, Marco P./Kahn, René S., »Sex differences in handedness, asymmetry of the planum temporale and functional language lateralization«, in: *Brain Research* 1206 (2008), 76-88.

Thompson, Paul M./Woods, Roger P./Mega, Michael S./Toga, Arthur W., »Mathematical/ Computational Challenges in Creating Deformable and Probabilistic Atlases of the Human Brain«. *Human Brain Mapping* 9/2 (2000), 81-92.

Toga, Arthur W./Thompson, Paul M., *Brain Warping*, San Diego: Academic Press 1998.

Unterrainer, J./Ruff, C./Rahm, B./Kaller, C./Spreer, J./Schwarzwald, R./ Halsband, U., »The influence of sex differences and individual task performance on brain activation during planning«, in: *Neuroimage* 24/2 (2005), 586-590.

Fabian Goppelsröder
Bild ohne Rahmen
Was sich zeigt, wenn man nichts mehr sieht

Das zuletzt immer größer werdende Interesse am Bild zeigt insbesondere zwei Dinge: Bilder haben Konjunktur. Das Bild aber steckt in einer Krise. Gerade weil neue Medien und technische Verfahren, veränderte Möglichkeiten der Vervielfältigung aber auch der Manipulation die Bilderflut steigen lassen, stellt sich die doppelte Frage, was überhaupt noch Bild genannt werden kann und was ein Bild eigentlich zeigt.

Die Schwierigkeit ist zunächst, dass das klassische Format des gemalten, gerahmten und an die Wand gehängten Bildes als das eigentliche Bildformat immer mehr aufweicht. Ein gegebenes Artefakt als Bild zu bestimmen, ist nicht mehr so leicht. Wo genau sind, wenn es sie überhaupt gibt, die Grenzen zur Collage, zur Installation, zum *tableau vivant*? Was sind die Gemeinsamkeiten, was die Unterschiede von Röntgenaufnahme, Schaltplan und Ölgemälde? Welche Bedeutung hat die Digitalisierung für unser Verständnis des Bildes und welche die voranschreitende Entgrenzung der Künste?

Geradezu zwangsläufig geht das Interesse immer weiter über disziplinär gesetzte Grenzen hinaus. Bildwissenschaften im Unterschied zur Kunstgeschichte, *visual knowledge* im Unterschied zu abstrakter Logik, modale im Unterschied zu a-modaler Linguistik setzen Visualität als grundlegenden Aspekt menschlicher Weltorganisation voraus. Das Bild wird zur Denkfigur kultureller und anthropologischer Reflexion. Es ist nicht nur Objekt, über das sich sinnvoll sprechen lässt. Es erzeugt selbst Sinn.[1]

Die Hinwendung zum Bild ist somit nicht zuletzt eine epistemologische Wende: Wie der *linguistic turn* gegen die Bewusstseinsphilosophie die Sprache als Bedingung von Wissen hervorgehoben hat, so betont der *iconic turn*, dass jenseits von Grammatik und Vokabular visuelle Wahrnehmung unser Verständnis von Welt sinnlich bestimmt.

Graphen und Tabellen, aus Bildgebungsverfahren gewonnene Visualisierungen z.B. in der Medizin sind optische Elemente der Wissensgenerierung. Sie transportieren Wissen nicht nur, sie stellen es her.[2] Eine

---

1 Gottfried Boehms *Wie Bilder Sinn erzeugen. Die Macht des Zeigens* (Berlin: Berlin University Press 2007) sei hier nur beispielhaft als ein Titel genannt.
2 Vgl. Martina Heßler/Dieter Mersch, »Bildlogik oder Was heißt visuelles Denken?«, in: dies. (Hg.), *Logik des Bildlichen. Zur Kritik der ikonischen Vernunft*, Bielefeld: transcript 2009, 8-62, 44.

schlichte Trennung zwischen Darstellung und Dargestelltem ist, das wird immer deutlicher, nicht möglich, und also kollabiert auch die alte Hierarchie zwischen eigentlich wichtigen abstrakten Daten und den sie lediglich konkret zugänglich machenden wahrnehmbaren Artefakten. Farbe, Stiltradition und Sehkonventionen bedingen nicht unwesentlich die Auswertung einer Computertomographie.[3] Die Diagnose ist nicht das methodisch rausgeschälte Eigentliche, von allem Sinnlichen Befreite. Die Diagnose ist eine Auslegung des Bildes mit all seinen genuin bildlichen Eigenschaften. Das ist, was Dieter Mersch und Martina Heßler von der »Unverzichtbarkeit des Ästhetischen« sprechen lässt.[4]

Wahrnehmung ist in Bezug auf unser Denken eben kein unschuldiger Prozess. Das Problem ist nur, dass diese sinnliche Aneignung von Welt in ihrer Omnipräsenz sich selbst als epistemisch konstitutiven Faktor marginalisiert. Wir nehmen nicht wahr, dass wir wahrnehmen. Zumindest in diskursiven Zusammenhängen ist die Sensibilität hierfür verlorengegangen und hat gerade im westlichen Denken eine Tradition begründet, welche die reflektierenden Funktionen unseres Verstandes hierarchisch über der Sinnlichkeit ansiedelt. Die Hinwendung zum Bild ist nicht zuletzt hierzu eine Gegenbewegung.

Dass ein solcher Ansatz gerade mit Positionen der Sprachphilosophie in Konflikt gerät, verwundert kaum. Insbesondere die vielleicht wichtigste Referenz auf diesem Gebiet über die letzten Jahrzehnte scheint hier eindeutig: »Der Gedanke ist der sinnvolle Satz«, schreibt Ludwig Wittgenstein in Satz 4 seines *Tractatus*. Ein *visual thinking* ist mit ihm, so könnte man meinen, ausgeschlossen.

Und doch übersähe diese Schlussfolgerung nicht nur die genuine Verquickung von Denken und Anschauung, die sich nicht zuletzt in für die Philosophie grundlegenden Begriffen wie Theorie, Evidenz, Perspektive ausspricht; sie wäre vor allem auch eine Verkürzung des wittgensteinschen Denkens selbst.

Gerade der scheinbar rein logisch vorgehende *Tractatus* entwickelt sich aus einer grundlegenden Aufwertung des Sinnlichen für die Philosophie. Russells Paradox, der Anstoß zu Wittgensteins Frühwerk, wird nicht durch eine neue logische Theorie, sondern durch einen neuen logischen Symbolismus ›gelöst‹.[5] Und im Zentrum von Wittgensteins früher

---

3 Vergleiche dazu auch den Beitrag von Britta Schinzel in diesem Band.
4 Heßler/Mersch, »Bildlogik«, 13.
5 »Eine Funktion kann darum nicht ihr eigenes Argument sein, weil das Funktionszeichen bereits das Urbild seines Arguments enthält und es sich nicht selbst enthalten kann.
Nehmen wir nämlich an, die Funktion F(fx) könnte ihr eigenes Argument sein; dann gäbe es also einen Satz: ›F(F(fx))‹ und in diesem müssen die äußere und die innere Funktion F verschiedene Bedeutungen haben, denn

Sprachphilosophie steht eine Abbildtheorie, die zwar in ihrer Art eigen ist, nicht aber als simple Wortspielerei abgetan werden darf.

In seinem Spätwerk verändern sich die Parameter seines Denkens entscheidend – und doch bleiben die Grundfragen und -probleme gleich, die insbesondere immer wieder um die Verschränkung von sinnlicher Wahrnehmung und scheinbar abstraktem Denken kreisen.

Sprache und Bild sind sich bei Wittgenstein in einer Weise nah, die gerade im Zusammenhang der aktuellen Diskussion über die visuelle Grundlage unserer Kultur, unseres Denkens relevant wird.

Im Folgenden soll mindestens angedeutet werden, in welcher Weise Wittgensteins Philosophieren beispielhaft vorführt, was visuelles Denken bedeuten kann: Es geht nicht darum, Unklarheiten durch bildhafte Sprache zu verdecken, sondern die höhere Komplexität des Visuellen gegenüber einer Eindeutigkeitslogik produktiv in das Denken miteinzubinden. Damit wird aber zugleich auch die Medienindifferenz des Ansatzes klar. Die Überlegungen zum Bild sind hier nicht der Sprache entgegengesetzt. Stattdessen kommt es zu einer Engführung zwischen beiden, die eine Philosophie wie die Wittgensteins erst ermöglicht – zugleich allerdings auch deren Brauchbarkeit für spezifischere Bildtheorien beschränkt.

Traktarianisches Bilddenken

Bereits der erste Satz des *Tractatus* – »Die Welt ist alles, was der Fall ist« – ist weniger eine positivistische Beschreibung der Wirklichkeit als die Ouvertüre zu einer neuen, in ihrer Weise ›visuellen‹ Philosophie. Der »Fall« und seine Äquivalente »Tatsache« und »Sachverhalt« deuten nicht einfach auf Vorkommnisse. Sie werden von Wittgenstein als bildliche »Verbindung von Gegenständen«[6] bestimmt.

Welt ist somit aber auch nicht schlicht die Anhäufung physikalisch vorhandener Dinge, sondern die Summe der mit ihnen möglichen Konstellationen und zwar der mit ihnen möglichen Konstellationen im logischen Raum.[7]

die innere hat die Form $\varphi(fx)$, die äußere die Form $\psi(\varphi(fx))$. Gemeinsam ist den beiden Funktionen nur der Buchstabe ´F´, der aber allein nichts bezeichnet.
Dies wird sofort klar, wenn wir statt ´F(Fu)´ schreiben ´(∃φ) : F(φu). φu = Fu´.
Hiermit erledigt sich Russells Paradox.« (Ludwig Wittgenstein, *Tractatus logico-philosophicus*, in: *Werkausgabe*, Bd. I, Frankfurt am Main: Suhrkamp 1984, Satz 3.333).
6 Ebd., Satz 2.01.
7 Ebd., Satz 1.13.

»Die Welt ist alles, was der Fall ist« wird so zu einer ganz spezifischen Beschreibung der Welt als der Summe aller einer logischen Struktur gehorchenden Zusammenhänge. Die hier herrschende Logik ist eine räumliche, eine visuelle Logik.

Um sich in dieser Welt zu bewegen, um sich auf sie zu beziehen und mit ihr umzugehen, macht sich der Mensch Bilder der Tatsachen.[8] Diese von Wittgenstein wie selbstverständlich gesetzte Bemerkung scheint zunächst im Rahmen traditionellen Repräsentationsdenkens zu bleiben: Das Bild als Abbild von etwas Gegebenem. Allerdings ist die traktarianische Idee von Abbildlichkeit eine besondere: Nicht Ähnlichkeit, sondern Strukturidentität ist das entscheidende Kriterium. Das Bild wird, was es ist, dadurch, »dass sich seine Elemente in bestimmter Art und Weise zueinander verhalten.«[9] In seinen Tagebüchern erläutert Wittgenstein diese Idee anhand der Möglichkeit, einen Autounfall mit Hilfe von Puppen nachzustellen.[10] Weder müssen die Puppen mit den durch sie vertretenen Personen Ähnlichkeit aufweisen noch muss überhaupt ein einzelner Gegenstand des Bildes dem Original entsprechen. Entscheidend ist vielmehr, dass das Verhältnis der Personen und Gegenstände untereinander exakt dasselbe ist, welches die Personen und Gegenstände in der Unfallsituation zueinander hatten.

Die eigentliche Abbildung ist an die interne Differenzierung des Bildes gebunden. Die Struktur des Abbilds muss der Struktur des Ereignisses der Möglichkeit nach entsprechen. »Die Form der Abbildung ist die Möglichkeit, dass sich die Dinge so zueinander verhalten, wie die Elemente des Bildes.«[11] Nur wenn eine solche Strukturidentität vorliegt, kann man mit Wittgenstein überhaupt von einem Bild sprechen: »Was jedes Bild [...] mit der Wirklichkeit gemein haben muß, um sie überhaupt – richtig oder falsch – abbilden zu können, ist die logische Form, das ist, die Form der Wirklichkeit«.[12]

Obwohl der *Tractatus* scheinbar an eine Tradition der hierarchischen Trennung von Bild und Abbild anschließt, sind Bilder bei Wittgenstein keine sekundären, epistemologisch minderwertigen Artefakte; vielmehr ebnet die besondere Konzeption von Abbildung jegliche Hierarchie zwischen Bild und Abgebildetem ein. Durch die Strukturidentität ist das Bild selbst notwendigerweise eine Verbindung von Gegenständen im logischen Raum. Es ist somit selbst eine Tatsache[13] und damit ontologisch gleichwertig mit dem von ihm Abgebildeten.

8 Ebd., Satz 2.1.
9 Ebd., Satz 2.14.
10 Wie er es in einem Pariser Gerichtssaal gesehen haben soll, vgl. Ludwig Wittgenstein, *Tagebücher 1914-1916*, in: *Werkausgabe*, Bd. I, Frankfurt am Main: Suhrkamp 1984, Eintrag vom 29.9.14.
11 Wittgenstein, *Tractatus*, Satz 2.151.
12 Ebd., Satz 2.18.

Wenn Satz 3 und 4 des *Tractatus* den Gedanken zunächst als Bild und dann als sinnvollen Satz definieren, so hat man hier bereits eine strukturelle Identität von Welt, Bild, Gedanke und Satz, welche die Unterscheidung von Bild und Sprache, ja, die Lücke zwischen *mind and world* kollabieren lässt.

Sagen und Zeigen

Damit aber rückt ein wichtiges Begriffspaar der traktarianischen Terminologie als augenscheinliche Inkonsistenz in den Vordergrund. Denn trotz der Verankerung in der Bildtheorie macht Wittgenstein einen Unterschied zwischen Sagen und Zeigen; mehr noch, er macht ihn zu einem zentralen seiner Frühphilosophie. Wie grundlegend er für ihn ist, wird deutlich, wenn Wittgenstein Russell gegenüber gar vom »Hauptproblem der Philosophie«[14] schlechthin spricht. Doch was kann das für ein Unterschied sein, wenn doch schon das Sagen ein Zeigen ist?

Obwohl Satz 4.1212 des *Tractatus* kategorisch feststellt: »Was gezeigt werden *kann, kann* nicht gesagt werden«, ist vor dem Hintergrund der frühen Bildtheorie doch klar, dass die Sache komplizierter sein muss, als sie im ersten Moment klingt. Wenn ›zeigen‹ die Mitteilungsart des Bildes ist, der sinnvolle Satz aber das logische Bild der Tatsache dann können Sagen und Zeigen kaum so kategorisch getrennt sein.

Tatsächlich wird das ›Zeigen‹ im *Tractatus* zum zentralen und äußerst vielschichtigen Begriff.[15] Er lässt sich auf mindestens drei Ebenen differenzieren:[16]

Dass der »Satz zeigt, was er sagt«, wie Wittgenstein nach Punkt 4.1212 zunächst etwas überraschend in Satz 4.461 feststellt, ist eine sich aus der Bildtheorie ergebende Behauptung. Der sinnvolle Satz hat die logische Struktur mit der von ihm beschriebenen Tatsache gemein. Das Satz-Bild ›sagt‹ mithin etwas, weil es etwas abbildet. Man kann hier vom deskriptiven oder sagenden Zeigen sprechen.

Darüber hinaus lässt sich allerdings noch ein transzendentales Zeigen isolieren. Es zeigt die Möglichkeitsbedingung der Abbildung überhaupt.

---

13 Ebd., Satz 2.141.
14 Ludwig Wittgenstein, *Briefwechsel mit B. Russell, G. E. Moore, J. M. Keynes, F. P. Ramsey, W. Eccles, P. Engelmann und L. von Ficker*, hg. v. B. F. McGuinness und G. H. von Wright, Frankfurt am Main: Suhrkamp 1980, 88.
15 Vgl. Felix Gmür, *Ästhetik bei Wittgenstein. Über Sagen und Zeigen*, Freiburg/München: Alber 2000, 30.
16 Die folgende Unterscheidung der verschiedenen Modi des Zeigens übernimmt weitgehend diejenige Gmürs in: *Ästhetik bei Wittgenstein*, 32 f.

Die logische Form der Tatsachen ist Grundlage des deskriptiven Zeigens und damit selbst nicht wieder abbildbar. Kein Standpunkt außerhalb ihrer ist möglich. Logische Sätze sind sinnlos, weil sie keine Konfiguration im logischen Raum beschreiben. Dies ist die Ebene, auf der sich Tautologie und Kontradiktion treffen. Ihr Zeigen kann nichts beschreiben, ist aber transzendental.[17]

Ein drittes Zeigen wird gegen Ende des *Tractatus* immer wichtiger. Es ist weder sinnvoll noch sinnlos. Wittgenstein nennt es auch – im Unterschied zu Satzsinn und logischer Form – explizit das »Unaussprechliche«.[18] Als sich entziehendes Unaussprechliches ist dieses Zeigen allerdings keines mehr, das der Souveränität des Sprechers unterstünde. *Es* zeigt *sich*.[19] Satz 6.44 nennt dieses Sich-zeigen das mystische und in Satz 6.45 heißt es: »Die Anschauung der Welt sub specie aeterni ist ihre Anschauung als – begrenztes – Ganzes.«

Im Unterschied zum sinnvollen Satz, der einen Ausschnitt der Welt, eine Tatsache, abzubilden im Stande ist, erlaubt das mystische Sich-zeigen eine Einsicht der besonderen Art: die Ein-*sicht* in die Faktizität der Welt, ihr *Dass*.

Dieses *Dass* ist nicht mehr mit normalem Auge zu sehen. Es lässt sich nicht anschauen wie ein Bild an der Wand, die Landkarte auf dem Tisch oder irgendeine Tatsache der Welt. Die Anschauung sub specie aeterni verlangt eine andere Sensibilität. Wittgenstein spricht vom »Gefühl der Welt als begrenztes Ganzes«[20]. Was *sich* zeigt, sieht man in einem Gefühl.

Mit der Unterscheidung von Sagen und Zeigen verweist Wittgenstein somit nicht auf die Differenz zwischen abstrakt-logischem und konkret-sinnlichem Weltzugriff, sondern auf zwei Dimensionen des Bildes. Die statische, eindeutig beschreibbare Struktur auf der einen Seite; jene Irritation, die als das *je ne sais quoi* ästhetischer Erfahrung nicht auf den Begriff gebracht werden kann, auf der anderen.[21]

---

17 »Die Logik ist transzendental.« (Wittgenstein, *Tractatus*, Satz 6.13).
18 Ebd., Satz 6.522. Dieses Unaussprechliche ist dadurch, dass es nicht gesagt werden kann, keineswegs weniger real. Vielmehr liegt der Rede vom Unaussprechlichen, wie Majetschak hervorhebt, die Erfahrung zugrunde, dass es mit den Tatsachen der Welt noch nicht getan ist (vgl. Stefan Majetschak, *Ludwig Wittgensteins Denkweg*, Freiburg/München: Alber 2000, 117).
19 Dieter Mersch macht gleich zu Beginn seiner Studie *Was sich zeigt* auf den Charakter des Sich-Zeigens als ein sich notwendig Entziehendes aufmerksam (vgl. Dieter Mersch, *Was sich zeigt. Materialität, Präsenz, Ereignis*, München: Fink 2002, 9).
20 Wittgenstein, *Tractatus*, Satz 6.45.
21 Sybille Krämer stellt gleich zu Beginn ihres Artikels »Operative Bildlich-

Visuelles Denken und pragmatisches Sprachspiel

In Bezug auf die Diskussion über das *visual thinking* und die epistemologische Bedeutung des Bildes ist das interessant. Was tut Wittgenstein hier eigentlich? Er entwirft eine Philosophie, die grundlegend im Prozessieren von Strukturen, von Bildern verankert ist. Die Logik des *Tractatus* ist eine visuelle. Wie sehr sie sich tatsächlich aus Wittgensteins Vertrautheit mit den Bildpraktiken des technischen Zeichnens ergibt, darauf hat Ulrich Richtmeyer an verschiedenen Stellen aufmerksam gemacht.[22] Es sind keine abstrakten Grundregeln, die sie bestimmt, sondern die Möglichkeiten des euklidischen Raums. Nur weil Widerspruch und Tautologie entweder keinen oder aber alle Punkte desselben besetzen, beiden mithin keine abbildbare Konfiguration entsprechen kann, spielen die Sätze der Logik bei Wittgenstein auf der gleichen, transzendentalen Ebene. Ohne die visuelle Dimension seines Denkens wäre diese spezifische Gleichsetzung und die an sie gebundene Differenzierung des Sagbaren und des Sich-zeigenden unmöglich. Ohne diese Verankerung in der Anschauung gäbe es den *Tractatus* nicht.

Dabei bringt Wittgensteins untypischerweise symmetrischer und reflexiver Bildbegriff[23] durchaus auch signifikante Schwierigkeiten mit sich. Er legt kein Abbildungsverhältnis mehr fest. Ob der Schaltplan bestimmte innere Zusammenhänge der Maschine abbildet oder die Maschine das Bild des Plans ist, kann eben nicht mehr aufgrund von

---

keit. Von der ›Grammatologie‹ zu einer ›Diagrammatologie‹? Reflexionen über erkennendes ›Sehen‹«, in: Heßler/Mersch (Hg.), *Logik des Bildlichen*, 94-122 die Frage:»Was aber, wenn ›Sprache‹ und ›Bild‹, somit das Sagen und das Zeigen nur die *begrifflich* stilisierten Pole einer Skala bilden, auf der alle konkreten, also raum-zeitlich situierten Phänomene nur in je unterschiedlich proportionierten *Mischverhältnissen* des Diskursiven und Ikonischen auftreten und erfahrbar sind?« Es ist dieses Kontinuum zwischen Sagen und Zeigen, welches Wittgensteins Denken auslotet.

22 Vgl. Ulrich Richtmeyer,»Einprägsame Bilder: Paradigmen ohne Beweiskraft«, in: Elisabeth Nemeth/Richard Heinrich/Worlfram Pichler (Hg.), *Bild und Bildlichkeit in Philosophie, Wissenschaft und Kunst. Papers of the 33. International Wittgenstein Symposium*, Kirchberg am Wechsel: Austrian Ludwig Wittgenstein Society 2010, 274-277 sowie ders.,»Vom Bildspiel zum Sprachspiel. Wieviel Kompositphotographie steckt in der Logik der Familienähnlichkeit?«, in: Volker Munz/Klaus Puhl/Joseph Wang (Hg.), *Language and World. Preproceedings of the 32th International Ludwig Wittgenstein Symposium in Kirchberg*, Frankfurt am Main: ontos 2009, 354-258.

23 Majetschak, *Wittgensteins Denkweg*, 47.

ontologischen Wertigkeiten entschieden werden. Hier wird eine – oben bereits für die aktuelle Bilddiskussion erwähnte – Schwierigkeit deutlich: wenn sich die einfachen Kriterien dafür, was ein Bild ist, auflösen, wenn sie nicht mehr primär an intrinsischen Qualitäten des Artefakts hängen, was markiert dann überhaupt noch die Differenz von Bild und Abgebildetem?

Die implizite Antwort des frühen Wittgenstein auf dieses Problem nimmt auf interessante Weise bereits Elemente seiner Spätphilosophie vorweg. Das Bild wird, was es ist, nur in Bezug zum Standpunkt dessen, der sich durch es auf Welt bezieht.[24] Oder wie Gunter Gebauer schreibt: »Die Unterscheidung von Bild und Abbild beruht nicht auf einer ontologischen Struktur der Welt, sondern ist eine Frage der Situierung der Betrachtung«.[25] Die Bildtheorie des *Tractatus* hat somit bereits eine pragmatische Komponente, die durch die wenig situationssensitive Ein-für-allemal-Rhetorik von Wittgensteins Frühphilosophie etwas verdeckt wird. Nicht zuletzt der konkrete Handlungszusammenhang entscheidet darüber, was Bild ist und was abgebildet wird.

Die philosophischen Konsequenzen dieser Volte sind grundlegend. Die Satz-Bild-Theorie birgt hinter dem dogmatischen Duktus[26] des *Tractatus* bereits den Beginn einer Perspektivität, die sich beim späten Wittgenstein voll entfalten wird.[27] Mit dem Sprachspiel wird Sprache

---

[24] Vgl. ebd., 51.

[25] Gunter Gebauer, »Zwei Bilderwelten«, in: Chris Bezzel (Hg.), *Sagen und Zeigen. Wittgensteins »Tractatus«, Sprache und Kunst*, Berlin: Parerga 2005, 31-53, 36. Somit wäre, was Dieter Mersch in Bezug auf die Spätphilosophie die Gebrauchstheorie des Bildes nennt, im Kern schon im *Tractatus* vorhanden (vgl. Dieter Mersch, »Wittgensteins Bilddenken«, in: *DZPhil* 54 (2006) 6, 925-942, 938).

[26] Im Gespräch mit Friedrich Waismann beschreibt Wittgenstein 1931 seinen Duktus im *Tractatus* rückblickend als dogmatisch (vgl. Ludwig Wittgenstein, *Wittgenstein und der Wiener Kreis*, in: *Werkausgabe*, Bd. III, hg. v. Brian F. McGuinness, Frankfurt am Main: Suhrkamp 1984, 182).

[27] In *Philosophische Bemerkungen* macht Wittgenstein das später ganz explizit: »Wenn einer sagte: Ja, woher weißt du, dass die ganze Wirklichkeit durch Sätze darstellbar ist?, so ist die Antwort: Ich weiß nur, dass sie durch Sätze darstellbar ist, soweit sie durch Sätze darstellbar ist, und eine Grenze ziehen zwischen einem Teil, der und einem Teil, der nicht so darstellbar ist, kann ich in der Sprache nicht.« (Ludwig Wittgenstein, *Philosophische Bemerkungen*, in: *Werkausgabe*, Bd. II, hg. v. Rush Rhees, Frankfurt am Main: Suhrkamp 1984, 113.) Das aber heißt nichts anderes, als dass das Sagbare der Wirklichkeit eben das Sagbare, also jede Konfiguration im logischen Raum, ist. Setzt Wittgenstein dies am Beginn des *Tractatus* mit der Welt gleich, so leistet er hierin gerade nicht deren ontologische Bestimmung, sondern eine Begriffsdefinition, die helfen

zum Grundprinzip, durch welches sich Wirklichkeit situativ erschließt. Nicht abbildhafte Repräsentation, der wiederholte Gebrauch von Worten in bestimmten Kontexten produziert Bedeutung. Die pragmatische Komponente wird die scheinbar grundlegend gegen die frühe Orientierung an logischer Idealität gerichtete Signifikante dieses Denkens. Und doch erschließt sich auch diese philosophische Neuausrichtung gerade anhand der ihr inhärenten Bildtheorie. Die Abkehr von der traktarianischen *picture theory* führt keineswegs zu einer Marginalisierung des Visuellen in Wittgensteins Denken. Allerdings wird das Abbild als grundlegendes Paradigma abgelöst. An seine Stelle tritt das Bewegungsbild, die Geste.[28]

Im Sprachspiel exponieren inkorporierte Verhaltensweisen Aspekte von Realität und verbinden sie als pragmatischen Handlungszusammenhang zu der uns vertrauten Welt. Mit der Stabilisierung dieser Verhaltensweisen durch Wiederholung wird Bedeutung generiert. Wie Gesten nur in bestimmten, eingespielten Kontexten ihre Wirkung erzielen, so müssen auch Wörter als situationssensitive Einheiten innerhalb konkreter Handlungszusammenhänge gesehen werden. Das Wort ›Platte‹ wird auf der Baustelle anders verwendet als am Abendessenstisch im Kreise der Familie.

Auch das Verständnis von Objekten, Gemälden oder technischen Zeichnungen funktioniert nur pragmatisch gebunden. Ein Plan wird erst im Gebrauch zum Plan und ist es nicht einfach Dank der auf ihn gemalten Zeichen. Was im *Tractatus* noch implizit war, wird nun ausgeführt. Dieter Mersch meint so aus Wittgensteins spätem Denken eine »Gebrauchstheorie der Bilder«[29] ableiten und für die Bilddiskussion fruchtbar machen zu können.

Tatsächlich bietet sich so eine grundlegende Alternative zum am Abbild orientierten Bildverständnis, das ja nicht zuletzt die neuen Bildwissenschaften als korrekturbedürftig erkannt haben.[30] Wenn Gottfried Boehm schreibt, dass die »Macht des Bildes bedeutet: zu sehen geben, die Augen zu öffnen. Kurzum: zu zeigen«, dann wird das Bild eben

soll, philosophische Fragen als Folge der Verwirrung über die Logik der eigenen Sprache aufzulösen. Er schafft eine Wirklichkeit innerhalb der Realität. Die *denkbare* Welt ist alles, was der Fall ist!
28 Zur Bedeutung von Bewegungsbild und Geste in der Spätphilosophie Wittgensteins vgl. Gunter Gebauer, *Wittgensteins anthropologisches Denken*, München: Beck 2009, Kapitel 3, insbesondere Abschnitt 1 und 6, sowie Fabian Goppelsröder, »Sraffas Geste. Zur späten Philosophie Wittgensteins«, in: *Merkur. Deutsche Zeitschrift für europäisches Denken* 697 (2007), 405-413.
29 Mersch, »Wittgensteins Bilddenken«, 938.
30 Vgl. u. a. Gottfried Boehm, »Bildsinn und Sinnesorgane«, in: *Neue Hefte für Philosophie* 18/19 (1980), 118-132, 120.

nicht mehr in erster Linie als Kopie von Wirklichkeit, sondern als Medium von Sichtbarkeit verstanden. Die Gebrauchstheorie trägt genau diesem Ansatz Rechnung. Mit ihr wird ›Zeigen‹ unablösbar von dem es einbettenden, konkreten Handlungszusammenhang. So kann man in ein und demselben Tableau, in ein und derselben Zeichnung Unterschiedliches sehen. Einfachste Kipp- oder 3D-Bilder sind Exempel. Man könnte auch auf Beuys Badewanne oder seine Fettecke mit den an sie gebundenen Reinigungsskandalen verweisen. So wenig Hilde Müller und Marianne Klein auch mit Kunst am Hut gehabt haben mögen, sie wären sicherlich nicht auf die Idee gekommen, die mit Heftpflastern und Mullbinden ›verschmutzte‹ Badewanne zu reinigen, um darin die Gläser auf dem Fest ihres SPD-Ortsvereins Leverkusen-Alkenrath zu spülen, wäre die Wanne bereits als Objekt im Rahmen der Ausstellung installiert gewesen. Ebenso schwer vorzustellen ist, dass die Reinigungskraft der Düsseldorfer Kunstakademie Beuys' Fettecke beseitigt hätte, wäre sie ihr innerhalb einer entsprechenden Kunstführung gezeigt worden. Was immer sie in dieser Installation gesehen hätte – es wäre nicht einfach Dreck und Schmutz, sondern mindestens Dreck und Schmutz in einer besonderen – wenn auch vielleicht unverständlichen – Funktion gewesen.

Man könnte sagen, dass in der Gebrauchstheorie die pragmatische Rahmung die Abbildlichkeit als Kriterium dafür, was ein Bild ist, ablöst.[31] Die die Wahrnehmung lenkenden ritualisierten Momente unseres Alltags, die durch Sozialisierung vorgeprägten Erwartungen bestimmen nicht unwesentlich mit, was als Bild und im Bild wahrgenommen wird.

Die Wahrnehmung eines Bildes als Abbild selbst stellt sich nun als ein solches, durch Wiederholung eingeübtes Wahrnehmungsritual heraus. Auch das Abbild ist nicht durch ein universelles Kriterium gesichert, welches es als solches bestimmt. Die ein Porträt scheinbar zum Porträt machende Ähnlichkeit mit dem Porträtierten ist selbst ein Produkt der Umstände. Nicht zuletzt Nelson Goodman hat auf die Kontingenz des Kriteriums ›Ähnlichkeit‹ hingewiesen.[32]

Und wenn Robert Rauschenberg 1961 anstatt eines gemalten, collagierten, fotografierten Konterfeis der Galleristin nicht mehr als ein Tele-

31 »Mit Rahmung ist zunächst nichts anderes als eine Grenze, eine elementare Differenzsetzung gemeint, die Innen und Außen voneinander scheiden. Sie schränkt einen Bereich gegenüber anderem ein und grenzt damit ein Distinktes, eine Markierung oder Spur, eine Figur oder Linie von einem Hintergrund, einem Unbestimmten oder einer Exteriorität ab und bringt auf diese Weise allererst eine ikonische Bestimmung hervor« schreiben Mersch und Heßler in »Bildlogik«, 18.

32 Nelson Goodman, *Sprachen der Kunst. Entwurf einer Symboltheorie*, Frankfurt am Main: Suhrkamp 1997, Kapitel 1.

gramm mit den Worten: *This is a portrait of Iris Clert if I say so/Robert Rauschenberg* zur Ausstellung schickt, kann man hierin durchaus eine performative Zuspitzung der die Gebrauchstheorie stützenden Überlegungen sehen. Bilder sind damit aber auch nicht mehr in erster Linie eine Ansammlung von Gegenständen als Effekte innerhalb menschlicher Weltorganisation.

So spricht die Anthropologin Liza Bakewell von für Kultur und Weltverständnis grundlegenden *image acts*. Das ›image‹ ist ihr dabei von der Körpergeste bis zum großen Kunstwerk alles. »Images, rather than re-present reality and therefore be largely descriptive, are more accurately described as actions«.[33] Bakewells nicht zufällig an *speech acts* erinnernde Wortschöpfung suggeriert eine Parallele zwischen Bild und Sprache, fordert einen den *linguistic turn* mindestens ergänzenden *pictorial turn*.

Mit Wittgenstein allerdings ist gerade auch diese Konkurrenz von Sprache und Bild überflüssig. Die hierarchische Trennung wird nicht gedreht, sondern aufgelöst. Die ›Gebrauchstheorie der Bilder‹ *ist* die ›Gebrauchstheorie der Bedeutung‹. Nicht zuletzt hierin liegt die epistemologische Relevanz des Visuellen in seinem Denken begründet. Die Aufhebung der grundlegenden Trennung von Sprache und Bild in der Idee eines Welt in ihrer sinnlich-intelligiblen Ganzheit überhaupt erst ermöglichenden Sprachspiels birgt allerdings die paradoxe Gefahr, dass mit der Aufwertung des Sinnlichen die Materialität des Wahrgenommenen marginalisiert wird.

Die Gebrauchstheorie fußt auf einer Normalisierung der Wahrnehmung. Der eigentlich sinnliche Eindruck wird durch Routinisierung auf seine (semantische) Funktion hin abgeschliffen. Als Züge in einem Sprachspiel sind Wahrnehmungsprozesse nicht zuletzt auf die Erfüllung der im Sprachspielkontext vorgegebenen Erwartungen gerichtet. Während der Museumsbesucher das Bild entlang inkorporierter Kriterien beispielsweise auf ›Schönheit‹ hin betrachtet, sieht der Mathematiker in der Kurve vielleicht eine bestimmte statistische Größe visualisiert. Beide Sehweisen wären eine Frage der Einübung. Man kann mathematische Zeichnungen lesen lernen oder Kunstkenner werden. Man kann am Wissenschaftsdiskurs teilnehmen oder Philosophie studieren – je nach sozialen Umständen und persönlicher Begabung ist diese Entscheidung nur eine Frage der Übung.[34] Das Wahrgenommene scheint so nur noch

---

33 Liza Bakewell, »Image Acts«, in: *American Anthropologist* 100/1 (1998), 22-31, 22.

34 Die Feststellung von Mersch und Heßler, dass »Bildprozesse [...] sich als ausgesprochen voraussetzungsreich [erweisen], ohne dass jedoch das Bild die Möglichkeit bietet, dies zu thematisieren«, dass die »Lesbarkeit [...] auf der Etablierung einer gemeinsamen Praxis, eines geteilten visuellen

als Auslöser durch den Kontext vorbestimmter Reaktionen zu sein. Der Fokus auf die pragmatische Rahmung verführt zu einer Überbewertung der sozialen Institution, in welcher die Widerständigkeit des Materials keine Rolle mehr spielt.[35] So aber ist das hier auftretende Paradox die durch Ästhetisierung bewirkte Anästhesierung des Wahrnehmenden.

Man könnte auch von einem die Gebrauchstheorie verabsolutierenden *pragmatischen Positivismus* sprechen. Was in dieser Auffassung zählt, ist reibungsfreie Wahrnehmung. Skandal, Irritation, Unschärfe und sinnliche Unsicherheit haben hier keinen Platz.

Pragmatischer Positivismus und Frieds *to-be-seenness*

Wie der logische Positivismus alles Reale auf das Sagbare reduzieren wollte, so ist dem pragmatischen Positivismus alles nur noch funktionierendes Sprachspiel. Während im Anschluss an Wittgensteins Frühphilosophie allerdings der logische Raum als situationsunabhängig und eindeutig bestimmmbare Grenze das Zeigbare und das Sich-zeigende prinzipiell voneinander trennt, gibt es ein solches Ein-für-allemal-Kriterium nun nicht mehr. Die Flexibilität des Sprachspiels wirkt groß genug, um sich jeder Situation anzupassen. Das *per se* Unsagbare scheint verschwunden, das *Je ne sais quoi* ästhetischer Erfahrung nur mehr soziologisch zu erklärender, institutioneller Effekt.

Gerade hier liegt die Schwierigkeit der Gebrauchstheorie: sie räumt der ›unbrauchbaren‹ Dimension des Bildes keinen Platz ein. Damit aber, so die Argumentation der Bildtheoretiker, kann auch die Parallele zwischen Sprache und Bild nicht mehr weitergeführt werden. Denn so sehr der Gebrauch Wahrnehmung mitbestimmt – das Visuelle hält immer einen nicht im Gebrauch aufgehenden Überschuss bereit. Der »fließende[n] Komplexität«[36] des Bildes, der dynamischen Dichte des Ikonischen ist mit einer rein pragmatischen Erklärung nicht beizukommen. Im Bild steckt mehr als seine Funktion.

Codes, der Übereinstimmung über die Verwendung von Formen, Farben usw.« beruht (Mersch/Heßler, »Bildlogik«, 46) kann direkt mit Wittgensteins Gedanke aus den Paragraphen 241 und 242 der *Philosophischen Untersuchungen* parallelisiert werden, dass bevor man überhaupt von richtig und falsch sprechen kann, eine Übereinstimmung in der Lebensform bzw. eine Übereinstimmung in den Urteilen vorausgesetzt werden muss.

35 Pierre Bourdieus methodisch äußerst bewussten und sehr sensiblen Studien zum Feld der Kunst scheinen mir dieser Gefahr an manchen Stellen nicht zu entgehen.

36 Boehm, *Wie Bilder Sinn erzeugen*, 206.

Michael Fried knüpft in seinem Buch *Why photography matters as art as never before* die besondere Bedeutung der Fotografie als Kunst heutzutage an ihr spezielles Verhältnis zur Frage der Repräsentation.[37] Dabei entwickelt er ein Verständnis des ästhetischen Effekts zeitgenössischer Fotografie, die sich so sehr gegen die zu einfach gedachte Abbildlichkeit wie gegen eine rein auf Gebrauch abstellende Erklärung setzt.

Unter Bezug auf seine Trennung zwischen Absorption und Theatralität als zwei grundlegende Formen der Malerei seit dem 17. Jahrhundert findet Fried nun in der Fotografie seit den 1970er, 1980er Jahren eine dritte Form der Bildorganisation: eine Zwischenform, eine Repräsentation, die sich als solche gewissermaßen aktiv mit repräsentiert. Während Maler wie Chardin Kunstwerke der Absorption schufen, in denen sie in ihrer praktischen Tätigkeit aufgehende Protagonisten als Sujets wählten und den Betrachter zur Immersion aufforderten, ändert sich das mit Courbets Realismus und dessen Weiterentwicklung durch Manet. Eine theatrale Bildlichkeit wird wichtig: die dargestellten Personen sind sich ihres Bühnendaseins bewusst und wenden sich direkt an den Betrachter. Obwohl sie zunächst Fortführung der absorptiven Kunst zu sein scheinen (viel mehr als die mit dieser Bildorganisation klar brechende avantgardistische Malerei) sind Werke wie Jeff Walls *Adrian Walker* oder auch Gerhard Richters *Die Lesende* nun aber keinem der beiden Typen zuzuordnen. Fried zufolge halten diese Werke den Betrachter in einer unentschiedenen, spannungsgeladenen Mitte zwischen Absorption und Theatralität.

> »...both Wall's *Adrian Walker* and Richter's *Reading* mobilize absorptive motifs that recall Chardin, but they do so in ways that expressly acknowledge what I want to call the ›to-be-seenness‹ – by which I mean something other than a simple return or fall into theatricality – both of the scene of representation and of the act of presentation.«[38]

Walls besondere Technik bestünde somit darin, durch bestimmte Traditionen etablierte Formen in seine Kunst aufzunehmen, nur um sie dann leicht zu dezentrieren. Er holt den Betrachter sozusagen bei seinen pragmatisch gebildeten Erwartungen ab, suggeriert eine Art Genre-Szene, unterläuft dann aber diese Erwartung, indem er deren einfache Erfüllung durch visuelle Irritationen verweigert.

Fried verbindet die Idee des ›to-be-seenness‹ mit Martin Heideggers Überlegungen zur Weltlichkeit und dem Modus des Auffallens.[39] Er

---

37 Michael Fried, *Why Photography matters as art as never before*, New Haven/London: Yale University Press 2008, 335.
38 Ebd., 43.
39 Ebd., 48 ff.

sieht in Walls Technik die Möglichkeit, die praktische Absorption eines bestimmten Daseins auffallen zu lassen und so die Aufmerksamkeit des Betrachters nicht einfach auf die Szene selbst, sondern auf die Szene in Absetzung von dem sie ermöglichenden Hintergrund zu lenken. Die Alltäglichkeit, welche die Werke Walls zu dominieren scheint, bekommt so eine ganz eigene Valenz: So sehr das Sujet der Fotografien auch von alltäglichen, gewöhnlichen Handlungen bestimmt ist – es geht letztlich eben nicht darum, schlicht Banalität auszustellen. Stattdessen bringt die Repräsentation des Gewöhnlichen die methodische Herausforderung mit sich, etwas darzustellen, das so vertraut ist, dass es entweder in Absorption untergeht oder von expliziter Theatralität verfehlt wird. Wall schafft eine Wahrnehmung der anderen Art: Er lässt die Heideggersche Weltlichkeit *sich zeigen*. Seine Bilder »comprise images of absorption that imply the depicted subjects' awareness of their respective situations, situations that inevitably include an awareness – however attenuated by repetition – of *performing* absorption.«[40]

Normalisierte und irritierte Wahrnehmung

Die Lockerung der pragmatischen Einbindung ermöglicht ungeordnet offene Wahrnehmung. Der spezifisch ästhetische Effekt bestünde somit darin, die habituelle Wahrnehmung nicht schlicht zu negieren und nicht zu ignorieren, sondern zu unterlaufen und gerade hierin das durch Routinisierung selbstverständlich Gewordene in der Irritation aufscheinen zu lassen. Die durch Normalisierung erzeugte Anästhesie wird auf eigentlich sinnliche Wahrnehmung, *aisthesis*, hin durchbrochen.

Im Anschluss an Wittgenstein lässt sich die Differenz zwischen habitualisierter und irritierter Wahrnehmung mit dem Begriffspaar ›(sagen)/zeigen‹ und ›sich zeigen‹ fassen. Der Unterschied zwischen klarem, weil sich reibungslos in das Sprachspiel einpassendem Sehen und der unscharfen, sich durch Widerständigkeit auszeichnenden *aisthetischen* Erfahrung basiert auf der Verzögerung der Rahmung. Kunst wäre dann gerade nicht, was sich gerahmt unserer pragmatischen Wahrnehmung einpasst, sondern der Versuch, Rahmungen zu widerstehen.

So überrascht kaum noch, dass sich Fried wie Wall selbst in ihren Überlegungen ganz explizit auf Wittgenstein als philosophische Inspiration berufen.

Fried zitiert folgende Passage von 1930 aus den *Vermischten Bemerkungen*:

»...Es könnte nichts merkwürdiger sein, als einen Menschen bei irgend einer ganz einfachen alltäglichen Tätigkeit, wenn er sch unbeo-

---

40 Ebd., 65.

bachtet glaubt, zu sehen. Denken wir ein Theater, der Vorhang ginge auf und wir sähen einen Menschen allein in seinem Zimmer auf und ab gehen, sich eine Zigarette anzünden, sich niedersetzen, u.s.f., so, dass wir plötzlich einen Menschen von außen sähen, wie man sich sonst nie sehen kann; wenn wir quasi ein Kapitel einer Biographie mit eigenen Augen sähen – das müsste unheimlich und wunderbar zugleich sein. [...] Aber das sehen wir doch alle Tage und es macht uns nicht den mindesten Eindruck!«[41]

Wittgenstein überlegt weiter, wie ein solch seltsamer Perspektivwechsel möglich sein könnte. Die Schwierigkeit besteht eben gerade darin, das Gewöhnliche als Gewöhnliches zu zeigen. Zugleich würde aber das Gewöhnliche als Gewöhnliches zeigen, bedeuten, dass es schlicht in einer anderen, vielleicht weniger gewohnten, nicht aber weniger gewöhnlichen Perspektive betrachtet würde. Das Gezeigte wäre damit Theaterszene wie jede andere. Das Unheimliche und Wunderbare wäre weg. Das Problem ist also, nicht einfach etwas Gewöhnliches zu zeigen, sondern das Gewöhnliche *sich als solches zeigen zu lassen*. Gute Kunst ist gerade hierzu in der Lage, so Wittgensteins These. Und »ohne die Kunst [...] ist der Gegenstand ein Stück Natur, wie jedes andere«[42]

Anders gesagt: Was Kunst auszeichnet, ist eben die Verzögerung der Rahmung. So erst zeigt sich das Gewöhnliche *als* Gewöhnliches.[43]

Folgt man dem Kunstkritiker und -historiker Fried, so scheint sich diese spezifische Möglichkeit des ›Sich-zeigen-lassens‹ auf das Bildliche – und ganz besonders die Fotografie – zu beschränken. Wittgensteins Überlegung wäre dann auch nicht viel mehr als ein Metakommentar zu einer ihm eigentlich fremden Praxis. Tatsächlich aber ist der Medienunterschied weniger groß als er im ersten Moment erscheint. Mehr als der explizite Inhalt manifestiert Wittgensteins philosophisches Tun, sein Schreiben, wie sehr seine Überlegungen zur Kunst, zum Wahrnehmen und zur Sprache ineinander verwoben sind. Das Gewöhnliche *als* Gewöhnliches *sich zeigen* lassen ist Ziel seiner eigenen Spätphilosophie. Die Bedeutung der *ordinary language* ist keine schlichte Vorliebe für

41 Ludwig Wittgenstein, *Vermischte Bemerkungen*, in: *Werkausgabe*, Bd. VIII, hg. v. G.H. von Wright/G.E.M. Anscombe, Frankfurt am Main: Suhrkamp 1984, 445-573, 456.
42 Ebd.
43 Dabei geht es Wittgenstein nicht um die Verteidigung einer bestimmten sozialen Sparte, ›der Kunst‹, auch nicht um die Apotheose des Künstlers. Ihn interessieren vielmehr Praktiken, welche in jedem Moment vorkommen können, in der Kunst aber zum Idealtyp des künstlerischen Tuns werden. »Not poetry or art, those hopelessly indeterminate categories, but artistic practice – this is what concerns Wittgenstein« schreibt Marjorie Perloff in: *Wittgenstein's Ladder. Poetic Language and the Strangeness of the Ordinary*, Chicago/London: University of Chicago Press 1996, 73.

einfache Sprachspiele – der *small talk* beim Bäcker, die Rede einfacher Leute. Das Gewöhnliche bildet jenen inkorporierten und uns daher scheinbar schlicht gegebenen Teil des Sprachspiels, der als pragmatische Rahmung Bedeutungsbildung durch Gebrauch allererst ermöglicht. Es bildet die selbst unbedingte Bedingung jedes Sprachspiels und also die unbedingte Bedingung des Denkens. Philosophie, die auf diese Bedingtheit zielt, kann – das hat Wittgenstein genau erkannt – nicht Theorie sein.[44]

Sie ist weder an der Bestimmung des idealen noch an der Erklärung des spezifischen Gebrauchs von Worten interessiert, sondern gerade an dessen notwendiger Kontingenz. Damit gewinnt die produktive Unsicherheit, welche in der Kunst als *aisthetische* Erfahrung gesucht wird, in der Philosophie ihre Bedeutung als *aisthetische*, sinnliche Ein*sicht*. Wittgenstein deckt die »Grundlosigkeit unseres Glaubens«[45] an immer neuen konkreten Beispielen auf. Er leitet sie weniger argumentierend her, als dass er in immer neuen Anläufen versucht, jenen Moment der Unsicherheit über unseren eigenen Sprachgebrauch zu provozieren, in dem sich diese Grundlosigkeit selbst zeigt. Wie Jeff Walls Fotografien gewisse Wahrnehmungserwartungen aufnehmen, um sie dann leicht auszuhebeln und sich in ihrer Kontingenz zeigen zu lassen, so versucht auch Wittgenstein, bestimmte gewöhnliche Erwartungen seiner Leser aufzunehmen, nicht um sie zu bestätigen und nicht um sie zu widerlegen, sondern um sie zu irritieren. Seine imaginäre Ethnologie, die Unmenge an zunächst absurd scheinenden Beispielen möglicher Alternativen zum Vertrauten, sein ständiges Fragen und Hinterfragen ohne eigentliche Antworten zu geben, sind nicht einfach manieristische Idiosynkrasie, seltsamer Stil eines seltsamen Menschen. Es ist die philosophische Praxis, die sich aus Wittgensteins Überlegungen notwendig ergibt: Anstatt mit eindeutigen Antworten auf die philosophischen Fragen endgültige Lösungen vorzugaukeln, provoziert er die Öffnung der gewohnten Wahrnehmungsmuster. Die Gewissheit, welche das funktionierende, ungestörte Sprachspiel überhaupt ermöglicht, zeigt sich in ihrer Gemachtheit; nur weil in der das funktionierende Sprachspiel charakterisierenden Regelmäßigkeit bestimmte gerahmte Handlungen exponiert, von einem Hintergrund abgesetzt werden und dieser Vorgang der Absetzung selbst ›unterhalb‹ der im Spiel aktuellen

---

44 Vgl. Allan Janik, »›Philosophie kann nie Theorie sein‹. Ein Gespräch mit Allan Janik über Begriff und Praxis der Philosophie bei Wittgenstein«, in: Fabian Goppelsröder (Hg.), *Wittgensteinkunst. Annäherungen an eine Philosophie und ihr Unsagbares*, Berlin: Diaphanes 2007, 127-144.

45 Ludwig Wittgenstein, *Über Gewissheit*, in: *Werkausgabe*, Bd. VIII, hg. v. G.H. von Wright/G.E.M. Anscombe, Frankfurt am Main: Suhrkamp 1984, 113-257, 154, § 166.

Wahrnehmungsgrenze verbleibt, ermöglicht er Handlungen. Wenn der regelmäßige Ablauf aber gestört, die Rahmung aufgelöst wird, eröffnet sich für einen Moment der Raum, die Dimension der Möglichkeit, der Variation, der Alternative.[46] Diese Erfahrung des Raums, aus dem heraus erst entsteht, was uns als gerahmte Wahrnehmung vertraut ist, ist eine Ein*sicht*, die nicht auf klarerem Sehen basiert. Die alltägliche Perspektive auf Welt verliert an Kraft, das Raster der dem Menschen vertrauten Wirklichkeitswahrnehmung weicht auf. Der Hintergrund drängt, so könnte man sagen, mit in das Blickfeld und löst es so gleichzeitig auf. Wenn der Rahmen verschwindet, wenn man nichts mehr sieht, zeigt *sich* das, was Zeigen überhaupt erst ermöglicht.

Literatur

Bakewell, Liza, »Image Acts«, in: *American Anthropologist* 100/1 (1998), 22-31.
Gottfried Boehm, »Bildsinn und Sinnesorgane«, in: *Neue Hefte für Philosophie* 18/19 (1980), 118-132.
Boehm, Gottfried, *Wie Bilder Sinn erzeugen. Die Macht des Zeigens*, Berlin: Berlin University Press 2007.
Brunner, Heinz, *Vom Nutzen des Scheiterns. Eine literaturwissenschaftliche Interpretation von L. Wittgensteins Philosophischen Untersuchungen*, Bern: Peter Lang 1985.
Fried, Michael, *Why Photography matters as art as never before*, New Haven/London: Yale University Press 2008.
Gebauer, Gunter, »Zwei Bilderwelten«, in: Chris Bezzel (Hg.), *Sagen und Zeigen. Wittgensteins »Tractatus«, Sprache und Kunst*, Berlin: Parerga 2005, 31-53.
Gebauer, Gunter, *Wittgensteins anthropologisches Denken*, München: Beck 2009.
Gmür, Felix, *Ästhetik bei Wittgenstein. Über Sagen und Zeigen*, Freiburg/München: Alber 2000.
Goodman, Nelson, *Sprachen der Kunst. Entwurf einer Symboltheorie*, Frankfurt am Main: Suhrkamp 1997.
Goppelsröder, Fabian, »Sraffas Geste. Zur späten Philosophie Wittgensteins«, in: *Merkur. Deutsche Zeitschrift für europäisches Denken* 697 (2007), 405-413.
Heßler, Martina/Dieter Mersch, »Bildlogik oder Was heißt visuelles Denken?«, in: dies. (Hg.), *Logik des Bildlichen. Zur Kritik der ikonischen Vernunft*, Bielefeld: transcript 2009, 8-62.

---

46 Vgl. als interessante literaturwissenschaftliche Studie zum Thema Heinz Brunner, *Vom Nutzen des Scheiterns. Eine literaturwissenschaftliche Interpretation von L. Wittgenstein Philosophischen Untersuchungen*, Bern: Peter Lang 1985.

Janik, Allan, »›Philosophie kann nie Theorie sein‹. Ein Gespräch mit Allan Janik über Begriff und Praxis der Philosophie bei Wittgenstein«, in: Fabian Goppelsröder (Hg.), *Wittgensteinkunst. Annäherungen an eine Philosophie und ihr Unsagbares*, Berlin: Diaphanes 2007, 127-144.
Krämer, Sybille, »Operative Bildlichkeit. Von der ›Grammatologie‹ zu einer ›Diagrammatologie‹? Reflexionen über erkennendes ›Sehen‹«, in: Martina Heßler/Dieter Mersch (Hg.), *Logik des Bildlichen. Zur Kritik der ikonischen Vernunft*, Bielefeld: transcript 2009, 94-122.
Majetschak, Stefan, *Ludwig Wittgensteins Denkweg*, Freiburg/München: Alber 2000.
Mersch, Dieter, *Was sich zeigt. Materialität, Präsenz, Ereignis*, München: Fink 2002.
Mersch, Dieter, »Wittgensteins Bilddenken«, in: *DZPhil* 54 (2006) 6, 925-942.
Perloff, Marjorie, *Wittgenstein's Ladder. Poetic Language and the Strangeness of the Ordinary*, Chicago/London: University of Chicago Press 1996.
Richtmeyer, Ulrich, »Vom Bildspiel zum Sprachspiel. Wieviel Kompositphotographie steckt in der Logik der Familienähnlichkeit?«, in: Volker Munz/Klaus Puhl/Joseph Wang (Hg.), *Language and World. Preproceedings of the 32th International Ludwig Wittgenstein Symposium*, Frankfurt am Main: ontos 2009, 354-258.
Richtmeyer, Ulrich, »Einprägsame Bilder: Paradigmen ohne Beweiskraft«, in: Elisabeth Nemeth/Richard Heinrich/Worlfram Pichler (Hg.), *Bild und Bildlichkeit in Philosophie, Wissenschaft und Kunst. Papers of the 33. International Wittgenstein Symposium*, Kirchberg am Wechsel: Austrian Ludwig Wittgenstein Society 2010, 274-277.
Wittgenstein, Ludwig, *Briefwechsel mit B. Russell, G.E. Moore, J.M. Keynes, F.P. Ramsey, W. Eccles, P. Engelmann und L. von Ficker*, hg. v. B.F. McGuinness u. G.H. von Wright, Frankfurt am Main: Suhrkamp 1980.
Wittgenstein, Ludwig, *Tractatus logico-philosophicus*, in: *Werkausgabe*, Bd. I, Frankfurt am Main: Suhrkamp 1984.
Wittgenstein, Ludwig, *Tagebücher 1914-1916*, in: *Werkausgabe*, Bd. I, Frankfurt am Main: Suhrkamp 1984.
Wittgenstein, Ludwig, *Philosophische Bemerkungen*, in: *Werkausgabe*, Bd. II, hg. v. Rush Rhees, Frankfurt am Main: Suhrkamp 1984.
Wittgenstein, Ludwig, *Wittgenstein und der Wiener Kreis*, in: *Werkausgabe*, Bd. III, hg. v. Brian F. McGuinness, Frankfurt am Main: Suhrkamp 1984.
Wittgenstein, Ludwig, *Über Gewissheit*, in: *Werkausgabe*, Bd. VIII, hg. v. G.H. von Wright/G.E.M. Anscombe, Frankfurt am Main: Suhrkamp 1984, 113-257.
Wittgenstein, Ludwig, *Vermischte Bemerkungen*, in: *Werkausgabe*, Bd. VIII, hg. v. G.H. von Wright/G.E.M. Anscombe, Frankfurt am Main: Suhrkamp 1984, 445-573.

Jörg Volbers
Diesseits von Sagen und Zeigen
Eine praxistheoretische Kritik des Unsagbaren

Vom Sagen und Zeigen

Der Begriff des Zeigens hat in der Philosophie in den letzten Jahren vermehrt in einer ganz bestimmten Bedeutung an Prominenz gewonnen: »Das Zeigen«, wie es oft in der typisch substantivischen Form heißt, rückt als eine wichtige und eigenständige Dimension des Verstehens in den Blick. Dies gilt vor allem für den Diskurs der Bildwissenschaften, wo etwa Gottfried Boehm dafür plädiert, an Bilder über ihre spezifische »Macht des Zeigens«[1] heranzutreten. Sachlich beansprucht dieser Ansatz dabei durchaus eine Allgemeinheit, die über das Thema ›Bild‹ hinausgeht. Bilder gelten als eine paradigmatische Herausforderung für ein philosophisches Denken, das in seiner – wie Boehm es formuliert – »Orientierung am Logos«[2] blind bleibt gegenüber der speziellen Logik des Bildlichen und damit letztlich gegenüber »alle nichtverbalen Ausdrucksformen der Kultur«[3].

Dieter Mersch bringt diesen übergreifenden Anspruch zum Ausdruck, wenn er die Reflexion auf das Zeigen gegen ein vorherrschendes »Primat des Hermeneutischen«[4] profiliert. Die philosophische Reflexion orientiert sich demnach vorrangig an der Frage nach dem Sinn; sie interessiert vor allem die Tatsache, dass wir über Sinn verfügen und diesen mehr oder weniger rational – z.B. in der Logik – prozessieren können. Ihr primärer Forschungsgegenstand ist dann das gelingende Verstehen; Brüche, Verschiebungen oder gar eine konstitutive Unabschließbarkeit sinnvoller Weltbezüge nach dem Muster von Derridas *différance* oder Adornos »Nichtidentischem« finden in dieser Perspektive keinen Platz. Die Traditionslinie dieser Orientierung kann auf verschiedene Weise gezogen werden; Boehm etwa spricht pauschal von Voraussetzungen, die »von Parmenides bis zum Positivismus der zwanziger Jahre unverbrüchlichen Bestand hatte[n]«[5], während Mersch sich auch mit sprach-

---

1 Gottfried Boehm, *Wie Bilder Sinn erzeugen. Die Macht des Zeigens*, Berlin: Berlin University Press 2007.
2 Gottfried Boehm, *Die Wiederkehr der Bilder*, in: ders., Hg., *Was ist ein Bild?*, München: Fink 1994, 11-38, hier: 11.
3 Ebd.
4 Dieter Mersch, *Was sich zeigt. Materialität, Präsenz, Ereignis*, München: Fink 2002, 16.
5 Boehm, *Wie Bilder Sinn erzeugen*, 46.

analytischen (Goodman) und poststrukturalistischen Ansätzen kritisch auseinandersetzt.

Unstrittig ist, dass insbesondere das zwanzigste Jahrhundert von Ansätzen dominiert worden ist, die sich vorrangig an der Sprache ausrichten und, je nach Radikalität, einem »Nichtsprachlichen« jegliche Rationalität oder gar Existenz absprachen. In ihrer zugespitzten Form verliert sich diese Position schnell in einen, wie Richard Shusterman es nennt, hermeneutischen Universalismus.[6] Die Leistungen des Verstehens und insbesondere seine Bindung an die Sprache werden so universell konzipiert, dass die »Welt« als möglicher außersprachlicher Bezugspunkt sich entzieht. Konsequent versuchen Autoren wie Rorty oder Gadamer daher, die Rede einer sprachlichen Vermittlung fallenzulassen.[7] Sie vertreten offensiv die These, die Welt selbst sei »sprachlich verfaßt«[8]. In eine ähnliche Richtung weisen postmoderne Philosophien, die darauf beharren, dass es kein Außen des Textes, des Diskurses oder des Vokabulars gebe. Diese Positionen führen im Grunde nur die explanatorische Orientierung am Sinn weiter und bringen sie zu ihrer letzten Konsequenz: Wenn sich die Welt nur über den Sinn erschließt, liegt es nahe, die Unterscheidung zwischen Welt und Sinn selbst kollabieren zu lassen, indem ihre Einheit postuliert wird.

Diese grundsätzliche Orientierung am Sinn – die im Detail freilich so bruchlos nie durchgehalten worden ist – bietet den Hintergrund, vor dem sich die Diskussion um »das Zeigen« entfaltet. Der folgende Text ist ein Versuch, die immer stärkere Verbreitung findende Profilierung des Zeigens gegenüber den (zumeist sprachlich gedachten) Sinn mit kritischer Sympathie zu rekonstruieren und zu hinterfragen. Geteilt und in diesem Sinne mit Sympathie verfolgt wird die Motivation, dem hermeneutischen Universalismus eine Alternative entgegenzusetzen. Eine zu ausschließliche Orientierung am Sinn führt zu einer Privilegierung der Sprache und der Rationalität, die – im Sinne Bourdieus – einer »scholastischen« Weltsicht Vorschub leistet, mithin also einer Theoretisierung und Rationalisierung der Lebenswelt.[9] Angesichts dieses Ziels

---

6 Richard Shusterman, »Beneath interpretation«, in: David R. Hiley (Hg.), *The Interpretive Turn. Philosophy, Science, Culture,* Ithaca [NY]: Cornell University Press 1991, 102-128, hier: 102 f.

7 Richard Rorty, *Der Spiegel der Natur. Eine Kritik der Philosophie,* 3. Aufl., Frankfurt am Main: Suhrkamp 1994; Hans-Georg Gadamer, *Wahrheit und Methode,* Tübingen: J.C.B. Mohr 1990.

8 Gadamer, *Wahrheit und Methode,* 447. Neuere Diskussionen um die Sprachlichkeit der Welt gibt es vor allem im Anschluss an John McDowell, *Mind and World,* 5. Aufl., Cambridge [MA]: Harvard University Press 2000.

9 Pierre Bourdieu, *Meditationen. Zur Kritik der scholastischen Vernunft,* Frankfurt am Main: Suhrkamp 2004.

ist es jedoch irritierend, dass der Begriff des »Zeigens« seinen Gehalt fast ausschließlich durch eine Negation des Sinnuniversalismus erhält. Der Diskurs über das Zeigen umkreist seinen Gegenstand vor allem durch Abgrenzungen, die mit Begriffen wie »Unverfügbarkeit«, »Unbestimmtheit«, dem »Ungedachten« oder auch dem »Undeutbaren« markiert werden.[10]

Solche Rhetorik weckt den Verdacht, dass hier dem Primat des Sinns keine echte Alternative gegenüber gestellt wird. Eine – um es mit Hegel zu formulieren – bloß abstrakte Negation bestätigt nur das, was sie zu negieren vorgibt. Das legt nicht nur die Häufung negierender Vorsilben nahe. Auch eine explizit positive Kennzeichnung wie die, dass es um das »›Gewicht eines Da‹« ginge, um die »›Schwerkraft‹, die den Zeichen oder Ordnungen anhaftet«[12], verstärken diesen Verdacht. Die in diesen Zitaten von Mersch eingesetzten Anführungszeichen geben den Wunsch einer Distanzierung preis, der einen reduzierten Sprachbegriff offenbart. ›Schwerkraft der Zeichen‹ und ›Gewicht des Da‹ sind Metaphern, und diese werden – so die Auskunft der Anführungszeichen – offenbar als eine Art uneigentliche Rede empfunden, als eine Ausdrucksweise, die nur andeuten kann.[13] Warum sollte die Sprache aber nicht auch in ihrem Wesen metaphorisch sein können? Warum »verrät«, wie Mersch behauptet, die bei der Thematisierung des Zeigens »unumgängliche Metaphorizität« eine »Notlage der Rede«?[14] Diese Position setzt voraus, was sie offiziell ablehnt – ein Bild der Sprache und der Bedeutung, das auf klare und eindeutig identifizierbare Grenzen des Sinns beharrt.

Das Problem ist, dass der Diskurs des Zeigens in so vielen Worten über das Zeigen spricht und doch behauptet, hier etwas Unaussprechliches in den Blick zu haben. Freilich ist gerade dieser potenzielle Widerspruch in den Augen der Verteidiger des »Zeigens« Indiz seiner vorsprachlichen und unbegrifflichen Natur: Die Paradoxien, in die sich das Sagen über das Zeigen verstrickt, werden selbst in die Logik des

---

10 Vgl. dazu etwa Mersch, *Was sich zeigt*, Einleitung. Boehm spricht analog von »deutungslosen Zeichen«, in: Boehm, *Wie Bilder Sinn erzeugen*, 27.
12 Mersch, *Was sich zeigt*, 17.
13 Explizit heißt es bei Mersch: »[D]as *Ereignis* kann, ohne Absehung oder Modifikation, auf keine Weise dargestellt werden, und die Metapher, die *es anzudeuten* oder *sich ihm anzunähern* trachtet, hat es schon verfehlt, übersetzt oder an einen anderen Platz gerückt.« (Ebd., 42; meine Hervorhebung.) Analog thematisiert Boehm die Metapher vor allem unter ihren figurativen Aspekten, als ein sprachliches Bild, das »unverwechselbare Bedeutungen« (Boehm, *Was ist ein Bild?*, 29) kontrastreich in Beziehung setzt. Wieder wird das Metaphorische als eine Form uneigentlicher Rede verstanden.
14 Mersch, *Was sich zeigt*, 40.

Zeigens eingegliedert und zeigen demnach in ihrer Unvermeidbarkeit gerade das, was sich der diskursiv-rationalen Rede entzieht. Das Paradox wird somit als ein performatives Moment in der Sprache gedacht, das das Nichtsagbare »evoziert«[15], und dessen Widersprüchlichkeit nicht mit den Mitteln diskursiv-logischer Kritik eingefangen werden kann, ohne die Sache zu verfehlen.

Einer der prominentesten Texte, in denen eine solche paradoxe Logik des Zeigens präsentiert wird, ist Wittgensteins *Tractatus*; auf Wittgenstein beziehen sich auch Boehm und insbesondere Mersch.[16] Im Folgenden werde ich die Motive und Prämissen rekonstruieren, die Wittgenstein in seinem Frühwerk dazu bewegen, das »Zeigen« so sprachlos-beredt auszuzeichnen, um diese dann mit der Selbstkritik zu konfrontieren, die Wittgenstein in den späteren *Philosophischen Untersuchungen* artikulierte. Auf diese Weise soll deutlich werden, dass es weder zwingend noch ratsam ist, das viel versprechende Projekt einer »Logik des Zeigens« unter die Kuratel paradoxen Sprechens zu stellen.

Als Alternative zum Primat des Sinns wird hier der Begriff der *Praxis* eingeführt, der hilft, die Diskussion aus dem Klammergriff der unfruchtbaren Opposition von Sagen und Zeigen zu befreien. Auch diese Position lässt sich im Anschluss an Wittgensteins Spätphilosophie entwickeln, wobei vorausgesetzt wird, dass sie nicht – wie etwa Mersch es versteht – »die Frage nach der Interpretation der Bedeutung durch die nach der Beschreibbarkeiten von Praxen ersetzt«[17]. Der Begriff der Praxis steht bei Wittgenstein und anderen praxisorientierten Autoren gerade *nicht* für einen neuen Gegenstand der Beschreibung, etwa im Sinne eines Kalküls, das festlegt, wie ein Wort zu verstehen ist.[18] Eine solche Interpretation reduziert die Praxis auf das, was in objektivierenden Darstellungen von außen – etwa durch einen Sozialwissenschaftler – über die Praxis gesagt werden kann. Distinktives Merkmal der Praxistheorie ist jedoch ihre Anerkennung der Teilnehmerperspektive als ein unhintergehbares Moment des Praktischen. Erst die objektivierende Beobachtung erzeugt den Eindruck, eine soziale Praktik ließe sich auf Regeln und Normen reduzieren, die von den Akteuren willfährig

15 Ebd., 33.
16 Vgl. Mersch, *Was sich zeigt*, 236-281; Boehm, *Wie Bilder Sinn erzeugen*.
17 Mersch, *Was sich zeigt*, 239.
18 Wittgenstein hat in einer Phase seiner Überlegungen versucht, Bedeutungen an die Logik des Kalküls anzunähern; doch zum Zeitpunkt der *Philosophischen Untersuchungen* ist diese Engführung aufgegeben worden. Insofern ist es irreführend, wenn Mersch mit einem Zitat aus dieser Übergangszeit die deskriptive Logik des Kalküls dann zum »Kern der Spätphilosophie Wittgensteins« (Mersch, *Was sich zeigt*, 239) erklärt.

vollzogen werden. Für die Teilnehmer selbst ist ihr Handeln in einen Horizont der Ungewissheit, Unbestimmtheit und situativer Orientierung eingespannt; es ist konstitutiv *offen*. Dazu gehört auch, dass nur *in* der Praxis entschieden wird, *wie* eigentlich die Praktik zu verstehen ist, in der man engagiert ist, was zu ihr gehört und was nicht.[19] Mit der Praxisorientierung wird somit kein neues Objekt der Erkenntnis identifiziert; aus diesem Grund ist es sinnvoll, den Begriff der Praxis eher als Ausdruck eines *Erkenntnisstils*[20] oder einer *Haltung* zu sehen.

Ein solches Verständnis der Praxis erlaubt, so werde ich argumentieren, einen produktiveren Umgang mit der gefühlten Beschränkung, die das philosophische Primat des Sinns auferlegt. (Mersch spricht von der »Repressivität«[21] des Diskurses.) Es erlaubt, die Intuition aufzugreifen, die der Paarung von Sagen und Zeigen ihre Attraktivität verleiht, und sie in einem Rahmen zu versetzen, der ihr jede Paradoxie nimmt. Aus praxistheoretischer Perspektive muss das Zeigen – paradigmatisch auch bei Boehm etwa diskutiert am Beispiel der Zeigegeste – *als Praktik* thematisiert werden. Zeigen ist kein »Aufscheinen« oder »Andeuten« eines Anderen des Sagens, sondern eine konkrete Tätigkeit, die *qua* Praktik gleichermaßen körperlich-materielle wie semiotisch-semantische Dimensionen umfasst. Diese Tätigkeit kann daher – und das ist die entscheidende Korrektur – von *Dritten* (also auch nachträglich von einem selbst) immer in den Blick genommen und thematisiert werden.

Da es in diesem Text um eine Kritik geht, die durchaus zentrale Motive des Diskurses um »Sagen und Zeigen« anerkennt, werde ich im Folgenden zunächst am Beispiel von Wittgensteins *Tractatus* die Argumente rekonstruieren, aus denen diese Dichotomie zu folgen scheint. In einer kurzen Überleitung wird dann dafür plädiert, Wittgensteins späte Wendung zur Praxis als eine Selbstkorrektur zu sehen, die der paradoxen Rede vom »Unsagbaren« den Grund entzieht. Diese eher programmatischen Bemerkungen werden im Anschluss am Beispiel der pragmatistischen Position zum Verhältnis von Sprache und Erfahrung vertieft, genauer mittels einer Diskussion der Peirceschen Analyse indexikalischer Zeichen.

---

19 Dieser Aspekt der irreduziblen »normative accountability« wird betont von Joseph Rouse, *How Scientific Practices Matter. Reclaiming Philosophical Naturalism*, Chicago: University of Chicago Press 2002, 357.
20 Robert Schmidt, »Die Entdeckung der Praxeographie. Zum Erkenntnisstil der Soziologie Bourdieus«, in: Hilmar Schäfer u. a. (Hg.), *Bourdieu und die Kulturwissenschaften*, Konstanz: UVK 2011.
21 Mersch, *Was sich zeigt*, 33.

Sagen und Zeigen bei Wittgenstein

Eine der zentralen Referenzen für die Dichotomisierung von Sagen und Zeigen ist Wittgensteins Frühwerk, der *Tractatus*. Als erstes ist festzuhalten, dass dessen leitende Fragestellung unmittelbar vom Primat des Sinns ausgeht: Wittgenstein sieht die Gefahr einer unbemerkten Verwechslung von Sinn und Unsinn. Das Denken – und das heißt für den Sprachphilosophen: die logisch artikulierte Sprache – verwirrt sich, wenn es Sinn und Unsinn nicht unterscheiden kann. Diese von Wittgenstein, wie sich den Tagebüchern entnehmen lässt, als existenziell empfundene Gefahr[22] muss als der Versuch verstanden werden, das Primat des Sinns philosophisch abzusichern. Im Kontext der hier gezogenen Traditionslinie heißt das: Gerade *wenn* wir in der Philosophie nur über den Sinn verfügen, stellt sich die Frage, wie wir uns versichern können, dass der gegebene Sinn im Grunde nicht Unsinn ist. Dahinter steht das für die Moderne charakteristische skeptische Motiv, dass der Sinn womöglich völlig in die Irre führt und Denken und Handeln entsprechend jeden sicheren Halt verlieren.[23]

»Das Buch will also«, so heißt es entsprechend im Vorwort, »dem Denken eine Grenze ziehen«, eine Grenze zwischen Sinn und Unsinn.[24] Gibt es formale oder logische Bedingungen, die zu unterscheiden erlauben, ob ein Satz sinnvoll ist oder nicht? Hier sieht Wittgenstein unmittelbar das Problem der Selbstprädikation: Die Idee einer Grenzziehung des Sinns setzt voraus, in der Reflexion auf diese Grenzen Sinn *und* Unsinn gleichermaßen als mögliche Gegenstände des Denkens zu behandeln. Man müsste also »denken können, was sich nicht denken läßt«[25]. Angesichts dieses Widerspruchs verwirft Wittgenstein die Idee klarer Kriterien, die – etwa in Form von logischen Regeln – die Entscheidung über Sinn und Unsinn abnehmen.[26] Alles, was wir sagen

22 James C. Edwards, *Ethics without Philosophy*, Tampa [FL]: University Press of Florida 1979.
23 Vgl. Stanley Cavell, *Claim of Reason*, Oxford: Oxford University Press 1979; Jörg Volbers, *Selbsterkenntnis und Lebensform. Kritische Subjektivität nach Wittgenstein und Foucault*, Bielefeld: transcript 2009.
24 Ludwig Wittgenstein, *Tractatus logico-philosophicus / Logisch-philosophische Abhandlung*, Frankfurt am Main: Suhrkamp 1963, 7. Im Folgenden wird aus Sätzen des *Tractatus* aus dieser Ausgabe mit dem Sigel T, gefolgt von der Nummer, zitiert.
25 Ebd.
26 Die Einsicht, dass Wittgenstein schon im *Tractatus* auf die Idee verzichtet, es gebe endgültige sprachliche oder logische Kriterien des Sinns, ist der wahre Kern der sog. ›resoluten Lesart‹ (Vgl. James Conant/Cora Diamond, »On Reading the Tractatus Resolutely«, in: *Wittgenstein's last-*

können, kann auch Sinn haben, eine formale Auslese findet nicht statt. Vor diesem Hintergrund ist auch die berühmte Sentenz zu lesen: »Wovon man nicht sprechen kann, darüber muß man schweigen.« (T 7) Das das Sprechen ermöglichende »Können« ist als ein Fähigkeits-Kann zu verstehen, es verweist auf die (im *Tractatus* vorausgesetzte und nicht weiter problematisierte) Fähigkeit kompetenter Sprecher, Sinn zu produzieren. Dem steht wiederum nicht ein Redeverbot gegenüber, sondern die Unfähigkeit, Sinn zu bilden. Wir müssen schweigen, weil wir nicht anders können – und nicht etwa, weil wir das Falsche denken. »Jeder mögliche Satz ist rechtmäßig gebildet, und wenn er keinen Sinn hat, so kann das nur daran liegen, dass wir einigen seiner Bestandteile keine *Bedeutung* gegeben haben.« (T 5.7433)

Wittgensteins Argument dafür ist intim mit dem Begriff des Zeigens verknüpft. Die Schwierigkeit, in der Sprache eine Grenze des Sinns zu ziehen, wird deutlich, wenn die Prüfung auf Sinn konkret als Tätigkeit vorgestellt wird. Wir nehmen uns einen Satz vor, etwa auf einen Streifen Papier notiert, und prüfen *dann*, ob er Sinn hat oder nicht. Doch diese Prüfung kann, so Wittgenstein, nicht ergebnisoffen sein. Denn entweder haben wir es mit einem Satz zu tun, mit einem sinnvollen Gebilde also – dann stellt sich die formale Frage nach seinem Sinn erst gar nicht. Oder aber wir haben es mit einer sinnlosen Zeichen- oder Lautkette zu tun, vergleichbar mit der Zeichenkette ›#*/&%!=?‹. Hier aber gibt es nichts, was noch geprüft werden kann – es handelt sich, so Wittgenstein, gar nicht um einen Satz. Ob ein Satz Sinn hat oder nicht, ist somit unmittelbar evident: »Der Satz *zeigt* seinen Sinn.« (T 4.022)

Zwei Ergänzungen sind noch wichtig, um diese Position angemessen zu verstehen. So ist hervorzuheben, dass »Sinn« hier als eine rein logische Kategorie fungiert. Wir sprechen oft davon, dass eine Behauptung »sinnvoll« sei, wenn wir damit meinen, dass sie auf diese oder jene Weise richtig ist. Der sinnvolle Satz, wie ihn der *Tractatus* untersucht, muss jedoch nicht der Wirklichkeit oder den Regeln der Vernunft entsprechen. Auch *Alice im Wunderland* ist ein sinnvoller Text. Sätze müssen nicht wahr sein, um Sinn zu haben; sie müssen jedoch Sinn haben, um möglicherweise wahr zu sein (vgl. T 4.31).

Zweitens liegt der Einwand nahe, dass ein Satz durchaus sinnvoll scheinen kann, sich aber erst bei näherem Hinsehen als Unsinn er-

ing significance, hg. v. Max Kölbel/Bernhard Weiss, London: Routledge 2004, 46-99). Irritierenderweise wird im Versuch, diese Zurückweisung philosophischer Kriterien so konsequent (›resolut‹) wie möglich zu denken, die von Wittgenstein selbst betonte Materialität des sinnvollen Satzes (vgl. T 3.14, 3.1431) völlig ignoriert, so dass es zu der unhaltbaren These kommt, Wittgenstein würde *nichts* Positives sagen und *nur* therapeutisch argumentieren.

weist. Wittgenstein widerspricht dem nicht; schließlich ist die ganze Fragestellung des *Tractatus* von dem Bewusstsein geprägt, dass solche Verwechslungen stattfinden. Doch hier müssen zwei Ebenen von »Sinn« und »Unsinn« unterschieden werden. Für den Logiker Wittgenstein birgt die alltägliche Rede durchaus das Potenzial zur Verwirrung und Täuschung und kann sich als sinnlos erweisen. Daher ist es erforderlich, den alltagssprachlichen Satz in seine elementaren logischen Bestandteile zu zerlegen und das Ergebnis dieser Analyse zu beurteilen. Auf dieser Ebene gilt die oben skizzierte Evidenz. Der vollständig analysierte Satz muss (und kann, so die Hoffnung des *Tractatus*) unmittelbar zeigen, ob er sinnvoll ist oder nicht. (vgl. T 3.23 ff.) Der Begriff des Sinns wird hier zu einem Synonym für die Form eines Satzes *als* Satz: Der Sinn, so Wittgensteins Argument, ist keine Eigenschaft des Satzes, sondern Inbegriff seiner (»logischen«) Form, die ihn überhaupt erst erst *als* Satz konstituiert.[27]

Zusammenfassend lässt sich sagen, dass Sagen und Zeigen bei Wittgenstein, um eine Analogie von de Saussure zu variieren, wie die zwei Seiten eines Blattes zusammen hängen.[28] Das eine lässt sich ohne das andere nicht denken, erst gemeinsam bilden sie das Phänomen »Sinn« (oder Sprache) aus. Beide weisen jedoch in grundsätzlich andere Richtungen: Während sinnvolle Sprache diskursiv verhandelt und logisch analysiert werden kann, ist ihr Fundament, das Zeigen, dem sprachlichen Zugriff entzogen. Entsprechend zwiespältig ist dieses Ergebnis zu bewerten. Auf der einen Seite enttäuscht es die Hoffnung einiger Philosophien (wie z. B. des logischen Positivismus), mit den Mitteln diskursiver Philosophie eine klare Grenze zwischen Sinn und Unsinn ziehen zu können. Zugleich jedoch sah Wittgenstein seine eigene philosophische Reflexion auf diese Frage als eine Befreiung an – denn sie zeigt, dass eine solche Grenze im Grunde gar nicht gezogen werden muss. Es bedarf nicht der Philosophie, um über Sinn und Unsinn Gewissheit zu erlangen. Das letzte Wort hat der Sinn selbst, wenn auch in der paradoxen Weise, dass er sich nur *zeigt*.[29]

27 In dieser Position zeichnet sich bereits die Debatte um die Normativität ab, die im Anschluss an Wittgensteins Spätphilosophie die postanalytische Wittgensteinrezeption prägt (McDowell, Brandom). Sinn *ist* in demselben Sinne Form, wie auch Normativität Form ist – Bedingung der Möglichkeit eines Urteils und nicht bereits sein Gehalt.
28 Ferdinand de Saussure, *Grundfragen der allgemeinen Sprachwissenschaft*, 2. Aufl., Berlin [u. a.]: de Gruyter 1967, 134.
29 Diese Interpretation widerspricht auch der Auffassung, Wittgenstein habe im *Tractatus* eine Grenze »im« Denken (analog zu der Grenzziehung im Spätwerk »innerhalb« der Sprache) ziehen wollen. Die Grenze wird nicht gezogen, sondern kann sich nur zeigen – das ist die Pointe des Bildes der

Dieses Ergebnis mag aus der Perspektive der Kontrollansprüche mancher Philosophien eine fatale Abhängigkeit von kontingenten Umständen sein. Für Wittgenstein zählt jedoch die philosophische Absicherung, *dass* der Sinn sich zeigt. Dadurch ist die Frage der Schuld geklärt: Unklarheit und Verwirrung sind die Folgen unsortierter und unanalysierter Sprache, mithin ein Problem der Philosophie mit sich selbst. Sie sind jedoch keine ernsthafte Bedrohung des Primat des Sinns, das unangetastet bleibt. Der *Tractatus* ist – wie ja auch Kants *Kritik der reinen Vernunft* – eine Art Theodizee.[30] Er rechtfertigt das Leid und die Verwirrung, indem er zeigt, dass der Mensch selbst an ihnen schuld ist – und nicht etwa die Logik, die Sprache oder die Vernunft.

Über Wittgensteins Frühwerk hinaus

Die zeitgenössischen Diskurse, die Wittgensteins Grundidee aufgreifen, neigen dazu, den transzendentaltheologischen Aspekt des Frühwerks zu übersehen. Sie teilen nicht mehr Wittgensteins Vertrauen in die menschliche Fähigkeit, Sinn zu produzieren, und heben vor allem die logisch irritierende, verstörende Seite der Argumentation hervor. Die Abhängigkeit des Sagens vom Zeigen bringt die oberflächliche Stabilität und Identität der sinnvollen Rede ins Schwanken. Sinn *muss* sich zeigen, und doch kann dieses »Sich-zeigen« unter Zurückweisung sprachlicher Sinnkriterien nicht mehr sprachlich identifiziert werden. Mersch sieht daher zu Recht eine Parallele zu Heideggers Begriff des »Ereignisses«.[31] Verstehen versteht sich nicht von selbst, sondern muss sich ereignen. Positiv formuliert bleibt es, insofern sich Sinn ja nur *am* Zeichen zeigt, irreduzibel an der »Präsenz« und »Materialität« dieser Zeichen, Lautketten oder schließlich auch Bilder gebunden.

In diesem Begriff des »Ereignisses« manifestiert sich paradigmatisch die negative Rhetorik, die das »Zeigen« aus der Perspektive des »Sagens« zu umkreisen versucht. Ein Ereignis ist wesentlich singulär und stellt einen isolierten Zeitpunkt dar, der sich nicht auf eine übergreifende Regel oder Struktur reduzieren lässt. Ereignisse sind eigenständig und können sich in diesem Sinne performativ auf bestehende Verhältnisse auswirken. Die Materialität und Präsenz des Sinns besteht vor allem darin, dass sich Sinn *hier* und *jetzt* verkörpert und sich verkörpern muss, um sich zu zeigen. Auch dies ist eine negative Definition, denn

 Leiter, die fortgestoßen wird, nachdem auf ihr hinaufgestiegen worden ist.
30 Odo Marquard, *Transzendentaler Idealismus – Romantische Naturphilosophie – Psychoanalyse*, Köln: Verlag für Philosophie Jürgen Dinter 1987, 78 ff.
31 So schon der Titel von Mersch, *Was sich zeigt*.

hier und *jetzt* sind in diesem punktuellen Sinne nur negativ greifbar – als Bestimmungen, die ihren Sinn verlieren, sobald sie in eine allgemeine Sprache übersetzt werden.[32] Ein Ereignis ist keine Instanz einer allgemeinen Regel.

Die sachliche Rechtfertigung dieser negativen Sprache liegt, wie etwa auch bei Adornos Diskussion des »Nichtidentischen«[33], in dem Versuch, philosophisch gerade das zu thematisieren, was sich der sprachlich verwalteten Allgemeinheit entzieht. Hier jedoch lassen sich Zweifel anmelden. Wittgensteins Hauptargument für die Kategorie des »Zeigens« ist, wie vorgestellt, die logische Paradoxie, die das Projekt einer Grenzziehung des Sinns im Medium des Sinns aufruft. Diese Paradoxie entsteht aber nur, wenn Sinn sich nur auf *eine* Weise manifestieren kann – solange es also, mit anderen Worten, nur *ein* Medium des Sinns gibt. Im *Tractatus* ist dies das Denken; bei Heidegger ist es die Sprache. Erst wenn der Begriff des Sinns gleichsam *einförmig* ist, erst wenn das Verstehen sich letztlich nur auf *eine* Weise manifestieren kann, wird das Thematisieren von Sinn im Sinn paradox, da es die Probleme der Selbstreferenz und damit der Selbstprädikation aufwirft. Paradoxien sind nur dann interessant, wenn sie *unumgänglich* sind, da sie gleichsam einen Weg versperren. Diese Ununmgänglichkeit wird im *Tractatus* dadurch hergestellt, dass aller Sinn sich im logischen Denken manifestieren muss.

Letztlich verweist schon die Einführung des Begriffs des »Zeigens« im *Tractatus* darauf, dass diese eindimensionale Reihung von Sinn, Sprache und Denken unter ihrer eigenen Last zusammenbrechen muss.[34] Doch dieses implizite Zugeständnis bleibt halbherzig, da ja am Primat des Sinns festgehalten und dieses schließlich sogar von dem Verdacht der Inkonsistenz freigesprochen wird. So gesehen ist der entscheidende Schritt, den Wittgenstein über seine Frühphilosophie hinaus führte, die Einsicht in die Pluralität und Vielförmigkeit des Sinns.

Während der *Tractatus* sich einseitig auf die Beziehung des sprachlichen Symbolismus zur Welt konzentrierte, nehmen die *Philosophischen Untersuchungen* die Vielfalt der Sprachgebräuche in den Blick.

32 Das ist die Pointe von Hegels Zurückweisung des Wahrheitsanspruchs der sinnlichen Gewissheit. Vgl. Georg Wilhelm Friedrich Hegel, *Phänomenologie des Geistes*, hg. v. Hans-Friedrich Wessels, Hamburg: Meiner 1988, Kap. 1.

33 Theodor W. Adorno, *Negative Dialektik*, Frankfurt am Main: Suhrkamp 1966.

34 Vgl. die Selbstkritik Wittgensteins: »Die Begriffe: Satz, Sprache, Denken, Welt, stehen in einer Reihe hintereinander, jeder dem anderen äquivalent. (Wozu aber sind diese Wörter nun zu brauchen? Es fehlt das Sprachspiel, worin sie anzuwenden sind.)« Ludwig Wittgenstein, *Philosophische Untersuchungen*, Frankfurt am Main: Suhrkamp 1971, § 96.

Der Begriff des Sprachspiels verkörpert insofern nicht, wie es manchmal verstanden wird, ein neues konstitutives Prinzip der Sinngebung. Vielmehr steht er für die Einsicht, dass sich die unterschiedlichen Verwendungsweisen der Sprache nicht auf einen Nenner, und damit auch nicht auf eine fundamentale Paradoxie, reduzieren lassen.

Ungeachtet dieser Selbstkorrektur in Wittgensteins Spätwerk hat Dieter Mersch vorgeschlagen, die in den *Philosophischen Untersuchungen* thematische Vielfalt des Sinns in Kontinuität zum Frühwerk zu sehen. Auch die Spätphilosophie stecke in der gleichen selbstreferentiellen »Begründungsschleife«[35] wie der *Tractatus*, wenn nun auch ausgeweitet auf Darstellungsformen aller Art. War es im Frühwerk einzig der Satz, dessen Symbolismus durch seine »logische Form« in ein sinnvolles Verhältnis zur Wirklichkeit gestellt war, gibt es in den *Untersuchungen* eine Vielzahl von Praktiken, in denen eine Darstellung – ein Wort, ein Bild oder eine manifeste Handlung – als sinnvoll erscheint. Und wie im *Tractatus* wirft dann, so Mersch, auch das Spätwerk die Frage auf, was die Verbindung zwischen der Darstellung und ihrem Sinn stiftet – was etwa dem Lautzeichen Bedeutung verleiht, oder dem Wegweiser die manifeste Eigenschaft, in eine Richtung zu weisen. Das Problem der Grenzziehung wiederholt sich: Jede *sinnhafte* Darstellung dieser Beziehung, etwa in Form einer schriftlich fixierten Regel, muss selbst bereits Sinn haben, um verstanden zu haben. Die Suche nach einer fundamentalen Begründung der Möglichkeit von Sinn verliere sich somit in dem Regress, dass jede Darstellung der Regel – ob nun in der Sprache oder in anderer Form – selbst wieder *richtig* verstanden werden muss.[36]

Diese Interpretation übersieht einen zweiten, ganz entscheidenden Unterschied von Früh- und Spätwerk: Die Spätphilosophie nimmt dezidiert eine Teilnehmerperspektive ein. Die Diskussion um das Problem des Regelfolgens bei Wittgenstein in der Sekundärliteratur hat gezeigt, dass Sprachspiele nicht als fest fixierte Gebilde verstanden werden können, die gleichsam wie ein Kalkül festlegen, was eine legitime Anwendung ist. Eine solche ›platonistische‹ Vorstellung der Regel legt sich aus der Beobachterperspektive nahe, die aus den Regelmäßigkeiten der Akteure Normen und gar Gesetze ableitet. Diese abstrahierten Regeln können jedoch nicht der effektive Grund dafür sein, dass die Teilnehmer von Sprachspielen *in* ihnen an die normative Kraft der Regel gebunden sind.[37]

---

35 Dieter Mersch, »Wittgensteins Bilddenken«, in: *Deutsche Zeitschrift für Philosophie* 54 (2006), 925-942, hier: 938.
36 Mersch verweist hier auf Saul A. Kripke, *Wittgenstein on Rules and Private Language*, Oxford: Blackwell 1982.
37 Vgl. John McDowell, »Wittgenstein on Following a Rule«, in: *Synthese* 58 (1984), 325-363; Volbers, *Selbsterkenntnis und Lebensform*, 35-104.

Um die Normativität der Praxis zu bewahren, insistiert Wittgenstein darauf, dass die Regeln durch den tätigen Gebrauch konstituiert werden, den wir von ihnen praktisch machen – dass die Regel »sich, von Fall zu Fall der Anwendung, in dem äußert, was wir ›der Regel folgen‹, und was wir ›ihr entgegenhandeln‹ nennen.«[38] Entscheidend ist der Gebrauch des ›wir‹ in diesem Zitat, das auf die Irreduzibilität der Teilnehmerperspektive hinweist. Die Normativität der Praxis – die Tatsache, dass Praktiken *Ordnungen* aufweisen – wird durch die Praxis selbst konstituiert, und nicht etwa dadurch, dass irgendwelche essentiellen Strukturen die Handlungen und Urteile der Akteure gleichsam von außen bestimmen. Damit jedoch wird die Frage nach dem Sinn selbst zu einem *Teil* der Sprachpraxis.

Die Interpretation von Mersch begeht den Fehler, dass sie mit den Begriff der Darstellung wieder eine fundamentale Kategorie einführt, die alle konkreten Praktiken und damit die Teilnehmerperspektive transzendiert. Dadurch wird die Frage möglich, was »den« Darstellungen ihre Fähigkeit verleiht, etwas darzustellen – in direkter Analogie zu der Frage, was dem logischen Symbolismus seinen Sinn verleiht. Dadurch entsteht der falsche Eindruck, auch in der Spätphilosophie entwickle Wittgenstein eine dem *Tractatus* vergleichbare Logik des Zeigens.

Diese Kritik ist keine Verteidigung eines therapeutischen Philosophieverständnisses. Das Problem des Ansatzes von Mersch ist nicht, dass er überhaupt eine allgemeine – »philosophische« – Perspektive auf die Praxis einnimmt. Was er jedoch ausklammert, ist die auch von Wittgenstein hervorgehobene Tatsache, dass solche Reflexionen auf das, was wir tun – auf die Praxis – *selbst ein Teil der Praxis sind*. Regelanwendungen ereignen sich nicht einfach nur, sondern sind selbst Gegenstand reflexiver Thematisierungen und Bezugnahmen. »Und gibt es nicht auch den Fall, wo wir spielen und – ›make up the rules as we go along‹? Ja auch den, in welchem wir sie abändern – as we go along.«[39] Die reflexive Dimension, die der Praxis innewohnt, erlaubt eine Verschiebung der Thematik von Sagen und Zeigen, da sie diese Differenz selbst in der Praxis verorten und sie somit einer ganz anderen Form der Analyse unterziehen kann.

Situiertes Zeigen

Einen Ansatz, der die innere Reflexivität der Praxis ernst nimmt, repräsentiert der klassische amerikanische Pragmatismus. Bei allen Unterschieden zwischen den Schriften von Peirce, James und Dewey sind

---

38 Wittgenstein, *Philosophische Untersuchungen*, Nr. 106.
39 Ebd., Nr. 83.

ihre Überlegungen in einem Punkt geeint: Sie gehen so konsequent von einem Primat der Praxis aus, dass sie die *Reflexion selbst* noch als eine Tätigkeit, mithin als eine Form der Praxis verstehen. Dies gilt selbst für die Philosophie von Peirce, die oft nur als Semiotik wahrgenommen worden ist und somit auf den ersten Blick den Sinnuniversalismus zu wiederholen scheint, wenn auch im Medium des Zeichens.[40]

Entscheidend ist die methodologische Pointe der pragmatistischen Herangehensweise: Klassisch philosophische Betrachtungen über Sinn, Repräsentation oder die Gesetze der Logik werden zu beantworten versucht durch eine Analyse der materiellen und situierten Tätigkeiten, in denen diese Phänomene auftreten. Dieses methodische Primat der Praxis artikuliert sich in Peirces klassischer Definition der *inquiry*, übersetzbar mit »prüfender Nachforschung«. Während die kartesische Tradition Denken primär als ein geistiges Vermögen konzipiert, hebt Peirce hervor, dass die *inquiry* als Reaktion auf ein Problem beginnt – sie ist die Folge einer »irritation of doubt«[41]. Denken wird somit von Anfang an als ein tätiges Bemühen verstanden, dem es darum geht, sich *innerhalb* einer bereits gegebenen Welt wieder in ihr zurechtzufinden, nachdem *durch* diese Welt Skepsis, Unruhe oder Unglauben geweckt wurde.

In Bezug auf die mutmaßliche Differenz von Sagen und Zeigen fällt auf, dass die Ausarbeitung der pragmatistischen Perspektive zahlreiche Überschneidungen, aber eben auch wichtige Unterschiede zu der am Beispiel des *Tractatus* erläuterten »paradoxen« Auffassung aufweist. Zu den wichtigsten Gemeinsamkeiten gehört sicherlich die Anerkennung der Schwierigkeit, die *unmittelbare* Erfahrung sprachlich zu fixieren. Der Pragmatismus folgt der – letztlich kantischen – Grundeinsicht, dass die begriffliche Form, in der wir Erfahrungen diskursiv verarbeiten, nicht mit der Erfahrung selbst verwechselt werden darf. So ist für Peirce alles Denken an Zeichen gebunden, und in vergleichbarer Weise beharrt Dewey darauf, dass die »Unmittelbarkeit der Wirklichkeit« genuin »unsagbar« bleiben muss.[42]

Diese traditionelle Orientierung am (sprachlichen und semiotischen) Sinn hindert den Pragmatismus jedoch nicht daran, eben jene »unsagbare Wirklichkeit« zum unverzichtbaren Bezugspunkt von Theorie und Praxis zu erklären. Das Leitmotiv des Pragmatismus ist eine *return to experience* auf allen Ebenen, eine Rückkehr zu der gelebten Erfahrung,

---

40 So etwa der Vorwurf von Mersch, *Was sich zeigt*, 230f.
41 Charles S. Peirce, *The Essential Peirce. 1867-1893. Selected philosophical Writings*, Bd. I, hg. v. Nathan Houser, Bloomington [u.a.]: Indiana University Press 1992, 114.
42 John Dewey, *Erfahrung und Natur*, Frankfurt am Main: Suhrkamp 1995, 95.

die als Ausgangs- wie Endpunkt der theoretischen Reflexion begriffen wird. »Experience is our only teacher.«[43] Diese Haltung manifestiert sich in Peirces bekannter »pragmatischer Maxime«[44], nach der unser Begriff eines Gegenstandes durch die praktischen Wirkungen bestimmt werde, die wir diesem Gegenstand zuschreiben; analog sieht William James den Pragmatismus als einen *Radikalen Empirismus*[45], wie auch Dewey seine Theorie als »empirische« oder auch »experimentelle«[46] Philosophie bezeichnet. Durch diese Werke zieht sich die Überzeugung, dass die philosophische Reflexion steril und unproduktiv wird, wenn es ihr nicht gelingt, sich an die gelebte Erfahrung zurückzubinden.[47]

Wie wird nun der Widerspruch zwischen der »unsagbaren« unmittelbaren Wirklichkeit und ihrer sprachlich-diskursiven Reflexion aufgelöst? Indem beide Pole als Dimensionen *derselben* Erfahrung begriffen werden. Sagen und Zeigen werden nicht in einem logischen Ausschließungsverhältnis zueinander gesehen, sondern als Relationen *innerhalb* eines gemeinsamen Erfahrungsraumes. Damit ändert sich vor allem der Status des Sagens. In konsequenter Verfolgung der pragmatistischen Grundthese werden Sprache und Logik als materiell-situierte Tätigkeit analysiert. Das ist die Pointe der Peirceschen These, dass wir nur in Zeichen denken könnten: Zeichen unterscheiden sich von den »Gedanken« der kartesischen Tradition dadurch, dass sie immer ein materielles Substrat aufweisen. Dadurch erhalten die bedeutungstragenden Zeichen keine gesonderte ontologische Auszeichnung mehr. Unabhängig von der Funktion oder dem Wert, die einem Zeichen zugeschrieben werden, ist das Zeichen zunächst vor allem ein Ding in der Welt. Der Begriff der Erfahrung wird demnach verkürzt, wenn die Erfahrung – wie in der Tradition oft geschehen – als eine Sphäre begriffen wird, *auf die* wir uns unter anderem mit sprachlichen Mitteln beziehen. Diese Bezugnahme wird vom Pragmatismus selbst als ein *Teil* der Erfahrung konzipiert, ein Gedanke, der sich unmittelbar aufdrängt, wenn die Materialität der Kommunikation ernst genommen wird.

43 Charles S. Peirce, *The Essential Peirce. 1893-1913. Selected philosophical Writings*, Bd. II, hg. v. Nathan Houser. Bloomington [u. a.]: Indiana Univ. Press 1998, 153.
44 Vgl. in einer ersten Formulierung Peirce, *1867-1893*, 132.
45 William James, *Essays in radical empiricism*, Lincoln [NE]: University of Nebraska Press 1996.
46 John Dewey, »Einleitung zu den ›Essays in experimenteller Logik‹«, in: ders., *Erfahrung, Erkenntnis und Wert*, hg. v. Martin Suhr, Frankfurt am Main: Suhrkamp 2004, 93-144.
47 Richard Bernstein sieht darin ein Motiv, das sich durch die ganze amerikanische Philosophie bis Dewey zieht, und nennt neben Peirce, James und Dewey auch noch Santayana und Whitehead als Beleg. Vgl. Richard J. Bernstein, *John Dewey*, Atascadero [CA]: Ridgeview 1966, 92.

Dieser weite Erfahrungsbegriff wird nun nicht einfach postuliert; vielmehr versucht der Pragmatismus zu zeigen, dass wir Bedeutung, Logik und Sinn – mithin alles, was in der hier verfolgten Diskussion zur Ebene des »Sagbaren« gezählt wird – nur *durch* diesen Erfahrungsbezug erklären können. Programmatisch bedeutet dies zunächst, dass Zeichen – verstanden als primär materielle Bedeutungsträger – nur dadurch Sinn und Allgemeinheit entwickeln, dass sie sich sukzessive in konkreten Erfahrungen entfalten und durch sie überhaupt erst entstehen. Sinn und Wert des Diskurses besteht umgekehrt entsprechend darin, dass er erlaubt, zu solchen konkreten Erfahrungen zurück zu kehren. In diesem Sinne relativiert Dewey seine oben zitierte Diagnose über die »Unsagbarkeit« der unmittelbaren Wirklichkeit durch die Präzisierung, dass diese Unmittelbarkeit »nichts Mystisches«[48] sei. Denn der Diskurs soll und kann diese Erfahrungen nicht ersetzen. Seine Funktion ist vielmehr eine mittelbare: Er kann nur die »Verbindungen ... andeuten, die, zu Ende verfolgt, dazu führen können, sich einer Wirklichkeit zu *bemächtigen*.«[49] Welthaltiges Erkennen besteht somit für Dewey in der Fähigkeit, die Erfahrung der Dinge *praktisch* zu wiederholen: »Denn Erkenntnis ist Kenntnis der Bedingungen ihres [der Dinge] Erscheinens, das heißt, Erkenntnis hat es mit Sequenzen, Koexistenzen und Relationen zu tun. Auf unmittelbare Dinge kann man durch Worte *hinweisen*, aber sie werden dadurch nicht beschrieben oder definiert.«[50]

Auf dem ersten Blick scheint es, als würde Dewey insbesondere mit diesem letzten Zitat doch wieder die kritisierte Differenz von Sagen und Zeigen wiederholen: Worüber wir nicht reden können, müssen wir schweigen, da es sich zeigen muss. Wir können bestenfalls darauf hinweisen. Doch Deweys Behauptung, dass die Worte, mit denen in einer Situation auf die »unmittelbaren Dinge« hingewiesen wird, diese weder beschreiben noch definieren, zielt auf einen anderen Aspekt. Die Annahme, dass Bedeutungen immer auch Vorkommnisse in der Welt sind – weil etwa das Sprechen eine *Tätigkeit* ist, wie auch das Wort ein *Gegenstand* –, führt zu einer Verschiebung der Perspektive, in der sprachliche und logische Phänomene untersucht werden sollten. Die ›richtige‹ Auffassung von Bedeutungen wird analytisch dem ›richtigen‹ Umgang mit Gegenständen angeglichen. Und das bedeutet unter anderem, dass die Normen, die die Angemessenheit dieses Umgangs mit Bedeutungsobjekten regieren, selbst nicht ausschließlich diskursiver Natur sind. Um einen Hinweis zu verstehen, reicht die orientierende Wirkung »*irgendeines* implizit normativen Verwendungskontextes, damit ein Gegenstand als das von einer Person gemeinte Objekt aufgewiesen

---

48 Dewey, *Erfahrung und Natur*, 95.
49 Ebd.
50 Ebd.

werden kann.«[51] Die Bezugsform des Hinweises setzt keine voll entwickelte Sprache mit Wahrheitsbedingungen voraus. Der Umgang mit Bedeutungsobjekten ist *als* situiertes Handeln pragmatisch und folgt einer Eigenlogik, die von der innersprachlichen Logik der Beschreibungen und Definitionen zu unterscheiden ist.[52]

Die relative Autonomie des Zeigens

Es liegt nahe, aus dieser Anerkennung der praktischen Eigenlogik der Situation wieder eine grundsätzliche Konfrontation abzuleiten, die das situative Zeigen erneut vom diskursiven Sagen isoliert. Der Pragmatismus zieht jedoch den entgegensetzten Schluss. Er identifiziert die relative Autonomie des Zeigens als eine unverzichtbare Bedingung, die dem Sagbaren überhaupt erst *hier* und *jetzt* einen bestimmten Sinn verleiht. Die situative Bindung wird somit nicht zu einem ereignishaften Anderen des Sagens stilisiert, sondern erscheint als Teilaspekt eines dynamischen Geschehens, in dem Sagen und Zeigen ineinandergreifen.

Diese bereits bei Dewey anklingende allgemeine Behauptung lässt sich am Beispiel von Peirces Analyse des Hinweisens mittels indexikalischer Ausdrücke präzisieren. Indexikalische Zeichen – in ihrer sprachlichen Form Ausdrücke wie »hier«, »jetzt« und »dort« – zeichnen sich in Peirces semiotischer Systematik dadurch aus, dass sie in einer *wirklichen* Relation zu dem von ihnen bezeichneten Referenten stehen: »An *index* stands for its object by virtue of a real connection with it, or because it forces the mind to attend to that object.«[53] Damit grenzt sich der Index von den beiden anderen Zeichentypen ab – dem generischen Zeichen, das eine Subsumtionsbeziehung zum Gegenstand unterhält und von Peirce *symbol* genannt wird, und dem ikonischen Zeichen, dass seine Beziehung zum Referenten durch bildliche Ähnlichkeit herstellt. Peirces Erläuterungen zeigen, dass die indexikalische »wirkliche Beziehung« (*real connection*) kausal, räumlich oder auch diskursiv-praktisch sein kann. So ist sowohl der Zeigefinger ein Index, da er eine Richtung an-

---

51 Helmut Pape, »Indexikalität und die Anwesenheit der Welt in der Sprache«, in: *Indexikalität und sprachlicher Weltbezug*, hg. v. Matthias Kettner/Helmut Pape, Paderborn: Mentis 2002, 91-119, hier: 105.

52 Die Entdeckung einer Eigenlogik der Praxis im Kontrast zu sprachlichen und logischen Normen kann als der rote Faden betrachtet werden, der die oft nur lose verbundene Familie der Praxistheorien zusammenhält. Vgl. dazu Volbers, Jörg, »Zur Performativität des Sozialen«, in: Klaus W. Hempfer/Jörg Volbers (Hg.), *Theorien der Performativität. Sprache – Praxis – Wissen*, Bielefeld: transcript 2011.

53 Peirce, *1893-1913*, 14.

zeigt, als auch ein Wetterhahn, der sich nach dem Wind ausrichtet, als auch ein Metermaß (im Original: *yardstick*), das seine Bedeutung dadurch erhält, dass es nach dem Urmeter geeicht worden ist (im Original: »the bar in London called the Yard«).

Das gemeinsame Element in all diesen Beispielen ist jene für den Index konstitutive »wirkliche Beziehung«, die selbst nicht durch die Wahrheit oder Falschheit diskursiven Sprechens berührt wird. Freilich lässt sich auch darüber diskutieren, wie falsch oder richtig die Annahme ist, dass der Wetterhahn sich nach dem Wind ausrichtet, oder ob das Metermaß auch korrekt geeicht wird. Doch diese reflexive Thematisierung der indexikalischen Zeichenbeziehung ist von der Bezugsform zu trennen, die Peirce mit dem Index in Blick nimmt. Selbst ein Metermaß, das *nicht* korrekt geeicht wurde, verweist als Zeichen auf die wirkliche Ersetzbarkeit durch das Urmeter, darin besteht seine Funktion und sein normativer Anspruch. Mit der Klassifizierung eines Zeichens als Index wird also eine bestimmte, in unserer Praxis vorkommende Form der Bezugnahme ausgezeichnet.

Der Hinweis auf die formale Natur der Zeichenbeziehung mag nicht befriedigen, scheint er doch die entscheidende Frage auszuklammern, was die behaupteten konstitutiven wirklichen Verbindungen sind, die zwischen Zeichen und Referenten bestehen. Hier jedoch kommt die Normativität der Situation zu tragen. Einen Hinweis der Art »Dies da!« richtig zu verstehen, bedeutet gerade, zu verstehen, auf welche Weise eine Verbindung zwischen Zeichen und Referent bestehen *sollte*. Weist die Zeigegeste etwa in den Raum, oder führt sie vor, wie die charakteristische Geste des Hinweisens aussieht?

In der Tradition der Sprachphilosophie ist diese charakteristische Vagheit des Index oft so interpretiert worden, dass hier etwas *fehle*. Aus pragmatistischer Perspektive ist jedoch, wie Helmut Pape betont, die potenzielle Mehrdeutigkeit des Index selbst ein unverzichtbares strukturelles Element, das seine welterschließende Kraft absichert. Gerade weil indexikalische Zeichen »im allgemeinen nur ein schematisches Verständnis von Strukturbeziehungen vermitteln«, müssen sie »aus der Situation« heraus ergänzt werden.[54] Die Situation ist somit nicht einfach ein Kontext, auf den sich der Index bezieht; sie ist vielmehr selbst ein konstitutiver Teil des Index. Dies drückt sich in der formalen Bedingung aus, dass der Index »wirkliche Verbindungen« in Anspruch nimmt. Die den Index konstituierenden »Zusammenhangsbeziehungen [sind] gegenüber den Wahrheitsansprüchen deskriptiver Darstellung unabhängig und neutral«[55]; und es ist diese Unabhängigkeit, die dem

---

54 Pape, »Indexikalität und die Anwesenheit der Welt in der Sprache«, 105.
55 Ebd., 107.

Index erlaubt, die Situation gleichsam in sich aufzunehmen und dadurch der Sprache zugänglich zu machen. Der Hinweis *muss* nachvollzogen werden können, und in diesem Vollzug öffnet er das Gemeinte der gemeinsamen Erfahrung.

Auf diese Weise kann das indexikalische Zeichen gerade *durch* seine nicht-diskursive Beziehung zum Referenten das diskursive Sprechen wieder an die Erfahrung binden. Dabei kommt es auf die Kombination der beiden Zeichentypen an. Solange ein Gegenstand nur diskursiv eingekreist wird, verbleibt er im Modus des Symbolischen und damit des Allgemeinen. Ein sprachlicher Ausdruck, so Papes sprachanalytische Rekonstruktion, *kann* sich nicht auf ein individuelles Objekt beziehen, »wenn dieses Objekt *nur* durch Beschreibungen bestimmt oder spezifiziert wird. ›Der König von Frankreich‹ kann dieser oder jener König von Frankreich sein.«[56] Umgekehrt ist der reine Index so sehr auf die konkrete Situation bezogen, dass er sie nicht zu transzendieren vermag – die Wahrheit des ›Dies‹ wird über Nacht, wie Hegel es formuliert, schal.

Die situative Bindung des Index ist nicht immer ein Defizit; nicht jeder Hinweis muss verallgemeinert werden. Eine Situation kann auch gerade in ihrer Einzigartigkeit etwas Schätzenswertes sein; Dewey hat auf diesen Grundgedanken seine ganze ästhetische Theorie aufgebaut.[57] Für Erkenntniszwecke jedoch ist Hegels Diagnose zuzustimmen. Erst die Verbindung beider Bezugsformen lässt die Zeichen auf Dauer sprechend werden: Beschreibungen werden konkret, wenn sie in Situationen indexikalisch ausweisbar werden; die »wirklichen Verbindungen«, die der Index mit dem Referenten unterhält, gewinnen erst durch die symbolische Vermittlung an Bedeutung. Zur Illustration dieses Zusammenhangs verwendet Peirce die Analogie mit einer Karte.[58] Auch eine Karte bildet strukturelle Zusammenhänge ab, eben jene von Dewey erwähnten »Sequenzen, Koexistenzen und Relationen«[59]. Doch diese Struktur kann nur zur Orientierung dienen und als Modell funktionieren, so Peirce, wenn die eigene Position auf dieser Karte identifiziert werden kann – wenn indexikalisch festgestellt wird, dass »wir« uns »hier« befinden.

Das indexikalische Zeichen ist somit Prototyp der von Dewey beschriebenen Fähigkeit des Diskurses, Erfahrungen in ihrer Unmittelbarkeit zwar nicht *repräsentieren*, aber die »Bedingungen ihres Erscheinens«[60] *reproduzieren* zu können. Diese Fähigkeit kommt dem Index

56 Ebd., 103.
57 John Dewey, *Kunst als Erfahrung*, Frankfurt am Main: Suhrkamp 1980.
58 Vgl. Pape, »Indexikalität und die Anwesenheit der Welt in der Sprache«, 103 f.
59 Dewey, *Erfahrung und Natur*, 95.
60 Ebd.

aufgrund der »unabdingbare[n] Materialität der Kommunikation«[61] zu. In drei Hinsichten kommt diese These hier zum Tragen. Erstens kann der Index *nur* kraft seiner materiellen Zugehörigkeit zur Situation seine Bezugsform realisieren. Das unterscheidet ihn von anderen Bezugsformen wie dem Symbol, das potenziell die gegebene Situation transzendiert. Der indexikalische Verweis erfordert die Anwesenheit von Index, Referenten und Adressaten in der gemeinsam geteilten Situation.[62]

Zweitens eröffnet die Materialität des Indexzeichens die Möglichkeit, es mit anderen Zeichenarten zu kombinieren. Der Hinweis »Da!« wird ergänzt durch das Symbol »Ein Feuer!« Diese Ausrufe sind keine elliptischen Ausdrücke, sondern nutzen die auch in wohlgeformter Rede in Anspruch genommene raumzeitliche Berührung und Beeinflussung der unterschiedlichen Zeichenvorkommnisse. Die unmittelbare Abfolge der Zeichenäußerungen innerhalb der Situation – ihre Nähe – ermöglicht ihre logische Verbindung.[63] Auch die Logik wird somit zu einem philosophischen Gegenstand, der sich im Ausgang von der Situation entwickeln lassen muss; Deweys »Logik« ist der Versuch einer solchen Analyse.[64]

Eine dritte Konsequenz der Materialitätsthese lässt sich so formulieren, dass durch sie verständlich wird, dass sprachliche indexikalische Ausdrücke nicht einfach nur auf einen Gegenstand verweisen, sondern diesen selbst *in der Sprache* präsentieren.[65] Diese Feststellung ist im Kontrast zu der Perspektive zu sehen, Sinn sei dem Zeichen gleichsam

61 Pape, »Indexikalität und die Anwesenheit der Welt in der Sprache«, 102.
62 Da die »wirkliche Verbindung« zum Referenten nur eine formale Anforderung an den Index ist, kann diese Diagnose auch dafür genutzt werden, um den Begriff der Situation zu definieren. Demnach wäre eine Situation genau dadurch festgelegt, dass ein Index *verstanden* wird. Was die Situation alles umfasst, ergibt sich aus den Konsequenzen dieses Verständnisses. Eine solche Deutung zumindest legt Dewey nahe, wenn er die *inquiry* als eine rückwirkende Determination der Situation deutet: Das Problem der Forschung ist für ihn nicht der funktionierende Hinweis, sondern die unbestimmte Bedeutung, bei der erst durch Nachforschung geklärt werden kann, was eigentlich der Referent und die »wirklichen Verbindungen« zu ihm sind. Vgl. John Dewey, *Erfahrung, Erkenntnis und Wert*, 117 f.
63 Vgl. dazu Pape, »Indexikalität und die Anwesenheit der Welt in der Sprache«, 102.
64 John Dewey, *Logik. Die Theorie der Forschung*, Frankfurt am Main: Suhrkamp 2002.
65 Pape spricht von der »wirklichkeitspräsentierende[n] Bedeutung« des Hinweisens (»Indexikalität und die Anwesenheit der Welt in der Sprache«, 102).

äußerlich und komme ihm erst durch eine besondere Beziehung zu. »Jedes Zeichen scheint«, wie Wittgenstein es in seinem Spätwerk formuliert, »*allein* tot. *Was* gibt ihm Leben?«[66] Es muss also erst – so *scheint* es, wie Wittgenstein distanzierend feststellt – etwas zum Zeichen hinzutreten, damit es seinen Dienst tun kann. Um zu sehen, dass in dieser Wahrnehmung ein Fehler liegt, hilft der Hinweis auf die Argumentation des *Tractatus*. Der Sinn eines Satzes ist, wie erläutert wurde, keine Eigenschaft, die dem Satz selbst noch nachträglich zukommt. Sinn und Satzform fallen vielmehr ineins; genau in diesem Sinne »zeigt« sich ja der Sinn. Die Logik des Zeichens lässt sich nun auf analoge Weise begreifen. Ein Zeichen präsentiert sich in der Situation nicht erst *als* totes Zeichen, um dann durch die Etablierung der Referenz zum Leben erweckt zu werden. Dies wäre eine kognitivistische Fehlinterpretation, die letztlich die Stiftung der Bedeutung des Zeichens in die Hand des Interpreten legt, der die entsprechenden Bezüge herstellt.

Die pragmatistische Grundthese, dass *auch* Bedeutungen kraft ihrer Materialität primär als erfahrbare Vorkommnisse begriffen werden müssen, erlaubt ein anderes Verständnis. Die Relation zwischen dem Zeichen und dem Bezeichneten ist demnach eine Relation *in* der Erfahrung. Das heißt konkret, dass zwar durchaus ein Unterschied besteht zwischen dem sprachlichen Index und dem Gegenstand, mit dem es in Verbindung steht. Doch *von* diesem Unterschied wissen wir nur deshalb, weil wir reflexiv analysieren, was wir zunächst unmittelbar erfahren. Und was wir erfahren, ist im Gelingensfall stets die Relation als Ganzes: Der verstandene Ausruf »Schau mal, dieser Mann!« markiert nicht einen Punkt, von dem aus erst die Referenz erschlossen wird, sondern erschließt in der Situation den gemeinten Gegenstand mit sprachlichen Mitteln.

Auf diese Weise gelingt es dieser Analyse, das Problem der sprachlichen Bezugnahme auf die Welt diesseits der Praxis zu verorten. »Sprache« und »Welt« werden hier nicht als zwei metaphysisch getrennte Sphären gedacht, die das Rätsel aufwerfen, wie wir von der sprachlichen Sphäre aus überhaupt noch Zugang zur Welt gewinnen können. Dieses Problem, das etwa noch den *Tractatus* in seinem Bann hält, wird aufgelöst, indem die Bezugnahme als ein materieller Vollzug und somit als Ereignis *in* der Welt konzipiert wird. Dadurch erhält die Bezugnahme eine irreduzibel zeitliche Dimension. Die indexikalische Präsentation eines gemeinten Gegenstands ist ein Faktum, auf das *nach* seinem Auftreten selbst wieder reflexiv Bezug genommen werden kann. Die Konfrontation von Sagen und Zeigen wird in eine zeitliche Logik

---

66 Wittgenstein, *Philosophische Untersuchungen*, 432.

überführt, in der sich Begriffe herausbilden durch das praktische erfahrene Wechselspiel von »unmittelbarer Wirklichkeit« und Diskurs.

Schluss

Peirces Analyse des indexikalischen Zeichens gibt einen Eindruck davon, was es heißt, Sagen und Zeigen *diesseits* der Erfahrung anzusiedeln. Mit dem Begriff der Erfahrung oder der Situation wird ein offener Horizont bezeichnet, vor dem sich *gleichermaßen* erst Unterscheidungen wie »unmittelbare Wirklichkeit« und »diskursive Vermittlung« herausbilden. Dewey beschreibt dies mit einem Ausdruck von William James: Erfahrung sei ein »doppelläufiges« Wort, und zwar

> »in dem Sinne, daß sie in ihrer primären Ganzheit keine Trennung zwischen Akt und Material, zwischen Subjekt und Objekt kennt, sondern sie beide in einer unanalysierten Totalität enthält. ›Ding‹ und ›Denken‹ ... beziehen sich auf Produkte, die durch Reflexion aus der Primärerfahrung herausgefiltert worden sind.«[67]

Diese Konzeption erlaubt, der Intuition zu folgen, die den Diskurs des Unsagbaren motiviert, ohne die einseitige Gegenüberstellung von Sagen und Zeigen teilen zu müssen. Es gibt, wie gezeigt wurde, in der Situation auch für den Pragmatismus durchaus ein »Unsagbares«. Doch diese Unmittelbarkeit steht immer in einer situierten Relation zu den Zeichen und Begriffen, eine Relation, die selbst wieder Gegenstand reflexiver Bezugnahmen werden kann. Peirces Analyse des Index ist ein Beispiel dafür, wie eine solche Thematisierung aussehen kann.

Das tiefere Problem, das sich hier zeigt, ist die angemessene Situierung der philosophischen Reflexion. Die emphatische Entgegensetzung von Sagen und Zeigen, wie sie Mersch präsentiert, steht letztlich in der kontemplativen Tradition der Theorie als »Schau«, als *theoria* im Wortsinne. Der Erkenntnis geht es demnach vor allem darum, etwas über die Welt zu erfahren; nach dieser Konzeption ist es zweitrangig, was mit diesem Wissen ausgerichtet wird und warum es überhaupt angestrebt wird. So teilen sich, bei allem Gegensatz, Sagen und Zeigen dieselbe Funktion, Welt zu erschließen, und sie unterscheiden sich nur im Grade der dieser Funktion zugestandenen Verfügbarkeit und Kontrollierbarkeit. »Paradox« kann die Rede über das Unsagbare ja nur deshalb werden, weil auch das Zeigen etwas mitzuteilen haben soll – weil es mithin der kontemplativen Auffassung der Sprache angeglichen wird. Der Pragmatismus wie auch Wittgensteins Spätphilosophie heben dagegen hervor, dass auch theoretische Operationen als eine Form der materiel-

---

67 Dewey, *Erfahrung und Natur*, 25.

len Praxis verstanden werden müssen. Ihre Aufmerksamkeit gilt nicht der Sprache und dem Zeigen, sondern den Vollzügen des Sprechens und Zeigens.

Entscheidend für diesen Perspektivenwechsel ist die Anerkennung, dass Strukturen, Beziehungen und Elemente – kurz, *Ordnung* in der Welt – kein alleiniges Produkt der Sprache ist. Auch wenn – wie Dewey behauptet – erst die Reflexion überhaupt konkrete Elemente aus der unmittelbaren Primärerfahrung »herausfiltert«, so ist dies nur dadurch möglich, dass die Handlungen und Tätigkeiten, mit denen solche Elemente isoliert und bestimmt werden, in diesem Erfahrungsraum zu Konsequenzen führen – mithin also in eine Welt eingreifen, die *reagiert*. Während eine hermeneutische Position, bei aller Anerkennung der Bedeutung von Praktiken, weiterhin nach dem »Strukturiertsein von Gegenständen und Sachverhalten überhaupt«[68] fragt, weist die Praxistheorie dieses Ansinnen zurück. Sie erkennt vielmehr gerade in der irreduziblen Widerständigkeit der Erfahrung die notwendige Bedingung dafür, dass überhaupt sprachlicher Sinn möglich und nötig ist. Das ist die metaphysische Pointe der zunächst trivial scheinenden Ausgangsposition des Pragmatismus, wonach *inquiry* – also der Versuch, reflexiv zu verstehen – immer erst *infolge* reellen Zweifels und echter Unruhe auf den Plan tritt. Wie dieser Widerstand zu interpretieren ist, und was in der Reflexion aus unseren begrifflichen Unterscheidungen wird, bleibt dabei eine offene Frage. Gerade durch die konkrete und gelebte Erfahrung des »Zeigens« lassen sich unsere endlichen Erkenntnisse immer wieder irritieren und bereichern.

Literatur

Adorno, Theodor W., *Negative Dialektik*, Frankfurt am Main: Suhrkamp 1966.
Bernstein, Richard J., *John Dewey*, Atascadero [CA]: Ridgeview 1966.
Bertram, Georg W., *Die Sprache und das Ganze. Entwurf einer antireduktionistischen Sprachphilosophie*, Weilerswist: Velbrück Wissenschaft 2006.

68 Georg W. Bertram, *Die Sprache und das Ganze. Entwurf einer antireduktionistischen Sprachphilosophie*, Weilerswist: Velbrück Wissenschaft 2006, 181. Nach Bertram geht der Pragmatismus zwar zu Recht davon aus, dass wir uns immer schon in einer praktisch strukturierten Welt bewegen, kann aber nicht erklären, »*warum* wir von solchen Strukturen ausgehen können« (ebd., 178). Diese Frage ist aber selbst zurückzuweisen, denn sie konzipiert ein »Warum«, das keinen Kontext mehr hat – ein Warum aus der Perspektive von Nirgendwo.

Boehm, Gottfried (Hg.), *Was ist ein Bild?*, München: Fink 1994.
Boehm, Gottfried, *Die Wiederkehr der Bilder*, in: ders. (Hg.), *Was ist ein Bild?*, München: Fink 1994.
Boehm, Gottfried, *Wie Bilder Sinn erzeugen. Die Macht des Zeigens*, Berlin: Berlin University Press 2007.
Bourdieu, Pierre, *Meditationen. Zur Kritik der scholastischen Vernunft*, Frankfurt am Main: Suhrkamp 2004.
Cavell, Stanley, *Claim of Reason*, Oxford: Oxford University Press 1979.
Conant, James/Diamond, Cora, »On Reading the Tractatus Resolutely«, in: *Wittgenstein's lasting significance*, hg. v. Max Kölbel/Bernhard Weiss, London: Routledge 2004, 46-99.
Dewey, John, *Kunst als Erfahrung*, Frankfurt am Main: Suhrkamp 1980.
Dewey, John, *Erfahrung und Natur*, Frankfurt am Main: Suhrkamp 1995.
Dewey, John, *Logik. Die Theorie der Forschung*, Frankfurt am Main: Suhrkamp 2002.
Dewey, John, *Erfahrung, Erkenntnis und Wert*, hg. v. Martin Suhr, Frankfurt am Main: Suhrkamp 2004.
Dewey, John, »Einleitung zu den ›Essays in experimenteller Logik‹«, in: ders., *Erfahrung, Erkenntnis und Wert*, hg. v. Martin Suhr, Frankfurt am Main: Suhrkamp 2004, 93-144.
Edwards, James C., *Ethics without Philosophy*, Tampa [FL]: University Press of Florida 1979.
Gadamer, Hans-Georg, *Wahrheit und Methode*, Tübingen: J.C.B. Mohr 1990.
Hegel, Georg Wilhelm Friedrich, *Phänomenologie des Geistes*, hg. v. Hans-Friedrich Wessels, Hamburg: Meiner 1988.
James, William, *Essays in radical empiricism*, Lincoln [NE]: University of Nebraska Press 1996.
Kripke, Saul A., *Wittgenstein on Rules and Private Language*, Oxford: Blackwell 1982.
Marquard, Odo, *Transzendentaler Idealismus – Romantische Naturphilosophie – Psychoanalyse*, Köln: Verlag für Philosophie Jürgen Dinter 1987.
McDowell, John, »Wittgenstein on Following a Rule«, in: *Synthese* 58 (1984), 325-363.
McDowell, John, *Mind and World*, 5. Aufl., Cambridge [MA]: Harvard University Press 2000.
Mersch, Dieter, »Wittgensteins Bilddenken«, in: *Deutsche Zeitschrift für Philosophie* 54 (2006), 925-942.
Mersch, Dieter, *Was sich zeigt. Materialität, Präsenz, Ereignis*, München: Fink, 2002.
Pape, Helmut, »Indexikalität und die Anwesenheit der Welt in der Sprache«, in: *Indexikalität und sprachlicher Weltbezug*, hg. v. Matthias Kettner/Helmut Pape, Paderborn: Mentis 2002, 91-119.
Peirce, Charles S., *The Essential Peirce. 1867-1893. Selected philosophi-

cal Writings, Bd. I, hg. v. Nathan Houser, Bloomington [u.a.]: Indiana University Press 1992.

Peirce, Charles S., *The Essential Peirce. 1893-1913. Selected philosophical Writings*, Bd. II, hg. v. Nathan Houser. Bloomington [u.a.]: Indiana Univ. Press 1998.

Rorty, Richard, *Der Spiegel der Natur. Eine Kritik der Philosophie*, 3. Aufl., Frankfurt am Main: Suhrkamp 1994.

Rouse, Joseph, *How Scientific Practices Matter. Reclaiming Philosophical Naturalism*, Chicago: University of Chicago Press 2002.

de Saussure, Ferdinand, *Grundfragen der allgemeinen Sprachwissenschaft*, 2. Aufl., Berlin [u.a.]: de Gruyter 1967.

Schmidt, Robert, »Die Entdeckung der Praxeographie. Zum Erkenntnisstil der Soziologie Bourdieus«, in: Hilmar Schäfer u.a. (Hg.), *Bourdieu und die Kulturwissenschaften*, Konstanz: UVK 2011.

Shusterman, Richard, »Beneath interpretation«, in: David R. Hiley (Hg.), *The Interpretive Turn. Philosophy, Science, Culture*, Ithaca [NY]: Cornell University Press 1991, 102-128.

Volbers, Jörg, *Selbsterkenntnis und Lebensform. Kritische Subjektivität nach Wittgenstein und Foucault*, Bielefeld: transcript 2009.

Volbers, Jörg, »Zur Performativität des Sozialen«, in: Klaus W. Hempfer/Jörg Volbers (Hg.), *Theorien der Performativität. Sprache – Praxis – Wissen*, Bielefeld: transcript 2011.

Wittgenstein, Ludwig, *Philosophische Untersuchungen*, Frankfurt am Main: Suhrkamp 1971.

Ludwig Wittgenstein, *Tractatus logico-philosophicus / Logisch-philosophische Abhandlung*, Frankfurt am Main: Suhrkamp 1963.

Holm Tetens
Die Unsichtbarkeit des Gehirns

Wir sehen unser Gehirn nicht. Genauso wie wir unser Herz, unsere Stimmbänder, unsere Prostata nicht sehen. Aber wir können unser Gehirn genauso sichtbar machen wie unser Herz, unsere Stimmbänder, unsere Prostata. Wir müssen unser Herz, unsere Stimmbänder, unsere Prostata und auch unser Gehirn nicht sehen, damit sie ihren jeweiligen Dienst verrichten. Das ist nicht bei allen Organen so, sondern nur bei den inneren. Könnten wir unsere Hände und Beine niemals sehen oder sie noch nicht einmal wenigstens fühlen, sie würden uns in vielen Fällen den Dienst versagen, den sie uns erweisen sollen.

Warum verschwinden Herz, Stimmbänder, Prostata und eben auch das Gehirn in das Innere unseres Organismus? Aus vielerlei Gründen, aber einer ist besonders wichtig. Viele Organe sind vor den Unbilden der Umwelt zu schützen. Beim Gehirn ist ein solcher Schutz besonders vonnöten. Das Gehirn ist eines der empfindlichsten und der am stärksten gefährdeten Organe des menschlichen Leibes. Es wäre mit uns Menschen mit Sicherheit nie so weit gekommen, hätte die Evolution das Zentralorgan des Menschen nicht unter einer vergleichsweise dicken Schädeldecke verschwinden lassen.

Wir haben es schon erwähnt: Normalerweise beeinträchtigt es die Funktionen der inneren Organe nicht, dass wir ihrer nicht ansichtig werden und wir nichts direkt von ihnen und ihrer Wirkweise mitbekommen. Das ändert sich manchmal, wenn ein Organ nicht mehr normal funktioniert. Von einigen Funktionsstörungen innerhalb unseres eigenen Organismus werden wir sensorisch informiert, durch Schmerzen, leider bei weitem nicht von allen und oftmals nicht rechtzeitig genug. Hier hilft, wenn überhaupt, nur noch eines: das Innere unseres Organismus und seiner Organe muss sichtbar gemacht werden.

Genau das ist das Ziel der experimentellen Naturwissenschaften vom Menschen mit der Medizin an ihrer Spitze. Diese Wissenschaften wollen zu guter Letzt alle physiologischen Vorgänge, die sich in einem menschlichen Organismus abspielen, restlos durchsichtig und kognitiv präsent machen und in ihren gesetzmäßigen Abläufen so vollständig darstellen, dass sie sie jederzeit kontrollieren, in sie eingreifen und sie gegebenenfalls steuern, umsteuern und manipulieren können.

Bei diesem Vorhaben haben die experimentellen Naturwissenschaften vom Menschen mit einer vertrackten Dialektik zu kämpfen. Immer wieder geraten die kognitive Präsenz physiologischer Prozesse und ihre experimentell-technische Kontrolle und Manipulation in Widerstreit zu den normalen Funktionsabläufen eben dieser Prozesse. Es lebt sich bekanntlich nicht gut mit geöffnetem Brustkorb und angeschlossen an Geräte, die alles Mögliche messen, was sich am menschlichen Organismus messen lässt. Deshalb setzen die Wissenschaften alles daran, die Spannung zwischen Sichtbarmachung und ungestörtem Funktionsablauf möglichst abzumildern oder aufzuheben. Diese Bemühungen und ihre Schwierigkeiten kann man nicht zuletzt an der Hirnforschung sehr gut studieren. Fieberhaft suchen die Neurowissenschaftler nach sogenannten nicht-invasiven Verfahren, einem Gehirn bei seiner normalen Arbeit zuschauen zu können. Zu gerne würden die Hirnforscher beobachten, was sich zum Beispiel im Gehirn einer Person abspielt, die sich in den Kreisverkehr am Arc de Triomphe einfädelt und ihr Auto und sich selber auch wieder heil aus ihm herausbringt, eine in der Tat beachtliche Leistung. Aber gegenwärtig lässt sich das nicht realisieren. Hirnforscher stehen vor der für sie ärgerlichen Alternative, eine Versuchsperson in den Gehirnscanner zu schieben oder sie am Arc de Triomphe Auto fahren zu lassen. Beides gleichzeitig geht nicht.[1] Allgemeiner gesagt: Die Hirnforscher wollen verstehen, welche neurophysiologischen Prozesse sich vorher, gleichzeitig und nachher im Gehirn einer Person abspielen, die eine bestimmte Leistung vollbringt. Um jedoch die neurophysiologischen Prozesse im Gehirn identifizieren zu können, müssen die Forscher in viel zu vielen Fällen Beobachtungsmethoden anwenden, die den Vollzug der Leistung verhindern. Anders gesagt: Der Versuch, den Zustand des Gehirns beim Vollzug der Leistung zu beobachten, stört die Abläufe im Gehirn so, dass der Gehirnzustand, der die Person die besagte Leistung allererst vollziehen lässt, gar nicht mehr zustande kommt. Das erinnert an die vertrackten Messprozesse der Quantenmechanik, und deshalb ließe sich in ironischer Anlehnung an die Quantenmechanik geradezu von einer »Unschärferelation der Hirnforschung« sprechen.[2]

Wie gesagt, nicht nur bei Hirnprozessen widerstreitet der Versuch, sie sichtbar zu machen und experimentell-technisch zu kontrollieren und zu manipulieren, immer wieder ihrem ungestörten Funktionsablauf. Es handelt sich tendenziell um ein Forschungshandicap jeder experimentellen Naturwissenschaft menschlicher (und in Wahrheit natürlich auch tierischer) Organismen.

Warum widersetzen sich die inneren Organe des Menschen oftmals mehr oder weniger dramatisch ihrer wissenschaftlichen Beobachtung?

---

1 Zu den Schwierigkeiten der Erforschung und Darstellung hirnphysiologischer Prozesse vgl. Max Urchs, *Maschine, Körper, Geist*, Frankfurt am Main: Klostermann 2002.
2 Vgl. Holm Tetens, »Naturalismus und Kulturalismus. Reflexionen zur naturalistischen Erforschung des Mentalen«, in: Peter Janich (Hg.), *Entwicklungen der methodischen Philosophie*, Frankfurt am Main: Suhrkamp 1992, 113-124; besonders 120f.

DIE UNSICHTBARKEIT DES GEHIRNS

Ich stelle mich einmal auf den Standpunkt der Evolutionstheorie. Der menschliche Organismus und seine Organe haben sich natürlich nicht entwickelt, damit sie gut beobachtet und experimentell-technisch kontrolliert und manipuliert werden können. Sie haben sich entwickelt, damit sie gemeinsam einen Organismus hervorbringen, der in seiner Umwelt überleben und sich hinreichend reproduzieren kann. Die Organe sollen ihre Dienste innerhalb des Organismus unauffällig und zuverlässig verrichten, sie sollen sich nicht Zuschauern leicht offenbaren.

Auch das Gehirn soll von seiner Funktion her nicht beobachtet oder neurotechnisch manipuliert werden. Dafür hat es die Evolution ursprünglich nicht vorgesehen. Wozu ist das Gehirn vorgesehen? Und warum ist es für seine Aufgaben funktional, vielleicht sogar optimal, dass es dabei unsichtbar bleibt?

Über die Funktionen des Gehirns kann und müsste man eigentlich eine sehr lange Geschichte erzählen. Ich muss mich an dieser Stelle mit der Aufzählung einiger Stichworte begnügen. Nach allem, was wir über das Gehirn des Menschen bisher wissen, ist es das Organ, das es dem Menschen unter anderem ermöglicht
- relevante Aspekte der eigenen Umwelt wahrzunehmen,
- in spezifischer Weise gewisse Zustände des eigenen Organismus wahrzunehmen, etwa als Schmerzen, Hunger- oder Durstempfindungen etc.,
- über das Wahrgenommene andere Menschen zu informieren, vor allem, aber keineswegs ausschließlich, im Medium der Sprache,
- das eigene Verhalten und Handeln zielgerichtet bestimmten Umweltbedingungen anzupassen, überhaupt zielgerichtet in seiner Umwelt zu agieren,
- von anderen Personen Verhaltens- und Handlungsweisen zu lernen,
- unmittelbare Reaktionen auf eine Situation erst einmal aufzuschieben und eigenes Verhalten und Handeln in Gedanken zu entwerfen, zu antizipieren, zu planen,
- das Handeln gemeinsam mit anderen Menschen zu planen, zu koordinieren und dadurch mit anderen arbeitsteilig zu kooperieren,
- überhaupt insgesamt sich mit anderen Menschen über den Zustand der Welt, den Stand der eigenen Dinge und die eigenen Befindlichkeiten auseinanderzusetzen und zu verständigen.[3]

---

3 Unsere Aufzählung betont, in welchem Ausmaß das Gehirn ein Beziehungsorgan ist; vgl. zu diesem Aspekt Thomas Fuchs, *Das Gehirn – Ein Beziehungsorgan. Eine phänomenologisch-ökologische Konzeption*, 2., aktual. Aufl., Stuttgart: Kohlhammer 2009; Holm Tetens, »Willensfreiheit als erlernte Selbstkommentierung – Sieben philosophische Thesen«, in: *Psychologische Rundschau* 55/4 (2004), 178-185.

Eine Person, so belehrt uns die Hirnforschung, vollbringt alle diese Leistungen und noch viele andere mehr nur, falls in dem Organismus, in dem die Person verkörpert ist, ein Gehirn auf ganz bestimmte Weise integriert ist und sich in diesem Gehirn ganz bestimmte elektro-chemische Prozesse ereignen.[4] Diese Prozesse sind unglaublich komplex. Es ist sehr mühsam, sie zu enträtseln.[5] Deshalb sind uns diese Prozesse bis heute weitgehend intransparent.

Das Gehirn hat sich, wiederum aus der Sicht der Evolutionstheorie gesprochen, in der biologischen Evolution entwickelt und am Ende durchgesetzt, weil es uns alle die oben stichwortartig erwähnten Leistungen ermöglicht. Nimmt man diese evolutionsbiologische Binsenwahrheit nur ernst, lässt sich leicht nachvollziehen, warum es keinen guten Sinn ergäbe, könnten wir außerdem die elektro-chemischen Hirnprozesse selber wahrnehmen und erkennen. Betrachten wir ein einfaches Beispiel. Menschen haben als Jäger und Sammler begonnen. Unter anderem war es für sie überlebensnotwendig, gefährliche Raubtiere rechtzeitig wahrzunehmen, ihre Mitmenschen vor ihnen zu warnen, sich untereinander schnell darüber zu verständigen, wer was zu tun hat, um das Raubtier einzufangen oder zu töten. All das vermögen Menschen nur aufgrund einer bestimmten Entwicklung ihrer Gehirne. Aber wozu sollten die Jäger nicht nur das Raubtier erkennen, um es zu töten oder gemeinsam einzufangen, sondern gleichzeitig auch noch erkennen, welch komplizierte neurophysiologische Prozesse sich dabei in ihren Gehirnen zutragen? Nein, solche Informationen wären nur dysfunktional. Menschen müssen das Raubtier sicher erkennen und nicht gleichzeitig auch noch, wie es ihre Gehirne im Einzelnen zustande bringen, sie das Raubtier sicher erkennen zu lassen. Mit solchen Informationen wären sie nur überfrachtet und sie wüssten nichts mit ihnen anzufangen.

---

4 Es ist ein Kategorienfehler, Wahrnehmungen, Gedanken, Absichten, Wünsche, Gefühle und dergleichen dem Gehirn selber zuzuschreiben. Diese These haben jüngst mit allem Nachdruck und sehr überzeugend Maxwell Bennett und Peter Hacker in ihrer Auseinandersetzung mit Daniel Dennett und John Searle noch einmal begründet; vgl. Maxwell Bennett/Daniel Dennett/Peter Hacker et al., *Neurowissenschaft und Philosophie. Gehirn, Geist und Sprache*, Berlin: Suhrkamp 2010. Wir schreiben Personen Wahrnehmungen, Gedanken, Absichten, Wünsche, Gefühle und dergleichen zu, und Personen sind nicht mit ihrem Gehirn identisch, sondern sie haben ein Gehirn; sie sind noch nicht einmal mit ihrem Leib identisch, sondern sie haben einen Leib oder sind, wie ich im Text sage, in einem menschlichen Organismus verkörpert.

5 Zur Komplexität des Gehirns vgl. Klaus Mainzer, *Gehirn, Computer, Komplexität*, Berlin: Springer 1997.

Es kommt etwas hinzu. Nehmen wir einmal an, wir würden nicht nur über ein Raubtier in gefährlicher Nähe informiert, sondern bekämen gleichzeitig die hochkomplexen neurophysiologischen Prozesse bewusst mit, die uns über das Raubtier informiert sein lassen. Wie müssten wir hierfür biologisch ausgestattet sein? Nun, nach den Ergebnissen der Hirnforschung erkennen und wissen wir nichts ohne entsprechende neuronale Prozesse. Also müsste ein Teil unseres Gehirns Informationen über elektro-chemische Prozesse in anderen Teilen des Gehirns verarbeiten, und zwar im Prinzip genauso, wie etwa der optische Apparat aus Augen, Sehnerven, visuellem Kortex Informationen auf der Basis elektro-magnetischer Strahlung aus der Umwelt verarbeitet, zum Beispiel Informationen über Raubtiere in unserer Nähe. Oder aber unserem Gehirn, mit dem wir die Umwelt beobachten und erkennen, müsste sich ein zweites Gehirn hinzugesellen, das dem ersten nachgeschaltet wäre und uns mit Informationen über die Prozesse im ersten Gehirn versorgte. Es ist schon hirnanatomisch offenkundig, dass uns ein solches Gehirn oder Teilgehirn für das Restgehirn fehlt.

Auch das lässt sich aus der Perspektive der evolutionären Neurowissenschaft gut verstehen. Gäbe es ein Gehirn für das erste Gehirn und bräuchten wir tatsächlich nicht nur genaue Informationen über die Sachverhalte, die wir eben mit Hilfe unseres Gehirns erlangen, sondern auch Informationen über die neurophysiologischen Prozesse, über die uns das Gehirn etwas erkennen lässt, gäbe es in Wahrheit kein Halten mehr: Es müsste eine Kaskade von Gehirnen hintereinander geschaltet werden, ohne dass sich dadurch etwas an der misslichen Situation änderte, dass die physiologischen Prozesse im jeweils letzten der Gehirne für uns so lange unsichtbar blieben, solange nicht ein weiteres Gehirn hinzukäme. Und für jedes neu hinzukommende Gehirn begänne der Reigen sofort von neuem. An zwei, drei oder noch viel mehr Gehirnen hätten wir nicht nur schwer zu tragen, auch unser Energiebedarf würde ins nicht mehr Umweltgerechte anwachsen. Solche Gehirnmonster wären billigeren Varianten der Evolution, deren Gehirne sich informationell ausschließlich mit der Umwelt statt mit sich selbst beschäftigen, vermutlich alsbald zum Opfer gefallen. Wir sollten der Evolution also sogar dafür danken, dass sie einen solchen Irrweg mit uns Menschen nicht eingeschlagen hat.

Man mag einwenden, dass es nützlich, ja fürs Überleben vorteilhaft wäre, wären uns die hirnphysiologischen Prozesse kognitiv unproblematischer zugänglich, als dies tatsächlich der Fall ist. Zugegeben, wir könnten dann ohne Zweifel das Gehirn in vielen Fällen noch besser schützen, Erkrankungen des Gehirns schneller und leichter diagnostizieren und therapieren. Trotzdem bleibt das von uns oben erkannte prinzipielle Dilemma: Ein Gehirn lässt sich nur mit Hilfe eines anderen Gehirns neurophysiologisch enträtseln und durchschauen; das eigene

Gehirn bleibt neurophysiologisch für einen Forscher unsichtbar, während er das Gehirn einer anderen Person erforscht.

Hirnforscher sehen darin in der Regel kein gravierendes Problem, weil sie glauben, dass sie die Ergebnisse, die sie an anderen Gehirnen erzielen, am Ende auf die eigenen Gehirne übertragen dürfen. Das mag so sein. Trotzdem lässt sich nicht leugnen, dass sich selbst aus der Außenperspektive von Beobachtern ein Gehirn die Geheimnisse seiner neurophysiologischen Mechanismen nur sehr schwer entreißen lässt. Andernfalls müssten Gehirne für äußere Beobachter viel besser zugänglich sein. Das hingegen gefährdet die enorme Schutzbedürftigkeit dieses hochempfindlichen Organs. Man kann nicht beides haben, eine gute Beobachtbarkeit des Gehirns und zugleich seinen wirksamen Schutz unter einer stabilen Schädeldecke.

Damit wiederholt sich letztlich nur unsere bisherige evolutionstheoretische Erklärung. Das Gehirn des Menschen lässt sich deshalb so schlecht beobachten, weil es sich biologisch nicht hat entwickeln müssen, um gut beobachtbar zu sein, sondern damit die in dem Organismus verkörperte Person die natürliche und soziale Umwelt gut beobachten und angemessen in ihr agieren kann. Beide Anforderungen schließen sich jedoch so, wie die Welt nun einmal beschaffen ist, tendenziell aus.

In Wahrheit ist die Unsichtbarkeit des Gehirns dramatischer, und sie ist prinzipieller Natur. Das verdeutlicht sofort der Vergleich mit anderen inneren Organen. Auch für das Herz ist es schwierig, wenn auch sicher nicht ganz so schwierig wie für das Gehirn, es in seinen normalen Funktionsabläufen wahrzunehmen. Schließlich ist es der Wissenschaft doch gelungen. Wir können inzwischen nachvollziehen, wie das Herz es fertigbringt, durch seine Tätigkeit genau die Funktionen zu erfüllen, die es im menschlichen (oder tierischen) Organismus zu erfüllen hat. Wir verstehen, wie das Herz dank seines Aufbaus und seiner Wirkweise sauerstoff- und nährstoffreiches Blut in die verschiedenen Körperregionen transportiert und von dort sauerstoff- und nährstoffarmes Blut abzieht und Ähnliches mehr.

Das ist beim Gehirn radikal anders. Zwar ist es im Prinzip vorstellbar, dass wir unser eigenes Gehirn und die sich in ihm zutragenden neurophysiologischen Prozesse beobachten, etwa mit raffinierten Spiegelvorrichtungen. Überhaupt könnten wir mit Informationen über unsere eigene Gehirntätigkeit versorgt werden, etwa indem wir auf einem Bildschirm durch bildgebende Verfahren sehen, welche Partien unseres Gehirns gerade besonders stark und welche nur schwach aktiviert sind. Wie gesagt, die Schwierigkeiten, an solche Informationen heranzukommen, sind enorm und vielleicht sogar unüberwindlich, aber im Prinzip ist es denkbar, dass sie uns zugänglich werden. Allein, betrachten wir die Sache genauer. Kommen wir noch einmal auf unser Raubtierbeispiel zurück. Wir bemerken in unserer Umgebung zum Beispiel auf einmal einen Löwen. Das tun wir nur, insofern in unserem Gehirn entsprechende hochkomplexe elektro-chemische Prozesse ablaufen. Aber, es ist etwas anderes, sich mit Informationen über diese elektro-chemischen Prozesse zu beschäftigen, also etwa Kurven über Aktivitätsmuster unserer Neuronen auszuwerten, oder eben einen Löwen zu wahrzunehmen. Selbst wenn es möglich sein sollte, zum Beispiel Kurven über Aktivitätsmuster meiner Neuronen auf einem Bildschirm aufzuzeichnen, während ich den Löwen sehe, so wäre ich gleichwohl mit zwei Dingen abwechselnd beschäftigt, entweder mit dem Löwen oder mit den Kurven auf dem Bildschirm. Beides erlebe ich auch deutlich als die Beschäftigung mit zwei verschiedenen und erst einmal voneinander unabhängigen Dingen. Lediglich ihre zeitliche Synchronisation kann ich konstatieren. Wenn das Gehirn seine kognitiven Funktionen erfüllt, dann macht es sich in den Wirkmechanismen, über die es diese Funktionen realisiert, gerade für die Person, die in dem Organismus mit dem Gehirn verkörpert ist, unsichtbar, und umgekehrt.

Hierin unterscheidet sich das Gehirn grundsätzlich von allen anderen Organen. Die Beobachtung des Herzens enthüllt uns zugleich, welche Funktionen das Herz wie warum erfüllt. Die Beobachtung des Gehirns jedoch verhilft uns zu keinerlei Einsicht, warum bestimmte elektro-chemische Aktivitäten es einer Person zum Beispiel ermöglichen, einen Löwen in ihrer Nähe wahrzunehmen. Wir können nur zur Kenntnis nehmen, dass offensichtlich bestimmte Gehirnaktivitäten mit bestimmten bewussten Erlebnissen wie zum Beispiel Wahrnehmungen zeitlich korrelieren.[6] In einem strengen Sinne jedoch bleibt uns die Wirkungsweise des Gehirns, der kausale Mechanismus zwischen den neurophysiologischen Prozessen und unseren bewusst erlebten Kognitionen verborgen.

Das Gehirn, so haben wir oben gesehen, ist in mehreren Hinsichten für uns unsichtbar. Aber diese Unsichtbarkeit radikalisiert sich und kulminiert in dem Sachverhalt, den wir jetzt kurz und bündig formulieren können: *Mein eigenes Gehirn macht sich gerade dann für mich unsichtbar, wenn es seine kognitiven Funktionen erfüllt.* Die

---

6 Man muss sich vor Augen halten, dass, wie schon eine einfache wissenschaftstheoretische Analyse zeigt, die Hirnforschung niemals mehr erreichen kann, als bestenfalls Korrelationen zwischen Gehirnzuständen und mentalen Zuständen festzustellen. Zudem sind die entsprechenden Korrelationen mit jeder der verschiedenen Positionen innerhalb der Philosophie des Geistes verträglich; vgl. dazu Holm Tetens, »Das Mentale in naturalistischer Perspektive und die Grenzen unseres Wissens«, in: Wolfram Hogrebe (Hg. in Verbindung mit Joachim Bromand), *Grenzen und Grenzüberschreitungen. XIX Deutscher Kongress für Philosophie. Vorträge und Kolloquien*, Berlin: Akademie Verlag 2004, 417-428.

hirnphysiologischen Prozesse, die mich etwas erkennen lassen, lassen mich nicht erkennen und bewusst daran teilhaben, wie sie es und warum sie es zustande bringen, mich etwas bewusst erkennen zu lassen.[7] Warum ist das so? Verstärken sich hier die schon immer vertrackten logischen Probleme selbstreferentieller Erkenntnisse durch die hirnphysiologische Tatsache, dass ein Gehirn nicht wiederum mit sich selbst neuronal verschaltet ist?[8] Warum »beobachtet« ein Gehirn nicht selber? Ist das nur physiologisch unmöglich, oder sogar logisch?

Niemand innerhalb oder außerhalb der Philosophie, insonderheit auch kein Hirnforscher kennt auf die eben formulierten Fragen eine auch nur annähernd zureichende Antwort. Denn in der Frage »*Warum macht sich das Gehirn gerade dann für uns unsichtbar, wenn es seine kognitiven Funktionen erfüllt?*«[9] steckt in einer etwas ungewohnten und unvertrauten Formulierung nichts Geringeres als das gesamte Leib-Seele-Problem. Niemand hat bisher dieses Rätsel wirklich zu lösen vermocht.

---

7 Die Betrachtung eines Gehirnvorgangs ist immer etwas anderes, als sich der Inhalte (intentionalen Objekte) desjenigen mentalen Zustandes bewusst zu sein und sie zu erleben, der mit dem Gehirnvorgang korreliert ist. Das scheint mir eine allgemeinere und treffendere Formulierung für die schon lange in der Philosophie des Geistes diskutierte These zu sein, dass sich der sogenannte phänomenale Gehalt mentaler Zustände einer naturalistischen Analyse widersetzt; vgl. dazu als inzwischen fast schon klassischen Text Peter Bieri, »Was macht Bewusstsein zu einem Rätsel?«, in: W. Singer (Hg.), *Gehirn und Bewusstsein*, Heidelberg: Spektrum 1994, 172-180.

8 Zur Idee der neuronalen Verschaltung eines Gehirns mit sich selber vgl. Holm Tetens, *Geist, Gehirn, Maschine*, Stuttgart: Reclam 1994, Kapitel III.

9 Dass uns die Fähigkeit abgeht zu erkennen, warum und wie Hirnprozesse Bewusstseinserlebnisse hervorrufen, ist die Grundthese des sogenannten »transzendentalen Naturalismus« von Colin McGinn. McGinn konstatiert das als eine Tatsache, die wir nicht weiter erklären können. Auch McGinn kann unsere Frage nicht beantworten; vgl. Colin McGinn, *Die Grenzen vernünftigen Fragens*, Stuttgart: Klett-Cotta 1996.

Literatur

Bennett, Maxwell/Daniel Dennett/Peter Hacker/John Searle, *Neurowissenschaft und Philosophie. Gehirn, Geist und Sprache*, Berlin: Suhrkamp 2010.
Bieri, Peter, »Was macht Bewusstsein zu einem Rätsel?«, in: W. Singer (Hg.), *Gehirn und Bewusstsein*, Heidelberg: Spektrum 1994, 172-180.
Fuchs, Thomas, *Das Gehirn – Ein Beziehungsorgan. Eine phänomenologisch-ökologische Konzeption*, 2., aktual. Aufl., Stuttgart: Kohlhammer 2009.
Mainzer, Klaus, *Gehirn, Computer, Komplexität*, Berlin: Springer 1997.
McGinn, Colin, *Die Grenzen vernünftigen Fragens*, Stuttgart: Klett-Cotta 1996.
Tetens, Holm, »Naturalismus und Kulturalismus. Reflexionen zur naturalistischen Erforschung des Mentalen«, in: Peter Janich (Hg.), *Entwicklungen der methodischen Philosophie*, Frankfurt am Main: Suhrkamp 1992, 113-124.
Tetens, Holm, *Geist, Gehirn, Maschine*, Stuttgart: Reclam 1994.
Tetens, Holm, »Willensfreiheit als erlernte Selbstkommentierung – Sieben philosophische Thesen«, in: *Psychologische Rundschau* 55/4 (2004), 178-185.
Tetens, Holm, »Das Mentale in naturalistischer Perspektive und die Grenzen unseres Wissens«, in: Wolfram Hogrebe (Hg., in Verbindung mit Joachim Bromand), *Grenzen und Grenzüberschreitungen. XIX Deutscher Kongress für Philosophie. Vorträge und Kolloquien*, Berlin: Akademie Verlag 2004, 417-428.
Urchs, Max, *Maschine, Körper, Geist*, Frankfurt am Main: Klostermann 2002.

Henrike Moll
Über die Entwicklung eines Verstehens von Wahrnehmung und Perspektivität

In diesem Artikel wird die ontogenetische Entwicklung des Verstehens von Wahrnehmung und Perspektiven behandelt. Wittgenstein hat ein Paradigma dafür geliefert, wie sowohl eine mentalistische als auch eine behavioristische Beschreibung zugunsten eines ›dritten Wegs‹ über die soziale Verfasstheit menschlichen Denkens und Wahrnehmens vermieden werden kann.[1] Ziel wird es sein, die frühe Entwicklung dieser Fähigkeiten beim Kind, wenn es gerade erst in die menschliche Lebensweise und ihre Sprachspiele eingeführt wird, zu rekonstruieren.

Man mag den epistemischen Gewinn dieser genetischen Methode mit dem Hinweis in Frage stellen, es sei paradox, sich ausgerechnet von den Unerfahrensten Auskunft über die menschliche Wahrnehmungs- und Denkweise zu versprechen. Das Verständnis der infantilen Form sollte doch umgekehrt erst von der ausgereiften, adulten Form her intelligibel sein. So ist das Deutungsschema für die Manifestationen frühkindlicher Kognition von unserer genauen Kenntnis dessen bestimmt, wohin die Reise für das Kind führen wird. Dies ist nicht zuletzt daran zu erkennen, dass in der Entwicklungstheorie oft von *proto*-intentionalen Akten, *Vorläufern* eines Moralverständnisses und ähnlichem die Rede ist.

Dennoch ermöglicht entwicklungspsychologische Forschung, menschliches Handeln und Denken besser zu verstehen, indem sie die sonst als selbstverständlich vorausgesetzten Umgangsformen und Verhaltensweisen bis zu ihrem ›Noch-Nicht‹ zurückverfolgt und von dort aus ihren Erwerb, ihre frühen Ausprägungen und Auftretensbedingungen unter die Lupe nimmt. Das Wort ›Ent-wicklung‹ (développement) suggeriert unglücklicherweise, dass die in den Blick genommenen Fähig- und Fertigkeiten bereits ab ovo vorliegen und nur noch, wie aus einem Umschlag, ausgewickelt werden müssen. Bei einem so komplexen Phänomen wie den kognitiven Fähigkeiten des Menschen (aber keinesfalls nur bei diesen) schlagen maturationistische Erklärungsversuche aber fehl. Stattdessen wird in diesem Artikel der Versuch unternommen, verschiedene Stufen des Verstehens von Wahrnehmung und Perspektivität zu isolieren und einen gemeinsamen Ursprung dieser Fähigkeiten zu benennen. Die These ist, dass ein wichtiger Ausgangspunkt und notwendiges Fundament für den Erwerb dieser Konzepte die Fähigkeit zur Bildung gemeinsamer Aufmerksamkeitsbezüge ist. Es folgt zunächst eine Beschreibung

---

[1] G. Gebauer, *Wittgensteins anthropologisches Denken*, München: C. H. Beck 2009.

dieser Fähigkeit, bevor wir das aus ihr hervorgehende Verstehen von Perspektiven näher betrachten.

Das Bilden gemeinsamer Aufmerksamkeit

Im Alter von etwa 9 bis 12 Monaten fangen Kinder an, etwas fundamental Neues zu tun. Galt ihre Aufmerksamkeit bis dato entweder einem bestimmten Gegenstand *oder* einer Person mit der sie dyadisch interagierten, so verschränken sie ihren Gegenstandsbezug nun erstmalig mit der Aufmerksamkeit eines Erwachsenen in triadischer Beziehung. Dies ist als Triangulation[2] oder gemeinsamer Aufmerksamkeitsbezug (*joint attention*)[3] bezeichnet worden. Er wird initiiert, indem das Kind beispielsweise der Zeigegeste oder dem ›hinweisenden‹ Blick eines Erwachsenen mit seinem eigenen Blick folgt, für den Erwachsenen auf einen Gegenstand zeigt oder ihm diesen hinhält.

Nicht jede dieser Verhaltensweisen ist spezifisch-menschlich. So hat man auch bei Raben[4], Affen[5], Delphinen[6], Ziegen[7] und anderen Tieren beobachtet, dass sie der Blickrichtung eines Menschen mit ihren Augen folgen. Allerdings nutzen diese Tiere den Blick des anderen ›exploitativ‹ für ihre je idiosynkratischen Ziele. Die zielgerichtete Änderung der Blickrichtung eines Individuums signalisiert die Anwesenheit von etwas, zu dem sich das Tier dann entsprechend der Objektanforderungen (z. B. durch Flucht oder Annährung) verhält. Beim Kind hingegen ist das Blickfolgen häufig von unmittelbaren, individuellen Handlungsabsichten entkoppelt und markiert stattdessen den Beginn einer Episode gemeinsamer Aufmerksamkeit mit dem anderen. Wenn es den Gegenstand der Aufmerksamkeit eines Erwachsenen identifiziert hat, blickt

2 D. Davidson, *Subjective. Intersubjective. Objective*, Oxford: Oxford University Press 2001.
3 J.S. Bruner, *Child's talk. Learning to use language*, New York: Norton 1983.
4 C. Schloegl/K. Kotrschal/T. Bugnyar, »Gaze following in common ravens, *Corvus corax*. Ontogeny and habituation«, in: *Animal Behaviour* 74 (2007), 769-778.
5 M. Tomasello/B. Hare/B. Agnetta, »Chimpanzees, *Pan troglodytes*, follow gaze direction geometrically«, in: *Animal Behavior* 58/4 (1999), 769-777.
6 A.A. Pack/L.M. Herman, »Bottlenosed dolphins (*Tursiops truncatus*) comprehend the referent of both static and dynamic human gazing and pointing in an object-choice task«, in: *Journal of Comparative Psychology* 118 (2004), 160-171.
7 J. Kaminski/J. Riedel/J. Call/M. Tomasello, »Domestic goats, *Capra hircus*, follow gaze direction and use social cues in an object choice task«, in: *Animal Behaviour* 69/1 (2005), 11-18.

es oft mit einem als ›knowing smile‹[8] bezeichneten Lächeln zu seinem Gegenüber zurück und vokalisiert dabei. Es geht dem Kind dann um die (eventuell affektiv aufgeladene) Anschauung von und gegebenenfalls gemeinsame Beschäftigung mit dem Gegenstand, und nicht um einen wie auch immer gearteten individuellen Umgang damit.

In diesem Zusammenhang ist die Feststellung interessant, dass der Mensch die einzige Primatenspezies mit einer weissen Sklera ist, die sich visuell sowohl von der Iris als auch der umliegenden Gesichtshaut deutlich abhebt.[9] Dadurch ist die Blickrichtung für Artgenossen leicht erkennbar. Nichtmenschliche Primaten hingegen haben eine bräunliche Sklera, die sich farblich kaum von der sonstigen Augenpartie unterscheidet, so dass der visuelle Fokus eines Tieres den Artgenossen meist verborgen bleibt. Tomasello, Hare, Lehmann und Call[10] interpretieren diesen Befund so, dass sich die kooperative Natur des Menschen selbst in der Morphologie seiner Augen widerspiegelt. Der Mensch kann es sich aufgrund seines Angewiesenseins auf kooperatives Handeln leisten, andere Individuen die Richtung seiner Aufmerksamkeit schnell und zuverlässig erkennen zu lassen.

Ein besonders wichtiger Unterschied zu Tieren besteht ferner darin, dass Kinder ihre Reaktion auf die Gesten anderer von Beginn an mit deren aktiver Produktion komplementieren. In etwa demselben Alter, in dem sie den Zeigegesten anderer folgen, produzieren sie diese auch selbst. Sie beherrschen also beide Seiten nicht-sprachlicher Kommunikation: die des Rezipienten und die des Produzenten. Ein nicht-intentionales Abspreizen des Indexfingers ist bereits bei etwa drei Monate alten Babies zu beobachten,[11] und im ersten Lebensjahr wird dieser Finger bevorzugt verwendet, um Oberflächen abzutasten und mit der Fingerspitze auf Gegenstände zu tippen.[12] Zwischen 9 und 12 Monaten

8 M. Carpenter/K. Nagell/M. Tomasello, »Social cognition, joint attention, and communicative competence from 9 to 15 months of age«, in: *Monographs of the Society for Research in Child Development* 63/4 (1998).
9 H. Kobayashi/S. Koshima, »Unique morphology of the human eye and its adaptive meaning. Comparative studies on external morphology of the primate eye«, in: *Journal of Human Evolution* 40 (2001), 419-435.
10 M. Tomasello/B. Hare/H. Lehmann/J. Call, »Reliance on head versus eyes in the gaze following of great apes and human infants. The cooperative eye hypothesis«, in: *Journal of Human Evolution* 52 (2007), 314-320.
11 Masataka, Nobou: »From index-finger extension to index-finger pointing: ontogenesis of pointing in preverbal infants.«, in Sotaro Kita (Hg.), *Pointing: Where Language, Culture, and Cognition Meet*, Mahwah, NJ: Lawrence Erlbaum 2003, 69-84.
12 J.I.M. Carpendale/A.B. Carpendale, *The development of pointing. From personal directedness to interpersonal direction*, in: *Human* Development 53 (2011), 110-126.

tritt erstmalig das Zeigen als Verweisen auf Gegenstände ohne deren Berührung (dafür häufig mit vokalischer Begleitung) auf.[13]

Die Motive, die Kinder zum Zeigen veranlassen, sind dabei von Beginn an divers. Bates unterscheidet imperativisches von deklarativischem Zeigen.[14] Imperativisches Zeigen ist ein Ausdruck von Begierde nach dem Gegenstand und ein impliziter Appell an die Umstehenden, diesen dem Kind zu geben. Der Erwachsene fungiert gewissermassen als ›Werkzeug‹ zur Erlangung des Gegenstands. Diese Form des Zeigens lässt sich manchmal auch bei akkulturierten Affen beobachten.[15] Beim deklarativischen Zeigen, welches nur beim Menschen zu finden ist, fehlt diese eindeutige Zielorientierung im engeren Sinne. Das Kind zeigt auf Dinge, die es ganz offensichtlich nicht erlangen möchte, sondern auf die es gemeinsam mit dem anderen aufmerken oder über deren Anwesenheit es den Erwachsenen informieren möchte.[16] Dass Kinder nicht nur zeigen, um damit an begehrte Objekte heranzukommen, ist vor allem dann evident, wenn sich der Gegenstand im eigenen Bewegungsradius befindet (der Bauklotz vor den eigenen Füßen oder gar in der anderen Hand), weit ausserhalb des Eingriffsbereichs des Erwachsenen liegt (das Flugzeug am Himmel), oder wenn das Kind auf ein Ereignis (das Vorbeifahren einer Straßenbahn, das Verhalten einer Person) verweist, für das es sich interessiert. Es ist hinzuzufügen, dass nicht jedes Zeigen in dem engen Sinn ›sozial‹ ist, dass es notwendigerweise einer anderen Person gilt. Hat das Kind einmal das Zeigen für sich entdeckt, so macht es davon anfangs scheinbar ständig Gebrauch: es führt den Finger durch die Luft, als zeichne es damit die Bewegungen seiner visuellen Aufmerksamkeit nach, auch wenn niemand in der Nähe ist. Es scheint, als nutzten die Kinder den Zeigefinger als eine Art Taschenlampe, um ihren eigenen visuellen Fokus zu unterstreichen (wie wenn ein Leseanfänger mit dem Finger unter der Zeile auf dem Papier entlangfährt).

Die Fähigkeit zu gemeinsamer Aufmerksamkeit hat damit starke Rückkopplungseffekte auf die individuelle Objektwahrnehmung. Es ist unstrittig, dass höhere Tiere Objekte wahrnehmen und für sie die Dinge nicht in Serien unverbundener Erscheinungen zerfallen. Auch

---

13 Siehe für wichtige Ausführungen über die Gestalt und Bedeutung von Gesten Gebauer, *Wittgensteins anthropologisches Denken*.
14 E. Bates, *Language and context. The acquisition of pragmatics*, New York: Academic Press 1976.
15 D. Leavens/W. D. Hopkins/K. A. Bard, »Understanding the point of chimpanzee pointing. Epigenesis and ecological validity«, in: *Current Directions in Psychological Science* 14 (2005), 185-189.
16 U. Liszkowski/M. Carpenter/A. Henning/T. Striano/M. Tomasello, »Twelve- month-olds point to share attention and interest«, in: *Developmental Science* 7/3 (2004), 297-307.

Objektpermanenz ist bei vielen Tieren experimentell nachgewiesen worden.[17] Katzen und Hunde beispielsweise jagen auch dann noch dem Ball hinterher, wenn dieser hinter das Sofa fällt, wo er nicht mehr zu sehen ist; und ein vor dem Supermarkt angeleinter Hund erwartet die Rückkehr seines Besitzers von dort. Doch spätestens mit der Fähigkeit zu gemeinsamer Aufmerksamkeit nimmt die Objektwahrnehmung des Menschen eine besondere Wendung. Mit ihr nämlich transformiert sich das Ding mit bestimmten ›affordances‹[18] zum Objekt gemeinsamer Anschauung[19] – es wird zum ›Thema‹. Mit Heideggers Worten ließe sich sagen, dass das Objekt nicht länger bloß ›zuhanden‹, sondern nun auch ›vorhanden‹ ist.[20] Beim Tier steht die Wahrnehmung vollständig im Dienst des Handelns – und zwar des je individuellen Handelns. Beim Menschen rückt die gemeinsame Aufmerksamkeit den Gegenstand in die Distanz der Anschauung und bereitet ihn damit auch als Objekt expliziter Prädikation vor.[21]

Übergang von gemeinsamer Aufmerksamkeit zum Perspektivenwechsel

Das gemeinsame Aufmerken hat für sich genommen noch nichts mit Perspektivenwechsel oder gar dem Verstehen von Perspektiven zu tun. Das Kind teilt lediglich seine Aufmerksamkeit mit der anderen Person. Die Unterschiede in den je verschiedenen Sichtweisen auf das betrachtete Objekt bleiben in der frühen Entwicklungsphase völlig unbeachtet. Von primärer Relevanz ist, dass *Dasselbe* gesehen wird. Genau wie sprachliche Kommunikation zunächst erfordert, dass man über Dasselbe spricht (um nicht aneinander vorbeizureden), ist es beim non-verbalen gemeinsamen Aufmerksamkeitsbezug vorerst wichtig, Dasselbe zu betrachten und es auf diesem Weg erst als Anschauungsobjekt zu konstituieren. Damit man es überhaupt mit einem perspektivischen Unterschied zu tun hat, bedarf es desselben Wahrnehmungsgegenstands, hinsichtlich dessen sich die Perspektiven unterscheiden.[22] Die Anschauung

17 Siehe A. S. Etienne, »The meaning of object permanence at different zoological levels«, in: *Human Development* 27 (1984), 309-320.
18 J. J. Gibson, *The ecological approach to visual perception*, Boston: Houghton Mifflin 1979.
19 H. Werner/B. Kaplan, *Symbol formation. An organismic-developmental approach to language and expression of thought*, London: John Wiley & Sons 1964.
20 M. Heidegger, *Sein und Zeit*, Tübingen: Max Niemeyer Verlag 1927.
21 E. Bates, *Language and context*.
22 J. Perner/J. L. Brandl/A. Garnham, »What is a perspective problem?

eines identischen Gegenstands bildet den notwendigen Hintergrund, vor dem das Kind eine Einsicht in verschiedene Perspektiven gewinnen kann. Gemeinsame Aufmerksamkeit, so die These, ebnet den Weg zu den Vorformen und ersten genuinen Formen von Perspektivenwechsel. Erste empirische Unterstützung erfährt diese Idee durch eine Serie von Studien zum frühkindlichen Verstehen von Bezugnahme.

In einer Studie wurden dem Kind nacheinander drei Gegenstände präsentiert.[23] Die ersten beiden Gegenstände lernte das Kind in gemeinsamer Aufmerksamkeit mit einem Erwachsenen kennen, der nach Beendigung des Spiels mit dem zweiten Gegenstand den Raum verließ. Während seiner Abwesenheit wurde dem Kind von einem Assistenten ein dritter Gegenstand gezeigt. Schließlich wurden alle drei Gegenstände vor das Kind gelegt und der Erwachsene, dem der dritte Gegenstand entgangen war, kehrte zurück. Seinen Blick auf die Gegenstände gerichtet, äusserte er unspezifisch seine positive Überraschung über ›das da‹ und bat das Kind, ›es‹ ihm zu geben. Die Kinder mussten denjenigen Gegenstand auswählen, den der Erwachsene in diesem Moment zum ersten Mal sah, und auf den er sich in seiner unspezifischen Aufforderung bezog.

Das Ergebnis war, dass Kinder bereits im Alter von 14 Monaten bestimmen konnten, welcher Gegenstand dem Erwachsenen neu war. Allerdings gelang ihnen dieses nur, wenn sie die beiden anderen Gegenstände mit dem Erwachsenen in gemeinsamer Aufmerksamkeit teilten. Wenn sie nur distanziert beobachteten, wie sich der Erwachsene entweder individuell[24] oder gemeinsam mit einer dritten Person[25] mit den Gegenständen befasste, konnten sie seine mehrdeutige Aufforderung später nicht disambiguieren – offenbar, weil sie unter diesen Umständen seine Vertrautheit mit den ›alten‹ Gegenständen nicht erkannten. Ob der Erwachsene die ihm bekannten Gegenstände manuell explorierte oder nur betrachtete hatte keinen Einfluss, solange er seine Aufmerksamkeit mit dem Kind teilte. Dieses Ergebnis konnte in mehreren anderen Studien repliziert werden.[26]

Developmental issues in belief ascription and dual identity«, in: *Facta Philosophica* 5 (2003), 355-378.

23 H. Moll/M. Tomasello, »How 14- and 18-month-olds know what others have experienced«, in: *Developmental Psychology* 43/2 (2007), 309-317.
24 Ebd.
25 H. Moll/M. Carpenter/M. Tomasello, »Fourteen-month-olds know what others experience only in joint engagement«, in: *Developmental Science* 10/6 (2007), 826-835.
26 Zum Beispiel H. Moll/N. Richter/M. Carpenter/M. Tomasello, »Fourteen-month-olds know what ›we‹ have shared in a special way«, in: *Infancy* 13/1 (2008), 90-101.

In einer weiteren Variante dieses Untersuchungsparadigmas sahen 14 bis 24 Monate alte Kinder, wie ein Erwachsener mit positiver Überraschung einen Gegenstand betrachtete und »Oh, schau mal!« äußerte.[27] Die experimentelle Variation lag darin, was sich zuvor ereignet hatte. In einer von zwei Versuchsbedingungen hatte der Erwachsene gerade erst den Raum betreten (nachdem sich das Kind und ein Assistent das Spielzeug angesehen hatten) und sah den Gegenstand zum ersten Mal. In der anderen Versuchsbedingung hatten sich Kind und Erwachsener kurz zuvor mit dem Spielzeug beschäftigt. Im ersten Fall sollte man davon ausgehen, dass der Erwachsene seine Aufmerksamkeit auf den Gegenstand als Ganzes gerichtet hat – da er ihn noch nie gesehen hat. Im zweiten Fall kann seine positive Überraschung nur auf etwas Bestimmtes an diesem Gegenstand gerichtet sein, wie einen vorher nicht beachteten Teil oder Aspekt. Entsprechend verhielten sich auch die Kinder in dieser Studie: Hatte der Erwachsene den Gegenstand im Moment seiner Überraschungsäußerung zum ersten Mal gesehen, so ignorierten sie den (ihnen ja bereits bekannten) Gegenstand oder bezogen sich in holistischer Weise auf ihn, indem sie ihn benannten, auf ihn zeigten oder ihn dem Erwachsenen gaben. Hatten sie gerade zuvor mit dem Erwachsenen mit dem Gegenstand gespielt, betrachteten sie ihn erneut aus der Nähe, oftmals aus demselben Blickwinkel wie der Erwachsene, und zeigten von dort aus auf einen salienten Teil. Kollegen haben das Versuchsparadigma in eine Spracherwerbsstudie umgewandelt, indem sie den Erwachsenen ›Oh schau mal, ein Modi!‹ sagen ließen, als er mit Überaschung auf den Gegenstand blickte.[28] In einer darauffolgenden Testphase zeigte sich, dass die Zweijährigen ›Modi‹ für eine Bezeichnung des ganzen Gegenstandes oder eines bestimmten Teils hielten, je nachdem, in welcher experimentellen Bedingung sie sich befanden. Dieses Ergebnis ist informativ dafür, wie Kinder Worte lernen und wie ihnen diese beigebracht werden: zunächst wird holistisch vom Objekt ausgegangen und erst später, wenn das Objekt bereits als bekannt vorausgesetzt werden kann, kommt die Bezeichnung von Teilen hinzu.

In ihrer Gesamtheit betrachtet zeigen diese Studien, dass das gemeinsame Aufmerken auf einen Gegenstand hilfreich und zu Beginn der Entwicklung möglicherweise sogar notwendig ist, um zu registrieren, womit sich jemand befasst oder beschäftigt. Eine distanzierte Beobachtung Dritter, an deren Handlungs- und Aufmerksamkeitsbezügen das

---

27 H. Moll/C. Koring/M. Carpenter/M. Tomasello, »Infants determine others' focus of attention by pragmatics and exclusion«, in: *Journal of Cognition and Development* 7/3 (2006), 411-430.

28 S. Grassmann/M. Stracke/M. Tomasello, »Two-year-olds exclude novel objects as potential referents of novel words based on pragmatics«, in: *Cognition* 112 (2009), 488-493.

Kind keinen Anteil nimmt, ist gegenüber dem gemeinsamen Aufmerksamkeitsbezug nachrangig. Entgegen intellektualistischer Konzeptionen, nach denen gemeinsame Aufmerksamkeit auf gegenseitigen Wissenszuschreibungen (common knowledge) basiert, legen diese Befunde nahe, dass diese Art Zuschreibungen aus den gemeinsamen Aufmerksamkeitsbezügen erst hervorgehen.[29] Ein Verstehen der individuellen Bezüge des anderen ist für die Bildung gemeinsamer Aufmerksamkeit nicht erforderlich, sondern hat dort seinen Ursprung.[30]

In den frühen Episoden gemeinsamer Aufmerksamkeit von Kind und Erwachsenem aktualisiert sich eine besondere Form von ›Wir‹. Diese ist nicht einfach eine kollektive Wir-Form, die aus einem symmetrischen ›Ich‹ und ›Du‹ zusammengesetzt ist, wie das bei miteinander kooperierenden Erwachsenen oder auch etwas älteren Kindern der Fall ist. Vielmehr ist, wenigstens aus Sicht des Kleinkindes, dieses Wir als ein ›primitives Wir‹ zu verstehen, aus dem ›Ich‹ und ›Du‹ sich erst noch herausschälen müssen. Sicher ist jedenfalls, dass die ersten Schritte sozialen Lernens nicht durch Beobachtung *Dritter* erfolgen, sondern durch gemeinsame Aufmerksamkeitsbildung mit und Imitation von *zweiten* Personen.[31] Dritte Personen sind nach diesem Verständnis potentielle zweite Personen.

Die Herausforderungen eines Verstehens von ›Sehen‹

Wahrnehmung wird gemeinhin für primär gehalten. Entlang der geläufigen ›Schichtenkonzeption‹ menschlicher Kognition bildet sie die Basis für die sogenannten höheren kognitiven Fähigkeiten, wie Erinnern, Aufmerken, Kennen, Wissen etc., die auf ihr aufsitzen. Nach diesem Modell wäre zu erwarten, dass Kinder zuallererst Wahrnehmung (und auch Wahrnehmungsperspektiven) verstehen und sich dann, mit fortschreitendem konzeptuellen Verständnis, zu den höheren Vermögen ›hocharbeiten‹. So würde man davon ausgehen, dass das Verstehen bloßen instantanen Sehens dem Verstehen dessen, was jemand aus vergangener Erfahrung kennt oder womit er sich beschäftigt hat, vorausgeht. Letzteres verlangt Erinnerung an das gerade Geschehene und scheint deshalb schwieriger zu sein als ein einfacher Bericht über die Wahrneh-

---

29 P. Stekeler-Weithofer, *Formen der Anschauung*, Berlin: De Gruyter 2008.
30 Siehe J. Barresi/C. Moore, »Intentional relations and social understanding«, in: *Behavioral and Brain Sciences* 19/1 (1996), 107-122.
31 J. Heal, »Joint attention and understanding the mind«, in: N. Eilan/C. Hoerl/T. McCormack/J. Roessler (Hg.), *Joint attention. Communication and other minds*, Oxford: Oxford University Press 2005, 34-44; Gebauer, *Wittgensteins anthropologisches Denken*.

mungsinhalte einer anderen Person im Hier und Jetzt. Es häufen sich aber Befunde, dass die ontogenetische Entwicklung genau umgekehrt verläuft, und dass ein Verstehen ›bloßen Sehens‹ eine besondere Herausforderung darstellt.

Dies mag folgende Studie mit zweijährigen Kindern illustrieren.[32] In vier Versuchsbedingungen spielten ein Kind und ein Erwachsener wieder gemeinsam nacheinander mit zwei Gegenständen. Dem Kind wurde dann ein dritter Gegenstand präsentiert, den der Erwachsene allerdings erstmalig in der Testphase sah. In einem 2×2-Versuchsdesign wurde variiert, ob a) der Erwachsene abwesend war oder kopräsent blieb und b) ob er weiterhin mit dem Kind verbal kommunizierte, während sich das Kind mit dem dritten Gegenstand befasste. Wie in den vorherigen Studien war es die Aufgabe der Kinder zu bestimmen, welcher Gegenstand dem Erwachsenen unbekannt war, als er später eine überraschte Geste und unspezifische Aufforderung machte. Den bereits vorgestellten Ergebnissen entsprechend, wählten die Zweijährigen problemlos den richtigen Gegenstand, wenn der Erwachsene den Raum verlassen und die Kommunikation eingestellt hatte. Unter diesen Umständen hatten sie keine Schwierigkeiten, seine Unkenntnis des dritten Gegenstands zu bemerken. In allen drei anderen Bedingungen aber konnten sie die Referenz der Aufforderung nicht bestimmen und wählten die Gegenstände zufällig. Die Beeinträchtigung ihres Unterscheidungsvermögens war besonders groß, wenn der Erwachsene kopräsent war, während sie sich mit dem Zielgegenstand befassten. Kommunikation allein, ohne physische Kopräsenz des Erwachsenen, verringerte ihr Unterscheidungsvermögen zwischen ›alt‹ und ›neu‹ weniger stark.

Dieses Experiment legt nahe, dass Kinder wissen, womit sich jemand beschäftigt hat, *bevor* sie angeben können, was jemand von seiner Perspektive aus sehen kann. Wenn der Erwachsene abwesend war, fiel es den Kindern leicht zu bestimmen, welchen Gegenstand er ›verpasst‹ hatte. Blieb er aber kopräsent, so verhielten sie sich, als hätten sie den dritten Gegenstand genauso zusammen angeschaut, wie die ersten beiden. Sie verstanden nicht, dass die Sichtbarriere ihn daran hinderte, den Gegenstand wahrzunehmen. Dieses Ergebnis steht in Einklang mit anderen Studienresultaten, die Kleinkindern eher schwache Fähigkeiten beim einfachen visuellen Perspektivenwechsel attestieren. Wenn ein Erwachsener in Richtung eines Gegenstandes blickt und das Kind zu beurteilen hat, ob der Erwachsene diesen sieht oder, aufgrund einer Barriere, nicht sieht, haben Kinder unter 2 bis 3 Jahren große Schwie-

---

32 Moll/Carpenter/Tomasello, »Fourteen-month-olds know what others experience only in joint engagement«.
33 N. McGuigan/M. J. Doherty, »The relation between hiding skill and judgment of eye direction in preschool children«, in: Developmental Psy-

rigkeiten.[33] Zusammenfassend lässt sich sagen, dass es Kindern in den ersten beiden Lebensjahren nicht möglich ist anzugeben (verbal oder durch entsprechende Handlungen), was genau ein anderer aus seiner visuellen Perspektive wahrnimmt – auch dann nicht, wenn die räumlich-projektiven Anforderungen minimal sind. Gleichzeitig sind sie, wie oben erläutert, sehr wohl in der Lage zu bestimmen, womit sich jemand (mit ihnen gemeinsam) beschäftigt hat.

Es scheint, dass Kinder zunächst ein unspezifisches Verständnis von ›Engagement‹ (auf etwas aufmerken, mit etwas befasst sein) entwickeln. Jemand befasst sich in ihren Augen mit einer Sache, wenn er sich ihr nähert, ihr zugewandt ist usw. Der ›posturalen‹ Komponente von Aufmerksamkeit kommt eine große Bedeutung zu. Es besteht aber noch kein differenziertes Wissen über die spezifischen Funktionen der einzelnen Sinne, ihre epistemischen Beiträge (z.B., dass sich die Farbe eines Gegenstandes nur über den Sehsinn erschließt, seine Form aber auch taktil erfasst werden kann[34] oder ihre Glückens- und Misslingensbedingungen.

Desweiteren zeigt die Studie, dass Kleinkinder, wenn sie mit anderen zusammen sind, oft von einem ›geteilten perzeptiven Raum‹ ausgehen. Dass die physische Kopräsenz des Erwachsenen die Kinder besonders hierzu veranlasste, stimmt mit der Idee überein, Kopräsenz sei der beste Indikator für geteilte Erfahrungen.[35] Dies mag insbesondere bei kleinen Kindern zutreffen, bei denen die Face-to-Face-Interaktion mit geringem körperlichen Abstand die primordiale Situation gemeinsamen Erlebens darstellt – welches genau der Situation entspricht, die in den Versuchsbedingungen mit der Sichtbarriere simuliert wurde. Die Tatsache, dass auch die verbale Kommunikation eines physisch Abwesenden die Leistung der Kinder beeinträchtigen konnte (wenngleich in geringerem Ausmaß), zeigt, dass auch sprachlicher ›Kontakt‹ den Eindruck eines gemeinsamen visuellen Raumes erwecken kann. Dies stimmt mit der Erfahrung überein, dass Kinder viel Erfahrung benötigen, um vernünftig telefonieren und verstehen zu können, dass ihr Konversationspartner am Telefon nicht Dasselbe sieht wie sie – und somit auch ihre visuelle Gesten und demonstrativen Ausdrücke wie »Dieses hier!« nicht wahrnimmt bzw. nachvollzieht.

<blockquote>
chology 38/3 (2002), 418-427; Moll, H./Tomasello, M., »Level 1 perspective-taking at 24 months of age«, in: British Journal of Developmental Psychology 24 (2006), 603-613.

34 D. O'Neill/S. Chong, »Preschool children's difficulty understanding the types of information obtained through the five senses«, in: Child Development 72/3 (2001), 803-815; Wimmer, H./Hogrefe, G.J./Perner, J., »Children's understanding of informational access as a source of knowledge«, in: Child Development 59 (1988), 386-396.

35 Siehe S. Schiffer, Meaning, Oxford: Oxford University Press 1972.
</blockquote>

Das Verstehen von »Sehen als« und Perspektiven

Wie erwähnt setzt eine strikte Konzeption eines Perspektivenunterschieds voraus, dass derselbe Gegenstand betrachtet wird und dieser sich nur hinsichtlich seiner ›Weise des Gegebenseins‹[36] aus den je eigenen Standpunkten unterscheidet. Selbst wenn z.b. dasselbe Auto gesehen wird, einer aber die Motorhaube und sein Gegenüber den Kofferraum anschaut, hat man es streng genommen nicht mit einer perspektivischen Differenz, sondern wiederum nur mit verschiedenen Wahrnehmungsgegenständen zu tun.[37] Erst wenn verstanden wird, dass die Motorhaube als ›zu einem hin weisend‹ oder ›von einem weg weisend‹ gesehen werden kann, ist ein Perspektivenverständnis gegeben.

Bislang hat man die Fähigkeit, sich in diesem Sinn in die Perspektive anderer zu versetzen mit dem Erwerb des Konzepts der Perspektive gleichgesetzt: ein Kind, das seine Perspektive transzendieren und die eines Anderen anerkennen konnte, verfügte damit auch zugleich über eine Einsicht in die Unterschiedlichkeit der Perspektiven. Einige neue Arbeiten aber zeigen, dass die Fähigkeit, Perspektiven *einzunehmen* (taking) und die, sich tatsächlich bewusst zu machen, dass Weltzugang (ob von Selbst oder Anderem) perspektivisch ist, zwei verschiedene Kompetenzen sind, die zu unterschiedlichen Zeitpunkten in der Entwicklung erworben werden. Letzteres Vermögen zeigt sich erst dann, wenn das Kind zwei Perspektiven gegeneinanderstellen oder *konfrontieren* (confronting) kann, ohne in ihnen einen Widerspruch zu sehen. Meine These ist, dass dieses Vermögen den Erfolg bei einer ganzen Batterie von Tests zur sogenannten ›Theory of Mind‹ im Alter von 4 bis 5 Jahren erklären kann, und dass die Rede von einer solchen Theorie durch die eines Perspektivenverständnis ersetzt werden sollte.

Der Unterschied zwischen dem Einnehmen und Konfrontieren von verschiedenen Perspektiven soll anhand folgender Untersuchungen deutlich werden. In einer Studie zeigten wir dreijährigen Kindern, dass ein blaues Bild, wenn es hinter einen gelben Farbfilter gelegt wird, grün erscheint.[38] Daraufhin wurden zwei gleiche blaue Bilder vor dem Kind positioniert. Hinter einem der beiden Bilder befand sich ein gelber Farbfilter, hinter dem anderen eine transparente Acrylglasscheibe. Ein Erwachsener, der dem Kind gegenüberstand, sah das eine Bild durch den Farbfilter, so dass es ihm grün erschien, und das andere durch die trans-

---

36 G. Frege, »Über Sinn und Bedeutung«, in: *Zeitschrift für Philosophie und philosophische Kritik*, C (1892), 25-50.
37 Perner/Brandl/Garnham, »What is a perspective problem?«.
38 H. Moll/A. N. Meltzoff, *How does it look? Level 2 perspective-taking at 36 months*, 2011.

parente Scheibe. Eines der beiden Bilder wurde also auf dieselbe Weise von Kind und Erwachsenem gesehen (blau), während das andere unterschiedlich gesehen wurde (blau von dem Kind, grün von dem Erwachsenen). Der Erwachsene machte dann eine mehrdeutige Aufforderung dem Kind gegenüber, ihm ›das Grüne‹ oder ›das Blaue‹ zu geben. Kinder im Alter von 36 Monaten wurden beiden Aufforderungen gerecht und wählten jeweils dasjenige Bild, das der Erwachsene in der entsprechenden Farbe sah. Sie konnten seine Perspektive auf die Bilder einnehmen.

Wurden die Kinder allerdings hinterher befragt, in welcher Farbe sie und der Erwachsene das jeweils unterschiedlich wahrgenommene Bild sahen, konnten sie keine richtigen Antworten geben.[39] Interessanterweise entschieden sich viele der Kinder für die Antwort ›grün‹ zur Beschreibung ihrer eigenen Wahrnehmung (obwohl sie das Bild blau sahen). Wenn man sie also dazu brachte, die beiden unterschiedlichen Perspektiven miteinander in expliziten Urteilen zu konfrontieren, gelang es ihnen nicht. Erst mit 4.5 Jahren konnten Kinder sagen, wie sie und der Erwachsene den Gegenstand sahen. Dabei war es unerheblich, ob die Antworten verbal oder per Zeigegeste auf entsprechende Farbmuster gegeben wurden. Daran lässt sich erkennen, dass die Schwierigkeit der jüngeren Kinder beim Konfrontieren von Perspektiven nicht bloß verbaler, sondern konzeptueller Natur ist.

Ein analoger Befund stammt von einer Studie zum Erkennen des Unterschieds von Sein und Schein. Es gilt als unumstritten, dass Kinder unter 4.5 Jahren nicht in der Lage sind anzugeben, dass ein Gegenstand mit einem täuschenden Aussehen wie eine Sache (z. B. ein Stein) aussehen, aber gleichzeitig eine andere (z. B. ein Schwamm) sein kann.[40] Meine These war, dass auch hier die Schwierigkeit in der Konfrontation zweier Perspektiven auf dasselbe Objekt liegt: es müssen Schein und Sein desselben Objekts konfrontiert werden. Um dies zu prüfen, haben wir Kindern die Auswahl zwischen zwei Dingen als Antwort auf die Frage gegeben, welches der Dinge ›nur so aussieht wie ein Stein‹ und welches ›ein richtiger, echter Stein ist‹. In dieser Variante, in dem das Kind nur *eine* Perspektive auf einen Gegenstand einnehmen und zwischen Gegenständen mit und ohne täuschende Erscheinung differenzieren musste, waren Dreijährige erfolgreich.[41] Sie unterschieden

39 Moll, H./Meltzoff, A. N./Merzsch, K./Tomasello, M.: Taking versus confronting visual perspectives in preschool children. (eingereicht)
40 Siehe J. H. Flavell, »Perspectives on perspective taking«, in: H. Beilin/P. B. Pufall (Hg.), *Piaget's theory. Prospects and possibilities*, in: dies., *The Jean Piaget symposium series*, Bd. 14, Hillsdale [NJ]: Erlbaum 1992, 107-139.
41 H. Moll/M. Tomasello, »Three-Year-Olds Understand Appearance and Reality – Just Not About the Same Object at the Same Time« (in Druck).

kompetent zwischen echten Exemplaren einer Gattung und Dingen, die nur wie welche aussahen. Auch bei konzeptuellen Perspektiven ist es also deren Konfrontation auf einen Gegenstand, die Kindern unter vier Jahren Probleme bereitet.

Entgegen der traditionellen Annahme liegt die Hürde bei dem Verstehen von Perspektiven nicht darin, die eigene Perspektive zugunsten einer ›fremden‹ aufzugeben. Haben Kinder einmal verschiedene Perspektiven kennengelernt, bereitet ihnen der Wechsel zwischen ihnen kaum Schwierigkeiten. Egozentrismus ist ein irreführendes Konzept, insofern es nahelegt, das Kind habe eine tiefere Verbindung zu der je eigenen Perspektive und verstehe diese besser als die der anderen. Da sich beim Konfrontieren von *konzeptuellen* Perspektiven – wo von ›fremd‹ und ›eigen‹ ja keine Rede sein kann – aber dieselben Schwierigkeiten ergeben wie bei der Konfrontation der eigenen Sichtweise mit der eines anderen, ist das Problem woanders zu verorten. Nicht eine angeblich schwer überbrückbare Kluft zwischen Ego und Alter hindert das Kind. Vielmehr ist das Konfrontieren von zwei zunächst widersprüchlich erscheinenden Perspektiven das Problem – ganz unabhängig davon, ob Selbst, Anderer oder überhaupt bestimmte Personen diese Perspektiven aktuell innehaben. ›Egozentrismus‹ ist nichts mehr als ein erwartbares Antwortmuster (›richtig‹ bei der Frage nach der eigenen Perspektive, ›falsch‹ bei der Frage nach der eines anderen) in einem speziellen Versuchsaufbau, in dem die Perspektiven interpersonal verteilt sind – was bei visuellen Perspektiven (die einander in der Hinsicht ausschließen, dass sie nicht von derselben Person zu einer Zeit eingenommen werden können) notwendig ist. Bevor das Kind Perspektiven konfrontieren kann, versteht es aber seine eigene Perspektive ebenso wenig wie die anderer.

Wie profund und pervasiv die Unfähigkeit zur Konfrontation von Perspektiven bei Kindern unter 4 Jahren ist, lässt sich anhand des berühmten Hasen-Enten-Kopfs illustrieren. Kinder im Alter von zwei Jahren erkennen problemlos Hasen und Enten auf nicht-ambigen Bildern. Sie kennen die Bezeichnungen ›Hase‹ und ›Ente‹ und verwenden diese richtig. Wenn man aber Kindern zwischen zwei und vier Jahren den Bildhasen vorlegt und sie fragt, was sie sehen, so nennen sie entweder den Hasen oder die Ente, nicht aber beide. Auch Hilfestellungen in Form von suggestiven Fragen (›Ist da noch ein anderes Tier?‹) ändern nichts an ihrer ›Aspektblindheit‹.[42] Das sich zwischen 4 und 5 Jahren

---

42 L. Wittgenstein, *Philosophische Untersuchungen,* Suhrkamp: Frankfurt 2001.

43 M. J. Doherty/M. C. Wimmer, »Children's understanding of ambiguous figures. Which cognitive developments are necessary to experience reversal?«, in: *Cognitive Development* 20 (2005), 407-421.

entwickelnde Vermögen, beide Tiere in derselben Zeichnung zu sehen, korreliert stark mit dem Lösen anderer Aufgaben, wie dem Verstehen von Homonymie[43] und Kontrafaktizität.[44] Den gemeinsamen Nenner dieser Aufgaben sehe ich in der Notwendigkeit, verschiedene Perspektiven auf denselben Gegenstand (Bild, Wort, Sachverhalt) konfrontieren zu können. Wie durchschlägig dieses Vermögen ist, zeigt sich daran, dass bei seinem Fehlen selbst etwas derart Fundamentalem wie der Gestaltwahrnehmung Grenzen gesetzt sind, wie am Beispiel des ambigen Bildmaterials deutlich wurde.

Abschließende Bemerkungen

Eine wichtige Frage, die noch offensteht, ist, wie Kinder von der einen Stufe auf die nächste gelangen und wie es ihnen gelingt, zunächst verschiedene Perspektiven nacheinander einnehmen und später miteinander konfrontieren zu können. Babies, die oft noch vor ihrem ersten Geburtstag beginnen, mit anderen Personen gemeinsam auf Dinge aufzumerken, bedenken in keiner Weise, dass der gemeinsame Anschauungsgegenstand sich ihrem Gegenüber aus einer anderen Perspektive darbietet als ihnen selbst. Doch wenn der gemeinsame Fokus einmal stabil ist und der betrachtete Gegenstand als bekannt vorausgesetzt werden kann, beginnen Erwachsene in kommunikativen Akten, die Aufmerksamkeit des Kindes auf bestimmte Teile und Aspekte des Gegenstandes zu lenken. So lernt das Kind, mal den einen und mal den anderen Aspekt oder Teil zu beachten und zu benennen. Es nimmt verschiedene perzeptuelle und konzeptuelle Perspektiven ein und kann zwischen diesen flexibel wechseln. Diese Perspektivenwechsel werden auch im solitären Spiel, oft begleitet von (zu unrecht als egozentristisch bezeichneten) Monologen, weiter eingeübt. In diesem Stadium müsste das Kind, im Rahmen einer Bildergeschichte mit einem Hasen als Protagonisten das darin eingebaute Hasen-Enten-Bild problemlos als Hasen erkennen, und zu einem anderen Zeitpunkt, im Rahmen einer Bildergeschichte über eine Ente, dasselbe ambige Bild als Ente sehen. Allerdings macht es sich auch auf dieser Stufe noch nicht bewusst, dass derselbe Gegenstand von verschiedenen, einander ausschließenden visuellen Perspektiven oder durch unterschiedliche konzeptuelle ›Brillen‹ gesehen werden kann. Es reflektiert sein ›Aufhaben‹ und ›Wechseln‹ dieser Brillen nicht, sondern schaut einfach durch sie hindurch. Ich spekuliere,

---

44 J. Kosegarten, *If a duck were a rabbit. The logic of perceptual ambiguity and the importance of context*, Unveröffentlichte Dissertation, 2009.

dass nur die gemeinsame und gleichzeitige Anschauung eines Gegenstandes, gepaart mit einem Diskurs über die verschiedenen Sichtweisen auf ihn, das Kind zu dem kritischen Sprung vom Wechseln zwischen Perspektiven über die Zeit zu deren simultaner Konfrontation führen kann. Diese Einsicht in die Perspektivität gewinnen Kinder mit etwa 4 bis 5 Jahren. Sie erlaubt es ihnen nicht nur, verschiedene Wahrnehmungsweisen gegenüberzustellen, sondern öffnet ihnen den Horizont zu vielen denkbaren Alternativen und Möglichkeiten.

Literatur

Barresi, J./Moore, C., »Intentional relations and social understanding«, in: *Behavioral and Brain Sciences* 19/1 (1996), 107-122.

Bates, E., *Language and context. The acquisition of pragmatics*, New York: Academic Press 1976.

Bruner, J.S., *Child's talk. Learning to use language*, New York: Norton 1983.

Carpendale, J.I.M./Carpendale, A.B., *The development of pointing. From personal directedness to interpersonal direction*, in: *Human* Development 53 (2011), 110-126.

Carpenter, M./Nagell, K./Tomasello, M., »Social cognition, joint attention, and communicative competence from 9 to 15 months of age«, in: *Monographs of the Society for Research in Child Development* 63/4 (1998).

Davidson, D., *Subjective. Intersubjective. Objective*, Oxford: Oxford University Press 2001.

Doherty, MJ./Wimmer, M.C., »Children's understanding of ambiguous figures. Which cognitive developments are necessary to experience reversal?«, in: *Cognitive Development* 20 (2005), 407-421.

Etienne, A.S., »The meaning of object permanence at different zoological levels«, in: *Human Development* 27 (1984), 309-320.

Flavell, J.H., »Perspectives on perspective taking«, in: H. Beilin/P.B. Pufall (Hg.), *Piaget's theory. Prospects and possibilities*, in: dies., *The Jean Piaget symposium series*, Bd. 14, Hillsdale [NJ]: Erlbaum 1992, 107-139.

Frege, G., »*Über Sinn und Bedeutung*«, in: *Zeitschrift für Philosophie und philosophische Kritik*, C (1892), 25-50.

Gebauer, G., *Wittgensteins anthropologisches Denken*, München: C.H. Beck 2009.

Gibson, J.J., *The ecological approach to visual perception*, Boston: Houghton Mifflin 1979.

Grassmann, S./Stracke, M./Tomasello, M., »Two-year-olds exclude novel objects as potential referents of novel words based on pragmatics«, in: *Cognition* 112 (2009), 488-493.

Heal, J., »Joint attention and understanding the mind«, in: N. Eilan/C. Hoerl/T. McCormack/J. Roessler (Hg.), *Joint attention. Communication and other minds*, Oxford: Oxford University Press 2005, 34-44.

Heidegger, M., *Sein und Zeit*, Tübingen: Max Niemeyer Verlag 1927.
Kaminski, J./Riedel, J./Call, J./Tomasello, M., »Domestic goats, Capra hircus, follow gaze direction and use social cues in an object choice task«, in: *Animal Behaviour* 69/1 (2005), 11-18.
Kobayashi, H./Koshima, S., »Unique morphology of the human eye and its adaptive meaning. Comparative studies on external morphology of the primate eye«, in: *Journal of Human Evolution* 40 (2001), 419-435.
Kosegarten, J., *If a duck were a rabbit. The logic of perceptual ambiguity and the importance of context*, Unveröffentlichte Dissertation, 2009.
Leavens, D./Hopkins, W.D./Bard, K.A., »Understanding the point of chimpanzee pointing. Epigenesis and ecological validity«, in: *Current Directions in Psychological Science* 14 (2005), 185-189.
Liszkowski, U./Carpenter, M./Henning, A./Striano, T./Tomasello, M., »Twelve-month-olds point to share attention and interest«, in: *Developmental Science* 7/3 (2004), 297-307.
Masataka, Nobuo: »From index-finger extension to index-finger pointing: ontogenesis of pointing in preverbal infants.«, in Sotaro Kita (Hg.), *Pointing: Where Language, Culture, and Cognition Meet*, Mahwah, NJ: Lawrence Erlbaum 2003, 69-84.
McGuigan, N./Doherty, M.J., »The relation between hiding skill and judgment of eye direction in preschool children«, in: *Developmental Psychology* 38/3 (2002), 418-427.
Moll, H./Carpenter, M./Tomasello, M., »Fourteen-month-olds know what others experience only in joint engagement«, in: *Developmental Science* 10/6 (2007), 826-835.
Moll, H./Koring, C./Carpenter, M./Tomasello, M., »Infants determine others' focus of attention by pragmatics and exclusion«, in: *Journal of Cognition and Development* 7/3 (2006), 411-430.
Moll, H./Meltzoff, A.N., »How does it look? Level 2 perspective-taking at 36 months«, in: *Child Development* 82 (2), 661-673.
Moll, H./Meltzoff, A.N./Merzsch, K./Tomasello, M.: Taking versus confronting visual perspectives in preschool children. (eingereicht)
Moll, H./Tomasello, M., »Level 1 perspective-taking at 24 months of age«, in: *British Journal of Developmental Psychology* 24 (2006), 603-613.
Moll, H./Tomasello, M., »How 14- and 18-month-olds know what others have experienced«, in: *Developmental Psychology* 43/2 (2007), 309-317.
H. Moll/M. Tomasello, »Three-Year-Olds Understand Appearance and Reality – Just Not About the Same Object at the Same Time« (in Druck).
Moll, H./Richter, N./Carpenter, M./Tomasello, M., »Fourteen-month-olds know what ›we‹ have shared in a special way«, in: *Infancy* 13/1 (2008), 90-101.
O'Neill, D./Chong, S., »Preschool children's difficulty understanding the types of information obtained through the five senses«, in: *Child Development* 72/3 (2001), 803-815.
Pack, A.A./Herman, L.M., »Bottlenosed dolphins (*Tursiops truncatus*) comprehend the referent of both static and dynamic human gazing and

pointing in an object-choice task«, in: *Journal of Comparative Psychology* 118 (2004), 160-171.
Perner, J./Brandl, J. L./Garnham, A., »What is a perspective problem? Developmental issues in belief ascription and dual identity«, in: *Facta Philosophica* 5 (2003), 355-378.
Schiffer, S., *Meaning*, Oxford: Oxford University Press 1972.
Schloegl, C./Kotrschal, K./Bugnyar, T., »Gaze following in common ravens, *Crvus corax*. Ontogeny and habituation«, in: *Animal Behaviour* 74 (2007), 769-778.
Stekeler-Weithofer, P., *Formen der Anschauung*, Berlin: De Gruyter 2008.
Tomasello, M./Hare, B./Agnetta, B., »Chimpanzees, *Pan troglodytes*, follow gaze direction geometrically«, in: *Animal Behavior* 58/4 (1999), 769-777.
Tomasello, M./Hare, B./Lehmann, H./Call, J., »Reliance on head versus eyes in the gaze following of great apes and human infants. The cooperative eye hypothesis«, in: *Journal of Human Evolution* 52 (2007), 314-320.
Werner, H./Kaplan, B., *Symbol formation. An organismic-developmental approach to language and expression of thought*, London: John Wiley & Sons 1964.
Wimmer, H./Hogrefe, G. J./Perner, J., »Children's understanding of informational access as a source of knowledge«, in: *Child Development* 59 (1988), 386-396.
Wittgenstein, L., *Philosophische Untersuchungen*, Suhrkamp: Frankfurt 2001.

Petra Gehring
Lesen als Denken ohne Subjekt

»Auf der Bühne des Textes keine Rampe...«[1]

Lesen ist eine profane Praktik, die zum kulturellen Grundrauschen gehört. Wie das Schreiben spielt es gleichwohl eine Schlüsselrolle für die Art und Weise, in welcher wir in Europa dasjenige professionalisieren, was wir Denken nennen. Wir denken lesend. Ein Gutteil dessen, was die Philosophie »Erkenntnistheorie« nennt, könnte mit gutem Recht »Lesetheorie« heißen, wenn für die Benennung der Domäne nicht das Ergebnis, sondern die für das Ergebnis ausschlaggebende Praktik zählte. Und auch die transdisziplinäre Jokerkategorie »Wissen« meint fast immer gelesenes Wissen oder zumindest etwas, das lesbar ist respektive lesbar zu machen sein soll. Schreiben, Lesen, Reden und Zuhören bilden einen Ring von Elementartechniken, aus welchen die denkende Arbeit in der Wissenschaft sich zusammensetzt, und auch das Tun der Philosophie ist von diesem Ring umgeben. Gemessen an der Bedeutung, die Schreiben, Lesen, Reden, Zuhören für die Theoriebildung haben, ist allerdings erstaunlich, wie wenig Theorie diese Seite der Pragmatik ihrer selbst reflektiert. Schrift und Gespräch werden immerhin ab und zu Thema. Kaum Beachtung aber findet das Lesen in seiner spezifisch technischen Bedeutung für die Frage, was sich im Denken – als denkender Textarbeit nämlich – zeigt.

Dass das Leseapriori der Wissenschaft und wohl auch der Philosophie ein historisches Apriori ist, hat die historische Forschung gezeigt. Das Phänomen »Text« trat aus der Buchseite wahrscheinlich erst nach Jahrhunderten eines eher an der Funktion einer Partitur zum Sprechen orientierten, christlichen Buchgebrauchs heraus. Die bildungsbürgerliche Unbedingtheit des Lesens von Ganztexten ist also wohl eine verlierbare Errungenschaft der intensiven Buchkultur der Neuzeit. Ivan Illich hat diese Einsicht in einer Weise formuliert, die sowohl dem mittelalterlichen Buchgebrauch, für welchen Hinschreiben, Sprechen und Lesen fast eins sind, ein Denkmal setzt als auch der großen Zeit danach: der Epoche des wissenschaftlichen Textverhältnisses und seiner autorschaftlichen Askese.[2] Illich stellt eine melancholische Diagnose. Er sieht die Kunst des Schriftgebrauchs schwinden. Wissen wir aber,

---

1 Roland Barthes, *Die Lust am Text* (1973), Frankfurt am Main: Suhrkamp 1986, 25.
2 Ivan Illich, *Im Weinberg des Textes. Als das Schriftbild der Moderne entstand* (1990), Frankfurt am Main: Luchterhand 1991.

wie philosophisches Arbeiten heute nicht nur im Schreiben, sondern auch und vor allem (wenn auch möglicherweise anders als früher) im Medium professionellen Lesens verankert funktioniert? Und wären Erkenntnistheorien möglich, die dem Praxisapriori des Denkens nicht nur pauschal gerecht würden, sondern auch die gelebte Spezifik der technischen Gegebenheiten ihrer eigenen Zeit reflektieren könnten?

1. Was der Philosoph tut

Über Lesesessel oder Lesetechniken der Theoriebildung ist wenig bekannt. Der Diskurs der Philosophie verhandelt das Denken gern ergebnisorientiert: von der Wahrheit her oder aber als Optimierung von Wegen, die zu »wahrem« Erkennen führen. Inzwischen ist zwar der Blick auf die Schrift gefallen und allgemeiner auf Performanz und Medialität: Die *écriture*, die *différance*,[3] die variable Technizität der Spur[4] sind nicht nur Vorbedingungen des Sinns. Sie beinhalten vielmehr Entscheidungen darüber, in welchen Formen wir ihn kultivieren und wie die Gebrauchsregeln der mit ihm verbundenen Wirklichkeitswerte aussehen. Die Genealogie solcher Entscheidungen schreiben hieße womöglich eine Art Geschichte der Seinsweise Europas gewinnen – einschließlich der Philosophie.[5]

Die Frage danach freilich, wie es geht, dass sich im Lesen etwas zeigt, geht in Großtheorien des Schrift-Sinns unter. Auch der Empirieschub der Wissenschaftsforschung hat zwar jede Menge Beobachtungen dazu versammelt, wie Naturwissenschaftler und Ingenieure mit Werkzeugen und Objekten hantieren, aber noch keine Phänomenologien des Schreibens oder des Lesens hervorgebracht. Eine Laborforschung der Geisteswissenschaften gibt es nicht. Selten finden wir im Blick auf das Tun des Philosophen überhaupt Schreiben und Lesen unterschieden. Philosophische Theorien bringen Einzelheiten allenfalls in sublimierter Form ins Spiel: Sie verwenden das Profane, das sie entstehen ließ, als Metapher.[6] Kunstvoll und indirekt bleiben Schreiben wie Lesen dann Stilisierungen ihrer selbst.

3 Jacques Derrida, *Grammatologie* (1967), Frankfurt am Main: Suhrkamp 1974.
4 Zum Lesen als Zugangsweise auch zu technisch erzeugten Spuren, insbesondere in der Gewinnung naturwissenschaftlicher Erkenntnisse, vgl. Sybille Krämer/Werner Kogge/Gernot Grube (Hg.), *Spur. Spurenlesen als Orientierungstechnik und Wissenskunst*, Frankfurt am Main: Suhrkamp 2007.
5 Im Anschluss an Heidegger und Derrida dazu Bernard Stiegler, *Technik und Zeit. Der Fehler des Epimetheus* (1994), Zürich/Berlin: Diaphanes 2009.

Besonders wenig wissen wir in dieser Lage vom praktischen Zusammenwirken dessen, was als »Schreiben« und »Lesen« zu unterscheiden ist, im Flug der vielfältigen Handgriffe, welche die Arbeit am Schreibtisch prägen, ja aber auch untrennbar wird. Wir hantieren – leicht, schwer, dünnhäutig, umgebungsvergessen – mit Buchstaben, Worten, Sätzen, Texten. Zugleich widerfährt uns etwas. Buchstaben, Wörter, Sätze laufen durch uns hindurch. Wie geht das? Handelt es sich eher um formgebende Arbeit oder eher um eine Art Hinhören, eine Teilhabe an Sprache? Dass der Schreibende nicht schreibe, sondern von der Sprache geschrieben wird, ist ein Topos der modernen Literatur. Der vermeintlich kompakte Schreibakt löst sich bei näherer Betrachtung auf in einer Fülle von unüberschaubaren Vollzügen. Was das Denken angeht, welches diese Vollzüge überspannt, liegen ähnlich drastische Formulierungen nahe. »Wenn wir versuchen, über das Denken nachzudenken, wird das Objekt unserer Untersuchung verinnerlicht und in diesem Prozeß zerstreut.«[7] Vom Lesenden – der vergleichsweise schlicht erscheinenden rezeptiven Interaktion mit dem beschrifteten Blatt, dem bedruckten Bogen, dem Monitor – könnte man wohl gleiches sagen. Gleichwohl ist Lesen ein Tun, sogar ein sehr vertrautes Tun, an dem nicht viel Mystisches ist.

Im Folgenden ist von spracherwerbsorientierter, kognitionswissenschaftlicher, psychologischer oder pädagogischer Leseforschung, die sich mit Fragen der »Lesekompetenz«, des Spracherwerbs und der Leseleistungssteigerung befasst oder auch »Lesestörungen« behandeln will, nicht die Rede.[8] Ebenso schiebe ich generalisierende Verwendungen des Terminus »Lektüre« beiseite, wie sie im Umfeld der Dekonstruktion gebräuchlich sind, die das Lesen zum Sammelnamen aller möglichen an Zeichen ausgeübten Deutungspraktiken gemacht hat. Wenn Derrida der abendländischen Präsenzmetaphysik mittels eines Medien-, Schrift- oder eben auch Leseapriori beggnen will und dekonstruktivistische Schreibverfahren in Gänze »Lektüren« nennt, so ist das philosophisch legitim. Es schränkt aber eben auch ein, denn Formeln wie »Lesen ist Dekonstruktion«[9] bleiben bewusst selbstbezüglich, sie ergeben gerade keinen lesephänomenologischen Zugang.

6 Hans Blumenberg, *Die Lesbarkeit der Welt* (1981), Frankfurt am Main: Suhrkamp 1986.
7 George Steiner, *Warum das Denken traurig macht* (2005), Frankfurt am Main: Suhrkamp 2006, 8.
8 Vgl. als – auch historischer und mediensoziologischer – Überblick Bodo Franzmann/Dietrich Löffler/Erich Schön u. a. (Hg.), *Handbuch Lesen*. München: K. G. Saur 1999.
9 Bettine Menke, »Dekonstruktion – Lektüre. Derrida literaturtheoretisch«, in: Klaus Michael Bogdal (Hg.), *Neue Literaturtheorien. Eine Einführung*, Göttingen: Vandenhoek & Rupprecht 2005, 242-267.

Ich möchte stattdessen die Frage nach dem Lesen möglichst eng an die praktisch erfahrbaren Züge der Textarbeit knüpfen. Gegliedert sind meine Überlegungen hierzu in drei Teile. Zunächst soll zur Klärung von Ausgangspunkten an zwei einschlägige Theorieangebote erinnert werden. Sie arbeiten beide die Fragilität des Gegenstandes heraus, gehen nah und doch grundsätzlich an den Leseprozess heran, und sie entziehen das Lesen einfachen begrifflichen Alternativen. Von hier ausgehend möchte ich Eckpunkte formulieren, die auf einen phänomenologischen Zugang zum Lesen abzielen, welcher auf subjektphilosophische und auch anthropologische Vorannahmen verzichtet – zugunsten einer näher zu untersuchenden Autonomie des Leseprozesses selbst.

2. Lesetheorien in der Philosophie

Dass man dem Lesen weder mittels empirischer Verhaltensforschung noch mittels intellektualistischer oder mentalistischer Erkenntnistheorien gerecht werden kann, soll hier nicht ausführlich begründet werden. Lesen entzieht sich einfacher Objektivierung. Weder bietet uns die Sprache im Wesentlichen »Worteindrücke«, reizartige Elemente, die gleichsam von außen auf uns treffen, um dann im Zuge des Leseprozesses – transformiert in Hirn- oder Seelenspuren – »in« uns auf intentionsneutralem Wege ein Verständnis zu erzeugen. Noch bewerten wir in unserem Inneren stumme, etwa muster- oder bildförmige, aber doch schon hinreichend vorgeprägte Ideen, die sich im dann im Leseprozess nur noch Aktivierung oder Reaktivierung suchen müssten. So wenig beim Lesen der Text lediglich in der Art eines sinnlichen Stimulus auf uns einwirkt, so wenig verwenden wir Texte bloß als Anlass, ihnen ihren anderswo bereitliegenden Sinn gleichsam nur mehr zuzuordnen.

Texte sind vielmehr als solche mit dem Sinn, den sie vermitteln, vollzugsförmig verbunden. Sie sind mitsprechende Dinge, einem kommunizierenden Menschen gar nicht unähnlich[10], dabei angetan mit einer gewissen Eigenständigkeit sowie von einer offenkundigen Technizität im Gebrauch. Texte sind »Medien«, so pflegt man das auf einen, allerdings sehr allgemeinen Begriff zu bringen.[11] Diese Charakterisierung von Lesbarem als Medium soll besagen, dass Texte in ihrer Materiali-

---

10 Kurt Röttgers (*Texte und Menschen*, Würzburg: Königshausen und Neumann 1983) spricht daher – tautologisch bekräftigend – vom »kommunikativen Text«.
11 Falsch liegt man mit der Verwendung des Medienbegriffes nie. Das freilich ist gerade das Problem: Die Semantik des Medienbegriffes – Mitte, Mittel, Vermittlung – lässt eine Überfülle von Verwendungsweisen zu. Man kann das Intermediäre, die Materialität, die Zwischschlächtigkeit,

tät untrennbar mit dem komplexen, sinnstiftenden Umgang verbunden sind, den wir mit ihnen pflegen, und also unmittelbar – phänomenologisch gesprochen: »konstitutiv« – verwickelt sind in die Genese des Sinnes.

Umgekehrt gilt daher: Sinn ist textrelativ. Und zwar nicht nur relativ auf eine gewisse ideale Bedeutungsanordnung, die in den Zeichen vorfindlich ist, oder auf Regeln eines Sprachgebrauchs, die sich in einem konkreten Satzgefüge manifestieren, sondern tatsächlich relativ auf eine Physis, auf ein Hingeschriebensein oder vielleicht ein wenig vorsichtiger formuliert: relativ auf »lesbare« Materialität.

Ganz neu sind diese Einsichten nicht. Namentlich der auf Probleme literarischer Selbstreflexivität spezialisierten romantischen Philosophie ist es ein Anliegen, das Lesen – jenseits allzu schlichter Erkenntnistheorien – von einer Eigenmacht der Worte und einer gewissen materiellen Rauheit des Buchstäblichen her zu denken. Texte sind nicht nur im übertragenen Sinne sinnlich, sondern geben Impulse, stecken an. Dies ist eine Intuition, welche schon die medientheoretischen Spekulationen der Frühromantik bewegte, für welche das Lesen etwas auf stoffliche Weise Magisches, zum Beispiel etwas »Elektrisches« hat. Bemerkenswert ist, wie die Romantik dem Lesen sein gesondertes Feuer zuspricht, ihm geradezu die Rolle eines kraftvollen Gegenpols zum Schreiben und damit eine – in der Rezeption gleichwohl aktive – Eigenständigkeit zuweist. Dem Lesen liege die »Affektion« eines gesonderten, nicht auf das Denken oder die Textproduktion gerichteten, sondern spezifisch der Philologie – der Textliebe – gewidmeten Triebes zugrunde. Lesen heiße, »den philologischen Trieb befriedigen, sich selbst literarisch affizieren«, lautet eine These Friedrich Schlegels, der fortsetzt: »Aus reiner Philosophie oder Poesie ohne Philologie« könne man »wohl nicht lesen« und auch nicht aus Liebe zur Kunst.[12] Schlegel betont die praxeologische Eigenständigkeit des Lesevorgangs. Im Reich des Zustandekommens von Sinn handelt es sich um einen Modus eigenen Rechts. Weder das Verhältnis des Lesens zum Schreiben (der Poesie) noch der Zusammenhang

---

die Überdeterminiertheit, die Unspürbarkeit, den Werkzeugcharakter, die Alterität, die lose Kopplung, die Botenform, die Qualität, immer auch »Handlung« zu sein, oder den allgemeinen Prozesscharakter des Mediums betonen. Zumeist schwingt Mehreres mit, wenn man die medialen Eigenschaften von Texten hervorhebt und den Umgang mit Texten als Mediengebrauch charakterisiert. Viel gesagt ist aber noch nicht. Zu entsprechenden Schwierigkeiten einer »Medienphilosophie« vgl. Stefan Münkler/Alexander Roesler/Mike Sandbothe (Hg.), *Medienphilosophie. Beiträge zur Klärung eines Begriff*, Frankfurt am Main: Fischer 2003.

12 Friedrich Schlegel, *Athenäum-Fragmente*, in: *Kritische Friedrich Schegel Ausgabe II*, Paderborn/München/Wien: Schöningh 1967, 239 [Nr. 391].

des Lesens mit dem, was wir Denken nennen (der Philosophie), darf als einfaches Kontinuum gelten oder versteht sich sonst von selbst.

3. Das Lesen als Akt: Phänomenologie des Interpretierens bei Wolfgang Iser

Von einer Eigenlogik des Lesens geht im 20. Jahrhundert auch die – unter anderem durch ihre Analyse des Lesens für die Literaturtheorie zum Klassiker gewordene – Ästhetik und Theorie der Rezeption von Wolfgang Iser aus. Diese ästhetische Theorie gründet das Lesen zwar nicht auf einen gesonderten Trieb, der sich begehrensartig auf die Worte richten würde. Sie rückt es aber doch als radikal für sich zu betrachtende Praxis ins Licht.

Der Leser »weckt« den Sinn im Text, das ist Isers Grundgedanke. Mit dem Aufsatz *Die Appellstruktur der Texte* (1970) sowie mit der Monographie *Der Akt des Lesens* (1974) wendet er sich gegen eine Hermeneutik, die bei der Textinterpretation zu sehr an der Vorstellung einer die Wirkung von Texten dominierenden Autorintention klebt. Dabei geht es Iser nicht allein darum, die Karten zwischen zwei Personen neu zu verteilen – also um die Botschaft, nicht der Autor solle sich als Herr der Sinnproduktion sehen, sondern der Rezipient. Iser rückt vielmehr den Leseprozess selbst ins Zentrum seiner Konzeption, und zwar mittels einer halb hermeneutisch, halb phänomenologisch geschnittenen Analyse des Lesegeschehens als »Prozeß einer dynamischen Wechselwirkung von Text und Leser«[13].

Dies ist zum einen hermeneutisch interessant. Für die Literaturwissenschaft rückt so etwa der Befund in den Blick, dass Texte, insbesondere fiktionale Texte, den Leser als wandernden subjektiven »Blickpunkt« in ihrem eigenen Inneren vorsehen und bewegen können. Leserpositionen lassen sich in Texten regelrecht arrangieren. Solchen Kapazitäten im semantischen Aufbau stehen aber auch die gleichsam interaktiven Qualitäten von Texten zur Seite. Zum Einstieg in die Leserrolle, den der Text anbietet, gehören als Entsprechungen die Voraussetzungen des Lesevorganges selbst, welchen Iser als komplexes Bestimmungsgeschehen rekonstruiert. Texte sind nicht auf einmal erfassbar. Sie bieten sich dem sukzessiven Zugang dar und werden ebenfalls mit wanderndem Blickpunkt erschlossen, und zwar in gestalthaften Portionen, deren Gehalte sich maßgeblich aus einem Zusammenspiel von Erwartungen – Anschauungen, aber auch Leervorstellungen, also Ausgriffen ins Unbestimmte – herausbilden. »Die Sätze«, so Iser,

---

13 Wolfgang Iser, *Der Akt des Lesens* (1974), 2. Aufl., Paderborn: UTB/Fink 1984, 176.

»sind als Aussagen und Behauptungen immer Anweisungen auf
Kommendes, das durch ihren jeweils konkreten Inhalt vorentworfen
wird. Sie bringen einen Prozeß in Gang, aus dem sich der Gegenstand des Textes als Bewußtseinkorrelat zu bilden vermag.«[14]

In Anlehnung an Edmund Husserls Konzeption eines inneren Zeit-
bewusstseins, das, während es gegenwärtig vorangleitet, auch einen
Hof des Vorher und Nachher mit umfasst, spricht Iser von einem »er-
weckten« und sich ändernden »Horizont«, der sich mittels der elementaren Struktur des wandernden Blickpunktes als Korrelat des Textes
im Bewusstsein des Lesers auftut. Weiter im Bild gesprochen verschiebt
sich dieser Horizont – und dabei füllt er sich, nicht nur indem sich Anschauungen einstellen, sondern auch, sofern diese Anschauungen zum
Horizont gehörige Erwartungen treffen oder auch nicht. Iser spricht im
Blick auf solche vorgreifenden Erwartungen von »Leervorstellungen«:

> »Das Mittendrin-Sein des Lesers im Text bestimmt sich als Scheitel-
> punkt zwischen Protention und Retention, der die Satzfolge organi-
> siert und dadurch die Innenhorizonte des Textes eröffnet. Mit jedem
> einzelnen Satzkorrelat wird ein bestimmter Horizont vorentworfen,
> der sich aber sogleich in eine Projektionsfläche für das folgende Kor-
> relat wandelt und dadurch zwangsläufig eine Veränderung erfährt.
> Da das einzelne Satzkorrelat immer nur in einem begrenzten Sinne
> auf Kommendes zielt, bietet der von ihm erweckte Horizont eine
> Anschauung, die bei aller Konkretheit gewisse Leervorstellungen
> enthält; diese besitzen insofern den Charakter der Erwartung, als sie
> ihre Auffüllung antizipieren. Jedes Satzkorrelat besteht daher aus
> gesättigter Anschauung und Leervorstellung zugleich.«[15]

Evozierte Erwartungen können Zug um Zug »gesättigt« werden – oder
aber enttäuscht. Ist zweiteres der Fall, wird der Leseeindruck insgesamt blass und wenig eindrücklich ausfallen, wobei dem Leser nur ein
zunehmend unbestimmter Rahmen bleibt, in welchem er das bisher
Aufgenommene festhalten muss. Iser fasst zusammen:

> »Jeder Augenblick der Lektüre ist eine Dialektik von Protention und
> Retention, indem sich ein noch leerer, aber zu füllender Zukunfts-
> horizont mit einem gesättigten, aber kontinuierlich ausbleichenden
> Vergangenheitshorizont so vermittelt, daß durch den wandernden
> Blickpunkt des Lesers ständig die beiden Innenhorizonte des Textes
> eröffnet werden, um miteinander verschmelzen zu können.«[16]

14 Ebd., 180.
15 Ebd., 181.
16 Ebd., 183.

Aus dieser Rede von einer Horizontverschmelzung hören wir neben der Referenz auf Husserl und Roman Ingarden deutlich auch eine Anbindung an das zentrale, mit der Phänomenologie konkurrierende, textwissenschaftliche Paradigma der Zeit heraus: an die Hermeneutik Hans-Georg Gadamers.[17]

Isers Forderung, den Anteil des Lesers an der durch Texte induzierten Sinnentstehung zu erkennen, hat die Literaturwissenschaft revolutioniert und die weniger bewusstseinsphilosophischen als sprachpragmatischen Implikationen des Modells des »wandernden Blickpunktes« stark gemacht. Zugleich bleibt das Sinnverstehen zentral: Die Rezeptionsästhetik formuliert eine eher erkenntnistheoretische als psycholinguistische oder soziologische Perspektive. Im Text formieren sich die bedeutungsrelevanten Einheiten – wobei nicht »Zeichen« oder »Wort« und auch nicht die grammatischen Sätze die entscheidenden Entitäten sind, sondern gestaltförmige Zusammenhänge, welche sich umgekehrt auch nicht einfach nach dem Zugriff des Lesers richten. Sie folgen vielmehr semantischen Binnenbezügen im Text. Iser spricht von »›Autokorrelationen‹ der Textzeichen«.[18] Gleichwohl geht es ihm letztlich um ein durchaus gleichgewichtiges Zusammenspiel von Text und Leser. Was Iser auf der Seite der Leseaktivität heraushebt, sind das Erwartungsmoment, das Vorverständnis und die Fokussierungsarbeit, die der Leser am Text leistet. Dazu zeigt Iser, in welch differenzierter (und differenzierender) Weise auf die lesende Arbeit eingerichtet der Text semantische Muster bereitzuhalten vermag – bis hin zum »impliziten Leser« als einer Form, in welcher der Text sich seinerseits auf die Lektüre einrichtet und diese in mehr oder weniger entgegenkommender Weise lenkt. Beide Seiten – Text und Leser – bringen etwas ein. Und beide stehen einander zwar nicht symmetrisch gegenüber, denn durch seine Inaktivität »provoziert« der Text den Leser zunächst[19], aber sie erscheinen dennoch letztlich idealtypisch gleichstark. Mit Wilhelm Schapp spricht Iser auch vom Modus des »Verstricktseins« als derjenigen Form, in welcher wir als Lesende »in der Gegenwart des Textes sind« und ineins damit die Texte für uns zur Gegenwart werden[20], und er hält fest: Selbst wenn die pragmatische Asymmetrie zwischen der inaktiven Buchstabenanordnung und dem von Erwartungen getragenen »Akt« des Lesens stets bleibt – in dem Maße, wie der Leser jene stimulierende Spannung zwischen Text und Leseanstrengung in eine horizonterweiternde Erfahrung zu verwandeln vermag, beginnt sich

---

17 Hans-Georg Gadamer, *Wahrheit und Methode. Grundzüge einer philosophischen Hermeneutik* (1960), 3. Aufl., Tübingen: Mohr 1972.
18 Iser, *Der Akt des Lesens*, 195.
19 Vgl. ebd., 263.
20 Ebd., 214.

die Asymmetrie von Text und Leser »aufzuheben«, und zwar »in die Gemeinsamkeit einer Situation«.[21]

4. Die Lektüre als leibliche Geste: Lesephänomenologie bei Maurice Merleau-Ponty

Auch in den sprachphilosophischen Überlegungen des Phänomenologen Maurice Merleau-Ponty findet sich eine Theorie des Lesens. Sie ist nicht vergleichbar breit ausgeführt und hat auch deutlich weniger schulbildend gewirkt, erscheint dem rezeptionsästhetischen Ansatz jedoch verwandt und steht ihm auch in ihren Bezügen auf Husserl nahe.

Merleau-Ponty schreibt in den 1940er und 1950er Jahren, setzt sich kritisch mit der Psychologie auseinander und verfolgt bezogen auf die Menschenwissenschaften ein ganz ähnliches Motiv, wie Iser es im Blick auf die hermeneutischen Disziplinen tut: Er relativiert das Gewicht des Subjekts als vermeintliche Ursprungsgröße des vorfindlichen Sinns – auch des Sinns von Texten. Vor dem Hintergrund einer Phänomenologie der wahrnehmenden Leiblichkeit fordert Merleau-Ponty von der Psychologie die Verabschiedung des Primats des solipsistischen Subjektdenkens sowie des methodischen Vorrangs der Introspektion. Mit Husserl lässt sich zeigen, dass psychologische Objektivierungen weltlos bleiben. Merleau-Pontys Wahrnehmungsphänomenologie setzt gegen das herkömmliche Paradigma des Blicks als einseitiger Pfeil, als – sei es aktive, sei es rezeptive – Bezugnahme eines Origo-Subjekts auf Objekte, das Sehen als vermittelnden Prozess. Als eine »Seinsausstrahlung«, an welcher entlang sich Sehender wie Gesehenes jeweils erst bestimmen.[22] Während sich wahrnehmendes Ich und gesehenes Objekt zu Formen einer mehr oder weniger stabilen Realität konstituieren, ist unser Körper – der mehr und anderes ist als ein Gegenstand – draußen bei den Dingen. Er ist für jegliche Sinnprozesse, auch die elaborierten, die fungierende Matrix und so gleichsam das Medium *par excellence*.

Im Wege eines kreativen Umbaus der Sprachwissenschaft Saussures bestimmt Merleau-Ponty daher auch die Sprache als leiblichen Vollzug, ohne den so etwas wie Denken nicht möglich ist. »Die Sprache setzt nicht das Denken voraus, sondern vollbringt es«[23], heißt es in der *Phänomenologie der Wahrnehmung* (1945), die zugleich versucht, dies an Beispielen – etwa dem Verständnis des Wortes »Graupeln«[24] – mög-

---

21 Vgl. ebd., 263.
22 Vgl. Maurice Merleau-Ponty, *Das Sichtbare und das Unsichtbare, gefolgt von Arbeitsnotizen* (1964), München: Fink 1986, 328.
23 Ders., *Phänomenologie der Wahrnehmung* (1945), Berlin: de Gruyter 1965, 210.
24 Ebd., 458f.

lichst erfahrungsnah zu zeigen. Auf das Lesen kommt Merleau-Ponty in dem in den 1950er Jahren entstandenen, postum edierten Manuskript *Prosa der Welt* zu sprechen:

> »Die Königswürde des Lesers ist eine bloß imaginäre, weil er seine ganze Macht aus jener höllischen Maschine bezieht, aus einem Buch als einem Apparat zur Erschaffung von Bedeutungen. Die Beziehungen zwischen dem Leser und dem Buch gleichen jenen Liebschaften, wo zunächst einer von beiden dominiert, weil er stolzer oder ungestümer war; aber bald stürzt all dies ein, und dann dominiert der verschwiegenere und weisere. Der Augenblick des Ausdrucks ist genau der, wo die Beziehung sich umkehrt, wo das Buch vom Leser Besitz ergreift.«[25]

Geschriebenes beginnt etwas auszudrücken, indem es den Leser erfasst. Zur Präzisierung dessen, was er hier als Beziehungsumkehr charakterisiert – das Herausfallen aus der mitgebrachten Bedeutungsordnung und das Hineingezogenwerden in die Lektüre – zieht Merleau-Ponty eine von ihm anderswo bereits getroffene Unterscheidung heran. Diese ähnelt der durch den Sprachwissenschaftler Ferdinand de Saussure eingeführten Differenz zwischen der *langue* als dem Sprach- bzw. Bedeutungssystem und der *parole* als der Aktualgestalt der Rede. Merleau-Ponty unterscheidet zwischen einer »gesprochenen« und einer »sprechenden« Sprache:

> »Die gesprochene Sprache, das ist jene, die der Leser mitbrachte, es ist die Menge der Bezüge zwischen den etablierten Zeichen und verfügbaren Bedeutungen, ohne die er seine Lektüre erst gar nicht hätte anfangen können und die das Sprachsystem und das Insgesamt der Texte dieser Sprache konstituiert...«[26]

Merleau-Ponty überträgt das Paradigma des fertigen Systems nicht nur auf die Gesamtheit aller Texte einer Sprache, sondern auch auf den einzelnen Text, sofern man ihn als Teil dieses Corpus betrachtet. Sein Beispiel an der fraglichen Stelle ist »Stendhals Werk, das sich, wenn es einmal verstanden ist, dem Erbe der Kultur einverleibt«.

> »Die sprechende Sprache aber ist jene Aufforderung, die das Buch an den unvorbereiteten Leser richtet; es ist jener Vorgang, durch den sich eine gewisse Anordnung von Zeichen und schon verfügbaren Bedeutungen verändert und umformt, bis ein jedes schließlich eine neue Bedeutung aussondert und zuletzt im Denken des Lesers, als ein von nun an verfügbares Instrument, die Sprache von Stendhal etabliert.«[27]

25 Ders., *Prosa der Welt* (1969), München: Fink 1994, 36.
26 Ebd.   27 Ebd.

Das verstandene Werk auf der einen Seite, auf der anderen die Herausforderung des dem Leser entgegentretenden, erst noch zu lesenden Buchs – worauf diese Entgegensetzung abzielt, ist weniger die Abstraktheit des Sprachsystems oder dessen zeitliche und sozial größere Reichweite. Es ist vielmehr dessen Etabliertheit mitsamt der darin liegenden Fixierung und also fehlenden Formbarkeit und Neuheit des Sinns. Wie die *parole* die Bindung an das sprachliche Regelsystem der *langue* zu sprengen vermag, so sprengt die sprechende Sprache des Textes das mitgebrachte Wissen, buchstäblich die Welt des Lesers auf.

Nicht vom Autor Stendhal ist dabei im Zitat die Rede, vielmehr geht es um den Prozess, mit welchem sich eine Anordnung von Zeichen und verfügbaren Bedeutungen »umformt« und um »die Sprache von Stendhal«. In der Begegnung mit jener »höllischen Maschine« Buch, die Merleau-Ponty ganz ähnlich wie später Iser als eine durch das inaktive – hier: »verschwiegenere« – Verhalten des Buchs geprägte Begegnung umschreibt, ist es das Spiel der Zeichen und Bedeutungen, das beim Lesen Wirkung entfaltet. Vielleicht sollte man auch sagen: *als* Lesen. Das Buch oder genauer der Lektüreprozess löst die mitgebrachte Sprache gleichsam auf, überwältigt, schafft neue Formen einer neuen Bedeutung – und initiiert schließlich in eine ganze neue, ein Stück weit fremde Sprachlichkeit.

Ausdrücklich konstruiert Merleau-Ponty einen Übergang zwischen sprachlicher Auffassungsgabe und körperlicher Sinneswahrnehmung. Für das Erfassen des Sinnes prägt er außerdem die Begriffsmetapher der leiblichen »Geste« oder »Gebärde« (*geste*). Ob diese Analogie zu körperlichem Handeln an unwillkürliche oder willentliche Akte denken lassen soll, bleibt offen. Jedenfalls aber geht es um die leiblich vermittelte Direktheit und die Positivität – nämlich Zweifelsfreiheit – des Zugriffs, dem sich die Evidenz verdankt:

> »Diesen Lichtfleck, der sich als zwei verschiedene Punkte auf meiner Netzhaut abzeichnet, sehe ich als einen einzigen entfernten Flecken, weil ich einen Blick habe und einen tätigen Leib, die äußeren Nachrichten gegenüber jene Haltung einnehmen, die bewirkt, daß sich das Schauspiel organisiert, abstuft und ausbalanciert. Desgleichen gelange ich durch die zauberformelhaften Schriftzeichen hindurch direkt zum Sinn des Buches, weil ich in mir jenen seltsamen Ausdrucksapparat eingestellt habe, der dazu fähig ist, nicht nur die Worte gemäß ihrer überlieferten Bedeutungen zu interpretieren, sondern zusätzlich sich selbst durch das Buch umformen und mit neuen Organen ausstatten zu lassen.«[28]

---

28 Ebd., 37.

Das, was uns im Lesen zuwächst, gleicht einem neuen Körperorgan, nachdem wir körperlich uns durch das Buch haben umformen lassen: Neben solchen Passagen, die drastisch auf die Körperlichkeit des Lektüregeschehens abheben, argumentiert Merleau-Ponty freilich auch anders, nämlich subjektphilosophisch und geradewegs intersubjektiv. Das lesende Subjekt und das schreibende Subjekt treten im Medium der Lektüre in eine Beziehung – eine Beziehung »von Geist zu Geist«[29], und die lebendige Rede suche »die Komplizenschaft ... mit ihrem Echo«,

> »...oder – um einen kräftigeren Ausdruck von Husserl zu gebrauchen, den er für die Wahrnehmung des Mitmenschen braucht: durch die ›Paarung‹ der Sprache. Die Lektüre ist eine Auseinandersetzung zwischen dem strahlenden und unantastbaren Leib meiner Rede und dem der Rede des Autors.«[30]

Die Dimension der *langue*, der gesprochenen Sprache, kommt hier gar nicht erst vor, es begegnen und ›paaren‹ sich vielmehr zwei Varianten einer *parole*, einer sprechenden Sprache. Ob die sakral anmutende Wendung vom »strahlenden und unantastbaren Leib« der *parole* lediglich eine Metapher sein soll, ist nicht leicht zu sagen. Merleau-Ponty verwendet den Ausdruck »Leib« als eine liminale Bestimmung, die nach Möglichkeit stets *auch* auf Körperlichkeit im Wortsinn abzielt. Ist das Lesen eine leibliche Auseinandersetzung, eine Art semiologischer (im Falle wissenschaftlicher Texte: epistemischer?) Körperkontakt, in welchem sich – etwas zeigt?

5. Spielarten einer Autonomie des Lesens

Als Konzeptionen einer Autonomie des Lesens sind die beiden geschilderten Ansätze eng verwandt. Beide stützen sich auf die Husserlsche Phänomenologie – Iser über das Zeitbewusstsein, Merleau-Ponty über die ultimative Rolle sinnförmiger Leiblichkeit. Beide teilen mit der Romantik eine praxeologisch-ganzheitliche Intuition, beide fassen den Text und auch das Lesen von seiner konkreten Erfahrbarkeit her, beide denken das Wissen als gebunden nicht nur an Medien, sondern an Prozesse der Verwirklichung medial gebundenen Sinns. Allerdings lassen sich auch Differenzen der Ansätze von Iser und Merleau-Ponty finden.

Der dialektischen, als wechselseitige Interaktion ausgestalteten Figur der sich aufhebenden Verstrickung bei Iser stehen die Metaphern der Überwältigung und der Umkehrung bei Merleau-Ponty entgegen. Vielleicht sollte man von einem Harmoniegefälle sprechen: Bei Iser bietet

29 Ebd.
30 Ebd.

der Text, in dem Maße, mit dem er uns etwas zeigt, eine (wenn auch komplex geschachtelte) Vollzugsform der Konvergenz. Bei Merleau-Ponty wird der Leser von dem Text, der ihm etwas zu zeigen vermag, erfasst und verformt. Das Bild von den neuen Organen ist drastisch: Der neue Sinn wächst regelrecht fest im Leser, um ihm künftig als Erweiterung seiner sprachlichen Werkzeuge zur Verfügung zu stehen.

Die Sinneswahrnehmung wird dazu unterschiedlich modelliert und gewichtet. Hinter Isers Modell des Leseprozesses steht das Faktum, dass die Synchronwahrnehmung von Textbedeutungen nicht möglich ist. Aus der Sinnlichkeit ergibt sich ein eigentümlicher Tunnel, in welchen man sich zugunsten der wandernden Perspektive hineingleiten lässt. Lesen erzwingt Sukzession. Als Grundform der passiven Synthese sieht Iser demgegenüber die Bildwahrnehmung an, die dem Nacheinander des Lesens vorausliege.[31] Die Spezifik des Leseprozesses ist damit vor allem daraus abzuleiten, dass Texte eben gerade nicht analog zu Bildwahrnehmung rezipierbar sind, sondern zeitlich zerlegte Segmente miteinander verkettet werden und Erwartungshorizonte einander ablösen. Iser setzt also auch auf die Körperlichkeit des Leseprozesses, rückt eben deshalb aber die Bildwahrnehmung und die Textrezeption auseinander – und zwar entlang der Trennlinie simultan/sukzessiv: Die Simultanerwartung muss sich der Sukzession des Textverlaufs anpassen und fügen.

Merleau-Ponty legt das Gewicht demgegenüber auf eine Analogie zwischen Wahrnehmungsgewissheit und entsprechend simultaner Evidenz des Lesens. In dem Moment, in welchem der Sinn sich einstellt, schießt eine ganze Sprachwelt zusammen: ein »Stil« teilt sich mit.[32] Die Begriffe »Textur« und »Stil« verwendet Merleau-Ponty namentlich in seinem Spätwerk über *Das Sichtbare und das Unsichtbare* mehrfach in terminologischer Absicht – und zwar offenkundig bewusst sowohl im Zusammenhang des Textverstehens als auch im Zusammenhang der stummen Wahrnehmungen. Auch von der »Sprache« der Dinge ist die Rede, ohne dass dies eine Metapher ist: Es gibt ein »Fleisch« der Welt, das wie eine proto-sprachliche Textur den stummen wie den expliziten Formen wirklicher (also aktualer) Gewissheit zugrunde liegt. Wo Iser Wahrnehmung und textförmigen Sinn trennt, sieht Merleau-Ponty folglich zwischen beiden Sphären einen Übergang. Die Formen der Sinngebung in der Wahrnehmung und im Lesen sind aufs Engste verwandt.

Dazu rückt der Körper in den Blick. Wo Iser sich für Husserls Modell von Bewusstsein und Bewusstseinskorrelaten sowie für die Horizontmetapher entscheidet, wählt Merleau-Ponty das Paradigma eines physiologischen Kontinuums. Von der Rede vom Sinn als in der Lektüre

---

31 Vgl. Iser, *Akt des Lesens*, 220: »Der zentrale Modus passiver Synthesen ist das Bild.«

32 Vgl. Merleau-Ponty, *Phänomenologie der Wahrnehmung*, 213.

hinzuwachsendem Organ über die poetischen Wendungen zur Besitzergreifung bis hin zur erotischen Konnotation der »Paarung« bewegt sich seine Phänomenologie des Lesens auf einer Ebene, die sich vom vergleichsweise ätherischen Konzept der Horizontverschmelzung spürbar unterscheidet.

Vor diesem Hintergrund treten schließlich unterschiedliche Auffassungen einer spezifischen Technizität des Lesens hervor. Iser rekonstruiert den Leseprozess zwar als »Akt«, vermeidet es aber, der Interaktion von Leser und Text einen allzu materiellen oder explizit technischen Anstrich zu geben. Die Metapher des beweglichen Horizonts und die Idee der dialektischen Aufhebung der Asymmetrie von stummem Text und erwartungsvollem Leser betonen die Linearität der Schrift, rekurrieren aber nicht weiter auf den Text als Ding. Merleau-Ponty hingegen akzentuiert gerade die wuchtige Verfänglichkeit, den selbständigen und auch technischen – was nicht heißen muss: instrumentellen – Charakter des Lesetextes. Die Rede ist ausdrücklich vom Buch als Apparat und Maschine, und zwar in respektvoller Ironie als »Höllenmaschine«, die Überraschendes hervorbringt.

Auf der einen Seite, bei Iser, hat das Lesen seinen Platz im Rahmen eines erkenntnistheoretisch neu akzentuierten Konzepts des Mediums. Iser versteht den Lesevorgang in einem allgemeinen Sinn einer Vermittlung, die sich allein auf die Erträge des »Aktes« der Sinnerfassung stützt. Leseakte erscheinen dabei nicht als reine Bewusstseinsangelegenheiten. Wahrnehmungs- und Sinngeschehen greifen vielmehr ineinander, und dies, ohne dass hierbei von vornherein bereits ein kartesisches Cogito regiert. Eher schon derjenige Weltglaube, welcher auch unsere Wahrnehmung trägt. Der Schreibende zählt für den Einstieg ins Textverstehen ebensowenig wie die Frage, ob etwas tatsächlich geschrieben wurde. Lesepraxis antwortet vielmehr, ganz basal, auf eine Anmutung von Lesbarkeit, die des Anderen nicht bedarf. Und so beginnt auch Interpretation: Nicht mit der Evidenz einer personalisierten Intention oder eines ethischen Anderen, eines Spurenmachers im Sinne der Texttheorie des frühen Emmanuel Levinas.[33] Sondern allenfalls mit einem mythischen Anderen ohne Anderswo: dem Gesicht des Textes selbst.

Auf der anderen Seite, bei Merleau-Ponty, steht im Vordergrund das Staunen vor der nahezu physischen Kraft des Buchs. Als Gefüge, mit dem unser Körper Bündnisse einzugehen vermag, ermöglichen die zeichenbedeckten Seiten gleichsam den Tigersprung in den Sinn. Auch hier tritt die Frage nach dem Autor-Subjekt zurück. Vor allem aber verliert sich auch der Leser selbst – und taucht ins Unbekannte ein. Lesepraxis

---

33 Vgl. Emmanuel Levinas, *Die Spur des Anderen* (1963), in: ders., *Die Spur des Anderen. Untersuchungen zur Phänomenologie und Sozialphilosophie*, Freiburg im Breisgau: Alber 1999, 209-235.

ist Initiation in eine Welt, Neuformierung von Erfahrung und erlebter Kontakt.

Verschmelzende Horizonte, quasi-körperliche Begegnung mit dem Text-Sinn: Beide Spielarten einer Phänomenologie des Lesens betonen den intensiven Gebrauch des Geschriebenen als Instrument, mittels dessen Sinngestalten nicht etwa »aufgenommen« oder inwendig synthetisiert, sondern gleichsam am Text, draußen, in der Interaktion, hergestellt werden. Und beide Ansätze zeichnen das Bild eines Ich, das sich zugunsten des Sinnes an das Ding namens Text verliert. Das fordert die Frage danach heraus, ob es nicht tatsächlich *der Text* ist, in und an dem sich etwas zeigt, gerade dann, wenn uns Texte zu lesen geben. Und es provoziert die Frage nach dem Verbleib des Lesers, wo die Lektüre beginnt.

6. Lesen als Denken ohne Subjekt

Anonymität und Apersonalität der Sinnerfahrung – auch des Lesens – sind alte Topoi. Allerdings haftet ihnen eine gewisse Gefälligkeit an, sie scheinen letztlich doch eher uneigentlich gemeint. Schließlich weiß jeder: Das Ich schaltet sich im Zweifel ohne Zögern zu. Man nimmt »subjektive« Erträge aus der Lektüre mit. Gedankliches zu fassen, festzuhalten und sagbar zu machen – das sind Techniken, die man routinisieren kann. Auch Merleau-Ponty und Iser rekonstruieren das Lesen als Sinnbeziehung, durch welche *via* Text am Ende dann stets Menschen verbunden werden: Autor und Leser. Der Text wäre demnach letztlich dann doch vor allem Brücke zwischen Personen – nicht aber etwas, das dem Subjekt vorausliegt und an dem sich Personsein im Zweifel erst findet oder gewinnt. Auch das bei Merleau-Ponty vielfach verwendete Konzept des »Ausdrucks«[34] von Gedanken in Worten hat diesen personalisierenden Zug.

Betrachtet man die Interaktion mit Texten, so fragt sich allerdings, ob das Lesen tatsächlich lediglich eine Schwundstufe oder vielleicht eine

---

34 Vgl. Merleau-Ponty, *Prosa der Welt*, 33-68, dazu als frühes Beispiel: ders., *Phänomenologie der Wahrnehmung*, 217f.: »In Wahrheit ist dass Wort Gebärde und es trägt seinen Sinn in sich wie die Geste den ihren. Eben das ist es, was Kommunikation möglich macht [...] So wie die Bedeutungsintention, die das Sprechen des Anderen ausgelöst hat, kein expliziter Gedanke war, sondern eher ein Mangel, der sich auszufüllen suchte, so ist auch die Übernahme dieser Intention durch mich keine Leistung des Denkens, sondern vielmehr eine synchrone Modulation meiner eigenen Existenz, eine Verwandlung meines Seins.« Vermittlung durch Texte erscheint gegenüber diesem Paradigma sekundär.

Verlängerung bzw. abgeleitete Form der personalisierten Aussendung oder Aufnahme von Botschaften darstellt. Und ist das Denken tatsächlich entweder ein durch Texte bloß erweiterter Dialog mit Menschen? Oder – alternativ – an Texten sich zwar entzündend doch aber eine Art Selbstgespräch?

Von Iser und Merleau-Ponty ausgehend lässt sich in Richtung eines anders gelagerten Vorschlags weitergehen. Die Lektüre lässt sich als Praxis eines Denkens begreifen, das mit dem Ding interagiert, welches es vor sich hat, das folglich erst einmal in der Immanenz des Textes Form annimmt und nicht gleichsam von vornherein bereits reflexiv, in eigenem Namen oder überhaupt nur auf Distanz ›zu sich selbst‹ kommt. Philosophische Lektüren setzen zwar Erfahrungen und, wenn man so will, »Sinnereignisse«[35] frei. Die Philosophie ist gleichwohl voll von Beispielen dafür, dass Texte und nicht Autoren denken machen – wie umgekehrt es in erster Stufe nicht ich selbst bin, die im Hantieren mit einem Text den Sinn (und auch »Gedanken«) in irgendeiner Weise, die sich vom Text ablösen ließe, selbst bereits ›hat‹. Ob und wie in der Praxis des Lesens tatsächlich auch so etwas wie ein Leser-Subjekt ins Spiel kommt, ist eine durchaus offene Frage. Pragmatisch kann hier möglicherweise kaum mehr vorausgesetzt werden als etwa bei der selbstvergessenen Hingabe an ein Musikinstrument oder beim konzentriert-erkundenden Basteln an einem unbekannten Objekt. Metaphern der Horizontverschmelzung, der Brücke, treffen das nicht. Das intensive Lesen – der ganz an den Sinn verlorene Textgebrauch – ist ein apersonaler Akt. Und was sich da formt, ist neben »Erkenntnis« oder »Verstehen« auch jener Jemand, der gleichsam aus dem Text erst auftaucht. Texte wiederum sind – sofern sie denken machen – nicht nur ästhetisch autonom, sofern sie Werke sind, sondern auch kognitiv autonom, sofern sie Festlegungen bereithalten, die klüger sind, als der Schreiber je war und der Lesende es gewesen ist, jedenfalls bevor der Text ihn traf.

Lässt sich die Rede von der Höllenmaschine wörtlich nehmen? Stiften Texte ein Denken ohne Subjekt? Der Literaturwissenschaftler und Textphilosoph Roland Barthes hat hierzu – allerdings aphoristische – Vorschläge gemacht, die den Textkontakt in die Nähe einer erotischen Beziehung rücken. Barthes zufolge ist es vor allem der Körper des Lesers, der mit dem Text interagiert, und zwar gern und lustvoll: »Die Lust am Text, das ist jener Moment, wo mein Körper seinen eigenen Ideen folgt – denn mein Körper hat nicht dieselben Ideen wie ich.«[36] Barthes rät zum experimentierenden Lesen, in welchem diese Lust moduliert

---

35 Dieses Stichwort geht auf László Tengelyi zurück; er hat es 2005 in Wuppertal als Tagungsthema »Phänomenologie der Sinnereignisse« zur Diskussion gestellt.

36 Barthes, *Die Lust am Text*, 26.

werden kann, er wählt den Vergleich mit einem Verzehrvorgang und er rät zur Vielfalt. So bereichert und verwandelt es das Lesen, den Lesehabitus vergangener Epochen wiederzufinden: »[N]ichts verschlingen, nichts verschlucken, sondern weiden, sorgsam abgrasen, zur Lektüre jener heutigen Autoren die Muße früherer Lesegewohnheiten wiederfinden...«[37] Barthes spricht nicht davon, dass das Subjekt verschwindet. Aber er spricht vom ›fortgerissenen‹ Subjekt. Und vom »Subjekt des Textes«.[38]

7. Schluss

Macht eine gewisse Infrastruktur wie Zeile, Satz-, Wort- und Buchstabenform ein Gewebe aus Zeichen zum Text, so lässt sich Eigensinn ahnen und das Versprechen von Denken spüren. Die Philosophie kultiviert hier Techniken, die in besonderem Maße auf das, was man »Denken« nennt, angelegt sind. Viel spricht sie von dieser pragmatischen Seite ihrer selbst nicht – und am wenigsten von der elementaren Rolle des Lesens.

Die Frage nach dem ›Wie‹ des philosophischen Textgebrauchs sollte in dieser Lage weit abgerückt werden von althergebrachten erkenntnistheoretischen wie auch von mentalistischen Kategorien. Es geht nicht um Subjekte, sondern um Praktiken, in welchen Texten eine entscheidende Rolle (und auch Macht) zukommt. Dass sich in der philosophischen Lektüre etwas zeigt, ist nicht nur Resultat personalisierter Erwartungen, es ist auch nicht eine im Namen mitgebrachter Subjektivität auf subjektives Verstehen gerichtete Intention, sondern es ist Folge einer in besonderem Maße vorbehaltlosen – sollte man sagen: ohne Wenn und Aber »gelebten«? – Hingabe an ein Artefakt, welches für sich steht und für sich stehen darf, wenn nicht für sich stehen sollte. Jenseits semantischer Angebote, »Bedeutungen«, Thesen etc. zählt in der Lektüre der Text als Ding, an dem sich Sinnlichkeit und Sinnhaftigkeit nicht spalten.

Nehmen wir zum Schluss einen beliebigen Satz eines theoretischen Textes als Beispiel, und wählen wir mit Absicht einen, der sogar über ein literarisches »Ich« verfügt:

> »Wenn ich sage, ich bin frei, so ist Ich noch diese gegensatzlose Insichsein, dagegen im Moralischen schon ein Gegensatz ist, denn da bin ich als einzelner Wille, und das Gute ist das Allgemeine, obgleich es in mir selbst ist.«[39]

---

37 Ebd., 20.
38 Ebd., 20.
39 Georg Friedrich Wilhelm Hegel, *Grundlinien der Philosophie des Rechts*

Lese ich diesen schwierigen Satz wirklich auf eine auktoriale Intention hin? Trifft hier Geist auf Geist?

Ich denke eher, man streift vor allem ab, was man mitbrachte. Man versinkt – und tüftelt an diesem Satz wie seiner textuellen Umgebung, ähnlich wie man ein Ding auseinandermontiert und in seiner vielleicht vorhandenen Effizienz zu erfassen versucht. Im Glauben an seine »Funktionierbarkeit«[40], wie angesichts einer kleinen Maschine, solange man noch nicht weiß, ob es ein funktionierendes Gerät ist oder ein hoffnungslos verschraubtes Stück Müll. An die Informationstheorie gemahnende Leitideen wie »Senden« und »Empfangen« greifen hier nicht. Gleiches gilt für neuro-behavioristische Lern- oder Adaptionsmodelle, die in ihrer Referenz auf Bilder oder semantische Muster, die im Hirninnenraum gespurt wurden oder gespeichert liegen, ungewollt idealistisch bleiben. Die im Textgebrauch aufspringende Frage ist vielmehr abenteuerlich offen gestellt: ›Was kann man damit machen? Läuft das irgendwie? Ist es für etwas gut?‹

Wären anspruchsvolle Theorietexte Kunst, so würde man sagen, sie realisierten Werkautonomie. Für die Wissenschaft gibt es keine vergleichbaren Kategorien. Provoziert wird jedenfalls eine Leserarbeit, die jenseits von Bewusstseinen beginnt und sehr lange im Niemandsland beim Staunen unter den Dingen verbleibt.

Das reicht hinein bis in das Verhältnis zu den Texten, die wir unsere eigenen nennen: Wie rasch werden selbstgeschriebene Texte fremd, so dass sich das vermeintlich Eigene im Medium von Texten nicht wiedererkennen lässt? Jedenfalls in der Textgattung »Theorie« und in der Arbeit des philosophischen Schreibens erscheint uns nach dem Schreibvorgang selbst schon bald auf elementare Weise fremd, was sich da zeigt, wenn wir das soeben Geschriebene lesen. Gelesenes kann nie ganz ein Eigenes sein. So erscheint es rasch seltsam unpassend, nach der Lektüre von Selbstgeschriebenem zu sagen, man habe gedacht, was da steht. Wo sich Text und Lesen begegnen, ist beides namenlos. Und beim Lesen schwieriger Theorietexte geht es wilder zu als alle diejenigen Theorien beschreiben können, die den Text als Ding und die noch wenig erforschte Pragmatik des Lesens überspringen.

(1821), in: ders., *Werke*, Bd. VII, Frankfurt am Main: Suhrkamp 1970, 93 (§ 34, Zusatz).

40 Das Konzept der »Funktionierbarkeit« verdanke ich der Techniktheorie, die Andreas Kaminski entwickelt hat, und an die ich hiermit – das Lesen in seinem Sinne als »Technik« interpretierend – anschließe. Vgl. Andreas Kaminski, *Technik als Erwartung. Grundzüge einer allgemeinen Techniktheorie*, Bielefeld: transcript 2010.

Literatur

Barthes, Roland, *Die Lust am Text* (1973), Frankfurt/M.: Suhrkamp 1986.
Blumenberg, Hans, *Die Lesbarkeit der Welt* (1981), Frankfurt/M.: Suhrkamp 1986.
Bogdal, Klaus Michael (Hg.), *Neue Literaturtheorien. Eine Einführung*, Göttingen: Vandenhoek & Rupprecht 2005.
Derrida, Jacques, *Grammatologie* (1967). Frankfurt/M.: Suhrkamp 1974.
Franzmann, Bodo/Löffler, Dietrich/Schön, Erich u. a. (Hg.), *Handbuch Lesen*. München: K. G. Saur 1999.
Gadamer, Hans-Georg, *Wahrheit und Methode. Grundzüge einer philosophischen Hermeneutik* (1960), 3. Aufl., Tübingen: Mohr 1972.
Hegel, Georg Friedrich Wilhelm, *Grundlinien der Philosophie des Rechts* (1821), in: ders., *Werke*, Bd. VII, Frankfurt/M.: Suhrkamp 1970.
Illich, Ivan, *Im Weinberg des Textes. Als das Schriftbild der Moderne entstand* (1990), Frankfurt/M.: Luchterhand 1991.
Iser, Wolfgang, *Der Akt des Lesens* (1974), 2. Aufl., Paderborn: UTB/Fink 1984.
Kaminski, Andreas, *Technik als Erwartung. Grundzüge einer allgemeinen Techniktheorie*, Bielefeld: transcript 2010.
Krämer, Sybille/Kogge, Werner/Grube, Gernot (Hg.), *Spur. Spurenlesen als Orientierungstechnik und Wissenskunst*, Frankfurt/M.: Suhrkamp 2007.
Levinas, Emmanuel, *Die Spur des Anderen* (1963), in: ders., *Die Spur des Anderen. Untersuchungen zur Phänomenologie und Sozialphilosophie*, Freiburg im Breisgau: Alber 1999.
Menke, Bettine, »Dekonstruktion – Lektüre. Derrida literaturtheoretisch«, in: Klaus Michael Bogdal (Hg.), *Neue Literaturtheorien. Eine Einführung*, Göttingen: Vandenhoek & Rupprecht 2005.
Merleau-Ponty, Maurice, *Phänomenologie der Wahrnehmung* (1945), Berlin: de Gruyter 1965.
Merleau-Ponty, Maurice, *Das Sichtbare und das Unsichtbare, gefolgt von Arbeitsnotizen* (1964), München: Fink 1986.
Merleau-Ponty, Maurice, *Prosa der Welt* (1969), München: Fink 1994.
Münkler, Stefan/Roesler, Alexander/Sandbothe, Mike (Hg.), *Medienphilosophie. Beiträge zur Klärung eines Begriffs*, Frankfurt/M.: Fischer 2003.
Röttgers, Kurt, *Texte und Menschen*, Würzburg: Königshausen und Neumann 1983.
Schlegel, Friedrich, *Athenäum-Fragmente*, in: *Kritische Friedrich Schegel Ausgabe II*, Paderborn/München/Wien: Schöningh 1967.
Stiegler, Bernard, *Technik und Zeit. Der Fehler des Epimetheus* (1994), Zürich/Berlin: Diaphanes 2009.
Steiner, George, *Warum das Denken traurig macht* (2005), Frankfurt/M.: Suhrkamp 2006.

Jacques Bouveresse
Die Glut des Glaubens und
das Licht der Vernunft

1. Rationalisierung und Irrationalisierung der Religion

Die Anregung zum Titel dieser Ausführungen verdanke ich einer Passage in einem Brief von Leibniz an Morell, in der er erklärt, was in seinen Augen am meisten zähle in der Religion, sei nicht die Glut und der Glaubenseifer, sondern das Licht, und vornehmlich das Licht der Vernunft:

> »Unter den Gläubigen selbst gibt es wenige, die zugleich die Glut und das Licht hätten. Die meisten Menschen haben weder das eine noch das andere, und selbst die Mystiker sind eher eigensinnig als erleuchtet. Ich fürchte, dass diejenigen, die sagen, sie empfänden ein gewisses Etwas, das sie nicht auszudrücken verstünden, von falschen Lichtern der Phantasie geblendet sind, die sie für das Licht des Hl. Geistes halten.«[1]

In einem von Grua auf die Zeit nach 1701 datierten Text gibt Leibniz klar zu erkennen, dass für ihn die Leugnung des kognitiven und rationalen Aspekts der Religion zugunsten des alleinigen emotionalen Aspekts einer glatten Leugnung der Religion selbst gleichkomme:

> »Mit einem Wort, der Religion Beweis und Erkenntnis aberkennen heißt, sie entehren, oder vielmehr, sie vernichten, und von denen, die diese vertreten, kann man nur sagen, was man von Epikur gesagt hat, nämlich dass er die Götter in den Termen voraussetzte und sie im Grunde leugnete«.[2]

---

1 »Parmi les dévots mêmes, il y en a peu qui aient en même temps de la chaleur et de la lumière. La plupart des hommes ont ni l'une ni l'autre, et même les mystiques bien souvent sont plutost entestés qu'éclairés. J'ay peur que ceux qui disent sentir un je ne sais quoi qu'ils ne sçauroient exprimer ne soient éblouis par des fausses lueurs de l'imagination qu'ils prennent pour les lumières du S. Esprit.« Gottfried W. Leibniz, »A Morell, 29. September 1698«, in: ders., *Textes inédits, d'après les Manuscrits de la Bibliothèque provinciale de Hanovre*, Bd. I, hg. v. Gaston Grua, Paris: Presses Universitaires de France 1948, 137.

2 »En un mot, c'est déshonorer ou plutôt c'est anéantir la religion que de la destituer de preuve et de connoissance, et l'on peut dire de ceux qui défendent ce sentiment ce qu'on a dit d'Epicure, qu'il posoit les dieux dans les termes, et qu'il les nioit dans le fonds«. Leibniz, *Textes inédits*, Bd. I, 213.

Leibniz' Formulierung des Problems lässt sich, wie mir scheint, ziemlich direkt auf eine Entwicklung anwenden, die Ende des 18. Jahrhunderts einsetzte und die Kolakowski die »Irrationalisierung der Religion« genannt hat. In der Sprache Leibniz', für den es weder eine wirkliche Ungleichartigkeit noch einen wirklichen Konflikt zwischen dem Licht des Glaubens und dem Licht der Vernunft geben kann, könnte man sagen, dieser Prozess der Irrationalisierung des religiösen Glaubens bestehe darin, dass der Glut ein für allemal der Vorzug vor dem Licht gegeben wird. So schreibt Jonathan Israel:

> »Unter dem Einfluss der neuen, seit Mitte des 17. Jahrhunderts aufkommenden philosophischen und wissenschaftlichen Ideen setzte eine große Bewegung der Rationalisierung der Religion, ja, der Verschmelzung von Wissenschaft und Theologie ein. Aber wenn diese Strömung auch dominant war, so entwickelte sich Ende des 17. Jahrhunderts doch auch eine entgegengesetzte Strömung, die man zu recht die ›Irrationalisierung der Religion‹ genannt hat. Sie war zwar schwächer, aber keineswegs unbedeutend. Angekündigt wurde sie zum Ende seines kurzen Lebens von Blaise Pascal (1623-1662) in seinen *Pensées*, die bei seinem Tod unvollendet blieben: Dort nämlich vollzieht er eine strikte Trennung zwischen der Welt der Wissenschaft und der Welt der Religion und behauptet, die erstere, die die Domäne der Vernunft darstelle, könne keine Richtschnur für die andere abgeben, die im Gegenteil ein Königreich sei, das wir nur mit dem Herzen und dem Gefühl zu ›erkennen‹ vermögen.«[3]

Man könnte meinen, das Problem, das sich Ende des 17. Jahrhunderts mit der Irrationalisierung der Religion stellte, sei heute in keinerlei Hinsicht mehr wirklich aktuell und von Interesse. Damit aber läge man vollkommen falsch. In gewisser Weise sind die Verteidiger des Glaubens heute mehr denn je mit einer Frage konfrontiert, die sich so formulieren ließe: »Liegen die Überlebenschancen der Religion eher bei der Rationalisierung oder bei der Irrationalisierung des religiösen Glaubens?« Sie sind vielleicht der Meinung, es habe zwar historisch einen realen Konflikt zwischen Vernunft und Glaube gegeben, doch könne es heute dergleichen nicht mehr geben, und folglich lasse sich der Prozess der Intellektualisierung der Religion ohne Gefahr für die Realität und Authentizität des Glaubens fortsetzen. Dies ist der Weg, den Papst Johannes Paul II. in seiner Enzyklika *Fides et ratio* eingeschlagen hatte.[4]

---

3 Jonathan I. Israel, *Les Lumières radicales. La philosophie, Spinoza et la naissance de la modernité (1650-1750)*, übers. v. Pauline Hugues, Charlotte Nordmann und Jérôme Rosanvallon, Paris: Editions Amsterdam 2005, 529. [Engl.: *Radical Enlightenment. Philosophy and the Making of Modernity 1650-1750*, Oxford: Oxford University Press 2001.]

4 Siehe hierzu zum Beispiel das Buch von Alain de Libera, *Raison et foi*.

Aber für den Gläubigen von heute könnte es auch gute Gründe geben zu meinen, dass zwischen Vernunft und Glaube sehr wohl ein echter Konflikt bestehe, der gerade wieder im Aufleben begriffen sei und den beizulegen noch mit keinem Kompromiss gelungen sei noch je gelingen werde; dass die modernen Religionen größtenteils ohnehin bereits zu sehr rationalisiert und laizisiert worden seien, wodurch sie den Kern ihres Gehalts und ihrer Kraft eingebüßt hätten; dass der wahre Glauben nicht auf dem Intellekt beruhen könne und niemals beruhen werde, sondern nur auf der Empfindung und dem Gefühl; und dass man folglich diesen Recht geben müsse und sich bemühen müsse, diese wiederzuerwecken oder zu stärken.

Ein im letzten Jahr erschienenes Buch, das sich mit dem Problem befasst, inwieweit Glaubenswahrheiten der Vernunft zugänglich sind, kommt zu folgender Feststellung:

> »Einige neuere Autoren treten für eine Rückkehr zur Mystik als einer Möglichkeit ein, monotheistische Religionen wie das Christentum zu erhalten und zugleich die mitunter gewaltsamen Auseinandersetzungen zu vermeiden, die aus Meinungsverschiedenheiten über das Dogma entstehen. Dieser Schritt entspricht im Wesentlichen dem Ansatz Russells: Abkehr vom entzweienden Dogma unter Bewahrung des positiven emotionalen Gewinns, vor allem der Überwindung der Selbstsucht.«[5]

Auf Russells Position werde ich später noch zu sprechen kommen. Hier sei nur so viel angemerkt, dass die Idee von der mystischen Wende eine ganz klassische, immer wiederkehrende Reaktion auf das Problem ist, das sich mit dem erheblichen Maß an Intoleranz, Verfolgung und mörderischer Gewalt stellt, dessen sich die traditionellen Religionen schuldig gemacht haben. Aber Reaktionen dieser Art lassen die entscheidende Frage im Grunde ganz unberührt: Wenn man etwas sucht, wodurch die Menschen wirklich zu einen und damit die Anlässe zu Konflikten, die zur Gewaltausbrüchen führen könnten, aus der Welt zu schaffen wären, wo kann man eher hoffen, es zu finden, auf Seiten der Vernunft, wie Leibniz meinte, oder auf Seiten von Empfindung und Gefühl? Die Vernunft und ihre Ansprüche werden heute sicher viel eher als ein Faktor der Zwietracht und des Konflikts denn als ein einendes und befriedendes Prinzip wahrgenommen; und folglich würde man zur Zeit wohl nicht mehr viele Menschen finden, die bereit wären, offen Leibniz'

Archéologie d'une crise d'Albert le Grand à Jean-Paul II, Paris: Editions du Seuil 2003.
[5] Erik J. Wielenberg, *God and the Reach of Reason. C.S. Lewis, David Hume, and Bertrand Russell*, Cambridge: Cambridge University Press 2008, 198.

Wahl zu treffen und seine Wette einzugehen. Aber da bei den Mystikern, wie Leibniz anmerkt, tatsächlich immer die Gefahr besteht, dass sie eher eigensinnig als wahrhaft erleuchtet sind, und da der Eigensinn, wenn er vom Licht nicht genügend beschienen und gemäßigt wird, leicht zu Fanatismus und Gewalt führt, können auch sie sich unter entsprechenden Umständen durchaus als hoch gefährlich erweisen.

Die Entscheidung für die Irrationalisierung ist für die Religion, wie zu betonen ist, umso verführerischer und mag sogar umso gerechtfertigter erscheinen, als man ohne Übertreibung auch bei der Wissenschaft selbst von so etwas wie einer Irrationalisierung sprechen kann, die sie schließlich des einzigen realen Vorteils beraubt hat, den sie theoretisch gegenüber der Religion für sich in Anspruch nehmen konnte, nämlich der Tatsache, dass sie über einen bevorrechtigten Zugangsweg zu Erkenntnis und Wahrheit verfügt, der in dem besteht, was man die Anwendung der »rationalen Methode« nennt. Leser von Feyerabend haben von ihm gelernt, dass sich der Erfolg der Wissenschaft, wenn überhaupt, bestimmt nicht durch den Gebrauch einer derartigen Methode erklären lässt. Und wenn man mit David Stove[6] im Hinblick auf die epistemologische Haltung, zu der sich heute zumindest implizit nicht wenige Wissenschaftler selbst bekennen, von »wissenschaftlichem Irrationalismus« sprechen kann, dann ist die Wissenschaft, gelinde gesagt, nicht gerade gut platziert, um weiterhin, wie sie es lange Zeit getan hat, die vermeintliche Irrationalität der Religion anzuprangern.

Eine entscheidende Frage, die sich in dieser Angelegenheit für die Religion so gut wie für die Wissenschaft stellt, ist natürlich die nach ihrer beider Verhältnis zur Wahrheit. Und man kann sie unmöglich stellen, ohne sich zugleich zu fragen, ob es letzten Endes überhaupt die Wahrheit ist, die bei der einen wie bei der anderen als das Wichtigste anzusehen ist. So sagt Rorty bezeichnenderweise, die Wahrheit sei mittlerweile »der einzige Punkt«, »an dem die Menschen für etwas verantwortlich sind, das nichtmenschlicher Natur ist«[7], und eben dies mache aus dem Wissenschaftler ein moralisches Vorbild und erlaube es ihm, an die Stelle des Priesters zu treten. Wenn die Wahrheit im traditionellen Sinne das einzige Element in der Wissenschaft ist, das noch als »religiös« zu bezeichnen wäre, dann kann man sich äußerstenfalls, und vor allem, wenn man sich nicht allzu genau fragt, was das konkret bedeuten würde, auch vorstellen, dass sich die Wissenschaft seiner eigentlich entledigen müsste. Aber kann man von der Religion, die ganz

---

6 Vgl. David Stove, *Scientific Irrationalism. Origins of a Postmodern Cult*, New Brunswick/London: Transaction Publishers 2001.
7 Richard Rorty, »Science as Solidarity«, in: ders., *Objectivity, Relativism and Truth*, Cambridge: Cambridge University Press 1991, 35. (Eigene Übersetzung.)

ebenso vor diesem Problem stehen dürfte, ernsthaft verlangen, gänzlich auf die Idee einer in Bezug auf die Bedürfnisse, Interessen und Tätigkeiten des Menschen transzendenten Wahrheit zu verzichten? Dies scheint zumindest schwierig.

2. Kann man auf die Wahrheit verzichten und muss man dies lernen?

Eines der Grundprinzipien dessen, was man die »Ethik des Glaubens« nennt, besagt, dass ein Glaube vor allem und sogar, soweit möglich, einzig in Abhängigkeit von etwa vorhandenen Gründen beurteilt werden darf, die zu der Annahme berechtigen, dass er wahr ist. Dies wird besonders nachdrücklich von Clifford in einem Aufsatz betont, der eben diesen Titel trägt: »The Ethics of Belief« (deutsch: »Wahrhaftigkeit«) (1877), und den William James in The Will to Believe (1897) scharf kritisierte: Es sei äußerst wichtig, nie zu vergessen, dass die entscheidende Frage keineswegs sei, ob die Lehre, die uns von dem Propheten Mohammed oder von einem anderen Religionsstifter übermittelt worden ist, nützlich sei oder nicht, wohltuend oder nicht, sondern einzig und allein, ob sie wahr sei oder nicht. Selbst wenn die Frage: »Wie konnte er wissen, dass es die Wahrheit ist?« vielleicht nicht gerade diejenige sei, die wir uns am häufigsten stellen, so sei sie doch unter dem Gesichtspunkt der Glaubensethik die einzige, auf die es wirklich ankomme und die uns als allererste zu stellen wir moralisch gehalten seien.

> »Und die Frage, die unser Gewissen immer stellt in betreff dessen, was wir geneigt sind zu glauben, lautet nicht: ›Ist es tröstlich und angenehm?‹ sondern: ›Ist es wahr?‹ Daß der Prophet gewisse Lehren predigte und voraussagte, dass innerer Trost in ihnen werde gefunden werden, beweist nur seine Sympathie mit der menschlichen Natur und seine Kenntnis derselben; aber es beweist nicht seine übermenschliche Kenntnis der Theologie.«[8]

Dieses von Clifford angemahnte Grundprinzip ist auch zu wesentlichen Teilen Anlass und Grund für die scharfe Kritik, die Bertrand Russell am Pragmatismus und insbesondere an William James geübt hat. Auf Russell wirkt der Pragmatismus wie eine unmoralische Aufforderung, Glaubensvorstellungen nicht allein nach ihrer Wahrheit zu beurteilen, sondern nach etwas, das mit ihrem eigentlichen Wesen gar nichts zu tun habe, nämlich ihrem Nutzen oder ihrem Erfolg; womit allen Auswüchsen Tür und Tor geöffnet sei:

---

8 William Clifford, Wahrhaftigkeit [engl. Originaltitel: The Ethics of Belief], Berlin: Ferdinand Dümmlers Verlagsbuchhandlung 1893, 17.

»Sobald die Ansicht vertreten wird, daß es wichtig sei, irgendetwas, gleichgültig was, aus irgendeinem anderen Grund zu glauben als deshalb, weil es wahr ist, liegt eine ganze Schar von Übeln auf der Lauer. Das erste davon ist die Verhinderung von Untersuchungen [...], aber die anderen folgen mit ziemlicher Sicherheit. [...] Früher oder später wird es als Verbrechen gelten, nicht orthodox zu sein, gegen das mit Scheiterhaufen, Säuberungsaktionen oder Konzentrationslagern vorzugehen ist. Ich kann Achtung vor Menschen empfinden, die das Argument vorbringen, die Religion sei wahr und deshalb sollte man daran glauben, aber diejenigen, die sagen, man sollte an die Religion glauben, weil sie nützlich sei, und die Frage nach ihrem Wahrheitsgehalt sei nur eine Zeitverschwendung, kann ich sittlich nur zutiefst verurteilen.«[9]

Man könnte natürlich versucht sein, darauf mit Nietzsche zu entgegnen, es sei unsinnig zu hoffen, man könne die Menschen davon abzuhalten, einen Glauben für wahr zu halten, dessen sie sehr stark bedürfen und der ihnen besonders nützlich sei: Der Glaube ziehe seine Kraft aus seinem vermeintlichen Nutzen und nicht aus seiner Wahrheit, und so meine man, was nützlich sei, müsse wahr sein und sei wahr, weil es nützlich sei. Die Antwort eines Rationalisten wie Russell auf ein solches Argument wäre natürlich: Auch wenn es stimme, dass die Menschen eine nahezu unwiderstehliche Neigung dazu haben, für wahr zu halten, was ihnen nützlich und sogar unentbehrlich ist, so sei dies doch kaum etwas, worin sie zu bestärken eine Philosophie riskieren könne, die sich der ihr zukommenden geistigen und moralischen Verantwortung bewusst sei.

Ich muss gestehen, dass ich trotz allem, was Russell noch nicht wusste und was wir seither dank den Meisterdenkern der Postmoderne gelernt haben, dazu neige, mehr oder weniger genauso zu reagieren wie er, zumindest in einem ganz bestimmten Punkt: Es fällt mir deutlich leichter, Respekt für jemanden zu empfinden, der die Religion verteidigt, weil er denkt, dass sie wahr ist, als für jemanden, der dies aus anderen Gründen tut, etwa weil sie nützlich und in irgendeiner Form womöglich sogar notwendig ist, um die Festigkeit des sozialen Zusammenhalts zu gewährleisten. Ich empfinde sogar, auch das gebe ich zu, wie Russell so etwas wie moralische Missbilligung gegenüber Menschen, die auf diese Weise argumentieren. Natürlich scheint mir auch die wirkliche oder vermeintliche Universalität der Religion, auf die ihre Verteidiger ebenfalls regelmäßig verweisen, kein Argument zu sein, das für ihre Wahrheit spricht, oder ein Grund, sich keine diesbezüglichen Fragen mehr zu stellen. Wie Edgar Poe bemerkt hat:

---

9 Bertrand Russell, »Kann die Religion unsere Sorgen beseitigen?«, in: ders., *Warum ich kein Christ bin*, München: Szczesny Verlag 1963, 218 f.

»Dass der Glaube an Gespenster, an eine Gottheit, an ein künftiges Leben oder an was auch immer, ob glaubwürdig oder nicht – dass solche Glaubensvorstellungen universell sind, beweist nichts weiter als das, was keines Beweises bedarf: die Übereinstimmung zwischen den Menschen, die gleichartige Beschaffenheit des menschlichen Gehirns – eine Gleichartigkeit, deren unvermeidliche Folge alles in allem die ist, dass gleiche Gegebenheiten zu gleichen Schlüssen führen.«[10]

Der alte Renan hat sich selbst folgendermaßen beschrieben: »Ein junger Mann, der nur in seinem Kopf lebte und fanatisch an die Wahrheit glaubte«.[11] Und der sich natürlich wegen dieses Glaubens an die Wahrheit irgendwann gezwungen sah, die Religion aufzugeben. Für ihn wie für Russell ist ein Glaube, den man nicht mehr für mit einiger Wahrscheinlichkeit wahr halten kann, ein Glaube, den man auch nicht aus anderen Gründen zu erhalten oder gar anderen einzuschärfen versuchen darf. Aber dies ist eine Haltung, die mittlerweile, wie es scheint, schwer zu akzeptieren oder auch nur zu begreifen ist, weil die Wahrheit nicht mehr das ist, was an erster Stelle zu zählen hat, ja, weil sie am Ende womöglich überhaupt nicht mehr wirklich zählt. Zu den Begriffen, mit denen man sie zunehmend zu ersetzen versucht, noch dazu mit dem Gefühl, einen bedeutenden Fortschritt erzielt zu haben, gehört, wie Harry Frankfurt hervorgehoben hat, die Aufrichtigkeit. Ein aufrichtiger Glaube, auch wenn man ernst zu nehmende Gründe dafür hat, ihn für falsch oder absurd zu halten, wird immer häufiger als ein Glaube behandelt, den zu kritisieren man sich prinzipiell verbieten muss.[12]

Nicht wenige Menschen glauben heute, sie dienten der Sache der Religion, indem sie behaupten, der Nutzen des religiösen Glaubens sei wichtiger als seine Wahrheit. Die Frage ist allerdings, ob sie auf diese Weise wirklich der Sache der wahren Religion dienen und nicht etwas ganz anderem. So gelangt Adorno im Zusammenhang mit dem, was er die »neutralisierte Religion« nennt, das heißt, die von ihrem immanenten Wahrheitsanspruch entleerte Religion, zu einer Feststellung, die in gewisser Weise in die gleiche Richtung geht wie die Russells. Er sagt nämlich, dass dort, wo die Sorge um die Wahrheit in Glaubensdingen verschwunden ist, letzten Endes nur noch Autoritarismus auf der einen und Konformismus auf der anderen Seite übrig bleiben kann:

---

10 Edgar Allan Poe, *Marginalia et autres fragments*, hg. und übers. v. Lionel Menasche, Paris: Editions Allia 2007, 68. (Eigene Übersetzung)
11 Zitiert von Jean Guehenno, *Changer la vie. Mon enfance et ma jeunesse*, Paris: Bernard Grasset 1961, 216.
12 Vgl. Harry G. Frankfurt, *Bullshit*, Frankfurt am Main: Suhrkamp 2006, 72 f.

> »Der Zerfall der positiven Religion und ihre Erhaltung als unverbindliche, ideologische Hülle [die der ›neutralisierten Religion‹] beruhen auf gesellschaftlichen Prozessen. Während die Religion ihren Innersten Wahrheitsanspruch einbüßte, wurde sie nach und nach zum ›gesellschaftlichen Kitt‹; je dringender dieser Kitt zur Bewahrung des *status quo* nötig ist und je anfechtbarer seine implizite Wahrheit wird, um so hartnäckiger wird seine Autorität verteidigt, und um so deutlicher kommen seine feindseligen, destruktiven und negativen Züge zum Vorschein. Die Transformation der Religion in einen Hort sozialer Konformität stellt sie den meisten anderen konformistischen Tendenzen gleich.«[13]

Der heutige Leser mag zwar den Eindruck gewinnen, Russell vertrete bei der Religion einen gänzlich überholten rationalistischen Standpunkt, aber er hatte doch nicht ganz unrecht, wenn er meinte, man müsse, wenn der Glaube aus Gründen verteidigt werde, die so gut wie nichts mit seiner Wahrheit zu tun haben, auf eindeutig negative Folgen und letztlich auf Katastrophen der schlimmsten Art gefasst sein.

3. Die wahre und die falsche Religion

In Russells Augen ist die Missachtung der »Wahrheit an sich«, wie Adorno es nennt, der Wahrheit also, die wir nur erkennen und nicht unseren Zwecken und Interessen dienstbar machen können, das genaue Gegenteil einer religiösen Einstellung im guten Sinne und eines der bemerkenswertesten Symptome der Irreligiosität, die die heutige Welt bedroht, in einem Sinne, der natürlich nicht der ist, an den man im allgemeinen denkt. Es ist eine von Russells zentralen Überzeugungen, dass die einzige zugleich ehrliche und wirksame Art und Weise, die Religion zu verteidigen, darin bestünde, den Beweis zu erbringen, dass sie wahr ist oder dass es jedenfalls ernst zu nehmende und objektive Gründe gibt, zu glauben, dass sie es ist.

Nun besteht aber aus Russells Sicht keine Chance, das Ziel, das mit den Versuchen zu einer rationalen Begründung des Glaubens verfolgt wird, wirklich zu erreichen: Keine Religion könne einer ernsthaften Untersuchung der Gründe standhalten, auf die sie sich stützt, um Glauben einzufordern. Die Religion beruhe keinesfalls auf Vernunft, sondern in Wirklichkeit mehr oder weniger allein auf dem Gefühl und der Leidenschaft und, genauer gesagt, auf einem ganz bestimmten und gänzlich negativen Gefühl, nämlich der Angst: »Meine eigene Ansicht über die Religion deckt sich mit der des Lukretius. Ich betrachte sie als eine

---

13 Theodor W. Adorno, *Studien zum autoritären Charakter*, Frankfurt am Main: Suhrkamp 1995, 283.

Krankheit, die aus Angst entstanden ist, und als Quelle unnennbaren Elends für die menschliche Rasse.«[14] Derselbe Essay schließt mit der folgenden Aneinanderreihung von Behauptungen:

> »Die Religion hindert uns auch daran, unseren Kindern eine vernünftige Erziehung zu geben, die Grundursachen der Kriege zu beseitigen und anstelle der alten, grimmigen Lehren von Sünde und Strafe eine Ethik wissenschaftlicher Zusammenarbeit zu verbreiten. Es ist möglich, daß sich die Menschheit an der Schwelle eines goldenen Zeitalters befindet; wenn dies jedoch der Fall ist, muß zuerst der Drache getötet werden, der den Eingang bewacht, und dieser Drache ist die Religion«.[15]

Für Russell kann es keinen Zweifel geben, dass der Mensch, der frei denkt, jemand sein muss, der von dem aufrichtigen Wunsch getragen ist, die Wahrheit zu erkennen, und von dem Willen, sie nichts anderem zu opfern (getragen also von dem, was man Wahrhaftigkeit (*veracity*) nennt), und der, wenn es darum geht, Glaubensvorstellungen zu entwickeln, weder der Macht der Tradition noch der »Tyrannei der eigenen Leidenschaften« unterliegt. In »The Value of Free Thought« (1944) sagt Russell: »Er wird sich keiner fremden Autorität beugen, und er wird sich nicht seinen eigenen Wünschen beugen, aber er wird sich Beweisen unterwerfen.«[16]

Bedenkt man, wie Russell zufolge die religiösen Glaubensvorstellungen entstehen, kann dies folglich nur jemand sein, der von der Macht der Religion befreit ist. Und ein Mensch, der frei, das heißt rational, denkt, kann nicht jemand sein, der dies nur ab und zu tut und es sich die übrige Zeit gestattet, irrational zu denken. In »The Sense of Sin« (1930) schreibt Russell:

> »Die Menschen dürfen sich nicht von ihren Launen leiten lassen und einmal das eine und ein anderes Mal etwas anderes glauben [...] Gib dich nicht zufrieden damit, dass Augenblicke der Rationalität mit Augenblicken der Irrationalität wechseln. Geh der Irrationalität auf den Grund, mit dem festen Entschluss, ihr nichts durchgehen und dich nicht von ihr beherrschen zu lassen [...] Lass nicht zu, dass du ein schwankendes, halb von der Vernunft und halb von kindischer Torheit geleitetes Geschöpf bleibst.«[17]

14 Bertrand Russell, »Hat die Religion nützliche Beiträge zur Zivilisation geleistet?«, in: ders., *Warum ich kein Christ bin*, 36.
15 Ebd., 59.
16 »He will not bow to the authority of others, and he will not bow to his own desires, but he will submit to the evidence.« Bertrand Russell, »The Value of Free Thought«, in: Al Seckel (Hg.), *Bertrand Russell on God and Religion*, Amherst (N. Y.): Prometheus Books 1986, 240.
17 »Men must not allow themselves to be swayed by their moods, believing

Trotz seiner heftigen Angriffe auf die Religion und insbesondere auf das Christentum fragt sich aber auch Russell mitunter, ob es in der Religion nicht doch auch positive Elemente gibt, die den Niedergang der traditionellen religiösen Glaubensvorstellungen zu überleben verdienten. In »The Essence of Religion« zum Beispiel bemerkt er:

> »Die Dogmen wurden nicht so sehr um ihrer selbst willen geschätzt, sondern weil man glaubte, sie machten es leichter, eine gewisse Einstellung zur Welt zu finden, eine gewohnheitsmäßige Ausrichtung unserer Gedanken, ein ganzheitliches Leben, frei von der Begrenztheit des Selbst, und einen Ausweg aus der Tyrannei des Verlangens und der Alltagssorgen. Ein solches ganzheitliches Leben ist ohne Dogma möglich und sollte nicht an der Gleichgültigkeit derer scheitern, denen die Glaubensvorstellungen früherer Zeiten nicht mehr glaubwürdig erscheinen«.[18]

In solchen Passagen gesteht Russell der Religion gewisse wohltuende Wirkungen zu, fügt aber sogleich hinzu, dass diese nicht das Geringste mit ihrer vermeintlichen Wahrheit zu tun haben und sich auch ohne die Religion erzielen ließen. So schreibt er: »Es gibt im Christentum drei Elemente, die, wenn irgend möglich, erhalten bleiben sollten: Ehrfurcht, Sich-Fügen, Liebe«.[19] Erik Wielenberg bemerkt:

> »Was wir hier vor uns haben, könnte man als eine Russellsche Beschreibung der wahren Religion bezeichnen, der Religion, die erhaltenswert ist. Diese Religion gründet in der Überwindung des begrenzten Selbst durch das unbegrenzte Selbst. Aus einer solchen

---

one thing at one moment and another at another [...] Do not be content with an alternation between moments of rationality and moments of irrationality. Look into the irrationality closely with a determination not to respect it, and not let it dominate you [...] Do not allow yourself to remain a vacillating creature, swayed half by reason and half by infantile folly.« Bertrand Russell, »The Sense of Sin«, in: Louis Greenspan/Stefan Andersson (Hg.), *Russell on Religion. Selections from the Writings of Bertrand Russell*, London/New York: Routledge 1999, 189 f.

18 »The dogmas have been valued, not so much on their own account, as because they were believed to facilitate a certain attitude towards the world, an habitual direction of our thoughts, a life in the whole, free from the finiteness of self and providing an escape from the tyranny of desire and daily cares. Such a life on the whole is possible without dogma, and ought not to perish through the indifference of those to whom the beliefs of former ages are no longer credible«. Bertrand Russell, »The Essence of Religion«, in: Greenspan/Andersson (Hg.), *Russell on Religion*, 57.

19 »There are in Christianity three elements which it is desirable to preserve if possible: worship, acquiescence, and love«. Ebd., 61.

Überwindung entsteht ein Wunsch, die Welt so gut wie möglich zu machen, ein ruhiges Hinnehmen der Übel, die man nicht beseitigen kann, und eine allumfassende Liebe zu den Mitmenschen. Diese drei Elemente der Religion sind ›eng miteinander verbunden; jedes einzelne hilft, die anderen hervorzubringen, und zusammen bilden sie eine Einheit, bei der man unmöglich sagen kann, welches davon zuerst kommt‹ (ebd., S. 67-68). Und ›alle drei können ohne Dogma existieren‹ (ebd., S. 68)«.[20]

Wie viele radikale Religionskritiker hat auch Russell, der selber zugibt, dass er in gewissem Sinne ein religiöser Mensch sei, eine Art zu schreiben, bei der man nicht immer genau weiß, ob er die Religion ganz allgemein attackiert oder im Gegenteil nur ihre verderbten Formen, wobei für ihn natürlich alle institutionalisierten Religionen, jedenfalls alle, die auf irgendwelchen Dogmen beruhen, mehr oder weniger unvermeidlich zur zweiten Kategorie gehören. Dazu wäre anzumerken, dass Flaubert, den man wohl kaum einer wie auch immer gearteten Sympathie für die Religion verdächtigen kann und der ein Bewunderer Renans war, deutlich scharfblickender war als so manche seiner Zeitgenossen. So bemerkt er zu einer Zeit, als er gerade an der Niederschrift von *Bouvard et Pécuchet* arbeitete, im Hinblick auf Renan:

»Und die Dummköpfe eifern gegen Voltaire, der ein Spiritualist ist! Und gegen Renan, der ein Christ ist. Oh Dummheit! Oh Unendlichkeit! Ich werde Mühe haben, in meinem Kapitel IX = die Religion nicht aus der Rolle zu fallen. Meine frommen Lektüren könnten einem Heiligen die Frömmigkeit austreiben.«[21]

Und auch Flaubert erklärt in einem früheren Brief, der eigentliche Feind sei im Grunde das Dogma, und natürlich nicht nur die Dogmen der Religion, sondern alle Dogmen:

»Bald ist Schluss mit meinen Lektüren zu Magnetismus, Philosophie und Religion. Welch ein Haufen Schwachsinn! Uff! – Und welche Selbstgewissheit! Welche Dreistigkeit! Was mich empört, das sind diese Leute, die den lieben Gott in der Westentasche tragen und einem das Unbegreifliche mit dem Absurden erklären! Welcher Hochmut, dieser Hochmut des Dogmas, welches auch immer!«[22]

20 Wielenberg, *God and the Reach of Reason*, 196.
21 »Et les imbéciles déclament contre Voltaire qui est un spiritualiste ! et contre Renan qui est un chrétien. Ô bêtise ! ô infini ! J'aurai du mal dans mon chapitre IXᵉ = la Religion, à garder l'équilibre. Mes pieuses lectures rendraient impie un saint.« Gustave Flaubert, »Lettre à Edma Roger des Genettes, 8 octobre 1879«, in: ders., *Correspondance*, Bd. 5, Paris: Gallimard 2007, 720 f.
22 »J'en ai bientôt fini avec mes lectures sur le magnétisme, la philosophie

Auch Russell hat natürlich vor allem diejenigen und ihren Hochmut im Visier, die den lieben Gott in der Westentasche tragen. In seinen Augen liegt die wahre Irreligion, wie bereits angedeutet, in diesem Mangel an Demut angesichts einer Welt, von der wir glauben, dass sie im Wesentlichen für uns gemacht wurde, und angesichts einer Wahrheit, von der wir glauben, wir könnten sie, wenn sie unbegreiflich ist, trotzdem – wenn gar nichts mehr hilft, sozusagen - durch das Verkünden von Dogmen unter Kontrolle bringen.

Der Grund, warum Wielenberg in ein und demselben Buch drei Autoren vereint hat, von denen zwei, Hume und Russell, entschiedene Gegner der Religion sind und der dritte, Lewis, ihr nicht weniger entschiedener Verteidiger, ist der überraschende Grad ihrer Übereinstimmung in einem wesentlichen Punkt. Alle drei nämlich sind in Glaubensdingen kompromisslose Verteidiger einer Position der sogenannten »evidentialistischen« Art, die vorschreibt, nur solchen Behauptungen Glauben zu schenken, für die es Argumente und Beweise gibt, und seinen Glauben, wie Hume in »Of Miracles« empfahl, stets nach der Kraft dieser Argumente und Beweise zu bemessen (»Ein weiser Mann bemisst seinen Glauben nach den Beweisen«[23]). Wielenbergs Buch schließt folgendermaßen:

> »In den Schriften von Lewis, Hume und Russell wird man Argumente vorgetragen, Gründe für die vertretenen Positionen genannt und Einwände anerkannt finden. Man wird eine leidenschaftliche Liebe zur Wahrheit finden, und eine Achtung – ja Ehrfurcht – vor dem Beweis. Diese gemeinsame Leidenschaft und Ehrfurcht eint diese drei Geistesriesen nicht nur; sie macht sie zu Vorbildern, und wir täten gut daran, ihnen nachzueifern «.[24]

Nun leben wir schon seit einiger Zeit in einer Kultur und, genauer gesagt, in einer philosophischen Kultur, die – und das ist noch das mindeste, was man sagen kann – nicht gerade durch ihre leidenschaftliche Liebe zur Wahrheit und ihre Achtung vor Beweisen glänzt und im Bereich der Religionsphilosophie sicher keine große Lust hat, Denkern wie Hume und Russell nachzueifern, und übrigens auch Lewis nicht

et la religion. Quel tas de bêtises! ouf ! - Et quel aplomb! Quel toupet ! Ce qui m'indigne ce sont ceux qui ont le bon Dieu dans leur poche et qui vous expliquent l'incompréhensible par l'Absurde ! Quel orgueil que celui d'un dogme quelconque!« Gustave Flaubert, »Lettre à Edma Roger des Genettes, 4. mars 1879 «, in: ebd., 564.
23 »A wise Man [...] proportions his Belief to the Evidence«. David Hume, *An Enquiry Concerning Human Understanding*, Oxford: Clarendon Press 1975, 110.
24 Wielenberg, *God and the Reach of Reason*, 202.

unbedingt. Für uns Heutige ist es also wahrscheinlich schwierig geworden, zu verstehen, was Renan sagen wollte, als er davon sprach, sich der Wahrheit und nur der Wahrheit unterwerfen zu wollen, und daran erinnerte, dass dies eine Forderung sei, die nicht nur die Verteidiger der Religion, sondern auch ihre Feinde mitunter vergessen:

»Indem ich mich so dem Lauf der Dinge überließ, glaubte ich, mich nach den Regeln der großen Schule des 17. Jahrhunderts und vor allem Malebranches zu richten, deren oberstes Prinzip lautet, dass die Vernunft betrachtet werden muss und dass wir an ihrer Erzeugung keinen Anteil haben; so dass es die Pflicht des Menschen ist, vor die Wahrheit zu treten, ohne persönliche Voreingenommenheiten, bereit, sich von der gewichtigsten Beweisführung mitnehmen zu lassen, wohin sie will. Diese herausragenden Denker, weit davon entfernt, im voraus bestimmte Ergebnisse anzustreben, wollten, dass wir es uns bei der Suche nach der Wahrheit verbieten, einen eigenen Wunsch, ein eigenes Streben, einen eigenen Eifer zu haben. Worin besteht denn der große Vorwurf, den die Prediger des 17. Jahrhunderts den Freidenkern machten? Dass sie sich zu eigen machten, wonach es sie verlangte, dass sie zu ihren irreligiösen Meinungen gelangten, weil sie wünschten, sie wären wahr.«[25]

Was Renan in dieser Passage sagt, ist etwas, das Russell verstand und seinerseits ganz und gar bejahte. Und wie wir gesehen haben, meinte er nicht, dass es da, wo die Beweise fehlen und folglich auch die Wahrheit, äußere Gründe anderer Art gebe, auf die sich der Glaube stützen könne. Zwar teilte er voll und ganz Freuds Ansicht vom illusorischen und trügerischen Charakter der religiösen Vorstellungen, bestritt jedoch in keiner Weise die Realität und den Wert religiöser Erfahrungen und behauptete, gefährlich und schädlich würden sie einzig durch ihre Verbindung mit falschen Glaubensvorstellungen oder zumindest mit Glaubensvorstellungen, die für wahr zu halten es keinerlei Grund gebe.

25 »En me livrant ainsi à la force des choses, je croyais me conformer aux règles de la grande école du XVIIe siècle, surtout de Malebranche, dont le premier principe est que la raison doit être contemplée, et qu'on n'est pour rien dans sa procréation; en sorte que le devoir de l'homme est de se mettre devant la vérité, dénué de toute personnalité, prêt à se laisser traîner où voudra la démonstration prépondérante. Loin de viser d'avance certains résultats, ces illustres penseurs voulaient que, dans la recherche de la vérité, on s'interdît d'avoir un désir, une tendance, un attachement personnel. Quel est le grand reproche que les prédicateurs du XVIIe siècle adressent aux libertins? C'est d'avoir embrassé ce qu'ils désiraient, c'est d'être arrivés aux opinions irréligieuses parce qu'ils avaient envie qu'elles fussent vraies.« Ernest Renan, *Souvenirs d'enfance et de jeunesse*, hg. v. Jean Pommier, Paris: Gallimard 1983, 167.

Abzulehnen ist also laut Russell einzig und allein der vermeintliche Erkenntniswert der Gefühle, die der Ursprung der Religion sind; in diesem Punkt aber bleibt er absolut unnachgiebig. Als Brightman ihm vorschlägt, er solle doch einige der religiösen Gefühle, die er nach eigenem Bekunden teile, als Hinweis auf die Natur der Realität nutzen, lehnt er dies kategorisch ab:

> »Die Tatsache, dass ich ein *Bedürfnis* nach etwas Mehr-als-Menschlichem verspüre, ist so wenig ein Beweis dafür, dass dieses Bedürfnis befriedigt werden kann, wie der Hunger ein Beweis dafür ist, dass ich etwas zu essen bekommen werde. Ich sehe nicht, wie irgendein Gefühl von mir ein Beweis für etwas sein kann, das außerhalb von mir ist.«[26]

4. Russell, Wittgenstein und das Problem des Konflikts von Religion und Vernunft

Bis hierher habe ich noch nichts über Wittgenstein gesagt und über die Irritation, um nicht zu sagen Entrüstung, die er beim Lesen mancher von Russells Ausführungen zur Religion empfunden haben muss, insbesondere solcher, in denen sie der Wissenschaft als dem angeblich einzig möglichen Zugang zur Wahrheit gegenübergestellt und verworfen wird, weil sie irrational und ein direkter Verstoß gegen die Vernunft sei: »Ich meine, der Glaube ist ein Laster, weil Glaube heißt, an eine Aussage zu glauben, wenn es keinen guten Grund gibt, an sie zu glauben. Das kann man als Definition des Glaubens auffassen.«[27] Besonders negativ hatte sich Wittgenstein, wie wir aus Russells eigenen Aussagen wissen, 1912 über den im *Hibbert Journal* veröffentlichten Aufsatz »The Essence of Religion« geäußert. In einem Brief vom 8. Oktober an Lady Ottoline Morrell schreibt Russell: »Hier ist soeben Wittgenstein angekommen, furchtbar gepeinigt von meinem *Hibbert*-Artikel, den er offenbar *verabscheut.*«[28]

---

26 »The fact that I feel a *need* for something more than human is no evidence that the need can be satisfied, any more than hunger is evidence that I shall get food. I do not see how any emotion of mine can be evidence of something outside me.« Bertrand Russell, »Reply to Criticisms«, in: Paul A. Schilpp (Hg.), *The Philosophy of Bertrand Russell*, La Salle [IL]: Open Court 1944 [5. Aufl. 1989], 726.
27 »I think faith is a vice, because faith means believing a proposition when there is no good reason for believing it. That may be taken as a definition of faith.« Bertrand Russell, »The Existence and Nature of God«, in: Greenspan/Andersson (Hg.), *Russell on Religion*, 94.
28 »Here is Wittgenstein just arrived, frightfully pained by my *Hibbert* ar-

Einer der Punkte, an denen die Distanz zwischen Wittgenstein und Russell am deutlichsten hervortritt, ist die Tatsache, dass aus Wittgensteins Sicht Russell, wenn er wie so viele andere behauptet, die Religion sei im wesentlichen ein Produkt der Angst, damit eine Erklärung für sie gebe, die streng genommen nur für den Aberglauben gelte: »Religiöser Glaube und Aberglaube sind ganz verschieden. Der eine entspringt aus *Furcht* und ist eine Art falscher Wissenschaft. Der andre ist ein Vertrauen«.[29] So bilden Unwissenheit und Furcht zwar die Grundlage des Aberglaubens, seien aber in der (wahren) Religion grundsätzlich nicht zu finden. Allerdings können die bestehenden Religionen natürlich auf vielerlei Weise einen bedeutenden und sogar entscheidenden Beitrag zum Aberglauben leisten.

Angesichts der Entschiedenheit, ja Heftigkeit, mit der sich Wittgenstein gegen alle Versuche zur Rationalisierung der Religion verwahrte und behauptete, für das, was man das Für-wahr-Haltens eines religiösen Glaubens nennt, könne die Leidenschaft gar nicht nicht wesentlich sein, scheint es auf den ersten Blick nur logisch, ihn der Kategorie der Parteigänger der Glut und nicht der Verteidiger des Lichts zuzuschlagen. Bekanntlich hat er die Vorstellung kategorisch von sich gewiesen, der Glaube an eine Lehre wie die, die in den *Evangelien* dargelegt wird, habe irgendetwas mit historischer Wahrheit zu tun oder, wie man noch zu Leibniz' Zeiten glaubte und wie gewisse Verteidiger der Religion wie Lewis auch heute noch glauben, mit irgendeiner Art von »universellen Vernunftwahrheiten«. Gegen die *Evangelien* zu argumentieren, indem man darauf verweise, dass es keine zureichenden Beweise für ihre historische Wahrheit oder keine rationalen Beweise für den Wahrheitsgehalt der betreffenden Lehren gebe, sei daher völlig unnütz.

»Diese Nachricht (die Evangelien)«, schreibt Wittgenstein, »wird glaubend (d.h. liebend) vom Menschen ergriffen. *Das* ist die Sicherheit dieses Für-wahr-haltens, nicht *Anderes*«.[30] Und der religiöse Glaube sei nicht wie die Weisheit etwas, zu dem man durch Nachdenken gelangen könne, er gleiche viel eher einer Leidenschaft.[31] »Es kommt mir vor«, sagt Wittgenstein,

»als könne ein religiöser Glaube nur etwas wie das leidenschaftliche Sich-entscheiden für ein Bezugssystem sein. Also obgleich es *Glaube* ist, doch eine Art des Lebens, oder eine Art das Leben zu beurteilen. Ein leidenschaftliches Ergreifen *dieser* Auffassung. Und die

ticle which he evidently *detests*.« Zitiert in Bertrand Russell, *Collected Papers*, Bd. 12, London: Allen & Unwin 1985, 111.
29 Ludwig Wittgenstein, *Vermischte Bemerkungen*, Frankfurt am Main: Suhrkamp 1977, 551.
30 Ebd., 495.
31 Vgl. ebd., 525 und 530.

Instruktion in einem religiösen Glauben müßte also die Darstellung, Beschreibung jenes Bezugssystems sein und zugleich ein in's-Gewissen-reden. Und dieser beiden müssten am Schluß bewirken, daß der Instruierte selber, aus eigenem, jenes Bezugssystem leidenschaftlich erfasst«.[32]

Man kann sagen, dass Wittgenstein ein erbitterter Gegner sowohl der rationalistischen Kritik à la Russell als auch der rationalistischen Apologetik der Religion war. Als Drury ihm während des ersten ernsthaften Gesprächs, das sie miteinander hatten, ankündigte, er sei mit der Vorstellung nach Cambridge gekommen, sich zum Priester in der Anglikanischen Kirche weihen zu lassen, missbilligte er dieses Vorhaben ganz offen, und zwar vor allem mit dem Hinweis, das Amt, das man damit zu übernehmen habe, mache es seinem Träger praktisch unmöglich, anders als apologetisch über Dinge zu theoretisieren und zu philosophieren, über die man dies auf gar keinen Fall dürfe:

> »Stellen Sie sich nur vor, Sie versuchten, jeden Sonntag eine Predigt zu halten, Sie könnten das nicht, Sie könnten das unmöglich. Ich fürchte, Sie würden versuchen, eine philosophische Interpretation oder Verteidigung der christlichen Religion zu entwickeln. Der Symbolismus des Christentums ist wunderbar und mit Worten nicht zu fassen, aber wenn die Leute versuchen, ein philosophisches System daraus zu machen, finde ich das widerwärtig. Auf den ersten Blick scheint es eine hervorragende Idee zu sein, dass es in jedem Dorf eine Person geben sollte, die für diese Dinge zuständig ist, aber so ist es nun einmal nicht gekommen. Russell und die Pfaffen haben zusammen unendlichen Schaden angerichtet, unendlichen Schaden.«[33]

Russell und die Pfaffen werden hier bemerkenswerterweise in ein und denselben Topf geworfen, als (Fast-) Bundesgenossen in einem Unternehmen behandelt, dessen Hauptziel es ist, die Religion in Verruf zu bringen, und zusammen für eine regelrechte Katastrophe verantwortlich gemacht. Wittgenstein ist bereit, die Religion gegen Russells Angrif-

---

32 Ebd., 540 f.
33 »Just imagine trying to preach a sermon every Sunday, you couldn't do it, you couldn't possibly do it. I would be afraid that you would try and elaborate a philosophical interpretation or defence of the Christian religion. The symbolism of Christianity is wonderful beyond words, but when people try to make a philosophical system out of it, I find it disgusting. At first sight it would seem an excellent idea that in every village there should be one person who stood for these things, but it hasn't worked out like that. Russell and the parsons between them have done infinite harm, infinite harm.« Maurice O'C. Drury, »Some Notes on Conversations with Wittgenstein«, in: Rush Rhees (Hg.), *Ludwig Wittgenstein. Personal Recollections*, Oxford: Blackwell 1981, 101.

fe zu verteidigen, aber bestimmt nicht ihre offiziellen Vertreter. Und in mancher Hinsicht stimmt er, wenn auch aus ganz anderen Gründen, fast mit Russell überein, wenn er die Ansicht vertritt, was wirklich zähle in der Religion, sei nicht das Dogma und am Ende vielleicht nicht einmal der Glaube selbst.

Wer den damit nahegelegten Perspektivwechsel mitmacht, kommt in der Tat kaum umhin, sich irgendwann zu fragen, wie viel reale Bedeutung man in der Religion dem Inhalt der Glaubensvorstellungen und letzten Endes dem Glauben überhaupt zubilligen sollte. Ist nicht das Wort »Glaube« selbst bereits insoweit irreführend, als es dazu verleitet, den Grad zu unterschätzen, in dem sich der religiöse Glaube von den »normalen« (wenn man sie so nennen kann) Formen des Glaubens unterscheidet? Wittgenstein ist zeitweilig nahe daran zu meinen, dass es alles in allem vielleicht besser wäre, einen Weg zu finden, ohne dieses Wort auszukommen:

> »Ich glaube: es ist durch das Wort ›glauben‹ in der Religion furchtbar viel Unheil angerichtet worden. Alle die verzwickten Gedanken über das ›Paradox‹, die *ewige* Bedeutung einer *historischen* Tatsache u. dergl. Sagst Du aber statt ›Glaube an Christus‹: ›Liebe zu Christus‹, so verschwindet das Paradox, d. i., die *Reizung* des Verstands. Was hat die Religion mit so einem Kitzeln des Verstands zu tun. (Auch das kann für den oder den zu seiner Religion gehören.«[34]

Der Gebrauch, der in Sätzen wie: »Ich glaube an Gott«, »Ich glaube, dass Christus am Kreuz gestorben ist, um alle Menschen zu erlösen« oder: »Ich glaube an das Jüngste Gericht« von dem Wort »glauben« gemacht wird, ist auf den ersten Blick so spezifisch und so anders als derjenige, dem man in Sätzen wie: »Ich glaube, dass die Schlacht von Waterloo 1815 war« oder: »Ich glaube, dass im Vakuum alle Körper gleich schnell fallen«, begegnet, dass es letzten Endes klüger scheinen könnte, statt des einen Wortes mit derart unterschiedlichen Bedeutungen zwei verschiedene Wörter zu benutzen. Wäre dies nicht schließlich das sicherste Mittel, um vom Paradox einer Botschaft loszukommen, die man zwangsläufig historisch nennen muss und der man doch zugleich eine zeitlose Bedeutung geben und einen unerschütterlichen Glauben entgegenbringen soll? Doch nicht dies legt uns Wittgenstein letztlich nahe, und der Grund dürfte der von Joachim Schulte angedeutete sein, nämlich dass wir dieser beiden Arten des Gebrauchs real bedürfen und uns zu seiner Beibehaltung nicht nur von dem »Kitzeln des Verstands« (wie Wittgenstein es nennt) verführen lassen, das aus ihrer

---

34 Ludwig Wittgenstein, *Denkbewegungen. Tagebücher 1930-1932, 1936-1937*, hg. v. Ilse Somavilla, Bd. 2, Innsbruck: Haymon Verlag 1997, 103 f.

Koexistenz resultiert, wenn wir über seinen Gebrauch in der Religion nachdenken.

»Er sagt zwar durchaus, dass die eine Art des Glaubens in Wirklichkeit so etwas sei wie ein ›liebendes Ergreifen‹ einer bestimmten ›Nachricht‹ (*Vermischte Bemerkungen*, S. 495), will aber unseren Sprachgebrauch nicht ändern, und das sicher nicht wegen einer allgemeinen Abneigung, sich sprachgesetzgeberisch zu betätigen. Wahrscheinlich will er andeuten, dass das Wechselspiel zwischen den verschiedenen Bedeutungen des Wortes ›glauben‹ etwas ist, das wir brauchen, um bestimmte Dinge überhaupt sagen zu können. Die Behauptung, das ›historische Beweis-Spiel‹ (*ebd.*) gehe an der Sache vorbei, wenn wir es mit Fragen des religiösen Glaubens zu tun haben, ist nur dann eine verständliche Aussage, wenn etwas von der gewöhnlichen Bedeutung unseres Wortes ›glauben‹ mitschwingt. Auf der anderen Seite gleichen viele unserer auf den ersten Blick normalen Arten, das Wort ›glauben‹ zu gebrauchen, den religiösen Arten seines Gebrauchs, und auch diese Besonderheit wird nur dann deutlich, wenn wir die sprunghafte Natur *unseres* Konzepts des Glaubens erkennen.«[35]

Ich möchte natürlich nicht, dass Sie sich durch das, was ich über Wittgenstein gesagt habe, zu der Annahme verleiten lassen, er selber habe, um von der Religion zu reden, die Sprache des Glaubenseifers und der Glut gewählt und ihr den Vorzug vor der des Lichts gegeben. Auch wenn seine Einstellung zur Religion in diesem Punkt eine gewisse Ambivalenz aufweist, so denkt er an die Religion doch als an eine Quelle von Licht und in gewisser Weise sogar als an *das* Licht. Ilse Somavilla schreibt in ihrem Vorwort zur Publikation der beiden bislang unveröffentlichten Fragmente von Wittgenstein, die sie unter dem Titel »Licht und Schatten« zusammengefasst hat:

> »Wittgensteins Verhältnis zum Glauben war zwiespältig: einerseits verband er mit ihm etwas Dunkles – nicht nur Geheimnisvolles, sondern Angsteinflössendes –, das sich in einem Gefühl des völligen Ausgeliefertseins an eine göttliche Macht zeigt, an einen strengen, obersten Richter, wie er im Alten Testament vorkommt, und der von ihm das Äußerste verlangen kann. Andererseits bedeutete der Glaube für Wittgenstein etwas Positives, Lichtvolles, eigentlich ›das Licht‹ bzw. das Symbol für reine Geistigkeit und Wahrheit.«[36]

---

35 Joachim Schulte, »On a Remark of Jukundus«, in: Enzo De Pellegrin (Hg.), *Interactive Wittgenstein. Essays on Wittgenstein in Memory of Georg Henrik von Wright*, Dordrecht: Springer Netherlands [Synthese Library] 2011, 13 f.

36 Ludwig Wittgenstein, *Licht und Schatten. Ein nächtliches (Traum-) Erlebnis und ein Brief-Fragment*, hg. v. Ilse Somavilla, Innsbruck/Wien:

Tatsächlich steht außer Zweifel, dass die Angst, die uns die allmächtige und strenge Autorität einflößt, unter deren Augen wir handeln und die über uns richten wird, einen erheblichen und sogar entscheidenden Raum in Wittgensteins eigenem Verhältnis zur Religion einnimmt, und dies, obwohl er selber betont hat, dass die echte Religion auf Vertrauen und nicht auf Angst beruhe. Und wahr ist andererseits auch, dass der Verweis auf die Klarheit und das Lichtvolle an etwas ganz anderes als diese Angst denken lässt und ein viel weniger düsteres und gequältes Bild von dem vermittelt, was das Verhältnis des Gläubigen zum Gegenstand seines Glaubens sein kann.

In dem von Ilse Somaville unter dem Titel »Der Mensch in der roten Glasglocke« veröffentlichten Brieffragment wird der Vergleich zwischen dem geistigen Ideal auf seinem höchsten Reinheitsgrad (das heißt, der Religion) und den verschiedenen »Farben«, unter denen es unter den Bedingungen einer bestimmten Kultur erscheinen kann, relativ detailliert ausgeführt:

> »Wenn man das reine geistige (das religiöse) Ideal mit weißem Licht vergleicht so kann man die Ideale der verschiedenen Kulturen mit den gefärbten Lichtern vergleichen, die entstehen, wenn das reine Licht durch gefärbte Gläser scheint. Denke dir einen Menschen der von seiner Geburt an immer in einem Raum lebt in welchem das Licht nur durch rote Scheiben eindringt. Dieser wird sich vielleicht nicht vorstellen können dass es ein anderes Licht als das seine (das rote) gebe. Er wird die rote Qualität als dem Licht wesentlich betrachten ja in gewissen Sinne wird er die Röte des Lichtes das ihn umgibt überhaupt nicht merken. Mit anderen Worten: Er wird sein Licht für <u>das</u> Licht halten und nicht für eine besondere Art der <u>Trübung</u> des einen Lichtes (die es doch in Wirklichkeit ist)«.[37]

Bezeichnenderweise wird in Wittgensteins Parabel das in seiner ganzen Reinheit betrachtete geistige Ideal gerade mit dem religiösen Ideal gleichgesetzt, und dieses mit dem reinsten Licht, vom dem erleuchtet zu werden wir anstreben können. Dies kann uns vielleicht zu einer genaueren Vorstellung von der Natur der radikalen Nichtübereinstim-

---

Haymon Verlag 2004, 6. Der erste Text, der das Datum vom 13. Januar 1922 trägt und in den Papieren von Rudolf Koder gefunden wurde, stammt von einem möglicherweise aus einem Notizbuch Wittgensteins herausgerissenen Blatt, auf dem dieser neben Notizen für seinen Unterricht (er war zu der Zeit Volksschullehrer in Trattenbach), eine Traumepisode niedergeschrieben und die sich darin manifestierenden Schuld- und Angstgefühle beschrieben hat. Der zweite ist ein Auszug aus einem Brief von Wittgenstein an seine Schwester Hermine und befand sich bei den Papieren von Ludwig Hänsel.

37 Ebd., 44.

mung verhelfen, die zwischen ihm und Russell in der Frage der Religion besteht. In Wittgensteins Augen gehört Russell zu jenen Menschen, die nur eine einzige mögliche Quelle des Lichts anerkennen, nämlich das ihrer eigenen Kultur, einer Kultur, die sich alle Mühe gegeben hat, der Vernunft und der Wissenschaft eine Art Monopolstellung zu verleihen, und dazu neigt, die Tatsache aus dem Auge zu verlieren, dass sie begrenzt ist, zeitlich (möglicherweise steht sie bereits dicht vor ihrem Ende) wie räumlich (ihr Raum ist eben nicht *der* Raum und ihr Licht nicht *das* Licht). Die Menschen, die in Gesellschaften wie den unsrigen leben, unter der Glasglocke der siegreichen Rationalität und des unbegrenzten Fortschritts, müssen erst noch lernen, dass diese die Dinge ihrer Welt mit einer bestimmten Farbe einfärben, die nicht die einzige ist, die es überhaupt geben kann, und nur eine der vielen möglichen Trübungen des wahren Lichts darstellt. Aber es ist nicht weniger wahr, dass Wittgenstein den Symbolismus der christlichen Religion zwar als »wunderbar« bezeichnet, jedoch in keiner Weise dazu neigt, diese oder irgendeine andere Religion als einen Zugangsweg zu Wahrheiten zu verteidigen, die man »transzendent« nennt. Wie Joachim Schulte ganz richtig sagt: »An keiner Stelle spricht Wittgenstein von der Religion im Sinne einer offenbarten Lehre oder einer Erkenntnis transzendenter Dinge«.[38] In einem Gespräch mit Bouwsma sagt Wittgenstein: »Wenn Sie ein Licht haben, sage ich: Folgen Sie ihm. Es kann richtig sein.«[39] Und auf eben diese Weise betrachtet er auch das Licht, das manche in der Religion zu finden vermögen, das er selber aber, wie es scheint, nie hat finden können. Für ihn handelt es sich ganz offensichtlich viel eher um die Art Licht, das uns eine im Leben einzuschlagende Richtung weist, als um ein Licht, das imstande wäre, uns ein allein von ihm zu erhellendes Universum überirdischer Realitäten und ihnen entsprechender Wahrheiten zu offenbaren.

Aus dem Französischen übersetzt von Hella Beister

---

38 Schulte, »On a Remark of Jukundus«, 5.
39 »If you have a light, I say: Follow it. It may be right.« Oets K. Bouwsma, *Wittgenstein. Conversations 1949-1951*, hg. v. J. L. Craft/Ronald E. Hustwit, Indianapolis: Hackett Publishing Company 1986, 35.

Literatur

Adorno, Theodor W., *Studien zum autoritären Charakter*, Frankfurt am Main: Suhrkamp 1995.

Bouwsma, Oets K., *Wittgenstein. Conversations 1949-1951*, hg. v. J. L. Craft/Ronald E. Hustwit, Indianapolis: Hackett Publishing Company 1986.

Clifford, William, *Wahrhaftigkeit* [engl. Originaltitel: *The Ethics of Belief*], Berlin: Ferdinand Dümmlers Verlagsbuchhandlung 1893.

De Libera, Alain, *Raison et foi. Archéologie d'une crise d'Albert le Grand à Jean-Paul II*, Paris: Editions du Seuil 2003.

Drury, Maurice O'C., »Some Notes on Conversations with Wittgenstein«, in: Rush Rhees (Hg.), *Ludwig Wittgenstein. Personal Recollections*, Oxford: Blackwell 1981.

Flaubert, Gustave, »Lettre à Edma Roger des Genettes, 4. mars 1879«, in: ders., *Correspondance*, Bd. 5, Paris: Gallimard 2007.

Flaubert, Gustave, »Lettre à Edma Roger des Genettes, 8. octobre 1879«, in: ders., *Correspondance*, Bd. 5, Paris: Gallimard 2007.

Frankfurt, Harry G., *Bullshit*, Frankfurt am Main: Suhrkamp 2006.

Guehenno, Jean, *Changer la vie. Mon enfance et ma jeunesse*, Paris: Bernard Grasset 1961.

Hume, David, *An Enquiry Concerning Human Understanding*, Oxford: Clarendon Press 1975.

Israel, Jonathan I., *Les Lumières radicales. La philosophie, Spinoza et la naissance de la modernité (1650-1750)*, übers. v. Pauline Hugues, Charlotte Nordmann und Jérôme Rosanvallon, Paris: Editions Amsterdam 2005. [Engl.: *Radical Enlightenment. Philosophy and the Making of Modernity 1650-1750*, Oxford: Oxford University Press 2001.]

Leibniz, Gottfried W., »À Morell, 29. September 1698«, in: ders., *Textes inédits, d'après les Manuscrits de la Bibliothèque provinciale de Hanovre*, Bd. I, hg. v. Gaston Grua, Paris: Presses Universitaires de France 1948.

Poe, Edgar Allan, *Marginalia et autres fragments*, hg. und übers. v. Lionel Menasche, Paris: Editions Allia 2007.

Renan, Ernest, *Souvenirs d'enfance et de jeunesse*, hg. v. Jean Pommier, Paris: Gallimard 1983.

Rorty, Richard, »Science as Solidarity«, in: ders., *Objectivity, Relativism and Truth*, Cambridge: Cambridge University Press 1991.

Russell, Bertrand, »Reply to Criticisms«, in: Paul A. Schilpp (Hg.), *The Philosophy of Bertrand Russell*, La Salle [IL]: Open Court 1944 [5. Aufl. 1989], 679-741.

Russell, Bertrand, »Kann die Religion unsere Sorgen beseitigen?«, in: ders., *Warum ich kein Christ bin*, München: Szczesny Verlag 1963.

Russell, Bertrand, »Hat die Religion nützliche Beiträge zur Zivilisation geleistet?«, in: ders., *Warum ich kein Christ bin*, München: Szczesny Verlag 1963.

Russell, Bertrand, *Collected Papers*, Bd. 12, London: Allen & Unwin 1985.
Russell, Bertrand, »The Value of Free Thought«, in: Al Seckel (Hg.), *Bertrand Russell on God and Religion*, Amherst (N. Y.): Prometheus Books 1986.
Russell, Bertrand, »The Existence and Nature of God«, in: Louis Greenspan/Stefan Andersson (Hg.), *Russell on Religion. Selections from the Writings of Bertrand Russell*, London/New York: Routledge 1999.
Russell, Bertrand, »The Sense of Sin«, in: Louis Greenspan/Stefan Andersson (Hg.), *Russell on Religion. Selections from the Writings of Bertrand Russell*, London/New York: Routledge 1999.
Russell, Bertrand, »The Essence of Religion«, in: Louis Greenspan/Stefan Andersson (Hg.), *Russell on Religion. Selections from the Writings of Bertrand Russell*, London/New York: Routledge 1999.
Schulte, Joachim, »On a Remark of Jukundus«, in: Enzo De Pellegrin (Hg.), *Interactive Wittgenstein. Essays on Wittgenstein in Memory of Georg Henrik von Wright*, Dordrecht: Springer Netherlands [Synthese Library] 2011, 183-208.
Stove, David, *Scientific Irrationalism. Origins of a Postmodern Cult*, New Brunswick /London: Transaction Publishers 2001.
Wielenberg, Erik J., *God and the Reach of Reason. C.S. Lewis, David Hume, and Bertrand Russell*, Cambridge: Cambridge University Press 2008.
Wittgenstein, Ludwig, *Vermischte Bemerkungen*, Frankfurt am Main: Suhrkamp 1977.
Wittgenstein, Ludwig, *Denkbewegungen. Tagebücher 1930-1932, 1936-1937*, hg. v. Ilse Somavilla, Bd. 2, Innsbruck: Haymon Verlag 1997.
Wittgenstein, Ludwig, *Licht und Schatten. Ein nächtliches (Traum-) Erlebnis und ein Brief-Fragment*, hg. v. Ilse Somavilla, Innsbruck/Wien: Haymon Verlag 2004.

Zu den Autorinnen und Autoren

Thomas Alkemeyer, Dr. phil., Professor für »Sport und Gesellschaft« an der Carl von Ossietzky Universität Oldenburg; Sprecher des DFG-Graduiertenkollegs »Selbst-Bildungen. Praktiken der Subjektivierung in historischer und interdisziplinärer Perspektive«; Arbeitsschwerpunkte: Soziologie des Körpers und des Sports, soziologische Praxistheorien, Subjektivierungs- und Habitusforschung; letzte Buchveröffentlichung: *Ordnung in Bewegung. Choreographien des Sozialen. Körper in Sport, Tanz, Arbeit und Bildung*, Bielefeld: transcript 2009.

Jacques Bouveresse ist Professor für Sprachphilosophie und Erkenntnistheorie am Collège de France, Paris. Seine Arbeiten sind vor allem der Sprachphilosophie und der Logik sowie der Erkenntnistheorie und Wahrnehmungsphilosophie gewidmet. Er hat zahlreiche Werke zur Philosophie Wittgensteins, zu Robert Musil und Karl Kraus veröffentlicht; u. a.: *La force de la règle* (1987) und *Wittgenstein. La rime et la raison* (1973, dt.: *Poesie und Prosa*, 1994). Jüngere Buchveröffentlichungen: *Que peut-on faire de la religion?* (2011); *Peut-on ne pas croire?* (2007); *La connaissance de l'écrivain* (2008).

Gabriele Brandstetter, Universitäts-Professorin für Theater- und Tanzwissenschaft an der Freien Universität Berlin. Forschungsschwerpunkte: Geschichte und Ästhetik des Tanzes vom 18. Jahrhundert bis zur Gegenwart; Theater und Tanz der Moderne und der Avantgarde; Zeitgenössisches Theater, Tanz, Performance; Theatralität und Geschlechterdifferenz; Virtuosität in Kunst und Kultur; Körper – Bild – Bewegung. Veröffentlichungen (Auswahl): *Tanz-Lektüren. Körperbilder und Raumfiguren der Avantgarde* (1995); (Hg. mit Ch. Wulf), *Tanz als Anthropologie* (2007); (Hg. mit H.-F. Bormann und A. Matzke), *Improvisieren. Paradoxien des Unvorhersehbaren. Kunst – Medien – Praxis* (2010).

Georges Didi-Huberman, Kunsthistoriker und Philosoph an der École des Hautes Études en Sciences Sociales in Paris; zahlreiche Gastprofessuren und Forschungsaufenthalte u. a. in Rom, Florenz, London, John Hopkins, Northwestern Berkeley. Forschungsschwerpunkte: Bildtheorie und Bildgeschichte. Veröffentlichungen (Auwahl): *Was wir sehen blickt uns an. Zur Metapsychologie des Bildes* (München 1999); *Bilder trotz allem* (München 2007); *Quand les images prennent position* (L'Œil de l'histoire 1) (Paris 2009); *Das Nachleben der Bilder. Kunstgeschichte und Phantomzeit nach Aby Warburg* (Berlin 2010); *Remontages du temps subi* (L'Œil de l'histoire 2) (Paris 2010).

AUTORINNEN UND AUTOREN

Gunter Gebauer, Professor für Philosophie und Sportsoziologie an der Freien Universität Berlin. Mitbegründer und Sprecher des Interdisziplinären Zentrums für Historische Anthropologie. Projektleiter im Exzellenzcluster »Languages of Emotion«. Arbeitsschwerpunkte: Historische Anthropologie, Sprachtheorie, Sozialphilosophie. Publikationen u. a.: *Mimesis. Kultur – Kunst – Gesellschaft* (mit Ch. Wulf), Reinbek 1992; *Spiel – Ritual – Geste. Mimetisches Handeln in der sozialen Welt* (mit Ch. Wulf), Reinbek 1998; *Habitus* (mit B. Krais), Bielefeld 2002; *Poetik des Fußballs*, Frankfurt am Main 2006; *Wittgensteins anthropologisches Denken*, München 2009.

Petra Gehring, Prof. Dr. phil., Professorin für Philosophie an der TU Darmstadt. Zuletzt erschienen: *Theorien des Todes* (2010, ²2011); *Traum und Wirklichkeit. Zur Geschichte einer Unterscheidung* (2008); *Was ist Biomacht? Vom zweifelhaften Mehrwert des Lebens* (2006). Vollständiges Schriftenverzeichnis unter http://www.philosophie.tu-darmstadt.de. Kontakt: gehring@phil.tu-darmstadt.de

Fabian Goppelsröder studierte Philosophie und Geschichte in Berlin und Paris. 2011 wurde er an der Stanford University (CA) mit der Arbeit »Kalendergeschichte and fait divers. The Poetics of circumscribed Space« im Fachbereich Komparatistik promoviert. Fabian Goppelsröder ist Autor des 2007 im transcript Verlag erschienenen Buches *Zwischen Sagen und Zeigen. Wittgensteins Weg von der literarischen zur dichtenden Philosophie* und Herausgeber des Bandes *Wittgensteinkunst. Annäherungen an eine Philosophie und ihr Unsagbares*.

Stefan Hirschauer, Professor für Soziologische Theorie und Gender Studies an der Universität Mainz. Forschungsschwerpunkte: Praxistheorien, Qualitative Methoden, Soziologien des Wissens, des Körpers und der Geschlechterdifferenz. Jüngere Publikationen: »On Doing Being a Stranger«, in: *The Journal for the Theory of Social Behavior* 35/2005; »Putting Things into Words«, in: *Human Studies* 29/2006. »Animated Corpses«, in: *Body & Society* 12/2006. »Editorial Judgments«, in: *Social Studies of Science* 40/2010.

Gertrud Koch ist Professorin für Filmwissenschaft an der Freien Universität Berlin. Forschungsschwerpunkt ist vornehmlich ästhetische Theorie und insbesondere Filmtheorie. Demnächst erscheint: *Die Wiederkehr der Illusion. Film und die anderen Künste und Medien*.

Henrike Moll ist Assistant Professor an der Universität of Southern California in Los Angeles. In ihrer Forschung untersucht sie die ontogenetische Entwicklung von Perspektivität. Ihr Interesse gilt allgemein dem menschlichen Denken und Handeln in seinen Ursprüngen sowie der Differenz zwischen Mensch und Tier. Sie erhält in diesem Jahr den »Young Mind & Brain Prize« von der Universität Turin.

Britta Schinzel ist Professorin für Informatik und Gesellschaft (gesellschaftliche Folgen der Informationstechnik) und Genderforschung Informatik im Ruhestand. Sie hat in Mathematik promoviert, sich in theoretischer Informatik habilitiert, war in der Computerindustrie und an den Universitäten Darmstadt, Aachen und Freiburg tätig. Sie ist Mitglied vieler einschlägiger NGOs und arbeitet weiterhin in den Bereichen Informatik und Gesellschaft, Ethik und TA der Informatik und Informatik-Genderforschung.

Robert Schmidt, Gastprofessor für Bildungssoziologie an der Technischen Universität Darmstadt. Von 2000-2010 Wiss. Mitarbeiter im Sonderforschungsbereich 447 »Kulturen des Performativen« an der Freien Universität Berlin. Forschungsschwerpunkte: Praxistheorien, Ethnografie von Arbeit und Organisation, Bildungssoziologie. Publikationen u.a.: *Pop-Sport-Kultur. Praxisformen körperlicher Aufführungen*, Konstanz (UVK) 2002; »Praktiken des Programmierens. Zur Morphologie von Wissensarbeit in der Software-Entwicklung«, in: *Zeitschrift für Soziologie* 37, 2008: 282-300. *Soziologie der Praktiken*, Habilitationsschrift, TU Darmstadt 2010 und Berlin (Suhrkamp) Frühjahr 2012.

Wiebke-Marie Stock, Dr., wiss. Mitarbeiterin am Institut für Philosophie der Freien Universität Berlin. Forschungsschwerpunkte: Antike Philosophie, Ästhetik, Bildtheorie, Metaphysik, Religionsphilosophie. Publikationen: *Geschichte des Blicks. Zu Texten von Georges Didi-Huberman*, Berlin 2004; *Theurgisches Denken. Zur Kirchlichen Hierarchie des Dionysius Areopagita*, Berlin/New York (de Gruyter) 2008; »Eine fortdauernde Verwirrung. Bildwissenschaftliche Zwischenbilanz«, in: *Philosophische Rundschau* 55/1 (2008), 23-41.

Charles Suaud, Prof. em. an der Université de Nantes; Mitglied des Centre nantais de sociologie (CENS); langjährige Zusammenarbeit mit der Forschergruppe um Pierre Bourdieu im Rahmen des Centre de sociologie européenne. Forschungen zur Soziologie des Leistungssports (mit Jean-Michel Faure) und zur religiösen Sozialisation unter Hinblick auf die Inkorporation des sportlichen Habitus. Veröffentlichungen u.a.: (mit Nathalie Viet-Depaule), *Prêtres et ouvriers. Une double fidélité mise à l'épreuve (1944-1969)*, Paris, Karthala, (2ème édition 2005); (mit Tangi Cavalin und Nathalie Viet-Depaule), *De la subversion en religion*, Paris, Karthala, 2010.

AUTORINNEN UND AUTOREN

Holm Tetens, Professor für theoretische Philosophie an der Freien Universität Berlin, Forschungsschwerpunkte: Erkenntnis- und Wissenschaftstheorie, Logik und Argumentationstheorie, Philosophie des Geistes, Existenzphilosophie, Religionsphilosophie. Veröffentlichungen: *Geist, Gehirn, Maschine. Philosophische Versuche über ihren Zusammenhang* (Stuttgart 1994); *Philosophisches Argumentieren* (3. Auflage München 2010); *Wittgensteins »Tractatus«. Ein Kommentar* (Stuttgart 2009).

Jörg Volbers, Dr. phil., ist Wissenschaftlicher Mitarbeiter am Institut für Philosophie der Freien Universität Berlin. 2008-2010 Mitglied des Sonderforschungsbereiches 447 ›Kulturen des Performativen‹. Forschungsschwerpunkte: Praxistheorien und Pragmatismus, Skeptizismus, Poststrukturalismus. Publikationen u. a.: *Selbsterkenntnis und Lebensform*, Bielefeld 2009; *Wittgenstein – Philosophie als ›Arbeit an Einem selbst‹* (Hg. mit Gunter Gebauer und Fabian Goppelsröder), München 2009; *Theorien des Performativen: Sprache – Wissen – Praxis* (Hg. mit K. Hempfer), Bielefeld 2011.